Vincent van Gogh
Briefe

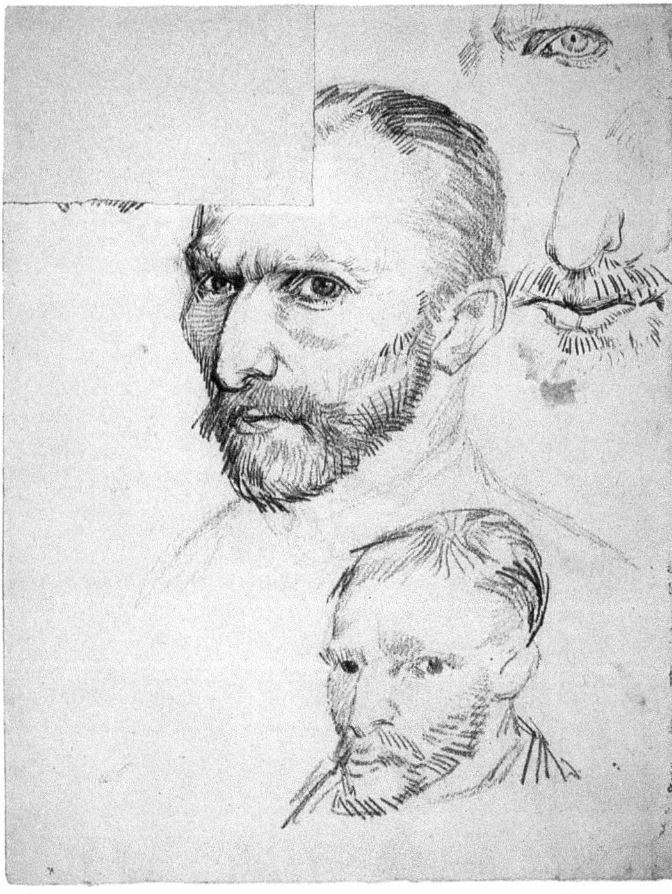

Vincent van Gogh: Studien für ein Selbstbildnis, 1886/87
Amsterdam, Van Gogh Museum

# Vincent van Gogh

# Briefe

Ausgewählt und herausgegeben
von Bodo Plachta

Aus dem Niederländischen
und Französischen
übersetzt von
Christel Captijn-Müller
und Winfried Jung

Reclam

MIX
Papier | Fördert gute Waldnutzung
FSC® C014496
www.fsc.org



Durchgesehene und aktualisierte Auflage

RECLAM TASCHENBUCH Nr. 20538
2001, 2019 Philipp Reclam jun. Verlag GmbH,
Siemensstraße 32, 71254 Ditzingen
Umschlagabbildung: Ölgemälde von Vincent van Gogh, *Selbstbildnis mit grauem Filzhut* (Winter 1887/88), Amsterdam, Van Gogh Museum
Druck und Bindung: GGP Media GmbH,
Karl-Marx-Straße 24, 07381 Pößneck
Printed in Germany 2026
RECLAM ist eine eingetragene Marke
der Philipp Reclam jun. GmbH & Co. KG, Stuttgart
ISBN 978-3-15-020538-9
reclam.de

# Inhalt



## Briefe

### 1873–1876
### London, Paris, Ramsgate, Welwyn



### 1876–1878
### Etten



### 1878–1881
### Brüssel, Cuesmes, Etten

1881–1883

Den Haag, Drenthe



1884–1885

Nuenen



1885

Antwerpen

## 1886–1888
## Paris



## 1888–1889
## Arles

## 1889–1890

## Saint-Rémy



## 1890

## Auvers-sur-Oise



## Anhang

# Einführung

Der Briefwechsel Vincent van Goghs zählt zu den großen Korrespondenzen der europäischen Kultur- und Geistesgeschichte. Immer wieder wurde ihm literarische, ja sogar philosophische und religiöse Dimension attestiert. Ebenso vielfältig, manchmal sogar extrem sind die Deutungen dieser Briefe: Dem einen gelten sie als Tagebuch einer in vieler Hinsicht beschädigten Künstlerexistenz, andere nutzen sie als Quelle für psychologische Erklärungsversuche von van Goghs ›Wahnsinn‹ und Selbstmord, wieder andere verstehen sie ausschließlich als authentische Dokumente seiner Entwicklung als Künstler oder als Informationsreservoir für die Kunst des späten 19. Jahrhunderts. Insgesamt haben sämtliche Beschäftigungen mit den Briefen an der ›Legende‹ des niederländischen Malers weitergeschrieben und damit seine erstaunliche Popularität unanfechtbar gemacht. Und dies, obwohl van Gogh bei seinem Tod im Juli 1890 nur einigen wenigen Kunstinteressierten ein Begriff war und sich seine Bilder unverkauft und offenbar unverkäuflich in der Wohnung des Bruders Theo van Gogh stapelten. Aber seitdem der Malerfreund Émile Bernard zwischen 1890 und 1894 damit begann, in der französischen Zeitschrift *Mercure de France* nach und nach Auszüge aus seiner Korrespondenz mit van Gogh zu veröffentlichen, entwickelte sich unabhängig von der allmählich größer werdenden Aufmerksamkeit für van Goghs Bilder auch ein Interesse an seinen Briefen. Zu deren frühen Lesern zählen u.a. Rainer Maria Rilke, Hugo von Hofmannsthal, Franz Kafka und Bertolt Brecht, die sich teilweise zu ihrer Lektüre auch mit bemerkenswerten Einschätzungen geäußert haben. Als Émile Bernard 1911 die an ihn gerichteten Briefe van Goghs schließlich vollständig zur Veröffentlichung freigab, sah er darin ein Mittel, »zugleich mit der Korrespondenz des Malers seine Bilder bis in die Museen Deutschlands und Hollands« zu tragen. In der Tat ging diese Rechnung der Popularisierung van Goghs auf. Aber Bernard lag auch daran, »das Leben van Goghs ganz zu zeigen«, um der Spekulation über die Lebensumstände des zu Lebzeiten erfolglosen Künstlers authentische Dokumente entgegenzusetzen, nachdem erste Begegnungen einer größeren Öffentlichkeit mit van Goghs Bildern in Ausstellungen in Paris, Den Haag, Amsterdam, Kopenhagen oder Berlin sowohl Begeisterung als auch Irritation ausgelöst und mannigfaltige, teilweise absonderliche Erklärungsversuche nach sich gezogen hatten. Erst nach und nach wurde mehr über die Biographie van Goghs bekannt, und das wenige prägte schon in dieser Zeit die Rezeption von Leben und Werk: Die Mischung aus Erfolglosigkeit, Geisteskrankheit und Selbstmord in Kombination mit der vielen Betrachtern seiner Bilder befremdlich anmutenden Malweise ließ breiten Raum für extreme und willkürliche Interpretationen. Doch Bernard selbst leistete trotz der lobenswerten Absicht, mit der Veröffentlichung der Briefe mäßigend und korrigierend auf derartige Spekulationen und Verzeichnungen einzuwirken, der Legendenbildung Vorschub, als er den Briefen van Goghs zum besseren Verständnis folgendes mit auf den Weg gab: »Leidenschaftliches Streben braucht weder Syntax noch Phrasen, wenn es sich zur sittlichen Trunkenheit des Denkens und Schaffens steigert.« Bernard versuchte mit dieser Erklärung die besonders in den an ihn gerichteten Briefen van Goghs zutage tretende Emphase und gedankliche Verstiegenheit zu relativieren und diese vielmehr als ein Qualitätskennzeichen auszugeben. Seither wurde seine Argumentation immer dann bemüht, wenn man die Briefe van Goghs nicht nur als biographische Zeugnisse, sondern auch als selbständige Kunstwerke verstehen wollte, die neben den Zeichnungen und Gemälden als eigene Gattung Bestand hätten.

Natürlich sind auch die Briefe Vincent van Goghs wie jeder andere Briefwechsel in erster Linie subjektive Selbstmanifestationen, in denen schlaglichtartig Kontexte für Werk und Leben ersichtlich werden, die aber kaum das eine durch das andere zu erklären vermögen. Van Gogh selbst warnte gegenüber seinem Bruder Theo im April 1882 vor zu einfachen Interpretationen: »Es besteht sicherlich eine Verbindung zwischen Mensch und Werk, doch läßt sich nicht leicht definieren, wie diese Verbindung beschaffen ist, und in diesem Punkt greift mancher arg daneben« (Brief 187/216/217). Selbstverständlich geben van Goghs Briefe Einblicke in den schwierigen Alltag des Künstlers, sie informieren über seine Lebensgewohnheiten bis hin zu den kargen Mahlzeiten oder der armseligen Kleidung, und immer wieder schildert van Gogh mit großer Ausführlichkeit die Anstrengungen, mit seinen beschränkten Geldmitteln Ateliers und Wohnungen einzurichten. Doch diese Briefe sind auf gar keinen Fall als ein vom Briefschreiber autorisierter Lebens- und Werkkommentar zu lesen, denn ihre Intention ist vom jeweiligen Adressaten, von der Zufälligkeit der Schreibsituation, von Stimmungen oder Gedankengängen abhängig. Sie sind in ihrer überwiegenden Zahl nie aus ›Lust und Laune‹ heraus entstanden, immer haben sie einen konkreten Anlaß oder verfolgen eine bestimmte – allzu oft eine geschäftliche – Absicht. Trotzdem ist immer wieder zu beobachten, daß van Gogh beim Schreiben seinen Adressaten aus dem Auge zu verlieren droht und der Brief zu einem Monolog wird, in dem der Maler nur noch auf sich selbst bezogen seinen Gedanken und Reflexionen in langen Assoziationsketten freien Lauf läßt. Seine Erfahrungen und Gedankenspiele werden dann schnell verallgemeinert, haben nicht selten idealistisch-utopischen, dann wieder sentimentalen, pathetischen oder allein auf die eigenen Bedürfnisse bezogenen Zuschnitt. Nur mit Mühe erlangt der Briefschreiber in solchen Situationen wieder Kontrolle über den Schreibprozeß und kann sich auf seinen Briefpartner konzentrieren. Der Brief hat häufig die Funktion der Selbstentlastung, vor allem dann, wenn er zur Rechtfertigung des eigenen Handelns in Konfliktsituationen dient. Van Gogh bereitet in seinen Briefen auch Entscheidungen vor, die seine anfänglichen beruflichen Perspektiven als Kunsthändler, Lehrer oder Prediger, die seine Liebesbeziehungen oder später die Entscheidung, das ›gelbe Haus‹ in Arles zu verlassen, um in die Heilanstalt von Saint-Rémy überzusiedeln, betreffen. In ihnen diskutiert er auch die Tragweite von Selbstfindungsprozessen, etwa wenn er dem Bruder im Oktober 1883 erläutert, was es bedeutet zu sagen: »Ich will Maler werden« (S. 153). Der Brief kann aber auch zum Druckmittel mit ultimativen Forderungen gegenüber dem Adressaten – und hier ist es meistens der Bruder Theo – werden, wenn sich van Gogh in die Enge gedrängt fühlt, sei es aus finanziellen und künstlerischen Gründen, sei es aufgrund familiärer Auseinandersetzungen. Später, insbesondere nach den psychischen Zusammenbrüchen in Arles und Saint-Rémy, ist der Brief lebensrettende Verbindung zur Außenwelt. Mit seiner Hilfe beschreibt van Gogh mit beobachtender Distanz und kühler Sachlichkeit seine immer desolater werdende Lebenssituation und seine Anstrengungen, dem Teufelskreis der Krankheit zu entgehen. In den akuten Phasen seiner Zusammenbrüche war er nie in der Lage zu schreiben oder zu malen. Nach solchen Phasen psychischer Ausnahmezustände sind Briefe und Malerei wichtig, um in den Alltag zurückzukehren; an den Bruder Theo schreibt er in der ersten Septemberwoche 1889 aus Saint-Rémy, Malen sei ein »Blitzableiter für die Krankheit« (S. 293).

In van Goghs Briefen zeigt sich darüber hinaus ein ausgeprägtes, manchmal jedoch auch redundantes Mitteilungsbedürfnis, das nicht selten acht, zehn oder zwölf Briefseiten in Anspruch nimmt. Dieses Mitteilungsbedürfnis betrifft nicht nur die eigene Arbeit, sondern auch seine Lektüre, die Auseinandersetzung mit Bildern und Kunstrichtungen oder die Begegnung mit anderen Menschen. Ihm gelingen immer wieder spannend geschriebene Berichte über das ländliche und städtische Leben sowie grandiose Landschaftsschilderungen, und mit unglaublicher Anschaulichkeit versteht er es, in Arbeit befindliche oder bereits vollendete Bilder zu beschreiben und deren Malweise zu kommentieren. Am 6. Juli 1882 hatte er dem Bruder die wohl rhetorische Frage gestellt: »Weißt Du wohl, daß mit Worten zeichnen auch eine Kunst ist, die zuweilen eine verborgene, schlummernde Kraft verrät – ebenso wie das blaue oder graue Rauchwölkchen das Feuer im Herd verrät?« (Brief 212/244/244.) Gegenüber Bernard hatte van Gogh im April 1888 sogar betont, daß es ebenso fesselnd sei, »mit Worten zu malen wie mit einem Pinsel« (vgl. Jansen/Luijten/Bakker, 2007, S. 370, Anm. 25). Auch Eugène Delacroix, van Goghs großes künstlerisches Vorbild, hatte in seinen Tagebüchern auf die besondere Eignung des Briefs hingewiesen, die künstlerische Arbeit zu begleiten: »Fast verspüre ich beim Schreiben nicht die gleiche Schwierigkeit, die ich darin finde, meine Bilder zu malen. Um, wenn ich irgend etwas zu Papier bringe, mich selbst zufriedenzustellen, brauche ich viel weniger Überlegungen bei der Ausarbeitung, als wenn ich in der Malerei völlige Zufriedenheit erlangen will. [...] Man muß täglich Briefe schreiben, die unsere ganze Aufmerksamkeit erfordern und von denen bisweilen unser Schicksal abhängen kann. Das sind die Gründe, weshalb ein bedeutender Mann immer gut schreibt, vor allem, wenn er Dinge behandelt, die er gut kennt« (Tagebuch-Eintrag vom 27. Januar 1853). Delacroix' Überlegungen lesen sich wie ein ›Briefsteller‹, den van Gogh für seine Briefe beherzigt hat – insofern, als auch in ihnen immer wieder jene Differenz thematisiert wird, die zwischen dem gemalten Bild und der Wirklichkeit besteht.

Aber wenn allein während seines Aufenthalts in Arles – zu einer Zeit fruchtbarster künstlerischer Produktion – ein Viertel der heute bekannten Briefe van Goghs entstanden ist, dann muß man die Frage stellen, ob van Gogh nicht auch – abgesehen einmal von seiner Begeisterung über das neue Lebensumfeld und die neu erwachte Schaffenskraft

– seine immer offensichtlicher werdende persönliche und künstlerische Isolation auf diese Weise zu durchbrechen versuchte. Seine aus Arles an Paul Gauguin gerichteten Briefe zeigen dies sehr deutlich, denn zuweilen bettelt van Gogh regelrecht, um den zögernden und stets auf seinen eigenen Vorteil bedachten Malerkollegen zu bewegen, mit ihm im ›Atelier des Südens‹ eine Arbeitsgemeinschaft einzugehen. Und nach dem Eklat im Dezember 1888 in Arles, als van Gogh sich einen Teil seines Ohres abschneidet, weil Gauguin (aus welchen Gründen auch immer) die künstlerische Gemeinschaft abrupt beendet, kommt nur allmählich ein Briefwechsel wieder in Gang, in dem van Gogh zunächst noch mit großer Anstrengung die Fassung gegenüber Gauguin wahrt und erst allmählich auch Gauguins Anteil an den eskalierenden Spannungen und schließlich am Scheitern des gemeinsamen künstlerischen Projekts einfließen läßt. All diese Umstände sind für die Briefe van Goghs sehr genau zu beachten, weil sie nicht nur Aussage und Argumentation beeinflussen, sondern sich sogar im äußeren Erscheinungsbild des Brieforiginals niedergeschlagen haben.

Die Briefe van Goghs sind oder scheinen im allgemeinen ohne besondere Rücksicht auf das Textergebnis verfaßt worden zu sein. »Ich schreibe Dir ein wenig aufs Geratewohl, was mir in die Feder fließt«, bekennt van Gogh seinem Bruder im Juni 1880 (S. 65), und diese Auffassung wiederholt er in anderen Briefen toposartig. Der Umfang der Briefe beträgt in vielen Fällen mehrere Seiten, wobei der freigebliebene Platz an den Rändern häufig noch für Nachschriften genutzt wurde. Van Gogh schreibt keine ›schönen‹ Briefe. Er benutzte Papier, das er gerade zur Hand hatte, nur selten datiert er seine Schreiben, und auch sonst folgt er nur widerwillig den in seiner Zeit für das Verfassen von Briefen üblichen Konventionen. Charakteristisch für seine Briefe ist eine spontane, hastige und häufig von emotionalen Erregungszuständen beeinflußte Schreibweise, der durchweg die Selbstkontrolle fehlt. Er gliedert seine Texte willkürlich durch Absätze, seine Zeichensetzung ist äußerst eigenwillig, und orthographische und grammatische Regeln spielen, wenn überhaupt, eine untergeordnete Rolle. Nur in den seltensten Fällen hat er einen zu Papier gebrachten Brief noch einmal durchgelesen, und wenn, dann nur deshalb, um am Rand eine Passage weiter auszuführen oder zu kommentieren. Die Gedanken entwickeln sich beim Schreiben, Vincent van Gogh denkt auf dem Papier, wobei er assoziativ vorgeht und sich die emotionale Erregung im Verlauf eines Briefes extrem steigern kann. Solche Zustände lassen sich symptomatisch an einer Veränderung des Schriftduktus erkennen. Nicht nur die Schreibrichtung kann sich dabei verändern, sondern auch der Druck auf das Schreibmittel wird stärker. Sogar die Tintenfarbe wird in manchen Briefen gewechselt, manchmal mehrfach in einem Satz. Die Schriftzüge werden breiter und steiler, so daß hin und wieder der Eindruck entsteht, die Hände hätten gewechselt. Ähnliche Phänomene – allerdings aufgrund anderer Motivation und in anderer Ausprägung – lassen sich auch in Manuskripten Franz Kafkas beobachten. Auch dort fällt eine besonders vertiefte Arbeit mit Veränderungen der Schrift zusammen. So steigert sich z. B. während der äußerst konzentrierten Arbeit auf verschiedenen Seiten der *Prozeß*-Handschrift die Anzahl der auf einer Seite niedergeschriebenen Wörter. Aus solchen persönlich-individuellen Voraussetzungen resultieren die meisten Unregelmäßigkeiten in van Goghs Briefstil. Sie belegen aber auch einen individuellen, selbststimulierenden Umgang mit dem Medium Brief. Die in den Briefen ablesbaren spontanen und eruptiven Schreibgewohnheiten lassen sich auch in der Malweise des ›späten‹ van Gogh wiederfinden, besonders seit 1886 in Paris, dann während des Aufenthaltes in der Provence und schließlich in Auvers-sur-Oise. So entstehen im Oktober 1888, in den Wochen vor der Ankunft Paul Gauguins in Arles, manchmal bis zu zwei Bilder pro Tag, und der Briefwechsel legt davon Zeugnis ab, daß van Gogh bis zur Erschöpfung gearbeitet hat, um das Ziel rechtzeitig zu erreichen, Gauguins Zimmer im ›gelben Haus‹ mit eigenen Bildern zu dekorieren. In Auvers-sur-Oise, van Goghs letzter Lebensstation, entstanden in den drei Monaten vor seinem Tod am 29. Juli 1890 rund 80 Gemälde und mehr als 60 Zeichnungen und Skizzen. »Nur vor der Staffelei beim Malen fühle ich ein wenig Leben«, schreibt er der Schwester Willemina am 19. September 1889 (Brief W 14/805/804). Diese unvorstellbare, zuweilen obsessiv anmutende Produktivität spiegelt sich auch in van Goghs Briefen wider.

Der Briefwechsel setzt im August 1872 zu dem Zeitpunkt ein, als Vincent van Gogh eine Kunsthändlerlehre in der Den Haager Niederlassung der Pariser Kunsthandlung Goupil & Cie. absolviert. Dieser erste Brief ist an seinen vier Jahre jüngeren Bruder Theo gerichtet, der zu dieser Zeit noch die Schule besucht, von nun an aber Vincents bevorzugter Briefpartner und Vertrauter wird. »Wir müssen einander nur recht fleißig Briefe schreiben«, fordert er den Bruder bereits in seinem zweiten, an ihn gerichteten Brief vom 13. Dezember 1872 auf (Brief 2/2/2). Von den über 800 überlieferten Briefen ist der weitaus größte Teil an den Bruder gerichtet. So wichtig die nur in Umrissen erhaltenen Briefcorpora an verschiedene andere Familienmitglieder und an Künstlerfreunde wie Anthon van Rappard, Émile Bernard, Paul Gauguin, Eugène Boch oder Paul Signac auch sein mögen, allein die Korrespondenz mit dem Bruder Theo hat – vor allem auch aufgrund ihrer dichten Überlieferung – eine herausragende Bedeutung bekommen. Nur aus der Zeit (1886/87), als Vincent und Theo in Paris zusammenlebten, sind naturgemäß keine Briefe erhalten. Die Briefe an den Bruder Theo folgen ab einem bestimmten Zeitpunkt meistens ein und demselben Schema: Sie beginnen mit der immer gleichen Anrede »Teurer« oder »Lieber Theo«, dann bedankt sich Vincent ›geschäftsmäßig‹ für die eingegangene Geldsendung oder fragt nach dem Ausbleiben der monatlichen, später wöchentlich erfolgenden Zahlung. Anschließend berichtet er dem Bruder, wie zur Rechtfertigung dieser finanziellen Unterstützung, welche Bilder er fertiggestellt hat und an welchen er gerade arbeitet, ohne dabei zu vergessen, den Bruder an die nächste Geldsendung zu erinnern. Bevor er zu anderen Themen wechselt, bittet van Gogh meistens noch um die Zusendung von neuen Farben, Pinseln oder Leinwand. Der Brief wird mit der Grußformel »tout à toi« und der expressiven Unterschrift »Vincent«, mit der van Gogh auch seine Bilder signiert hat, beendet. Aber solche Schemata haben nur vordergründigen Charakter und bilden allenfalls einen Rahmen für ein Briefganzes, das ansonsten jegliche Briefkonvention sprengt. Einen Monat nach Vincents Tod schreibt Theo van Gogh am 12. August 1890 an den Arzt Paul-Ferdinand Gachet, der den Bruder in den letzten Wochen betreut hatte: »Gleichwohl hat es mir gutgetan, mit meiner Mutter zusammen zu sein und mit ihr über meinen Bruder zu sprechen, über den sie mir eine Vielzahl jener kleinen Dinge erzählt hat, welche die Lebensgeschichte eines Menschen abrunden. Zudem haben wir ein Bündel Briefe gefunden, die er mir von 1873 bis 1877 geschickt hat und von denen ich einige gelesen habe, die mich von neuem bewegt haben. [...] Diese Briefe könnten uns ungeheuer hilfreich sein, wenn wir beschreiben wollen, wie man ein Maler wird und wie sich der Gedanke entwickelt, daß man nicht anders kann, als seinem Weg in diesem Sinne zu folgen.« (Ronald Pickvance, *»A Great Artist is Dead«. Letters of Condolence on Vincent van Gogh's Death*, hrsg. von Sjraar van Heugten und Fieke Pabst, Zwolle 1992, S. 142; Übers. zit. nach: Arnold, 1993, S. 1009.)

In der Kunstgeschichte gilt Vincent van Goghs künstlerische Entwicklung als äußerst individueller und eigenwilliger Weg, wobei der Künstler selbst schon früh um die eigenen Fähigkeiten und die Qualität seiner Produkte weiß und sich auch durch Andersdenkende nicht von dieser Überzeugung abbringen läßt. Seine Ablehnung einer akademischen Ausbildung, trotz entsprechender – gescheiterter – Versuche in der Antwerpener Akademie oder im Pariser Atelier von Fernand Cormon, hat van Gogh den Ruf eines Autodidakten eingebracht. Das von ihm favorisierte Selbststudium mit seinen zahlreichen Höhen und Tiefen zieht sich wie ein roter Faden durch seinen Briefwechsel, immer wieder belastet von Konflikten mit Kollegen und Freunden, mit denen van Gogh meistens dann bricht, wenn sie seiner Meinung nach zu ›schulmäßig‹ auf seine künstlerischen Fähigkeiten Einfluß zu nehmen versuchen. Dieses Selbststudium wird in den Briefen reflektiert, sei es durch Überlegungen zum Zeichnen von Figuren, zu den ersten Malversuchen mit Ölfarbe, zu den unzähligen Experimenten mit Farbe, sei es mit den kunsthistorisch wegweisenden Äußerungen zum Malen von Porträts und Landschaften. Solche Passagen geben den Blick auf die theoretischen und praktischen Vorstellungen van Goghs frei und werden heute als Meilensteine in der Entwicklung einer künstlerischen Moderne verstanden. Doch auch die ernüchternde Erfahrung, daß er mit seinen Arbeiten seinen Lebensunterhalt nicht bestreiten kann und lebenslang auf die Unterstützung seines Bruders angewiesen bleibt – zu Lebzeiten van Goghs wird nur ein einziges Bild verkauft –, hält ihn nicht davon ab, den einmal eingeschlagenen Weg fortzusetzen. Das bedeutet nun aber nicht, daß sich van Gogh in seinen Briefen nicht auch selbstkritisch zu seinem häufig provozierenden Verhalten gegenüber anderen Künstlern oder Kritikern äußert, meistens jedoch erst dann, wenn das Porzellan bereits in Scherben liegt. Kritisch sind seine Briefe auch immer dann, wenn er sich mit dem zeitgenössischen Kunstmarkt auseinandersetzt. Manchmal attackiert er sogar seinen Bruder, obwohl dieser sich als Kunsthändler stets auch für die Avantgarde um Gauguin, Toulouse-Lautrec oder Degas eingesetzt hat. Van Gogh klagt dabei die Verantwortung einer Öffentlichkeit ein, die sich ebenso aufmerksam um die lebende Künstlergeneration kümmern solle, wie sie den alten Meistern neue Museen zu bauen beginnt. Die Erörterung der gesellschaftlichen Situation der Künstler nimmt breiten Raum in van Goghs Briefen ein. Nicht zuletzt seine Bemühungen, mit Gauguin und anderen Kollegen eine Arbeits- und Ateliergemeinschaft zu gründen, resultierten aus Überlegungen, wonach die Künstler ihre genossenschaftliche ›Vermarktung‹ selbst in die Hand nehmen sollten, um sich auf diese Weise vom offiziellen Kunstmarkt und seiner Ausstellungspolitik zu befreien. Van Gogh wurde damit zu einem Vordenker sezessionistischer Ausstellungsprojekte, von denen nach seinem Tod viele Künstler profitiert haben.

Doch auch diese weitgehend biographische Betrachtungsperspektive ist zu erweitern, mindestens aber zu ergänzen. Bei den Briefen Vincent van Goghs handelt es sich nicht nur um Text-Dokumente, die Informationen, Ansichten und Befindlichkeiten vermitteln; sie sind vielmehr aufgrund der beigefügten Zeichnungen auch ästhetische Dokumente von herausragender Qualität mit großer Bedeutung für das künstlerische Werk. Und jede noch so umsichtige Edition nimmt diesen Briefen zwangsläufig ihren Charakter als Originale, zumal sie aus konservatorischen Gründen nicht wie im Fall der Gemälde oder Zeichnungen wenigstens zeitweise in Museen zu besichtigen sind. Eigentlich ist der Briefwechsel van Goghs nur in einer Faksimileedition präsentierbar, denn gerade das überaus dynamische Verhältnis von Text und Zeichnung verliert durch eine reine Textedition an Aussagekraft. Die in den Briefen angebrachten Zeichnungen haben nicht nur die Funktion der Illustration, der Kommentierung oder der Konkretisierung eines zuvor sprachlich ausgeführten Gedankens oder Beispiels. Text und Bild bedingen sich und gehen derart ineinander über, daß der Briefschreiber häufig überhaupt nicht zu bemerken scheint, daß er einen Wechsel des Mediums vollzogen hat. Die Zeichnung stellt in den überwiegenden Fällen eine Fortsetzung des Textes dar, nur in einem anderen Medium, das sich anderer graphischer Zeichen bedient.

Dieses ineinandergreifende Verhältnis von Text und Bild läßt sich gut am Brief an Theo van Gogh aus dem September 1881 (Brief 150/171/172) beobachten, der in der vorliegenden Ausgabe vollständig reproduziert ist (S. 80–87). In diesem Brief werden ab einer bestimmten Stelle die Grenzen zwischen Text und Bild fließend und scheinen sich in kreative Assoziationen zu verlaufen, die sich dann außerhalb des Briefs künstlerisch umsetzen werden. Van Gogh erläutert seinem Bruder in diesem Brief Entwicklung und Veränderungen seiner Zeichenweise bei der Wiedergabe von arbeitenden Menschen, einem wichtigen Thema dieses Lebens- und Arbeitsabschnitts. Zur Illustration dieser Entwicklung hat er offenbar vor der eigentlichen Briefniederschrift vier Seiten mit Zeichnungen von arbeitenden Bauern angefertigt, auf die er nun im Brieftext erläuternd Bezug nimmt. Durch die Erwähnung eines offenbar erst vor kurzem erhaltenen Briefs des Malerkollegen Anthon van Rappard, dem Landschaftsskizzen beigelegen haben, bekommt der Brief neue Impulse. Mit van Rappard diskutierte van Gogh schon seit einiger Zeit Fragen der Figurenzeichnung. Van Gogh beschäftigt sich nun, angeregt durch van Rappards Brief, mit der Integration dieser Figuren in einen landschaftlichen Kontext und verdeutlicht dies mit entsprechenden, spontan angefertigten Skizzen, während er im eigentlichen Brieftext über die Erläuterung der Skizzen hinaus den ursprünglichen thematischen Faden des Briefs fortzuführen versucht. Dies gelingt ihm allerdings nicht mehr, denn das neue Thema – Figuren innerhalb eines Landschaftskontextes – hat den ursprünglichen Gedankengang abgelenkt bzw. von ihm nun vollständig Besitz ergriffen.

Der Brieftext wird dadurch vordergründig konfus, weil das Bedürfnis der zeichnerischen Umsetzung geweckt worden ist, wie die Bemerkung nach der zweiten Skizze: »Enfin, wie Mauve sagt: ›Die Fabrik ist in vollem Betrieb‹«, anzudeuten scheint. Somit wird dieser Brief zu einem Dokument für die zeichnerische Entwicklung van Goghs: Daran läßt sich studieren, wie das »ganz planvolle Vorgehen des Autodidakten« funktioniert, nämlich »vom Einfachen zum Komplizierten« (Arnold, 1995, S. 54). Der Brief wird dann sehr schnell mit einigen Aufträgen an den Bruder beendet. Dieses komplizierte und auf den ersten Blick nicht ohne weiteres einsichtige Verhältnis von Text und Bild und die mit ihm verbundene Freisetzung kreativer Potenz erschließt sich vollständig nur durch die Betrachtung des Originals. In diesem und anderen, ähnlichen Fällen drängt sich der Eindruck auf, der Brief übernehme innerhalb der Genese eines bildkünstlerischen Werks die Funktion einer ersten Entstehungsstufe.

Rainer Maria Rilke hat Vincent van Gogh im Vergleich mit Paul Cézanne etwas abschätzig als einen »schreibenden Maler« bezeichnet. Obwohl sich Rilke anfangs in Briefen an seine Frau, die Bildhauerin Clara Westhoff, gebannt und betroffen von van Goghs Briefen gezeigt hatte, irritierte ihn schließlich die Eloquenz dieser Briefe, die er als planvolle Vorbereitung seiner Bilder las. Rilke vermißte bei van Gogh – anders als bei Cézanne – das Genie des Künstlers. Dennoch hatte er van Goghs künstlerische Ausnahmestellung erkannt und gleichzeitig hellsichtig gespürt, welche Konsequenzen und Mißverständnisse der einsetzende Ruhm dieses Künstlers nach sich ziehen würde. Am 2. Oktober 1907 schreibt er Clara Westhoff: »Im Erzählen beginnt er zu zeichnen. Und schließlich merkt er gar nicht, wie er still wird und nur noch zeichnet. Und seither tut er nichts anderes mehr, bis in seine letzte Stunde hinein, bis er sich entschließt, mit allem aufzuhören, weil er vielleicht wochenlang nicht würde malen können; da scheint es ihm natürlich, alles aufzugeben, das Leben vor allem. Was für eine Biographie. Ist es wirklich wahr, daß alle Welt so tut, jetzt, als verstünde sie das und die Bilder, die dabei entstehen? Müßten nicht doch im Grunde Kunsthändler und ebenso -kritiker ratloser oder gleichgültiger sein, diesem lieben Eifernden gegenüber, in dem auch wieder etwas vom heiligen Franz auflebte? Ich wundere mich über seinen raschen Ruhm.«

# Briefe

## 1873–1876

# London, Paris, Ramsgate, Welwyn

---

**An Theo van Gogh** **London 13. Juni 1873**

London 13. Juni 1873.

Meine Adresse lautet:
care of Messrs Goupil & C°
17 Southampton Street
Strand
London.

Teurer Theo,

Du wirst wohl schon begierig sein, etwas von mir zu hören, und ich will Dich deshalb nicht länger auf einen Brief warten lassen. –

Von zu Hause hörte ich, daß Du gegenwärtig bei Herrn Schmidt im Hause wohnst & daß Pa bei Dir gewesen ist. Ich hoffe von Herzen & zweifle auch nicht daran, daß es Dir dort besser gefallen wird als in Deiner letzten Pension. Schreibe mir bald, ich warte schon sehr darauf & erzähle mir mal, wie Du Deine Tage verbringst &c. Schreibe mir vor allem, was Du in der letzten Zeit alles an Bildern gesehen hast & ob etwas Neues an Radierungen oder Lithographien erschienen ist. Du mußt mich gut darüber auf dem laufenden halten, denn von diesem Genre sehe ich hier nicht viel, da das Geschäft hier nur aus einem Lager besteht. –

Es geht mir den Umständen entsprechend gut. –

Ich habe eine Pension gefunden, in der es mir vorläufig sehr gut gefällt. Es wohnen noch 3 Deutsche im Haus, die sehr gern Musik mögen & selbst Klavier spielen & singen, was die Abende sehr gemütlich macht. Ich habe hier nicht soviel zu tun wie in Den Haag, da ich nur von morgens 9 bis abends 6 Uhr im Geschäft zu sein brauche & samstags bereits um 4 Uhr fertig bin. – Ich wohne in einer der Vorstädte von London, in der es verhältnismäßig ruhig ist und die mich ein wenig an Tilburg oder so erinnert. –

In Paris hatte ich sehr vergnügliche Tage & habe, wie Du Dir denken kannst, all das Schöne, das ich in der Ausstellung & im Louvre & Luxembourg gesehen habe, sehr genossen. – Das Geschäft in Paris ist prächtig & viel größer, als ich es mir vorgestellt hatte. – Vor allem das an der Place de l'Opéra. –

Das Leben hier ist sehr teuer; in meiner Pension beträgt die Miete 18 Shilling in der Woche, ohne Wäsche, & ich muß dann noch in der Stadt essen. –

Am letzten Sonntag war ich mit meinem Chef, Mr. Obach, auswärts, in Boxhill, das ist ein hoher Hügel (etwa 6 Stunden von L. entfernt), teilweise Kreide & mit Buchsbaum bewachsen und hat an einer Seite einen Wald von hohen Eichen. Das Land ist hier wunderschön, ganz anders als Holland oder Belgien. – Überall sieht man herrliche Parkanlagen mit hohen Bäumen & Sträuchern, wo man spazierengehen darf. Pfingsten habe ich eine schöne Tour mit den Deutschen gemacht; aber die Herren gehen mir zu verschwenderisch mit ihrem Geld um & ich werde in Zukunft nicht mehr mit ihnen ausgehen. –

Es hat mich gefreut, von Pa zu hören, daß es Onkel H. leidlich gut geht. Würdest Du ihn & die Tante herzlich von mir grüßen & ihnen dies und jenes von mir erzählen. – Wünsche auch den Herren Schmidt & Eduard einen guten Tag von mir & schreibe mir bald. Adieu, laß es Dir gut gehen.

Vincent.

**An Theo van Gogh** **London**
**Anfang Januar 1874**

London Januar 1874

Teurer Theo,

Dank für Deinen Brief.

Von Herzen wünsche ich Dir ein sehr gutes neues Jahr. Ich weiß, daß es Dir im Geschäft gut geht, denn das hörte ich von Herrn Tersteeg. – Deinem Brief entnahm ich, daß Du ein Herz für die Kunst hast & das ist eine gute Sache, Junge. Ich bin froh, daß Du Millet, Jacque, Schreijer, Lambinet, Frans Hals &c. gerne magst, denn »das ist es«, wie Mauve sagt. Ja, das Bild von Millet »L'angelus du soir«, »das ist es«. – Das ist reich, das ist Poesie. – Wie gern würde ich wieder einmal mit Dir über Kunst sprechen, aber jetzt müssen wir uns eben oft darüber schreiben; finde nur schön, soviel Du kannst, die meisten finden nicht genug schön. –

Ich schreibe hier einige Namen von Malern auf, die ich ganz besonders liebe. Scheffer, Delaroche, Hébert, Hamon.

Leys, Tissot, Lagye, Boughton, Millais, Thijs Maris, de Groux, de Braekeleer jr.

Millet, Jules Breton, Feyen-Perrin, Eugène Feyen, Brion, Jundt, George Saal. Israels, Anker, Knaus, Vautier, Jourdan, Jalabert, Antigna, Compte-Calix, Rochussen, Meissonier, Zamacois, Madrazzo, Ziem, Boudin, Gerome, Fromentin, de Tournemine, Pasini.

Decamps, Bonnington, Diaz, Th. Rousseau, Troyon, Dupré, Paul Huet, Corot, Schreyer, Jacque, Otto Weber, Daubigny, Wahlberg, Bernier, Emile Breton, Chenu, Cesar de Cocq, M$^{lle}$ Collart. Bodmer, Koekkoek, Schelfhout, Weissenbruch & last not least Maris & Mauve.

Ich könnte einfach so fortfahren, ich weiß nicht, wie lange & dann kommen all die Alten noch, & ich bin sicher, daß ich verschiedene von den besten Neuen übersehen habe. –

Gehe nur weiter viel spazieren & liebe die Natur, denn das ist die richtige Art, die Kunst mehr und mehr begreifen zu lernen. – Die Maler begreifen die Natur & haben sie lieb & l e h r e n u n s s e h e n.

Und daneben gibt es Maler, die nur Gutes machen, die nichts Schlechtes machen k ö n n e n, wie es auch gewöhnliche Menschen gibt, die nur Gutes tun können. –

Mir geht es hier gut, ich habe ein schönes Zuhause & es ist mir ein besonderer Genuß, London & die englische Lebensart & die Engländer selbst zu betrachten, & dann habe ich die Natur & die Kunst & die Poesie, & wenn das noch nicht genug ist, was sollte dann wohl genug sein. – Trotzdem vergesse ich Holland & besonders Den Haag & Brabant nicht. –

Im Geschäft haben wir viel zu tun, wir sind mit der Inventur beschäftigt, die jedoch in 5 Tagen abgeschlossen wird; wir haben es also ein wenig leichter als ihr in 's-Gravenhage.

Ich hoffe, daß Du ebenso frohe Weihnachtstage verlebt hast wie ich. –

Nun mach's gut, Junge, & schreibe mir bald, ich habe Dir hier aufgeschrieben, was mir gerade aus der Feder floß, und hoffe, daß Du daraus klug werden kannst. Adieu, grüße alle im Geschäft & wer sonst noch nach mir fragt, besonders auch alle bei Tante Fie & bei Haanebeeks.

Vincent

Anbei ein Wort für Mr. Roos.

**An Theo van Gogh** **Paris**
**27. September 1875**

Goupil & Cie
Editeurs Imprimeurs
Estampes Françaises & Étrangères
Tableaux Modernes
Rue Chaptal, 9, PARIS.
Succursales à la Haye, Londres, Berlin, New-York.

Paris, 27. Sept. 1875.

Teurer Theo,

»Das Reich Gottes kommt nicht mit äußerlichem Antlitz: das Reich Gottes ist in Euch.« »Der Menschensohn ist nicht gekommen, damit er sich bedienen lasse, sondern damit er diene«, und wir, die seine Nachfolger und Christen werden wollen, wir sind nicht größer als unser Herr. – Selig sind die Armen im Geiste, selig sind die, die reinen Herzens sind.

Der Weg, der zum Leben führt, ist schmal, und wenige sind es, die ihn finden. Ringet, um durch die enge Pforte hineinzugehen, denn viele werden hineinzukommen trachten und werden es nicht können. –

Mein Bruder, laß uns vorsichtig sein; laß uns Ihn bitten, der droben ist, Der auch für uns bittet, daß Er uns nicht aus der Welt nehme, sondern daß Er uns bewahre vor dem Bösen. – Ja, laß uns nüchtern und wachsam sein, laß uns auf Gott vertrauen mit unserem ganzen Herzen und uns nicht auf unseren Verstand verlassen. Laß uns von Ihm erbitten, daß Er uns zwingt, zu ihm zu kommen; daß Er uns ermögliche, das Leben eines Christen zu vollbringen; daß Er uns lehrt, uns selbst zu verleugnen, unser Kreuz täglich auf uns zu nehmen und Ihm nachzufolgen; sanftmütig, geduldig und demütig im Herzen zu sein.

Ein Teil, das nicht weggenommen werden wird, eine Quelle lebendigen Wassers, das bis ins ewige Leben quillt, das sind die guten Gaben, die der Erhörer der Gebete, der Geber aller vollkommenen Gaben denen geben wird, die zu Ihm darum beten. –

Und über alledem noch die Zusicherung, daß es »Ein Vaterhaus, in dem viele Wohnungen sind«, gibt und daß Er uns alle zu sich nimmt, wenn Er uns dort eine Stätte bereitet haben wird. – Und zu unserem Trost im Leben, auf dem Weg zu diesem Vaterhaus, »der Tröster, der Geist der Wahrheit, der uns zur Wahrheit führen wird«. –

Doch das Christenleben hat auch seine dunkle Seite; es ist vor allem Menschenwerk.

Sie, die mit Gott wandeln, Gottes Freunde, Gottes Fromme, die Ihn in Geist und Wahrheit anbeten, sind versucht und geläutert worden und ihnen wird von Gott so manches Mal ein Pfahl ins Fleisch gestoßen; selig werden wir sein, wenn wir, wie unser Vater, Paulus werden nachsprechen können: da ich ein Kind war, redete ich wie ein Kind, war meine Gesinnung die eines Kindes, nun da ich aber ein Mann geworden bin, habe ich das zunichte gemacht, was des Kindes war, und ich bin zu dem geworden, und Gott hat mich zu dem gemacht: traurig, aber allzeit fröhlich.

Schreibe mir bald wieder und grüße alle Bekannten; ich bin, dessen sei versichert

Dein Dich liebender Bruder.
Vincent.

**An Theo van Gogh** **Paris**
**14. Oktober 1875**

Goupil & Cie
Editeurs Imprimeurs
Estampes Françaises & Étrangères
Tableaux Modernes
Rue Chaptal, 9, PARIS.
Succursales à la Haye, Londres, Berlin, New-York.

Paris, 14. Okt. 1875.

Teurer Theo,

wieder einmal ein paar Worte, um sowohl mich selbst als auch Dich aufzumuntern. – Ich riet Dir, Deine Bücher wegzuschaffen, und ich rate es Dir immer noch, sicher – tu es nur; Du wirst Ruhe dabei finden; wenn Du es tust, hüte Dich jedoch, engherzig zu werden, und scheue Dich nicht, das zu lesen, was gut geschrieben ist, im Gegenteil, denn das ist ein Trost in unserem Leben. –

»Que toutes les choses qui sont véritables, toutes les choses qui sont honnêtes, toutes les choses qui sont justes, toutes les choses qui sont pures, toutes les choses qui sont aimables, toutes les choses qui sont de bonne réputation, et où il y a quelque vertu, et qui sont dignes de louange; que toutes ces choses occupent vos pensées«. –

Suche nur nach Licht und Freiheit und versenke Dich nicht allzu sehr in irdischem Tand.

Wie gern würde ich Dich einmal hier haben und Dir das Luxembourg und den Louvre &c. zeigen, aber ich denke, daß Du mit der Zeit wohl noch einmal herkommen wirst. –

Ich habe einen ziemlich guten Brief von Anna bekommen, den ich Dir zum Lesen sende, aber schicke ihn mir zurück. – Pa schrieb mir einmal: »Vergiß nur nicht die Geschichte von Ikarus, der zur Sonne fliegen wollte und, auf einer gewissen Höhe angekommen, seine Flügel verlor &

ins Meer stürzte«. – Du wirst wohl oft das Gefühl haben, daß weder ich noch Anna das sind, was wir zu werden hoffen, und daß wir noch weit von Pa und den anderen entfernt sind, daß uns Festigkeit und Einfachheit und Aufrichtigkeit fehlen, man ist nicht auf einmal einfach und wahr. Aber laßt uns nur durchhalten, und vor allem Geduld haben, die, die glauben, fliehen nicht; trotzdem ist da ein Unterschied zwischen unserem Verlangen, Christen zu werden, und dem des Ikarus, zur Sonne zu fliegen. Ich glaube, ein beträchtlich starker Körper schadet nichts; sorge also dafür, daß Du Dich gut ernährst, und wenn Du einmal argen Hunger oder besser gesagt Appetit hast, dann iß auch gut. Ich versichere Dir, daß ich das auch oft genug tue und vor allem getan habe. Besonders Brot, glaube ich, Junge, aber sei dabei nicht zu zaghaft. »Bread is the staff of life«, sagen die Engländer (obwohl sie doch auch gern Fleisch essen, sogar im allgemeinen viel zuviel). Und nun schreibe mir bald wieder und auch einmal über die alltäglichen Dinge.

Bleibe stark und grüße alle von mir, die nach mir fragen sollten, wir wollen hoffen, daß wir uns in etwa 10 Wochen wiedersehn. In Gedanken drücke ich Dir herzlich die Hand und bin stets

Dein Dich liebender Bruder
Vincent

## An Theo van Gogh

**Welwyn**
**17. Juni 1876**

Welwyn 17. Juni 1876

Teurer Theo,

am letzten Montag habe ich mich von Ramsgate aus auf den Weg nach London gemacht. Das war eine ganz schöne Strecke, und als ich fortging, war es ziemlich warm und so blieb es bis zum Abend, als ich Canterbury erreichte. Denselben Abend ging ich noch etwas weiter, bis ich an einen kleinen Teich mit ein paar großen Buchen und Ulmen kam, wo ich mich ein wenig ausgeruht habe. Morgens um halb 4 fingen die Vögel schon beim ersten Morgengrauen zu singen an, und ich habe mich wieder auf den Weg gemacht. Um diese Zeit läßt es sich gut wandern. Mittags erreichte ich Chattam, wo man in der Ferne in den teilweise überfluteten flachen Wiesen mit hier und da ein paar Ulmen die Themse voller Schiffe sehen kann; ich glaube, das Wetter dort ist immer grau. Dort stieß ich auf einen Karren, der mich einige Meilen weiter brachte, aber als der Fuhrmann in einen Gasthof ging, dachte ich, daß er dort wohl eine Weile bleiben würde, und ging zu Fuß weiter und erreichte gegen Abend die so wohlbekannten Vorstädte Londons und wanderte über die langen, langen »Roads« weiter in die Stadt. Zwei Tage bin ich in London geblieben und bin von einem Ende der Stadt zum anderen getrabt, um verschiedene Leute zu besuchen, u. a. einen Pfarrer, dem ich geschrieben hatte. Anbei eine Übersetzung dieses Briefes, die ich Dir schicke, damit Du weißt, daß ich mit dem Gefühl »Vater, ich bin es nicht würdig!« und »Vater, sei mir gnädig!« anfange. – Sollte ich etwas finden, dann wird es wohl eine Anstellung so zwischen Prediger und Missionar sein, unter Arbeitern in den Vorstädten von London. – Sprich vorerst noch mit niemandem darüber, Theo. Mein Gehalt bei Mr. Stokes wird sehr gering sein. Wahrscheinlich nur Kost und

Logis und etwas Freizeit, um Unterricht zu geben oder, wenn keine Freizeit übrig bleibt, höchstens £ 20 im Jahr. –

Aber nun weiter: Die erste Nacht habe ich bei Mr. Reid verbracht und die nächste bei Mr. Gladwell, wo sie sehr, sehr freundlich waren. Mr. Gladwell küßte mich abends beim Gutenachtsagen und das tat mir wohl, möge es mir vergönnt sein, seinem Sohn im Laufe der Zeit ein wenig Freundschaft zu erweisen. Ich wollte abends weiter nach Welwyn, doch sie hielten mich wegen eines heftigen Platzregens buchstäblich mit Gewalt zurück. Als dieser jedoch morgens gegen 4 Uhr etwas nachließ, habe ich mich auf den Weg nach Welwyn gemacht. Zuerst eine tüchtige Wanderung von einem Ende der Stadt zum anderen, etwa 10 Meilen (pro Meile 20 Minuten zu Fuß). Nachmittags um 5 Uhr war ich bei der Schwester, und was hatte ich für eine Freude, sie zu sehen. Sie sieht gut aus, und Du würdest, wie ich, Deine Freude haben an ihrem Zimmer mit Le vendredi Saint, Le Christ au jardin des oliviers, Mater Dolorosa &c., eingerahmt mit Efeu anstatt mit Bilderrahmen. – Mein Junge, wenn Du den Brief an den Pfarrer liest, sagst Du vielleicht: Er ist doch nicht so übel, aber das ist er wohl. – Denke aber trotzdem hin und wieder an ihn, so wie er ist. Einen Händedruck in Gedanken von

Deinem Dich liebenden Bruder
Vincent

Hochwürden.

Ein Pfarrerssohn, der, da er arbeiten muß, um sein Brot zu verdienen, weder Geld noch Zeit hat, an einem Seminar des Kings College teilzunehmen, und außerdem schon ein paar Jahre älter ist, als man gewöhnlich dorthin kommt, und jetzt noch nicht einmal die vorbereitenden Seminare Latein und Griechisch begonnen hat, würde trotz alledem überaus gern eine Anstellung finden, die mit der Kirche in

Verbindung ist, obwohl das Amt eines Pfarrers mit Hochschulbildung außerhalb seiner Möglichkeiten liegt. –

Mein Vater ist Pfarrer in einem Dorf in Holland. Mit 11 Jahren kam ich zur Schule und blieb dort bis zu meinem 16. Lebensjahr. Dann mußte ich einen Beruf wählen und wußte nicht, für welchen ich mich entscheiden sollte. Doch durch die Vermittlung eines meiner Onkel, Kompagnon der Firma Goupil & Co., Kunsthändler und Verleger von Gravüren, bekam ich eine Stellung in seinem Geschäft in Den Haag. 3 Jahre lang war ich in diesem Geschäft tätig. Von dort ging ich nach London, um Englisch zu lernen, und von dort 2 Jahre nach Paris. Durch verschiedene Umstände sah ich mich veranlaßt, das Geschäft der Herren G. & C° zu verlassen, und bin seit 2 Monaten Lehrer an der Schule von Mr. Stokes in Ramsgate. – Da jedoch ein kirchlicher Wirkungskreis mein Ziel ist, muß ich noch weiter suchen. –

Obwohl ich nicht für die Kirche ausgebildet bin, kann doch vielleicht mein bisheriges Leben – meine Reisen, mein Aufenthalt in verschiedenen Ländern, mein Umgang mit unterschiedlichen Menschen, mit armen und reichen, gottesfürchtigen und nichtgottesfürchtigen, meine verschiedenen Tätigkeiten, meine tagelange Handarbeit zwischen den Tagen der Büroarbeit &c., vielleicht auch das Sprechen verschiedener Sprachen – teilweise ausgleichen, daß ich nicht studiert habe. – Was ich jedoch noch lieber als Grund angeben würde, weshalb ich mich Ihnen anempfehle, ist meine angeborene Liebe für die Kirche und alles was sie betrifft, die zwar hin und wieder einmal eingeschlafen war, aber doch jedesmal wieder wach wurde und, wenn ich, obwohl mit einem Gefühl von großer Unzulänglichkeit und Unvollkommenheit, so sagen darf: die Liebe zu Gott und zu den Menschen. – Und auch, wenn ich an mein vergangenes Leben und an meines Vaters Haus in dem Dorf in Holland denke, mit dem Gefühl »Vater, ich habe gesündigt gegen den Himmel und vor Dir, und ich bin nicht mehr würdig,

Dein Sohn genannt zu werden, mache mich zu einem Deiner Tagelöhner. Sei mir Armem gnädig«. – Als ich in London wohnte, bin ich zu Ihnen in die Kirche gegangen und habe Sie nicht vergessen. Nun bitte ich um Ihre Empfehlung, wenn ich nach einem Wirkungskreis suche, und haben Sie ein väterliches Auge auf mich, falls ich solch eine Stellung finden sollte. Ich bin ziemlich viel mir selbst überlassen gewesen, und ich glaube, daß Ihr väterliches Auge mir guttun würde, nun:

The early dew of morning
has passed away at noon.

Im voraus danke ich Ihnen dafür, was Sie für mich tun wollen –

## 1876–1878
## Etten

---

**An Theo van Gogh** **Etten**
**31. Dezember 1876**

Etten 31. Dezember 1876

Teurer Theo,

von Herzen wünsche ich Dir alles Gute zum neuen Jahr, möge es Dir wohl ergehen und in jeder Hinsicht Segen auf Dir ruhen. Herrlich, daß wir einander wiedergesehen haben, wie schön war es an dem Morgen, als Du fortgegangen bist, und wie oft werden wir noch an den Ausflug nach Chaam denken.

Mutter hat wieder soviel Schmerzen an ihrem Auge und trägt ein Tuch um den Kopf, Pa hat heute morgen wieder so sehr schön gepredigt.

Und nun haben wir heute abend wieder Silvester, wärst Du doch auch hier.

Da ist noch etwas, das ich Dir erzählen muß; vor ein paar Tagen kam Herr Braat aus Dordt zu Onkel Vincent zu Besuch, und sie sprachen über mich, und der Onkel fragte Herrn B., ob bei ihm Platz für mich sei, falls ich das wünschen sollte. Herr Braat meinte, daß es wohl eine Möglichkeit gebe, ich solle doch einmal vorbeikommen, um darüber zu sprechen. Also bin ich gestern am frühen Morgen dort gewesen, Pa und Moe und auch ich meinten, daß wir so etwas nicht vorbeigehen lassen dürften, ohne zu sehen, was es sei.

Habe mit ihm vereinbart, daß ich nach Neujahr für eine Woche zu ihm gehe, und nach Ablauf dieser Zeit werden wir weitersehen.

Es gibt viele Gründe, die es wünschenswert machen, vorerst wieder in Holland zu sein, in der Nähe von Pa und Moe und auch näher zu Dir und den anderen. Außerdem wäre das Gehalt sicher etwas besser als bei Mr. Jones, und vor allem im Hinblick auf später, wenn ein Mensch mehr braucht, ist man verpflichtet, daran zu denken.

Was nun das andere betrifft: das werde ich deshalb nicht aufgeben. Pas Geist ist so groß und so umfassend, und unter allen Umständen hoffe ich, daß sich davon auch etwas in mir entwickeln wird. Die Veränderung wird darin bestehen, daß ich nun, anstatt den Jungen Unterricht zu geben, in einer Buchhandlung arbeiten werde. –

Wie oft haben wir uns danach gesehnt, zusammen zu sein, und wie schrecklich ist das Gefühl, bei Krankheit oder Sorgen fern voneinander zu sein, wie wir es zum Beispiel bei Deiner Krankheit empfunden haben, und dann das Gefühl, daß der Mangel an nötigem Geld sehr wohl ein Hindernis sein kann, um in der Not beieinander zu sein. –

Es ist also sehr gut möglich, daß ich dort hingehe. –

Gestern abend war ich noch bei Onkel Vincent, um ihm zu erzählen, daß ich sofort in Dordt gewesen bin, es war ein stürmischer Abend, und Du kannst Dir denken, wie schön der Weg nach Prinsenhage war mit den dunklen Wolken und ihren silbernen Rändern. Ich ging auch noch kurz in die katholische Kirche, wo ein Abendgottesdienst war, es war ein schöner Anblick, all die Bauern und Bäuerinnen in ihren schwarzen Kleidern und weißen Hauben, und die Kirche sah so freundlich aus im Abendlicht. Du mußt es nur gleich auch Herrn Tersteeg sagen, daß ich für 8 Tage dort hingehe, um zu sehen, was danach wird, wenn Du willst, laß diesen Brief Seine Hochwohlgeboren lesen und wünsche vor allem ihm und seiner Frau von mir alles Gute im neuen Jahr. Ich schreibe Dir in großer Eile, Anna, die Mädchen und Cor sind nach Prinsenhage gegangen und Pa wollte, daß ich sie begleite. Tante kam mit ihnen im Wagen zurück, und ich ging mit Willem Carbentus spazieren. –

Nun, mein Junge, lieber Bruder, was waren das doch gute Tage, als wir alle zusammen waren, verlebe einen guten Silvesterabend, ich bin, dessen sei versichert,

Dein Dich liebender Bruder
Vincent

Schon bald mehr – adieu. Solltest Du schreiben, adressiere dann Deinen Brief nach Dordt.

**An Theo van Gogh** **Etten 22. Juli 1878**

Etten 22. Juli 1878

Teurer Theo,

ein paar Worte füge ich dem Brief von Pa und Moe noch hinzu; war froh zu hören, daß es Dir dort nach wie vor gut geht und daß Du Dir auch Freude am Leben erhältst, wie gerne würde ich dort einmal mit Dir umherstreifen.

Wie Pa Dir sicher schon geschrieben hat, fuhren er und ich vergangene Woche in Begleitung von Pastor Jones aus Isleworth, der einen Sonntag über hierblieb, nach Brüssel. Der Eindruck, den wir von dieser Tour mit nach Hause brachten, war insofern zufriedenstellend, als wir glauben, dort im Laufe der Zeit wohl eine Anstellung und einen Wirkungskreis finden zu können – daß die Ausbildung dort ganz gewiß kürzer und auch weniger kostspielig ist als in Holland und daß es jetzt geboten ist, Belgien im Auge zu behalten und dort weiterzusuchen, bis wir etwas finden werden. –

Die flämische Ausbildungsschule, die wir gesehen haben, bietet einen 3jährigen Kursus an, während die Studienzeit in Holland, wie Du weißt, im allergünstigsten Fall jetzt noch 6 Jahre dauern würde. Und es wird nicht einmal verlangt, daß man diese Ausbildung abgeschlossen haben muß, bevor & ehe man sich um eine Anstellung und eine Tätigkeit als Prediger bewerben kann. Was man verlangt, ist die Fähigkeit, mühelos zu Herzen gehende und allgemeinverständliche Predigten oder Ansprachen vor der Gemeinde halten zu können, lieber kurz und kernig als gelehrt und lang. – So achtet man dort weniger auf große Kenntnisse in den alten Sprachen und langes Theologiestudium, obwohl alles, was man davon weiß, eine große Empfehlung ist, sondern legt mehr Wert auf die praktische Arbeit und den natürlichen Glauben. Nun sind wir jedoch deshalb noch keineswegs am Ziel, vorerst besitzt man nicht von vornherein die Fähigkeit und erhält sie nicht anders als durch viel Übung, die Gemeinde mit Ernst und Gefühl und ohne Steifheit und Gezwungenheit anzusprechen, aber auf natürliche Weise und von Liebe durchdrungen und als Meister seiner Sache und in dem Wissen, für die Gemeinde deutlich und verständlich dasjenige zu sagen, was man zu sagen hat, während in dem, was man zu sagen hat, eine Bedeutung und ein Zweck und ein zwingender Grund liegen muß, um seine Zuhörer dazu anzuregen, daß sie danach streben, ihre Neigungen in der Wahrheit Wurzeln schlagen zu lassen. – Mit einem Wort, man muß ein Volksprediger sein, wenn man dort erfolgreich sein will.

Ces Messieurs zu Brüssel verlangten, ich solle für 3 Monate dorthin kommen, um alles näher kennenzulernen, aber auf die Dauer würde das wiederum zu kostspielig, und das sollte soweit wie möglich vermieden werden. Das ist der Grund, weshalb ich im Augenblick zur Vorbereitung noch etwas hier in Etten arbeiten werde, um dann von hier aus von Zeit zu Zeit Pastor Pietersen in Mecheln oder Pastor de Jonge in Brüssel einen Besuch abzustatten, damit wir uns so gegenseitig näher kennenlernen.

Für wie lange dies wird sein müssen, hängt ganz davon ab, was man dort weiter sagen wird. Wir beide, Pa und ich, haben ihnen erst vor kurzem wieder geschrieben.

Pa will, daß ich so gut ich kann einige Aufsätze auf Vorrat mache (so schreibe ich jetzt nach dem Bild »La maison du charpentier« von Rembrandt im Louvre).

Gestern mußte Pa in Zundert predigen & ich begleitete ihn dorthin. Ich soll Dich vielmals von den Tanten grüßen, wir besuchten auch noch Ch. v. Ginneken, der, wie Du vielleicht bereits gehört hast, Marie v. Mens heiraten wird und den Ropsengarten gekauft hat, um dort eine Lohgerberei einzurichten.

War auch noch bei Jan Doomen, der sehr am Rheuma in seinem Bein leidet und klagt, er könne nicht einmal mehr zu Fuß nach Breda gehen, jedoch bei der Arbeit auf dem Feld und im Garten nicht so arg dadurch behindert sei, nur morgens zwinge der Schmerz ihn, sehr früh aufzustehen. Das Alter hat seine Gebrechen, würde der alte Pastor Meyes sagen.

Was für ein außergewöhnlich schöner Holzschnitt war doch kürzlich in L'Illustration abgebildet: »Un jeune citoyen de l'an V« von Jules Goupil. Ist er Dir unter die Augen gekommen? Habe ihn mir besorgen können & er hängt im Augenblick hier an der Wand des Zimmers, in dem ich wohnen darf, nämlich im Studierzimmer, das auf den Garten hinausgeht & wo der Efeu hinaufwächst. Über das bewußte Bild wurde in der Zeitschrift folgendes gesagt: »Un regard qui a vu le spectacle de l'affreuse guillotine, une pensée qui a survécu à toutes les scènes de la révolution. – Il est presque étonné de se trouver encore vivant après tant de catastrophes.«

Das war doch eine merkwürdige Erscheinung in der Kunst, die auch weiterhin eine entsprechende Wirkung auf viele haben und auch künftig jene erfassen wird, die ein Gefühl für große Kunst haben, vergleichbar einem Porträt von Fabritius oder manch anderen mehr oder weniger mystischen Gemälden aus der Schule Rembrandts.

Als wir abends von Zundert über die Heide zurückfuhren, gingen Pa und ich ein Stück zu Fuß, die Sonne ging rot hinter dem Tannenwald unter und das Abendlicht spiegelte sich in den Sümpfen, die Heide und der gelbe und weiße & graue Sand waren so voll Ton und Stimmung – Sieh, es gibt Augenblicke im Leben, in denen alles, auch in unserem Innern, Frieden und Stimmung ist und das ganze Leben uns wie ein Weg durch die Heide erscheint, aber das ist nicht immer so.

Und heute morgen wanderten Cor, der Ferien hat, & ich wieder zur Heide und zum Tannenwald, ein Stück hinter dem Mühlenende, und holten für seine Kaninchen Heide, die sie offenbar sehr gern mögen, denn sie ist zu einem guten Teil ihre natürliche Nahrung, und noch dies & jenes für einen Blumenkorb. – Wir saßen einige Zeit im Tannenwald und zeichneten zusammen eine kleine Karte von Etten und Umgebung mit dem Bremberg & Haansberg & dem Schlachtfeld & der Geestestraat und Sprundel & 't Heike & de Hoeve.

Anna ist kränklich, sie ist so still und sieht manchmal so arg schwach aus – arme Schwester –, es will mir scheinen, daß es besser ist, gut und schön verheiratet als verlobt zu sein, und für sie würde ich mir von Herzen wünschen, daß sie bereits wohlbehalten drei Jahre weiter auf ihrem Lebensweg fortgeschritten wäre – möge Gott sie schonen und vor allem Bösen schützen, Er, von Dem geschrieben steht, daß Er unser Beschützer und dem Schatten unserer rechten Hand gleich ist. –

Würdest Du Soek und all die Seinen (wenn Du mal zu ihm gehst) herzlich von mir grüßen, auch Frans Braat und Ernest und die anderen, falls es sich zufällig so ergibt. Ich denke oft an Dich und bin so froh, daß es Dir gut geht und Du dort Dinge findest, die Dich anregen und die gleichsam gute Nahrung für das wahre Leben sind. Denn das ist auch die große Kunst, und das sind die Werke derjenigen, die mit ihrem Herzen und mit ihrem Geist und Verstand arbeiten, wie Du so viele kennst und vielleicht auch vielen persönlich begegnen wirst, deren Worte und Werke Geist und Leben sind. Daß es auch Dir und, möge es sein, uns allen mehr und mehr gelingt, in denselben Grundsätzen zu wurzeln und zu gründen, indem unsere Neigungen in der Wahrheit Wurzeln schlagen, das wünscht Dir in Gedanken mit einem herzlichen Händedruck

Dein Dich sehr liebender Bruder

Vincent.

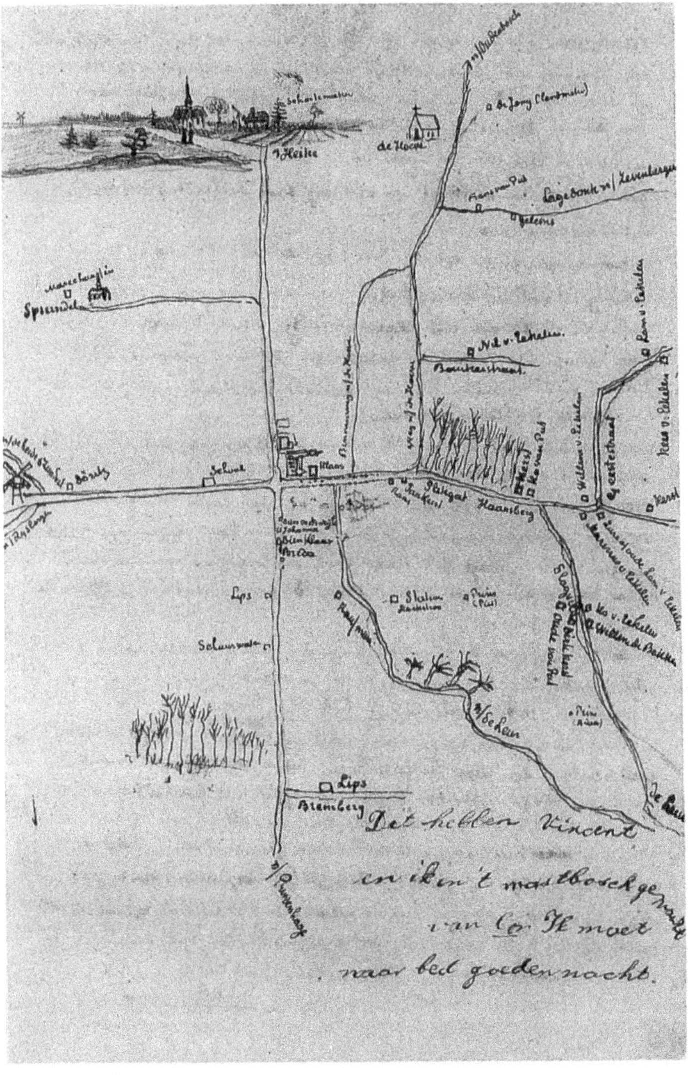
de Hoeve
Lips
Lips
Bremberg
Dit hebben Vincent
en ik in 't maatboschgemaakt
van Co. Ik moet
naar bed goedennacht.

## 1878–1881

## Brüssel, Cuesmes, Etten

---

### An Theo van Gogh Laken
### 13., 15. oder 16. November 1878

Laeken Nov. 1878

Teurer Theo,

am Abend des Tages, den wir zusammen verbrachten und der für mich wie im Fluge verging, will ich Dir doch noch ein paar Zeilen schreiben. Es war mir eine große Freude, Dich wieder einmal zu sehen und zu sprechen, und es ist ein Glück, daß so ein Tag, der im Fluge vergeht, und eine Freude, die nur von so kurzer Dauer ist, doch in unserem Gedächtnis weiterlebt und daß die Erinnerung daran unvergessen bleibt. Als wir Abschied genommen hatten, ging ich zurück, nicht den kürzesten Weg, sondern auf dem Treidelpfad. Dort gibt es die unterschiedlichsten Werkstätten, die abends vor allem bei Licht schön aussehen und auf ihre Art zu uns sprechen, wenn wir, die wir doch auch Arbeiter und Handwerker sind, jeder in dem Kreis und in der Arbeit, zu der er berufen ist, nur zuhören wollten, denn sie sagen uns: Arbeite, solange es Tag ist, ehe es Nacht wird, in der keiner arbeiten kann, und sie erinnern uns daran, daß der Vater bis zu diesem Augenblick arbeitet und wir auch arbeiten müssen.

Es war gerade die Zeit, als die Straßenfeger ihre Karren mit den alten Schimmeln nach Hause fuhren; eine lange Reihe dieser Karren stand bei der sogenannten Ferme des boues am Anfang des Treidelpfads. Manche dieser alten Schimmel gleichen einer alten Aquatintagravüre, die Du vielleicht kennst, eine Gravüre, die wohl keinen sehr großen Kunstwert hat, mich aber doch sehr bewegte und beeindruckte. Ich meine die letzte aus der Bilderfolge mit dem Titel »La vie d'un cheval«. Das Bild stellt einen alten Schimmel dar, abgemagert und ausgemergelt und zu Tode erschöpft nach einem langen Leben schwerer Arbeit, vieler und mühsamer Arbeit. Das arme Tier steht an einem unsagbar einsamen und verlassenen Ort, einem mit kargem dürren Gras bewachsenen flachen Gelände mit hier und da einem verkrüppelten, vom Sturmwind gekrümmten und abgebrochenen Baum. Auf der Erde liegt der Schädel und fern im Hintergrund das verblichene Gerippe eines Pferdes, und das liegt neben einer Hütte, in der ein Mann wohnt, der die Pferde schlachtet.

Über dem Ganzen hängt ein stürmischer Himmel, es ist ein bitterkalter, rauher Tag, düsteres und dunkles Wetter.

Kläglich und tief melancholisch ist diese Szene, die jeden berühren muß, der weiß und fühlt, daß auch wir einmal durch das gehen müssen, was wir Sterben nennen, und que la fin de la vie humaine ce sont des larmes ou des cheveux blancs. Was danach noch kommt, liegt tief im Verborgenen, von dem allein Gott weiß, der uns jedoch in Seinem Wort unwiderlegbar offenbart hat, daß es eine Auferstehung der Toten gibt. –

Das arme Pferd, der alte getreue Veteran, steht geduldig und gelassen da, doch mutig und in gewissem Sinne entschlossen wartet es seine letzte Stunde ab, wie die alte Garde, die sagte: »La garde meurt mais elle ne se rend pas«. – Ich mußte unwillkürlich an dieses Bild denken, als ich heute abend die Pferde vor den Müllkarren sah. Und was nun die Fuhrleute in ihren schmutzigen, schmuddeligen Kleidern betrifft, sie schienen fast noch tiefer in Armut versunken und verwurzelt zu sein als die lange Reihe oder besser die Gruppe der Armen, die Meister de Groux auf seiner Banc des pauvres gezeichnet hat. Schreibe mir einmal, ob Du das fragliche Bild kennst. Ich würde gern einmal den

Männern auf den Müllkarren zureden; wenn sie sich nur auf die banc des pauvres setzen wollten und es der Mühe wert fänden, vom Evangelium zu hören, auch vom Teil der Armen und auch von Gott, ihrem Beschützer und ihrem Schatten an ihrer rechten Hand. – Sieh, es trifft mich immer, und es ist etwas Eigenartiges, wenn wir das Bild unaussprechlicher und unbeschreiblicher Verlassenheit sehen – der Einsamkeit –, der Armut und des Elends, das Ende der Dinge oder ihr Äußerstes –, dann kommt in unserem Geist der Gedanke an Gott auf. Zumindest bei mir ist das der Fall, und sagt Pa nicht sogar auch – ich spreche nirgends lieber als auf dem Kirchhof, denn dort stehen wir auf gleichem Grund – dort stehen wir nicht nur auf gleichem Grund, dort f ü h l e n wir auch, daß wir auf gleichem Grund stehen, und anderswo fühlen wir das nicht immer.

Ich bin froh, daß wir noch zusammen das Museum gesehen haben, besonders die Arbeiten von de Groux und Leys und so viele andere merkwürdige Bilder wie jene Landschaft von Coosemans unter anderem. Über die beiden Stiche, die Du mir gegeben hast, freue ich mich sehr, aber Du hättest die kleine Radierung Les trois moulins von mir annehmen müssen. Nun hast Du sie selbst bezahlt, ganz sogar & nicht nur zur Hälfte, wie ich es gerne gewollt hätte – Du mußt sie aber in Deinem Album aufbewahren, denn sie ist merkwürdig, auch wenn sie nicht so besonders schön ausgeführt ist, würde ich in meiner Unwissenheit meinen, sie eher dem Bauern-Breugel als dem Samt-Breugel zuschreiben zu müssen. Die bewußte kleine Skizze »Au charbonnage« lege ich bei. Ich würde gern einmal damit anfangen, grobe Skizzen von diesem & jenem zu machen, von den zahlreichen Dingen, denen man so auf seinem Weg begegnet, aber weil ich es darin doch nicht weit bringen werde und es mich leicht von meiner eigentlichen Arbeit abhalten würde, ist es besser, daß ich damit erst gar nicht anfange. Sobald ich zu Hause war, begann ich mit einer Predigt über »den unfruchtbaren Feigenbaum«, Luk. XIII: 6–9.

Von Herzen hoffe ich, daß Du zu Hause gute Tage verlebt hast, daß Du auch den Sonntag über geblieben bist und daß es Dir in Prinsenhage gut gefallen hat.

Wenn Du wieder zu Hause in Den Haag bist, schreibe mir möglichst bald ein paar Worte, falls Du Zeit finden kannst, und bestelle vor allem Roos herzliche Grüße von mir.

Die kleine Zeichnung »Au charbonnage« ist wahrlich nichts Besonderes, aber der Grund, weshalb ich sie so spontan gemacht habe, war der, daß man hier so häufig Menschen sieht, die im Kohlenbergbau arbeiten, und das sind eigenartige Menschen. Dieses kleine Haus steht nicht weit vom Treidelpfad entfernt, es ist eigentlich eine an die große Werkstatt angebaute Kneipe, in die die Arbeiter in der Pause ihr Brot essen kommen & ein Glas Bier trinken.

Schon seinerzeit in England habe ich mich einmal um eine Anstellung als Prediger bei den Bergarbeitern in den Steinkohlengruben beworben, damals schlug man meine Anfrage in den Wind und sagte, ich müßte mindestens 25 Jahre alt sein. Du weißt doch, wie eine der Wurzel- oder Grundwahrheiten nicht nur des Evangeliums, sondern auch der ganzen Bibel lautet: »Licht, das scheint in der Finsternis«. Durch Finsternis zum Licht. Nun, wer wird es wohl sehr sicher brauchen, wer wird ein offenes Ohr dafür haben? Die Erfahrung hat gelehrt, daß jene, die in der Finsternis, im Herzen der Erde arbeiten, wie beispielsweise die Bergleute in den schwarzen Kohlengruben, vom Wort des Evangeliums tief ergriffen sind und auch daran glauben. – Nun gibt es im Süden Belgiens, im Hennegau, etwa in der Nähe von Mons bis an die französische Grenze, ja auch noch weit dahinter, eine Gegend mit dem Namen Le Borinage, wo eine eigenartige Arbeiterbevölkerung lebt, die in den zahlreichen Steinkohlengruben arbeitet. Folgendes fand ich unter anderem in einem kleinen Geographiebuch über sie: Les Borins (habitants du Borinage, pays au couchant de Mons) ne s'occupent que de l'extraction du charbon. C'est un spectacle imposant que celui de ces mines de houille ouvertes à 300 mètres sous terre, et où descend journellement une population ouvrière digne de nos égards et de nos sympathies. Le houilleur est un type particulier au Borinage; pour lui le jour n'existe pas, et sauf le Dimanche, il ne jouit guère des rayons du soleil. Il travaille péniblement à la lueur d'une lampe dont la clarté est pâle et blafarde, dans une galerie étroite, le corps plié en deux, et parfois obligé de ramper; il travaille pour arracher des entrailles de la terre, cette substance minérale dont nous connaissons la grande utilité, il travaille enfin au milieu de mille dangers sans cesse renaissants, mais le porion Belge a un caractère heureux, il est habitué à ce genre de vie, et quand il se rend dans la fosse, le chapeau surmonté d'une petite lampe destinée à le guider dans les ténèbres, il se fie à son Dieu Qui voit son labeur et Qui le protège, lui, sa femme et ses enfants. Ses vêtements se composent d'un chapeau de cuir bouilli, d'une veste et d'un pantalon de toile. – Le Borinage liegt also südlich von Lessines, wo die Steinbrüche zu finden sind.

Gerne würde ich als Prediger dort hingehen. Die von den Herren de Jonge & Pastor Pietersen festgesetzte Probezeit von drei Monaten ist bald verstrichen. Paulus ist, bevor er als Prediger wirkte und seine großen Missionsreisen und die eigentliche Arbeit bei den Heiden aufnahm, drei Jahre in Arabien gewesen. Wenn ich etwa drei Jahre lang einmal in einer solchen Gegend in aller Stille tätig sein könnte, immer lernend & beobachtend, dann würde ich nicht von dort zurückkehren, ohne daß ich etwas zu sagen hätte, das in der Tat der Mühe wert ist, gehört zu werden; ich sage dies in aller Demut aber dennoch freimütig. – Wenn Gott will und mir das Leben erhält, würde ich ungefähr in meinem 30. Jahr fertig sein und mit einer eigenartigen Ausbildung und Erfahrung anfangen können, würde meine Sache besser beherrschen und reifer für die Arbeit sein als heute. Ich schreibe Dir das noch einmal, obwohl wir schon darüber gesprochen haben. Es gibt im Borinage bereits verschiedene kleine protestantische Gemeinden, sicher auch Schulen, möge Gott mir ein Fleckchen anweisen, damit ich dort als Prediger in der von uns besprochenen Weise tätig sein kann, indem ich den Armen das Evangelium predige, den Menschen also, die es bedürfen & für die es in höchstem Grade geeignet ist, und in der Woche könnte ich meine Zeit dem Unterricht widmen. –

Du bist sicher schon einmal in St. Giles gewesen. Ich habe auch einmal einen Ausflug in diese Gegend gemacht, bei l'ancienne barrière. Wo der Weg nach Mont St. Jean beginnt, ist noch ein anderer Berg, der Alsemberg. Hier liegt rechts der Kirchhof von St. Giles, voller Zedern und Efeu, und von dort hat man einen Blick über die Stadt. Wenn man weitergeht, kommt man nach Forest. Es ist eine überaus malerische Gegend, auf den Hängen stehen alte Häuser, wie die Hütten in den Dünen, die Bosboom zuweilen gemalt hat. Man kann dort alle erdenkliche Landarbeit beobachten: Kornsäen, Kartoffelernten, Rübenwaschen, und alles ist dort malerisch, sogar das Reisigsammeln, und es hat viel von Montmartre.

Ich habe dort alte Häuser mit Efeu oder Weinranken und reizende Gasthöfe gesehen, unter den Häusern, die mir auffielen, war unter anderem das eines Senffabrikanten, eines gewissen Verkissen. Sein Anwesen wäre ausgezeichnet für ein Bild beispielsweise von Thijs Maris geeignet. Hier gibt es Orte, wo man Steine abbaut und somit kleine Steinbrüche, zu denen Hohlwege mit tiefgefurchten Karrenspuren führen, wo man kleine Schimmel mit roten Quasten und Fuhrleute in blauen Kitteln sieht, auch der Schafhirte fehlt nicht und ebensowenig alte Frauen in Schwarz mit weißen Hauben, die an jene von de Groux erinnern. Es gibt hier Orte, wie übrigens Gott sei Dank überall, wo man sich mehr als anderswo zu Hause fühlt, wo man das eigenartige alte Gefühl von Heimweh bekommt, in dem wohl etwas bitter Wehmütiges liegt, das aber doch den Geist in uns stärkt und anregt und uns, wir wissen selbst nicht warum, neue Kraft und Lust zur Arbeit gibt und verspüren läßt. An jenem Tag wanderte ich noch weiter an Forest vorbei und bog in einen Seitenweg zu einer kleinen alten, mit Efeu bewachsenen Kirche. Ich sah dort viele Linden, die noch mehr ineinander verwachsen und sozusagen noch gotischer waren als jene, die wir im Park gesehen hatten, und an der Seite des zum Kirchhof führenden Hohlwegs standen wirr verflochtene Sträucher und Baumwurzeln, so bizarr wie Albrecht Dürer sie in »Ritter, Tod und Teufel« radiert hat. Hast Du je das Bild von Carlo Dolci, Der Olivengarten, oder eher die Photographie danach gesehen? Das hat etwas von Rembrandt, ich sah es neulich. Die große flüchtig gezeichnete Radierung nach demselben Rembrandtschen Thema, die das Pendant zu der anderen, La lecture de la Bible, ist, mit den beiden Frauen an der Wiege, die kennst Du doch sicher? Seitdem Du mir gesagt hast, Du hättest das Bild von Vater Corot mit demselben Thema gesehen, ist es mir wieder in den Sinn gekommen, es fiel mir in der Ausstellung seiner Werke kurz nach seinem Tode auf, und es hat mich tief bewegt.

Wieviel Schönes gibt es doch in der Kunst, wenn man nur behalten kann, was man gesehen hat, dann ist man nie leer oder wirklich einsam, nie allein.

Adieu, Theo, in Gedanken drücke ich Dir recht herzlich die Hand, laß es Dir gutgehen, viel Erfolg bei Deiner Arbeit und mögen Dir viele gute Dinge auf Deinem Lebensweg begegnen, solche die in Erinnerung bleiben und die uns reich machen, auch wenn wir scheinbar wenig besitzen. Wenn Du Borchers siehst, sei so gut und sage ihm, daß ich ihm sehr für seinen Brief danke, den ich vor einiger Zeit erhalten habe. Grüße auch Mauve von mir, wenn Du zu ihm gehen solltest, ich bin, dessen sei versichert,

Dein Dich liebender Bruder
Vincent

Ich habe diesen Brief einige Tage zurückgehalten, der 15. Nov. ist vorbei, und also sind die 3 Monate verstrichen. Habe mit Pastor de Jonge & mit Lehrer Bokma gesprochen, sie sagen, es bestünde keine Möglichkeit, unter denselben Bedingungen, wie sie sie einem gebürtigen Flamen gewähren, auf die Schule zu kommen – ich kann den Unterricht besuchen, notfalls kostenlos – aber das ist auch das einzige Vorrecht – ich müßte also, um bleiben zu können, auf die Dauer mehr Geld haben als das, worüber ich verfügen kann, denn das ist gar nichts. – Also werde ich vielleicht schon bald den Plan mit dem Borinage aufgreifen. Bin ich einmal aus der Stadt heraus, werde ich nicht so schnell in eine große Stadt zurückkehren. Es wäre nicht leicht, ohne den Glauben an Gott und das alte Vertrauen in Gott zu leben, und ohne all das würde man den Mut verlieren.

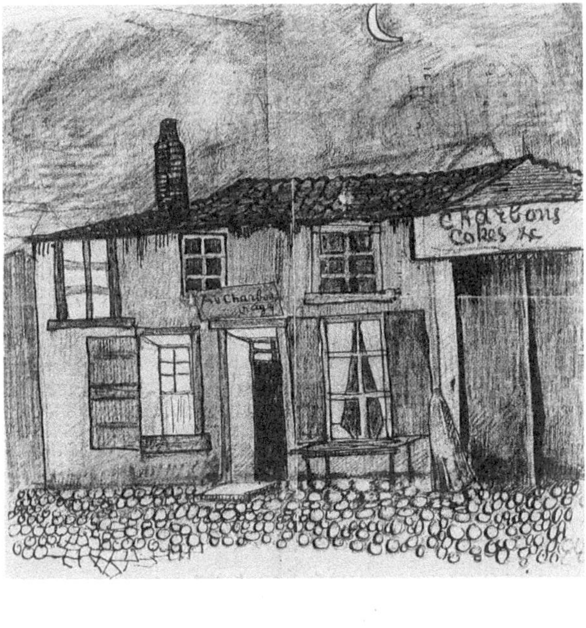

**An Theo van Gogh** **Cuesmes zwischen 22. und 24. Juni 1880**

Mein lieber Theo,

ich schreibe Dir etwas widerwillig, da ich es so lange nicht getan habe und das aus mehreren Gründen. Du bist mir in gewisser Weise ein Fremder geworden, und vielleicht bin ich das auch für Dich mehr als Du denkst, vielleicht wäre es für uns besser, so nicht weiterzumachen. Vielleicht hätte ich Dir nicht einmal jetzt geschrieben, wenn ich nicht verpflichtet, ja gezwungen wäre, Dir zu schreiben. Wenn Du selbst, meine ich, mich nicht dazu veranlaßt hättest. Ich habe in Etten erfahren, daß Du fünfzig Francs für mich geschickt hast, nun ja, ich habe sie angenommen. Wohl mit Widerwillen und sicher mit recht gemischten Gefühlen, aber ich bin in einer Art Sackgasse oder Schlamassel, was sollte ich anderes tun?

Also schreibe ich Dir, um Dir zu danken.

Ich bin, wie Du vielleicht weißt, wieder im Borinage, Vater hat mir geraten, doch lieber in der näheren Umgebung von Etten zu bleiben, ich habe abgelehnt, und ich glaube, ich habe richtig gehandelt. Ohne es zu wollen, bin ich in der Familie mehr oder weniger zu einer Art unmöglicher und verdächtiger Person geworden, auf jeden Fall jemand, der nicht ihr Vertrauen hat, wie könnte ich da irgendeinem irgendwie nützlich sein? Vor allem deshalb bin ich geneigt zu glauben, daß es richtig ist und der bessere und vernünftigste Weg, daß ich fortgehe und mich weit genug fernhalte, so als gäbe es mich gar nicht. Was für die Vögel die Mauser ist, die Zeit, in der sie die Federn wechseln. Das sind für uns Menschen das Mißgeschick oder das Unglück, die schwierigen Zeiten. Man kann in dieser Zeit der Mauser verharren, man kann aber auch wie neugeboren daraus hervorgehen, aber auf jeden Fall geschieht das nicht in der Öffentlichkeit, es macht wenig Vergnügen und ist nicht lustig, also ist es gut zu verschwinden. Gut, so sei es. Wenn es auch eine eher zum Verzweifeln schwierige Sache ist, das Vertrauen einer ganzen Familie wiederzugewinnen, die vielleicht nicht ganz frei von Vorurteilen und anderen ähnlich ehrenhaften und fashionablen Eigenschaften ist, bin ich jetzt doch nicht ganz ohne Hoffnung, daß sich nach und nach, langsam & sicher das herzliche Einverständnis mit diesem oder jenem wiederherstellt.

Zuallererst sähe ich gern dieses herzliche Einverständnis mit meinem Vater und, um es kurz zu sagen, dann läge mir auch viel daran, daß es sich zwischen uns beiden wiederherstellte. Herzliches Einverständnis ist unendlich wichtiger als Mißverständnis.

Ich muß Dich jetzt mit einigen allgemeinen Dingen langweilen, aber es wäre mir lieb, wenn Du sie mit Geduld anhören würdest.

Ich bin ein leidenschaftlicher Mensch, zu manch verrückten Dingen bereit und imstande, die ich manchmal mehr, manchmal weniger bereue. Es passiert mir wohl, daß ich etwas zu schnell spreche oder handle, wenn es besser wäre, geduldiger abzuwarten. Ich denke, auch andere Menschen machen manchmal ähnliche Dummheiten. Da das nun mal so ist, was kann man tun, soll man sich deshalb für einen gefährlichen Menschen halten, der zu allem unfähig ist, ganz gleich wozu? Ich denke nicht. Aber man sollte mit allen Mitteln versuchen, gerade seinen Leidenschaften etwas Gutes abzugewinnen. Um zum Beispiel eine Leidenschaft unter anderen zu nennen, so habe ich eine nahezu unwiderstehliche Leidenschaft für Bücher, und ich will mich ununterbrochen weiterbilden, studieren, wenn Du so willst, ganz genau so, wie ich essen muß. Du wirst das verstehen. Du weißt, als ich in einer anderen Umgebung war, von Bildern und Kunstgegenständen umgeben war, daß ich dafür eine Leidenschaft bis zum Überschwang hatte. Und das bereue ich nicht, und jetzt, wo ich wieder weit weg von zu Hause bin, habe ich oft Heimweh nach dem Land der Bilder.

Du erinnerst Dich vielleicht daran, daß ich genau wußte (und vielleicht weiß ich es immer noch), was Rembrandt bedeutet oder Millet oder Jules Dupré oder Delacroix oder Millais oder M. Maris.

Nun – jetzt habe ich dies nicht mehr um mich – aber ich habe immer noch jenes Etwas, das Seele heißt, wovon man behauptet, daß es niemals stirbt und für immer lebt, und ich suche es immer und immer und immer wieder.

Um nicht dem Heimweh zu erliegen, habe ich mir gesagt, die Heimat oder das Vaterland ist überall. Statt mich der Verzweiflung zu überlassen, habe ich mich für eine aktive Melancholie entschieden, soweit ich die Kraft zum Handeln hatte, oder anders gesagt, ich habe die Melancholie, die hofft und strebt und sucht, jener vorgezogen, die trübsinnig und untätig verzweifelt. Also habe ich recht gründlich die Bücher studiert, die ich bekommen konnte, wie die Bibel und die Révolution française von Michelet und dann im letzten Winter Shakespeare, etwas V. Hugo und Dickens und Beecher Stowe und kürzlich Aischylos und dann einige andere weniger klassische, einige große kleine Meister. Du weißt, daß mancher, den man zu den kleinen? Meistern zählt, etwa Fabritius oder Bida heißt.

Nun ist der, der sich in all das vertieft, manchmal anstößig, shocking für die anderen, und ohne es zu wollen, versündigt er sich mehr oder weniger gegen bestimmte Formen und Sitten und gesellschaftliche Konventionen. Trotzdem ist es traurig, wenn man ihm das übelnimmt. Du weißt zum Beispiel genau, daß ich oft mein Äußeres vernachlässigt habe, das gebe ich zu, und ich gebe auch zu, daß das shocking ist. Aber dafür sind Geldmangel und Elend verantwortlich, und dann ist auch eine tiefe Mutlosigkeit schuld daran, und manchmal ist es auch ein geeignetes Mittel, um sich die nötige Einsamkeit zu sichern, damit man sich mehr oder weniger in das eine oder andere Studium, das einen beschäftigt, vertiefen kann. Ein sehr wichtiges Studium ist das der Medizin, es gibt kaum einen Menschen, der nicht versucht, wenigstens ein bißchen darüber zu erfahren, und nicht wenigstens zu begreifen versucht, worum es geht. Und ich weiß noch gar nichts davon. Aber all das nimmt einen in Anspruch und beschäftigt einen, all das bringt einen zum Träumen, Grübeln, Nachdenken.

Jetzt bin ich schon nahezu seit 5 Jahren, ganz genau weiß ich es nicht, ohne festen Ort, irre hier und dort herum; ihr sagt jetzt, seit der und der Zeit bist du heruntergekommen, du hast dich gehenlassen, du hast nichts getan. Ist das wirklich wahr?

Es stimmt, daß ich mir manchmal ein Stück Brot selbst verdient habe, daß ein anderes Mal irgendein Freund es mir aus Barmherzigkeit gegeben hat, ich habe wohl oder übel gelebt, so gut es eben ging, es ist wahr, daß ich das Vertrauen mancher verloren habe, es ist wahr, daß meine finanzielle Situation in einem traurigen Zustand ist, es ist wahr, daß meine Zukunft ziemlich düster aussieht, es ist wahr, daß ich mehr hätte leisten können, es ist wahr, daß ich Zeit vertan habe, bloß um mein Brot zu verdienen, es ist wahr, daß meine Studien selbst in einem ziemlich traurigen und verzweifelten Zustand sind und daß mir noch mehr fehlt, unendlich viel mehr, als ich habe – Aber heißt das heruntergekommen sein, heißt das nichts tun?

Du wirst vielleicht sagen, aber warum hast du nicht deinen Weg an der Universität fortgesetzt, so wie man es wünschte? Darauf antworte ich nur, es war zu teuer, und dann waren die Zukunftsaussichten auch nicht besser als die, die sich auf dem Weg bieten, auf dem ich jetzt bin.

Aber den Weg, auf dem ich mich jetzt befinde, muß ich weitergehen, wenn ich nichts tue, wenn ich nicht lerne, wenn ich nicht mehr suche, dann bin ich verloren, dann gnade mir Gott.

So sehe ich die Dinge, weitermachen, weitermachen, nur das muß sein.

Aber Du wirst sagen, was ist denn dein eigentliches Ziel, dieses Ziel wird klarer werden und sich langsam aber sicher verdeutlichen, so wie der Entwurf zur Skizze und die Skizze zum Bild wird, und zwar in dem Maß, wie man ernster arbeitet und die erst vage Idee, den ersten flüchtigen und vergänglichen Gedanken herausarbeitet, damit er schließlich klar und deutlich wird. Du mußt wissen, es ist mit den Evangelisten wie mit den Künstlern. Es gibt eine alte akademische Schule, die oft jämmerlich, tyrannisch, kurz, ein Greuel der Trostlosigkeit ist – Menschen, die wie in einem Panzer stecken, wie in einer stählernen Rüstung von Vorurteilen und Konventionen, und die, wenn sie die Geschäfte leiten, über die Posten verfügen und durch ein System vieler versuchen, die Hand über ihre Schützlinge zu halten und den normalen Menschen davon auszuschließen.

Ihr Gott ist wie der Gott von Shakespeares Trunkenbold Falstaff »das Innere einer Kirche«, »the inside of a church«; tatsächlich stehen gewisse evangelische??? Herren, was die geistigen Dinge angeht, seltsamerweise auf demselben Standpunkt wie dieser Trunkenbold (vielleicht wären sie selbst darüber überrascht, wenn sie zu menschlichen Gefühlen fähig wären). Aber es ist kaum zu befürchten, daß ihre Verblendung sich jemals in Hellsichtigkeit wandelte.

Dieser Zustand ist schlimm für den, der mit all dem nicht einverstanden ist und aus ganzer Seele und von ganzem Herzen, mit aller Entrüstung, deren er fähig ist, dagegen protestiert.

Was mich angeht, so respektiere ich die Akademiker, die nicht so wie diese Akademiker sind, aber die Respektablen sind seltener, als man auf den ersten Blick glauben möchte. Nun ist einer der Gründe, warum ich jetzt keine Stellung habe und während der ganzen Jahre ohne Stellung war, ganz einfach der, daß ich andere Ansichten habe als die Herren, die Stellungen an solche vergeben, die so denken wie sie.

Es ist nicht einfach eine Frage meines Äußeren, wie man mir heuchlerisch vorgeworfen hat, hier geht es um etwas Ernsteres als das, ich versichere es Dir.

Warum schreibe ich Dir das alles – nicht, um mich zu beklagen oder um mich für etwas zu entschuldigen, worin ich mehr oder weniger unrecht hätte, sondern ganz einfach um Dir folgendes zu sagen: Bei Deinem Besuch im letzten Sommer, als wir zu zweit in der Nähe der verlassenen Kohlengrube, die man La Sorcière nennt, spazierengingen, da hast Du mich daran erinnert, daß es eine Zeit gab, als wir auch zu zweit am alten Kanal und bei der Mühle von Rijswijk spazierengingen, und damals, sagtest Du, waren wir uns in vielem einig, aber, hast Du hinzugefügt – seitdem hast du dich sehr verändert, du bist nicht mehr derselbe. Nun, ganz so ist es nicht, was sich geändert hat, ist, daß mein Leben damals nicht so schwierig war und meine Zukunft weniger düster schien, aber was mein Inneres angeht, meine Art zu sehen und zu denken, da hat sich nichts verändert. Wenn sich tatsächlich etwas verändert haben sollte, dann, daß ich jetzt ernsthafter denke, glaube und liebe, was ich auch damals schon gedacht, geglaubt und geliebt habe.

Es wäre also ein Mißverständnis, wenn Du weiterhin glaubtest, daß ich jetzt zum Beispiel weniger Leidenschaft für Rembrandt oder Millet oder Delacroix oder sonstwen hätte, denn das Gegenteil ist der Fall. Nur, Du siehst, es gibt vieles, was man glauben und lieben kann, in Shakespeare ist etwas von Rembrandt, und in Michelet etwas von Correggio oder del Sarto, und in V. Hugo etwas von Delacroix, und in Beecher Stowe ist etwas von Ary Scheffer. Und in Bunyan steckt etwas von M. Maris oder Millet, eine, sozusagen, wirklichere Wirklichkeit als die Realität, aber man muß es lesen können, dann ist darin das Unerhörte, und es kann unsagbare Dinge zum Ausdruck bringen; und dann steckt etwas von Rembrandt im Evangelium oder etwas vom Evangelium in Rembrandt, wie man will, das kommt mehr oder weniger auf dasselbe heraus, vorausgesetzt, man versteht die Sache richtig, ohne ihr einen falschen Sinn geben zu wollen, und berücksichtigt die Entsprechungen in den Vergleichen, die nicht die Verdienste der einzelnen Persönlichkeiten herabsetzen wollen.

Wenn Du nun einem Menschen verzeihen kannst, daß er die Bilder tiefer ergründen will, dann gib auch zu, daß die Liebe zu Büchern etwas ebenso Heiliges ist wie die Liebe zu Rembrandt, ich glaube sogar, daß die beiden sich ergänzen.

Ich liebe das Männerporträt von Fabritius sehr, das wir beide früher auf einem gemeinsamen Spaziergang im Museum von Haarlem lange betrachtet haben. Gut, aber ebensosehr liebe ich den Dickensschen »Richard Cartone« in seinem Paris & London von 1793, und ich könnte Dir andere außerordentlich ergreifende Figuren aus anderen Büchern zeigen, die eine mehr oder weniger frappierende Ähnlichkeit haben. Und ich glaube, daß Kent, eine Figur aus Shakespeares King Lear, eine ebenso edle und vornehme Persönlichkeit ist wie irgendeine Figur von Th. de Keyser, obwohl Kent und King Lear natürlich viel früher gelebt haben.

Damit genug, mein Gott, ist Shakespeare schön, wer ist so geheimnisvoll wie er, seine Sprache und seine Art zu schreiben entsprechen wirklich einem Malerpinsel, der von fieberhafter Erregung zittert. Aber man muß lesen lernen, wie man lernen muß, zu sehen und zu leben.

Du darfst also nicht glauben, daß ich dieses oder jenes verleugne, ich bin sozusagen treu in meiner Untreue, und obwohl ich mich verändert habe, bin ich derselbe, und was mich quält, ist nichts anderes als die Frage: wozu könnte ich taugen, könnte ich nicht auf irgendeine Art dienen und nützlich sein, wie könnte ich von diesem oder jenem Gegenstand mehr erfahren? Siehst Du, das quält mich beständig, und dann fühlt man sich als ein Gefangener, weil einem das Geld fehlt, von dieser oder jener Arbeit ausgeschlossen, und so manche notwendigen Dinge sind einem unerreichbar. Deshalb ist man schwermütig. Und man fühlt eine

Leere dort, wo Freundschaft und große und ernsthafte Zuneigung sein könnten, und man spürt, wie die schreckliche Mutlosigkeit die moralische Energie zernagt, und das Verhängnis scheint jede Zuneigung verhindern zu können, und eine Flut von Ekel steigt in einem hoch. Und dann sagt man: Wie lange noch, mein Gott! Nun, was soll man tun, zeigt sich das, was im Innern vorgeht, auch nach außen? Mancher hat ein großes Feuer in seiner Seele, und nie kommt jemand, um sich daran zu wärmen, und die Vorübergehenden bemerken nur ein wenig Rauch oben aus dem Schornstein, und dann gehen sie ihres Wegs. Was soll man da tun, dieses Feuer im Inneren erhalten, die Kraft in sich haben, geduldig warten – und doch wie ungeduldig auf die Stunde warten, wo irgendeiner kommt, um sich zu setzen, dableibt, was weiß ich? Jeder, der an Gott glaubt, möge die Stunde erwarten, die früher oder später kommen wird.

Wie es scheint, läuft jetzt im Augenblick für mich alles schlecht, und so geht es schon recht lange, und so kann es auch noch mehr oder weniger lange weitergehen, aber es ist auch möglich, daß alles besser wird, nachdem alles schiefgegangen zu sein scheint. Ich rechne nicht damit, vielleicht kommt es nie dazu, aber falls irgendeine Wendung zum Besseren einträte, würde ich das als einen Sieg betrachten, ich wäre froh, wenn ich sagen könnte, endlich! da war doch etwas da.

Aber Du wirst sagen, du bist doch ein erbärmliches Geschöpf, denn du hast unmögliche Gedanken über die Religion und kindische Gewissensskrupel. Wenn ich unmögliche und kindische Gedanken habe, möchte ich nichts lieber, als sie loswerden. So ungefähr stehe ich zu diesen Dingen. Im Philosophe sous les toits von Souvestre gibt es eine Stelle, wo ein Mann aus dem Volk, ein einfacher, wenn man so will, sehr elender Arbeiter, sich das Vaterland vorstellt. »Tu n'as peut-être jamais pensé à ce que c'est que la patrie, reprit-il, en me posant une main sur l'épaule; c'est tout ce qui t'entoure, tout ce qui t'a élevé et nourri, tout ce que tu as aimé. Cette campagne que tu vois, ces maisons, ces arbres, ces jeunes filles qui passent là en riant, c'est la patrie! Les lois qui te protègent, le pain qui paye ton travail, les paroles que tu échanges, la joie et la tristesse qui te viennent des hommes et des choses parmi lesquels tu vis, c'est la patrie! La petite chambre où tu as autrefois vu ta mère, les souvenirs qu'elle t'a laissés, la terre où elle repose, c'est la patrie! Tu la vois, tu la respires partout! Figure-toi, tes droits et tes devoirs, tes affections et tes besoins, tes souvenirs et ta reconnaissance, réunis tout ça sous un seul nom et ce nom sera la patrie.«

Genauso glaube ich, daß alles, was wahrhaft gut und schön in den Menschen und ihren Werken ist, von einer inneren, moralischen, geistigen und erhabenen Schönheit ist, daß das von Gott kommt und daß alles Schlechte und Böse in den Werken der Menschen und in den Menschen selbst nicht von Gott kommt und daß Gott das auch nicht gutheißt. Aber unwillkürlich neige ich immer zu dem Glauben, daß viel zu lieben das beste Mittel ist, Gott zu erkennen. Ich sage mir, liebe einen Freund, irgendeinen Menschen, irgend etwas, was du willst, dann bist du auf dem rechten Weg, mehr davon zu erfahren. Aber man muß mit hoher, ernsthafter innerer Neigung, mit Willen, mit Verstand lieben, und man muß immer danach streben, besseres und umfassenderes Wissen zu erlangen. Das führt zu Gott, das führt zu unerschütterlichem Glauben.

Um ein Beispiel zu nennen, wenn jemand Rembrandt wirklich ernsthaft liebt, dann wird er wissen, daß es einen Gott gibt, daran wird er fest glauben.

Wenn sich jemand in die Geschichte der Französischen Revolution vertieft – er wird nicht ungläubig sein, er wird erkennen, daß es auch in den großen Dingen eine höhere Macht gibt, die sich darin offenbart.

Wenn jemand auch nur für kurze Zeit an einem kostenlosen Kurs der großen Hochschule des Elends teilgenommen und auf die Dinge geachtet hätte, die er mit eigenen Augen gesehen und mit eigenen Ohren gehört hätte, und wenn er darüber nachgedacht hätte, dann würde er schließlich glauben und daraus vielleicht mehr lernen, als er ausdrücken könnte.

Versucht das letzte Wort von dem zu verstehen, was die großen Künstler, die ernsthaften Meister, in ihren Meisterwerken sagen – es wird Gott darin sein.

Der eine hat es in einem Buch geschrieben oder gesagt, ein anderer in einem Gemälde.

Dann lest ganz einfach die Bibel und das Evangelium, das gibt zu denken und viel zu denken und alles zu denken. Nun gut, dieses viel Denken, dieses alles Denken, das erhebt das Denken über das gewöhnliche Niveau, ob ihr es wollt oder nicht, wenn man lesen kann, dann soll man auch lesen!

Nun könnte man danach manchmal vielleicht etwas gedankenverloren, etwas verträumt sein, manche werden etwas zu gedankenverloren, etwas zu verträumt sein, das passiert mir vielleicht, aber das ist mein Fehler, wer weiß, vielleicht war ich zuletzt aus diesem oder jenem Grund zerstreut, unruhig, ängstlich, aber man überwindet das wieder – Man sagt, der Träumer fällt manchmal in einen Brunnen, aber auch, daß er danach wieder heraufsteigt.

Und wie zum Ausgleich ist ein zerstreuter Mensch für Augenblicke geistesgegenwärtig. Manchmal ist es jemand, der aus diesem oder jenem Grund seine Daseinsberechtigung hat, die man nicht immer im ersten Augenblick wahrnimmt oder die man aus Zerstreutheit sehr oft unwillkürlich vergißt. Einer, der lange Zeit wie auf stürmischem Meer hin- und hergeworfen wurde, kommt schließlich an sein Ziel, einer, der zu nichts zu taugen schien und unfähig, irgendeine Stellung, irgendein Amt auszufüllen, der findet endlich eines und zeigt sich aktiv und zum Handeln fähig, ganz anders, als es zunächst schien.

Ich schreibe Dir ein wenig aufs Geratewohl, was mir in die Feder fließt, ich wäre sehr froh, wenn Du in mir doch etwas anderes sehen könntest als eine Art Nichtstuer.

Denn es gibt Nichtstuer und Nichtstuer, die geradezu Gegensätze bilden.

Es gibt Nichtstuer aus Faulheit und Charakterschwäche, aus niedriger Veranlagung. Wenn Du es für richtig hältst, kannst Du mich für so einen halten. Dann gibt es den anderen Nichtstuer, den Nichtstuer wider Willen, der innerlich von einem großen Wunsch nach Tätigkeit verzehrt wird, der nichts tut, weil es ihm völlig unmöglich ist, etwas zu tun, weil er wie im Gefängnis ist, weil er nicht hat, was er bräuchte, um produktiv zu sein, weil die unglücklichen Umstände ihn dazu machen. Ein solcher weiß oft selbst nicht, was er tun könnte, aber er fühlt instinktiv, ich bin trotzdem zu irgend etwas gut! Ich spüre meine Daseinsberechtigung! Ich weiß, daß ich ein ganz anderer Mensch sein könnte! Wozu könnte ich nützlich sein, wozu könnte ich dienen! Es ist etwas in mir, was ist es bloß! Das ist ein ganz anderer Nichtstuer, wenn Du es richtig findest, kannst Du mich für einen solchen halten.

Ein Vogel im Käfig weiß im Frühling sicher genau, daß es etwas gibt, wozu er gut ist, er weiß sehr wohl, daß es etwas zu tun gibt, aber er kann es nicht tun, was ist es doch? Er erinnert sich nicht genau, dann hat er eine ungefähre Vorstellung und sagt: »die anderen bauen ihre Nester und kriegen ihre Jungen und ziehen die Brut auf«, dann schlägt er mit dem Schädel gegen die Stäbe des Käfigs. Und der Käfig bleibt, und der Vogel ist wahnsinnig vor Schmerz. »Sieh da, ein Nichtstuer«, sagt ein anderer Vogel, der vorbeifliegt – der da ist eine Art Rentner. Trotzdem lebt der Gefangene weiter und stirbt nicht, nichts von dem, was in seinem Innern vorgeht, ist äußerlich zu erkennen, es geht ihm gut, bei Sonnenschein ist er mehr oder weniger fröhlich. Aber dann kommt die Zeit, wo die Vögel ziehen. Ein Anfall von Melancholie – aber er hat doch alles, was er braucht, sagen die Kinder, die ihn in seinem Käfig versorgen – aber er muß den stürmischen Gewitterhimmel draußen sehen und muß in seinem Innern die Empörung gegen sein Schicksal fühlen. Ich bin im Käfig, ich bin im Käfig, und es fehlt mir ja nichts, ihr Dummköpfe! Ich habe alles, was ich brauche! Aber ach, nicht die Freiheit, ein Vogel zu sein wie die anderen Vögel!

Solch ein menschlicher Nichtstuer gleicht einem solchen Vogel.

Und es ist den Menschen oft nicht möglich, etwas zu tun, sie sind Gefangene in einem, ich weiß nicht was für einem schrecklichen, schrecklichen, ganz schrecklichen Käfig. Ich weiß, es gibt auch eine Befreiung, eine zu späte Befreiung, doch ein zu Recht oder Unrecht verdorbener Ruf, Geldnot, unglückliche Umstände, Unglück. Das macht einen zu einem Gefangenen.

Man kann gar nicht immer sagen, was es ist, das einen einsperrt, einmauert, zu begraben scheint, aber man spürt trotzdem irgendwelche Gitter, Schranken, Mauern.

Ist all das Einbildung, Phantasie? Ich glaube nicht; und dann fragt man sich, mein Gott, ist es für lange Zeit, ist es für immer, ist es für alle Ewigkeit?

Weißt Du, was das Gefängnis verschwinden läßt, das ist tiefe, ernsthafte Zuneigung. Freunde sein, Brüder sein, lieben, das öffnet das Gefängnis mit höchster Macht, mit wirklich mächtigem Zauber. Aber der, der das nicht hat, der bleibt im Tod. Aber da, wo wieder Zuneigung entsteht, entsteht das Leben neu. Manchmal heißt das Gefängnis Vorurteil, Mißverständnis, verhängnisvolle Unkenntnis von diesem oder jenem, Mißtrauen, falsche Scham.

Aber um von etwas anderem zu reden, wenn ich abgestiegen bin, dann bist Du auf der anderen Seite aufgestiegen. Und wenn ich Sympathien verloren habe, dann hast Du welche gewonnen. Darüber bin ich froh, das meine ich ernst, und es wird mich immer freuen. Wenn Du weniger ernst und weniger tiefgründig wärest, könnte ich fürchten, daß das nicht so bliebe, aber da ich weiß, daß Du sehr ernst und sehr tiefgründig bist, denke ich doch, daß es so bleiben wird.

Und wenn es Dir möglich wäre, in mir etwas anderes als einen Nichtstuer von der schlechten Sorte zu sehen, dann wäre ich sehr froh.

Wenn ich je etwas für Dich tun könnte, Dir in irgendeiner Sache nützlich sein könnte, so sollst Du wissen, daß ich zu Deiner Verfügung stehe. Wenn ich angenommen habe, was Du mir gegeben hast, so könntest Du mich ebenso um etwas bitten, falls ich Dir irgendwie behilflich sein könnte, ich würde mich freuen und würde es als ein Zeichen des Vertrauens ansehen. Wir sind ziemlich weit voneinander entfernt, und wir können in manchen Dingen verschiedene Anschauungen haben, aber trotzdem könnte der eine dem anderen zu irgendeiner Stunde, an irgendeinem Tag einen Dienst erweisen. Für heute drücke ich Dir die Hand und danke Dir für Deine Güte mir gegenüber.

Wenn Du mir früher oder später mal schreiben möchtest. Meine Adresse ist: bei Ch. Decrucq, Rue du Pavillon 8 in Cuesmes bei Mons, und Du sollst wissen, daß Du mir etwas Gutes tust, wenn Du mir schreibst.

ganz der Deine
Vincent

## An Theo van Gogh — Cuesmes, 24. September 1880

Cuesmes, den 24. Sept. 1880

Lieber Theo,

Dein Brief hat mir gutgetan, ich danke Dir, daß Du mir so geschrieben hast.

Gerade ist die Rolle mit einer neuen Sammlung von Radierungen und verschiedenen Blättern angekommen. Vor allem die meisterhafte Radierung Le buisson von Daubigny/Ruisdael. Das ist es. Ich habe vor, zwei Zeichnungen zu machen, entweder Sepia oder was anderes, eine nach dieser Radierung – die andere nach dem Four dans les Landes von Th. Rousseau. Diese letztere Sepiazeichnung ist schon fertig – das stimmt – aber Du kannst Dir denken, daß sie schwach ist, wenn Du sie mit der Radierung von Daubigny vergleichst, obwohl diese Sepia, für sich betrachtet, schon etwas Ausdruck und Empfindung hat. Ich muß mich noch mal daransetzen & sie mir noch mal vornehmen. Ich arbeite regelmäßig am Cours de dessin von Bargue und nehme mir vor, ihn zu beenden, bevor ich etwas anderes angehe, denn von Tag zu Tag macht er mich wieder gelenkig & stärkt so sehr die Hand und den Geist, & ich kann M. Tersteeg gar nicht genug danken, daß er sie mir so großzügig geliehen hat. Diese Vorlagen sind ausgezeichnet. Zwischendurch befasse ich mich mit der Lektüre eines Buches über Anatomie & eines anderen über Perspektive, das mir M. Tersteeg ebenfalls geschickt hat. Dieses Studium ist dornenreich, & manchmal ärgern mich diese Bücher außerordentlich, aber ich glaube doch, daß es gut ist, sie zu studieren.

Du siehst also, daß ich verbissen arbeite, aber im Augenblick hat das noch kein sehr erfreuliches Resultat. Aber ich habe die Hoffnung, daß diese Dornen zur gegebenen Zeit weiße Blüten tragen werden & daß dieser scheinbar fruchtlose Kampf nichts anderes ist als Geburtswehen. Erst der Schmerz, dann die Freude.

Du schreibst von Lessore. Ich meine mich an sehr elegante Landschaftsaquarelle von ihm zu erinnern, in hellem Ton, von scheinbar einfacher & leichter Malweise, aber doch genau & vornehm, von einer für ihn typischen leicht dekorativen Wirkung (dies nicht mit böser, sondern im Gegenteil mit guter Absicht gesagt). Ich kenne seine Arbeit also ein wenig & und Du sprichst von jemandem, der mir nicht ganz fremd ist. Ich mag das Porträt von Victor Hugo.

Es ist sehr gewissenhaft gemacht, mit der erkennbaren Absicht, der Wahrheit zu entsprechen, ohne großen Effekt erzielen zu wollen. Gerade deshalb wirkt es.

Im letzten Winter habe ich einige Werke von Hugo studiert, etwa Le dernier jour d'un condamné & ein sehr schönes Buch über Shakespeare. Mit diesem Schriftsteller habe ich mich schon seit langem beschäftigt. Das ist genauso schön wie Rembrandt, und Shakespeare verhält sich zu Charles Dickens oder V. Hugo wie Ruisdael zu Daubigny und Rembrandt zu Millet.

Was Du in Deinem Brief über Barbizon sagst, ist sehr wahr, & ich will Dir dies & jenes sagen, was Dir zeigen wird, daß dies auch meine Art zu sehen ist. Ich habe Barbizon nicht gesehen, aber auch wenn ich es nicht gesehen habe, so habe ich im letzten Winter doch Courrières gesehen. Ich hatte eine Reise zu Fuß unternommen, hauptsächlich in den Pas de Calais, nicht an den Ärmelkanal, sondern in das Departement bzw. die Provinz. Ich hatte diese Reise in der Hoffnung unternommen, dort vielleicht irgendeine Arbeit zu finden, ich hätte alles angenommen, wenn auch unfreiwillig, ich kann nicht genau erklären, warum. Aber ich hatte mir gesagt: Du mußt Courrières sehen. Ich hatte nur 10 Francs in der Tasche, & weil ich zuerst den Zug genommen hatte, waren die bald aufgebraucht, & da ich eine Woche unterwegs war, kam ich zu Fuß nur ziemlich mühsam voran. Immerhin bin ich in Courrières gewesen und habe das Atelier von M. Jules Breton von außen gesehen. Das Äußere dieses Ateliers hat mich etwas enttäuscht. Es ist ein ganz neues Atelier & aus Backsteinen, von methodistischer Regelmäßigkeit und wenig gastlichem Anblick & kalt & ebenso unangenehm wie Jovinda von C. M., den ich, dies unter uns gesagt, aus demselben Grund auch überhaupt nicht mag. Ich nehme an, und eigentlich bin ich sicher, daß ich nicht mehr an das Außen gedacht hätte, wenn ich das Innere hätte sehen können, aber nun, ich habe es nicht sehen können.

Denn ich habe nicht gewagt, mich vorzustellen, um hineinzukommen. Ich habe in Courrières an anderen Stellen nach Spuren von Jules Breton oder irgendeinem anderen Künstler gesucht. Aber alles, was ich entdeckt habe, war sein Bild bei einem Photographen & dann in einer dunklen Ecke der alten Kirche eine Kopie von Tizians Grablegung, die mir in der Dunkelheit sehr schön schien & meisterhaft im Ton. Ist sie von ihm – Ich weiß nicht, denn ich konnte keine Signatur erkennen.

Aber keine Spur von einem lebenden Künstler, es gab nur ein Café, das Café des Beaux Arts heißt, ebenfalls aus neuen, wenig einladenden & kalten & scheußlichen Backsteinen, dieses Café war mit einer Art Fresken oder Wandmalereien geschmückt, die Episoden aus dem Leben des berühmten Ritters Don Quichotte darstellten. Diese Fresken, im Vertrauen gesagt, schienen mir ein ziemlich schlechter Trost und recht mittelmäßig zu sein. Ich weiß nicht, von wem sie sind. Aber immerhin habe ich die Landschaft von Courrières gesehen, die Heuschober, die braune Erde bzw. den Mergel, der ungefähr die Farbe von Kaffee hat, mit weißlichen Flecken, da wo der Mergel – sichtbar wird, was für uns, die wir an schwärzlichen Boden gewöhnt sind, doch außergewöhnlich ist. Ganz anders als der verräucherte & neblige Himmel des Borinage schien mir dann der französische Himmel feiner & klarer zu sein. Außerdem gab es Bauernhäuser & Schuppen, die noch, Gott sei Lob & Dank, ihre Dächer aus bemoostem Stroh hatten. Ich sah auch Schwärme von Raben, wie sie durch Daubignys & Millets Bilder berühmt geworden sind. Aber zuerst muß man die charakteristischen & malerischen Figuren der verschiedenen Arbeiter nennen, Grabende, Holzfäller, ein Fuhrmann, der sein Gespann führt & die Silhouette einer Frau mit weißer Haube. Selbst dort in Courrières gab es noch ein Kohlenbergwerk oder eine Grube, ich sah die Leute von der Tagesschicht in der Abenddämmerung wieder heraufkommen, aber es gab keine Arbeiterinnen in

Männerkleidung wie im Borinage, nur Bergmänner, müde & elend, schwarz von Kohlenstaub, in ihren Grubenlumpen & einer von ihnen in einem alten Soldatenmantel. Obwohl diese Reise für mich äußerst anstrengend war & ich vor Müdigkeit erschöpft, mit wunden Füßen & ziemlich trübsinnig nach Hause kam, bereue ich sie nicht, denn ich habe interessante Dinge gesehen, und man lernt gerade durch die harten Prüfungen des Elends mit anderen Augen zu sehen. Ich habe mir unterwegs hier und da durch Verkauf und Tausch von einigen Zeichnungen, die ich in meinem Koffer hatte, ein paar Stücke Brot verdient. Aber als meine zehn Francs aufgebraucht waren, habe ich die letzten 3 Nächte auf freiem Feld kampieren müssen, einmal in einem zurückgelassenen Fuhrwerk, das am Morgen ganz weiß von Rauhreif war, eine ziemlich schlechte Unterkunft, ein anderes Mal in einem Haufen Reisig und einmal & das war etwas besser, in einem aufgebrochenen Heuschober, wo ich mir eine etwas bequemere Höhle machen konnte, aber ein Nieselregen erhöhte nicht gerade mein Wohlbefinden. –

Und doch habe ich in diesem großen Elend gespürt, daß mir die Tatkraft wiederkam, & ich habe mir gesagt, wie es auch sei, ich werde schon wieder hochkommen, und ich werde wieder meinen Stift nehmen, den ich in meiner großen Mutlosigkeit weggelegt hatte, & ich werde wieder zeichnen, und von da an, scheint mir, hat sich alles für mich geändert, und ich bin jetzt auf gutem Wege, & mein Stift ist etwas folgsamer geworden & scheint es von Tag zu Tag mehr zu werden. Das allzu lange & zu große Elend hatte mich so sehr entmutigt, daß ich nichts mehr tun konnte.

Das andere, was ich während dieser Reise gesehen habe, das sind die Dörfer der Weber.

Die Bergleute & die Weber sind besondere Leute, anders als die anderen Arbeiter & Handwerker, und ich habe große Sympathie für sie & wäre glücklich, wenn ich sie eines Tages so zeichnen könnte, daß dieser noch unbekannte oder fast unbekannte Typ bekannt würde. Der Mensch in der Tiefe des Abgrunds »de profundis«, das ist der Bergmann, der andere wirkt träumerisch, fast nachdenklich, fast schlafwandlerisch, das ist der Weber. Nun lebe ich fast 2 Jahre mit ihnen & ich habe ihren eigentlichen Charakter etwas kennengelernt, wenigstens den der Bergleute. Und ich finde mehr und mehr etwas Rührendes & sogar Herzzerreißendes an diesen armen & finsteren Arbeitern, sozusagen den letzten & den verachtetsten von allen, die man sich gewöhnlich mit einer vielleicht lebhaften, aber völlig falschen und ungerechten Phantasie als einen Haufen von Übeltätern & Schurken vorstellt. Übeltäter, Säufer, Schurken gibt es hier wie überall, aber das trifft überhaupt nicht den wahren Typus.

In Deinem Brief sprichst Du vage davon, daß ich früher oder später nach Paris oder in die Umgebung kommen könnte, wenn es möglich wäre & ich es wollte. Natürlich wäre es mein größter & brennender Wunsch nach Paris, Barbizon oder sonstwohin zu kommen. Aber wie könnte ich das, denn ich verdiene keinen Sou, und obwohl ich hart arbeite, wird es noch lange dauern, bis ich überhaupt daran denken könnte, etwa nach Paris zu kommen. Denn man braucht wirklich ungefähr hundert Francs im Monat, um richtig arbeiten zu können, man kann auch mit weniger leben, aber man ist dann doch immer zu knapp dran.

Armut hindert die klugen Köpfe daran hochzukommen, das ist das alte Sprichwort von Palizzy, an dem etwas Wahres ist, & es ist ganz und gar richtig, wenn man seine wirkliche Absicht & Tragweite versteht.

Im Augenblick sehe ich nicht, wie es zu machen wäre, und es ist besser, wenn ich hierbleibe und arbeite, so gut ich kann, & schließlich lebt es sich hier billiger.

Trotzdem werde ich nicht mehr sehr lange in dem kleinen Zimmer bleiben können, in dem ich jetzt bin. Es ist an sich schon sehr klein, und dann stehen zwei Betten darin, das Bett der Kinder & meins. Und jetzt, wo ich die Bargues mache, ziemlich große Blätter, kann ich Dir kaum sagen, wie mich das plagt. Ich möchte die Leute in ihrem Haushalt nicht stören. Außerdem haben sie mir gesagt, daß ich das andere Zimmer des Hauses auf keinen Fall bekommen kann, selbst wenn ich mehr bezahlen würde, denn die Frau braucht es, um dort ihre Wäsche zu machen, was in einem Bergmannshaus fast alle Tage vorkommt.

Ich möchte also einfach ein kleines Arbeiterhaus nehmen, das kostet im Schnitt 9 Francs im Monat.

Obwohl es jeden Tag neue Schwierigkeiten gibt & wohl weiterhin geben wird, kann ich Dir gar nicht sagen, wie glücklich ich bin, daß ich wieder mit dem Zeichnen angefangen habe. Schon seit langem beschäftigte mich das, aber ich hielt es immer für unmöglich & unerreichbar. Aber jetzt, auch wenn ich meine Schwäche & meine peinliche Abhängigkeit von vielen Dingen fühle, habe ich meine innere Ruhe wiedergefunden, & meine Tatkraft kommt mir Tag für Tag mehr zurück.

Dies also was mein Kommen nach Paris angeht. Wenn sich die Gelegenheit böte, mit irgendeinem guten & tüchtigen Künstler in Verbindung zu treten, dann wäre das äußerst vorteilhaft für mich, aber das auf gut Glück zu tun, das wäre nichts als eine Wiederholung meiner Reise nach Courrières im Großen, wo ich gehofft hatte, vielleicht ein Wesen der Gattung Künstler zu treffen, wo ich aber keines gefunden habe. Für mich geht es darum, gut zeichnen zu lernen, Meister meines Stiftes, meiner Kohle oder meines Pinsels zu werden. Wenn ich das erst geschafft habe, werde ich gute Sachen machen, gleichgültig wo, und der Borinage ist genauso malerisch wie das alte Venedig, wie Arabien, wie die Bretagne, die Normandie, die Picardie oder Brie.

Wenn ich schlecht zeichne, dann liegt die Schuld bei mir. Aber sicherlich hätte man in Barbizon besser als sonstwo die Gelegenheit, auf irgendeinen fortgeschritteneren Künstler zu stoßen, der für mich wirklich wie ein Engel Gottes wäre, ich sage das ganz ernsthaft und ohne Übertreibung.

Wenn Du früher oder später Mittel & Wege siehst, dann denk an mich, bis dahin bleibe ich ruhig hier in irgendeinem kleinen Arbeiterhaus, wo ich arbeite, so gut ich kann.

Du schreibst auch von Méryon, was Du von ihm sagst, ist sehr wahr, und ich kenne seine Radierungen einigermaßen. Willst Du etwas Merkwürdiges sehen – dann stelle eine seiner so präzisen & so kraftvollen Kritzeleien neben irgendein Blatt von Violet le Duc oder sonst jemandem, der Architekturzeichnungen macht. Du wirst Méryon dann in vollem Licht sehen, eben wegen dieser anderen Radierung, die, nimm mir's nicht übel, als Gegensatz oder Kontrast dient. Gut, was wirst Du also bemerken. Dies. Méryon, auch wenn er Backsteine, Granit, die Eisenträger oder das Geländer einer Brücke zeichnet, legt in seine Radierung etwas von einer menschlichen Seele, die durch tiefe Trauer erschüttert ist. Ich habe Zeichnungen gotischer Architektur von V. Hugo gesehen. Ohne daß er die kraftvolle & meisterhafte Ausführung von Méryon hätte, war da etwas von demselben Gefühl. Was ist dieses Gefühl? Es hat gewisse Verwandtschaft mit dem, was Albert Dürer in seiner Melancholie zum Ausdruck gebracht hat, was in unseren Tagen James Tissot & M. Maris auch haben (so unterschiedlich diese beiden auch sein mögen). Mit Recht hat ein kluger Kritiker von James Tissot gesagt: »Das ist eine Seele im Fegefeuer«. Wie dem auch sei, es ist etwas von der menschlichen Seele darin. Aus diesem Grunde ist es groß, unermeßlich und unendlich, und neben Violet le Duc gestellt ist dies Stein und das andere, etwa Méryon, ist Geist. Méryon muß wohl eine solche Kraft zu lieben gehabt haben, daß er jetzt wie Sydney Carton von Dickens selbst die Steine mancher Orte liebt. Aber noch mehr & besser, in einem vornehmeren, würdigeren, & wenn ich so sagen darf, evangelischeren Ton findet man auch die kostbare, sichtbar gewordene Perle, die menschliche Seele, bei Millet, bei Jules Breton, bei Jozef Israels. Aber um auf Méryon zurückzukommen, so hat er noch, wie mir scheint, eine entfernte

Verwandtschaft mit Jongkind & vielleicht Seymour Haden, denn diese beiden Künstler sind zu bestimmten Zeiten sehr tüchtig gewesen. Warte, vielleicht erlebst Du noch, daß auch ich ein Arbeiter werde. Obwohl ich nicht im voraus weiß, was mir möglich sein wird, hoffe ich noch einige Kritzeleien zu machen, in denen etwas Menschliches ist. Aber erst muß ich die Bargues zeichnen und andere mehr oder weniger dornenreiche Dinge. Der Weg ist schmal, & die Tür ist eng, & nur wenige finden sie. Mit Dank für Deine Güte, vor allem für Le buisson, drücke ich Dir die Hand.

Vincent.

Ich habe Dir jetzt Deine ganze Sammlung weggenommen, aber Du wirst sie später wieder zurückbekommen, und übrigens habe ich für Deine Sammlung von Holzstichen, die Du hoffentlich weiterführst, sehr gute Sachen in den 2 Bänden des Musée Universel, die ich Dir zugedacht habe.

**An Theo van Gogh** **Brüssel 1. November 1880**

Bruxelles 1. Nov.
72 Boulevd du Midi

Teurer Theo,

als Antwort auf Deinen Brief möchte ich Dir noch dies & jenes sagen.

Zunächst, daß ich einen Tag nach Erhalt Deines Briefes bei Herrn Roelofs gewesen bin & der meinte, es müsse für mich von jetzt an die Hauptsache sein, nach der Natur zu zeichnen, entweder nach Gips oder Modell, jedoch nicht ohne Anleitung von jemandem, der sich darauf versteht. Er

& auch andere rieten mir ernsthaft, unbedingt und zumindest eine Zeitlang hier oder in Antwerpen oder anderswo, wo immer ich könnte, an einer Zeichenakademie zu arbeiten, so daß ich glaube, obwohl mir das nicht so besonders angenehm ist, nichts anderes tun zu müssen, als Schritte zu unternehmen, um an der bewußten Zeichenakademie zugelassen zu werden. Hier in Brüssel ist der Unterricht kostenlos, in Amsterdam z. B., höre ich, kostet er gleich wieder 100 Gulden im Jahr und man kann in einem gut geheizten & beleuchteten Raum arbeiten, was man sich vor allem für den Winter merken sollte.

Mit den Vorlagen von Bargue geht es gut vonstatten & voran. Außerdem habe ich in den letzten Tagen etwas gezeichnet, womit ich viel Arbeit hatte, aber ich bin doch froh, daß ich es getan habe. Ich habe nämlich mit der Feder ein Skelett gezeichnet & zwar ziemlich groß, auf 5 Bogen Ingrespapier.

1 Blatt Kopf, Skelett & Muskeln
1 Blatt Rumpf, Skelett
1 Blatt Hand von vorn, Skelett & Muskeln
1 Blatt Hand von hinten, Skelett & Muskeln
1 Blatt Becken und Beine, Skelett.

Ich habe die Zeichnungen mit Hilfe eines Leitfadens von Zahn, Esquisses anatomiques à l'usage des artistes, gemacht. Und darin werden noch einige andere Abbildungen der Hand, des Fußes &c. &c. gezeigt, die mir sehr nützlich & verständlich erscheinen.

Jetzt werde ich das Zeichnen der Muskeln von Rumpf & Beinen ganz zu Ende führen, die mit den fertigen den menschlichen Körper als Ganzes bilden. Dann folgt noch der Körper von hinten & von der Seite gesehen.

Du siehst also, daß ich es mit etwas Energie durchsetze, diese Dinge sind nicht so einfach & verlangen Zeit & außerdem sehr viel Geduld.

Für die Zulassung zur Zeichenakademie braucht man die Erlaubnis des Bürgermeisters & muß eingeschrieben werden, ich warte nun auf die Beantwortung meines Antrags.

Ich weiß wohl, daß Brüssel, wie sparsam und sogar ärmlich man hier auch lebt, teurer werden wird als z. B. Cuesmes, aber ich komme ohne jede Ausbildung nicht ans Ziel und glaube, daß, wenn ich nun tüchtig arbeite, was ich auch tue, möglicherweise Onkel Cent oder vielleicht Onkel Cor etwas dazutun werden, wenn nicht als Unterstützung für mich, dann doch wenigstens, um Pa entgegenzukommen.

Es ist meine Absicht, mir hier an der Tiermedizinschule anatomische Abbildungen z. B. von Pferden, Kühen & Schafen zu beschaffen und sie ebenso zu zeichnen wie die Anatomie des Menschen.

Es gibt Gesetze der Proportion, von Licht & Schatten, Gesetze der Perspektive, die man kennen muß, um selbst etwas zeichnen zu können; fehlt einem dieses Wissen, dann bleibt es immer une lutte stérile und man kommt nie zum enfanter.

Das ist der Grund, weshalb ich glaube, offen und ehrlich gehandelt zu haben, indem ich die Sache in Angriff nahm, & ich will versuchen, in diesem Winter hier ein Kapital an Anatomie zu erwerben, länger damit warten darf nicht sein & würde letzten Endes noch teurer werden, denn das wäre Zeitverlust.

Ich glaube, daß Du es auch so siehst.

Das Zeichnen ist ein harter & schwieriger Kampf.

Sollte es sein, daß ich hier irgendeine feste Arbeit finde, tant mieux, aber ich wage noch nicht, damit zu rechnen, denn ich muß erst noch viele Dinge lernen.

Bin auch bei Hr. v. Rappard gewesen, der nun in der Rue Traversière 64 wohnt, und habe einmal mit ihm gesprochen. Er ist eine angenehme Erscheinung, von seiner Arbeit habe ich noch nichts anderes gesehen als ein paar kleine Federzeichnungen von Landschaften. Doch er wohnt ziemlich vornehm & ich weiß nicht, ob er der Mensch ist, mit dem ich z. B. zusammen wohnen & arbeiten könnte, aus finanziellen Gründen. Auf jeden Fall werde ich ihn wieder einmal besuchen. Ich hatte von ihm den Eindruck, daß er wohl ein ernster Mensch zu sein scheint. In Cuesmes, Junge, hätte ich es keinen Monat länger ausgehalten, ohne krank vor Elend zu werden. Du sollst nicht denken, daß ich hier ein üppiges Leben führe, denn mein Essen besteht hauptsächlich aus trockenem Brot & ein paar Kartoffeln oder Kastanien, die die Leute an den Straßenecken verkaufen, doch weil ich ein etwas besseres Zimmer habe & von Zeit zu Zeit, wenn ich es mir leisten kann, eine etwas bessere Mahlzeit in einem Restaurant esse, kann ich es hier sehr gut aushalten. In den annähernd 2 Jahren im Borinage habe ich wirklich das eine & andere ertragen müssen, das war keine Vergnügungsreise.

Aber etwas mehr als 60 Francs werden es doch leicht werden, & es geht wirklich nicht anders. Zeichenbedarf & Vorlagen, z. B. für die Anatomie, das alles kostet Geld & das sind doch wirklich unentbehrliche Sachen, & nur auf diese Weise kann es sich später rentieren, sonst erreiche ich nie das Ziel. Mit großem Vergnügen habe ich vor einigen Tagen einen Auszug aus dem Werk Physiognomie & Phrénologie von Lavater & Gall gelesen, und zwar darüber, wie sich der Charakter in Gesichtszügen & Schädelform ausdrückt.

Habe Les bêcheurs von Millet nach einer Photographie von Braun gezeichnet, die ich bei Schmidt fand und die er mir zusammen mit der von L'angélus du soir geliehen hat. Ich habe beide Zeichnungen an Pa geschickt, damit er sehen kann, daß ich etwas tue.

Schreibe mir bald einmal wieder, an die Adresse 72 Bd du Midi, ich wohne in einem kleinen Gasthof für 50 Francs im Monat und habe hier mein Brot & morgens, mittags & abends eine Tasse Kaffee. Das ist nicht ganz billig, aber teuer ist es hier überall.

Die Holbeins aus den Modèles d'après les Maîtres sind sehr schön, das merke ich jetzt, während ich sie zeichne, noch viel mehr als früher. Aber einfach sind sie nicht, das kann ich Dir versichern.

Daß Herr Schmidt in eine Geldangelegenheit verwickelt war, an der die Familie v. G. nicht unbeteiligt gewesen ist & weshalb er, Herr S. nämlich, gerichtlich belangt werden sollte, davon hatte ich nicht die leiseste Ahnung, als ich zu ihm ging, & das habe ich erst aus Deinem Brief erfahren. Ich habe es also nicht gerade gut getroffen, obwohl Herr S. mich doch ziemlich herzlich empfangen hat. Aber da ich es nun einmal weiß & sich die Sache so verhält, wird es möglicherweise klüger sein, nicht zu oft hinzugehen, ohne daß es deshalb notwendig wäre, eine Begegnung mit ihm absichtlich zu vermeiden.

Ich hätte Dir schon früher geschrieben, aber ich hatte zuviel mit meinem Skelett zu tun.

Ich glaube, daß Du, je länger Du darüber nachdenkst, um so eher einsehen wirst, daß eine mehr künstlerische Umgebung für mich eine unbedingte Notwendigkeit ist, denn wie soll man zeichnen lernen, ohne daß es einem gezeigt wird. Man kommt beim besten Willen der Welt nicht weiter, ohne auch mit Künstlern, die schon weiter sind, in Berührung zu kommen & zu bleiben. Guter Wille allein genügt ganz & gar nicht, man braucht auch die Chance, sich zu entwickeln. Was nun les artistes médiocres betrifft, zu denen ich, wie Du meinst, nicht gehören möchte, was soll ich Dir dazu sagen. Das hängt allein schon davon ab, was man unter médiocre versteht. Ich werde tun, was ich kann, aber médiocre in seiner einfachen Bedeutung verachte ich keineswegs. Und man gelangt sicher nicht über dieses Niveau hinaus, wenn man das, was médiocre ist, verachtet, meiner Ansicht nach muß man vor dem médiocre zumindest einigen Respekt haben & wissen, daß auch das schon etwas bedeutet & man das sogar nur mit großer Mühe erreicht. Adieu für heute, ich drücke Dir in Gedanken die Hand. Schreibe bald wieder, wenn Du kannst.

Vincent

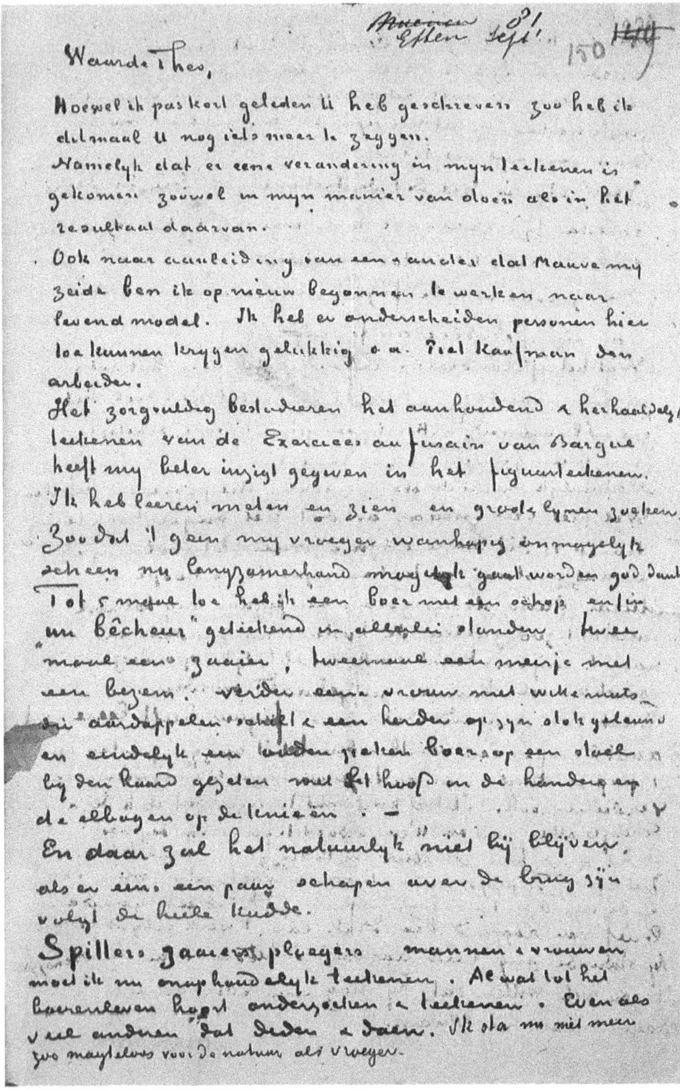

Etten Sept. 81 150

Waarde Theo,

Hoewel ik pas kort geleden U heb geschreven zoo heb ik ditmaal U nog iets meer te zeggen.
Namelyk dat er eene verandering in myn teekenen is gekomen zoowel in myn manier van doen als in het resultaat daarvan.
Ook naar aanleiding van een & ander dat Mauve my zeide ben ik op nieuw begonnen te werken naar levend model. Ik heb er onderscheiden personen hier toe kunnen krygen gelukkig o.a. Piet Kaufman den arbeider.
Het zorgvuldig bestudeeren het aanhoudend & herhaaldelyk teekenen van de Exercices au fusain van Bargue heeft my beter inzigt gegeven in het figuurteekenen.
Ik heb leeren meten en zien en groote lynen zoeken, Zoodat 't geen my vroeger wanhopig onmogelyk scheen nu langzamerhand mogelyk gaat worden god dank.
Tot 5 maal toe heb ik een boer met een schop enfin „un bêcheur" geteekend in allerlei standen, twee maal een zaaier, tweemaal een meisje met een bezem. Verder eene vrouw met witte muts die aardappelen schilt & een herder op zyn stok geleund & en eindelyk een ouden zieken boer op een stoel bij den haard gezeten met het hoofd in de handen & de elbogen op de knieën. –
En daar zal het natuurlyk niet bij blyven, als er eens een paar schapen over de brug zyn volgt de heele kudde.
Spitters, zaaiers, ploegers mannen & vrouwen moet ik nu onophoudelyk teekenen. Al wat tot het boerenleven hoort onderzoeken & teekenen. Even als veel anderen dat deden & doen. Ik sta nu niet meer zoo magteloos voor de natuur als vroeger.

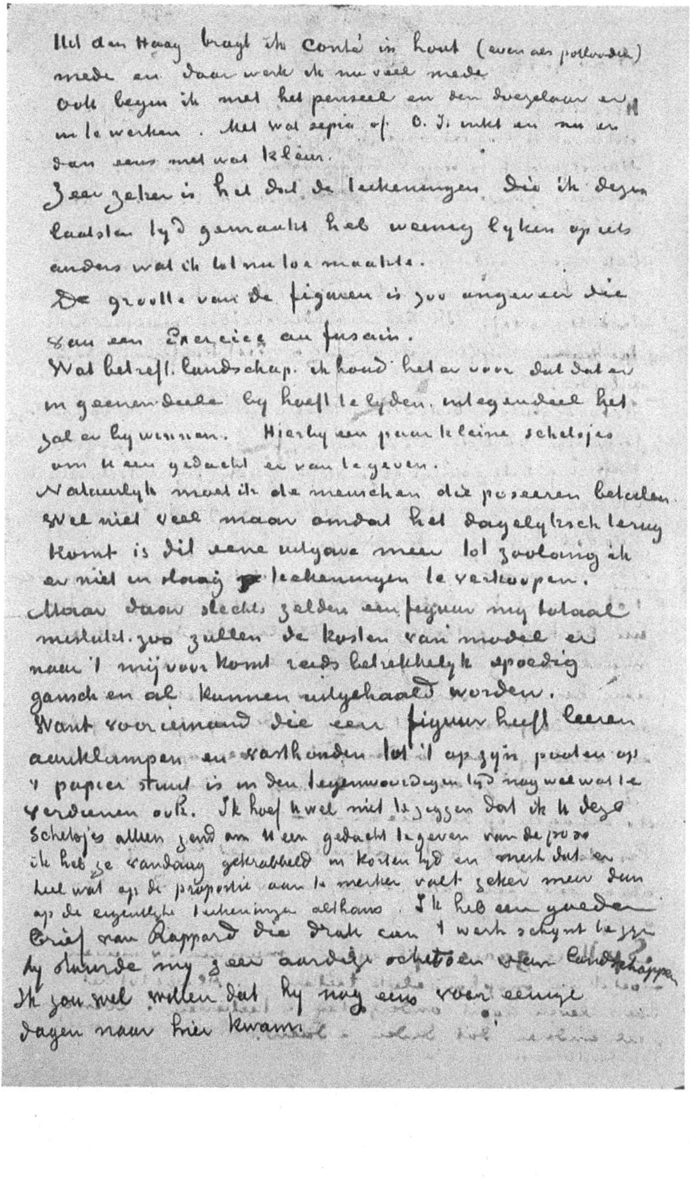
Uit den Haag bragt ik Conté in hout (even als potlooden)
mede en daar werk ik nu veel mede
Ook begin ik met het penseel en den doezelaar er
in te werken. Met wat sepia of O. I. inkt en nu en
dan eens met wat kleur.
Zeer zeker is het dat de teekeningen die ik dezen
laatsten tijd gemaakt heb weinig lijken op iets
anders wat ik tot nu toe maakte.
De grootte van de figuren is zoo ongeveer die
van een Exercice au fusain.
Wat betreft landschap, ik houd het er voor dat dat er
in geenen deele bij hoeft te lijden, integendeel het
zal er bij winnen. Hierbij een paar kleine schetsjes
om u een gedacht er van te geven.
Natuurlijk moet ik de menschen die poseeren betalen
wel niet veel maar omdat het dagelijksch terug
komt is dit eene uitgave meer tot zoolang ik
er niet in slaag teekeningen te verkoopen.
Maar daar slechts zelden een figuur mij totaal
mislukt, zoo zullen de kosten van model er
naar 't mij voorkomt reeds betrekkelijk spoedig
gansch en al kunnen uitgehaald worden.
Want voor iemand die een figuur heeft leeren
aanklampen en vasthouden tot 't op zijn pooten op
't papier staat is in den tegenwoordigen tijd nog wel wat te
verdienen ook. Ik hoef u wel niet te zeggen dat ik u deze
schetsjes alleen zend om u een gedacht te geven van de poses
ik heb ze vandaag gekrabbeld in korten tijd en merk dat er
heel wat op de proportie aan te merken valt zeker meer dan
op de eigenlijke teekeningen althans. Ik heb een goeden
brief van Rappard die druk aan 't werk schijnt te zijn
hij stuurde mij een aardige schetsen van landschappen
Ik zou wel willen dat hij nog eens voor eenige
dagen naar hier kwam.

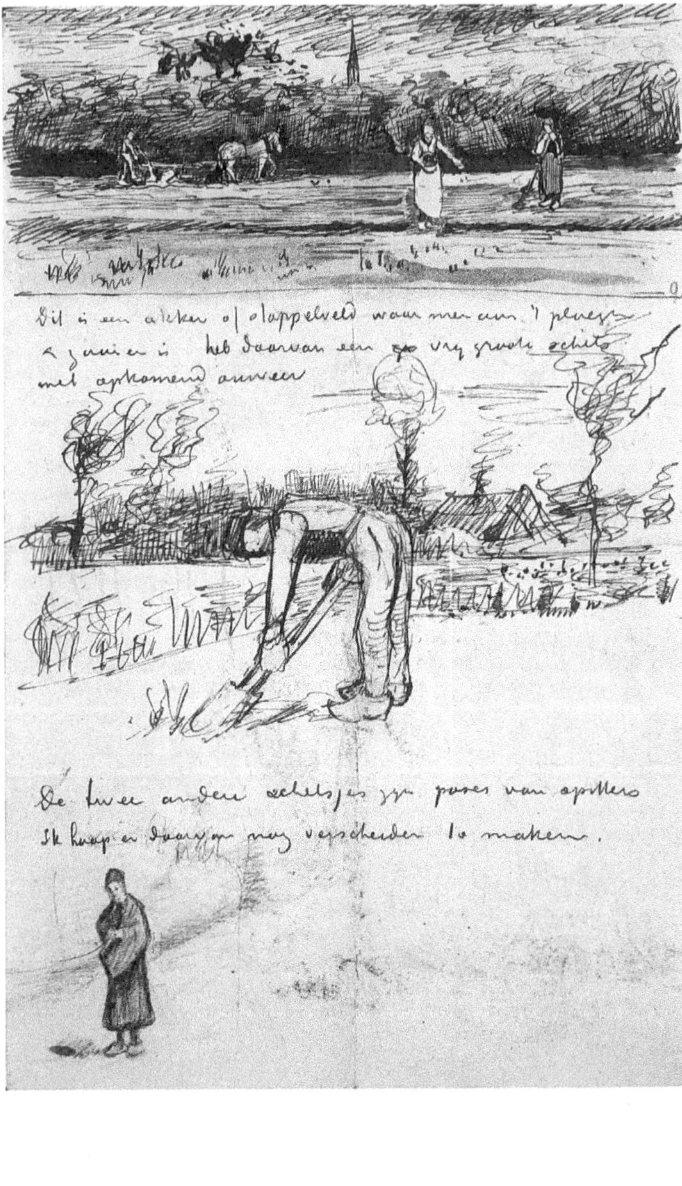
Dit is een akker of stoppelveld waar men aan 't ploegen & zaaien is heb daarvan een vrij groote schets met opkomend onweer
De twee andere schetsjes zijn poses van spitters Ik hoop er daarvan nog verscheiden te maken.

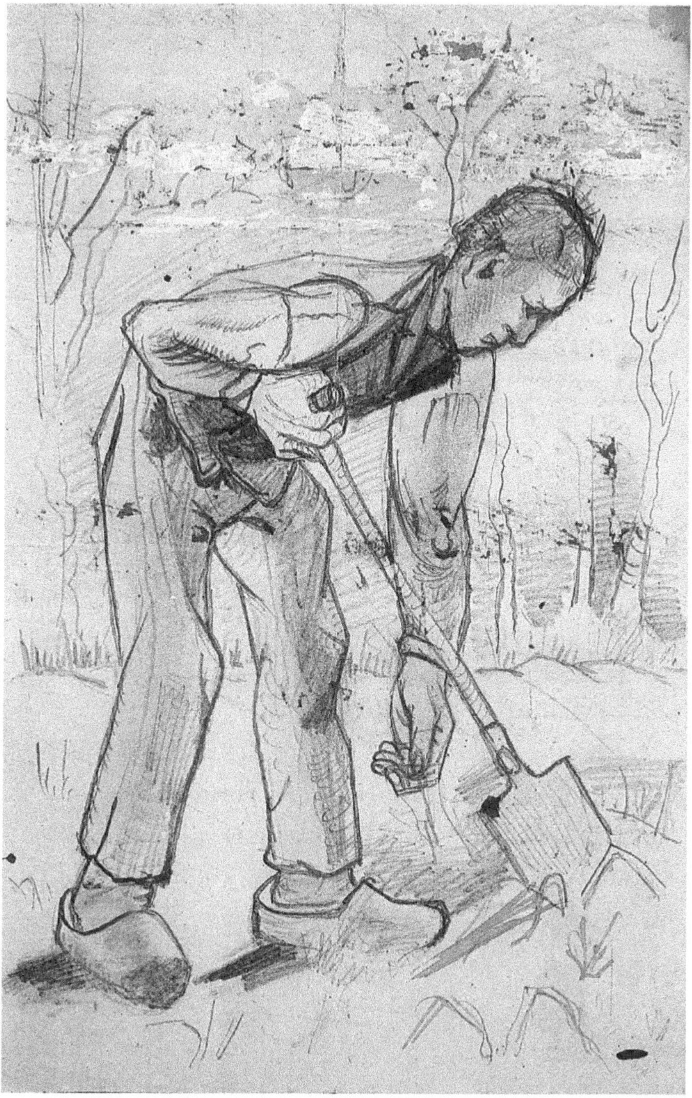

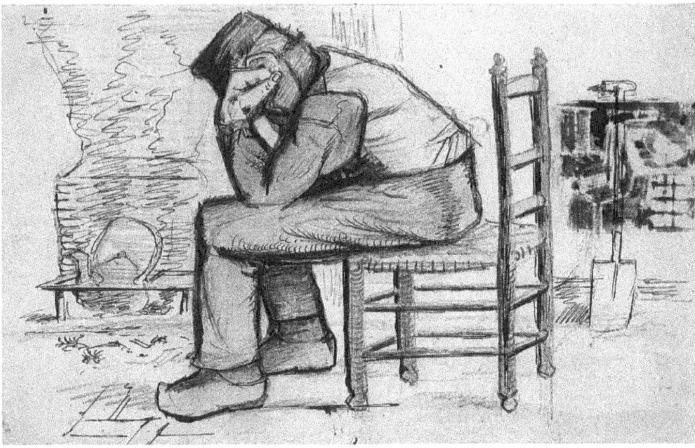

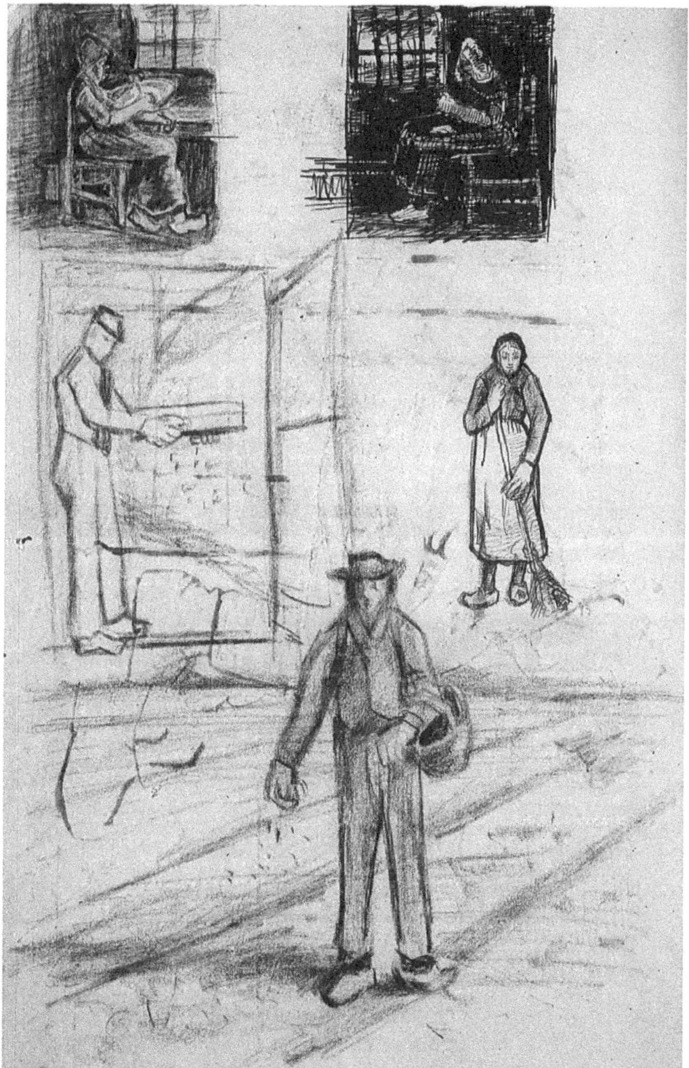

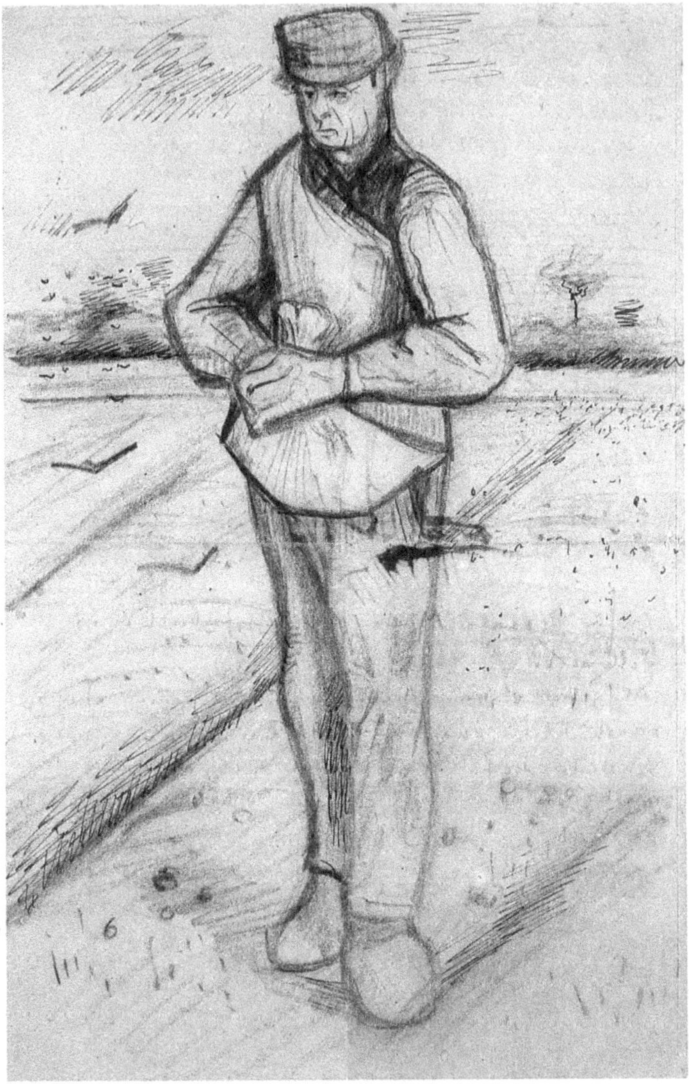

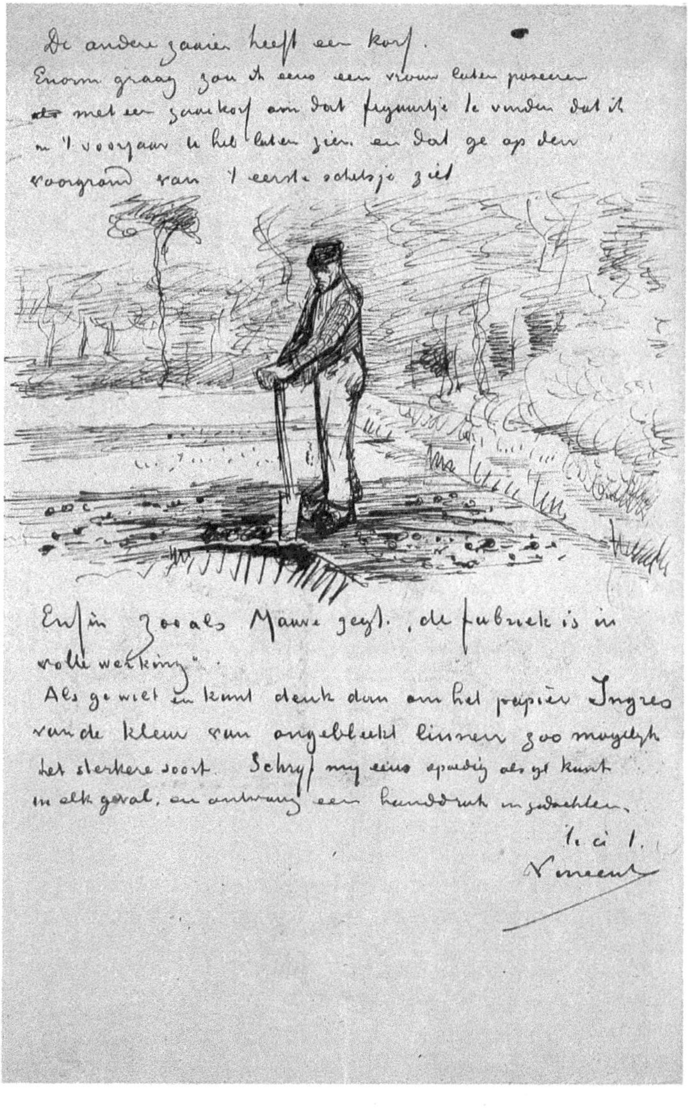

De andere zaaier heeft een korf.
Enorm graag zou ik eens een vrouw laten poseeren
als met een zaaikorf om dat figuurtje te vinden dat ik
in 't voorjaar u heb laten zien. en dat ge op den
voorgrond van 't eerste schetsje ziet

Enfin zooals Mauve zegt. „de fabriek is in
volle werking".
Als ge wat in kunt denk dan om het papier Ingres
van de kleur van ongebleekt linnen zoo mogelijk
het sterkere soort. Schrijf my eens spoedig als ge kunt
in elk geval, en ontvang een handdruk in gedachten.

t. à t.
Vincent

**An Theo van Gogh** **Etten**
**Mitte September 1881**

Teurer Theo,

obwohl ich Dir erst vor kurzem geschrieben habe, muß ich Dir diesmal noch einiges mehr sagen.

Nämlich, daß mit meinem Zeichnen eine Veränderung passiert ist, sowohl in meiner Arbeitsweise als auch in deren Ergebnis.

Auch dadurch veranlaßt, was Mauve mir sagte, habe ich von neuem angefangen, nach lebendem Modell zu arbeiten. Zum Glück habe ich verschiedene Personen dazu überredet, u. a. Piet Kaufman, den Arbeiter.

Durch das sorgfältige Studium, das fortwährende & wiederholte Zeichnen der Exercices au fusain von Bargue habe ich eine bessere Einsicht in das Figurenzeichnen gewonnen. Ich habe gelernt, zu messen und zu sehen und große Linien zu suchen &c., so daß das, was mir früher bis zum Verzweifeln unmöglich erschien, heute gottlob allmählich möglich wird. Wohl 5mal habe ich einen Bauern mit einem Spaten, enfin »un bêcheur«, in den unterschiedlichsten Posen gezeichnet, zweimal einen Sämann, zweimal ein Mädchen mit einem Besen. Weiter eine Frau mit weißer Haube, die Kartoffeln schält, & einen Hirten, auf einen Stab gestützt, und schließlich einen alten kranken Bauern, auf einem Stuhl am Ofen sitzend, mit dem Kopf in den Händen und den Ellbogen auf den Knien. –

Und dabei wird es natürlich nicht bleiben, wenn einmal ein paar Schafe über die Brücke sind, folgt die ganze Herde.

Grabende, säende, pflügende Männer & Frauen muß ich nun unaufhörlich zeichnen. Alles, was zum bäuerlichen Leben gehört, muß ich untersuchen & zeichnen. Wie es viele andere getan haben & noch tun. Ich stehe nun nicht mehr so hilflos vor der Natur wie früher.

Aus Den Haag habe ich in Holz gefaßte Zeichenkreide (wie Bleistifte) mitgebracht und damit arbeite ich nun viel.

Auch fange ich an, in die Zeichnungen mit Pinsel und Wischer zu arbeiten. Mit etwas Sepia oder chinesischer Tusche und hin und wieder mit etwas Farbe.

Ganz gewiß gleichen die Zeichnungen aus der letzten Zeit kaum jenen, die ich bisher gemacht habe.

Die Größe der Figuren entspricht ungefähr der einer Exercice au fusain.

Was die Landschaft betrifft, bin ich der Ansicht, daß sie in keiner Weise darunter zu leiden braucht. Im Gegenteil, sie wird dadurch gewinnen. Anbei ein paar kleine Skizzen, damit Du Dir einen Begriff davon machen kannst.

Natürlich muß ich die Menschen, die Modell stehen, bezahlen. Zwar nicht viel, aber weil es sich täglich wiederholt, ist dies eine Ausgabe mehr, solange es mir nicht gelingt, Zeichnungen zu verkaufen. Da mir aber nur selten eine Figur völlig mißlingt, werden die Kosten für Modelle, wie mir scheint, schon verhältnismäßig bald ganz und gar verdient sein.

Denn jemand, der gelernt hat, sich an eine Figur zu klammern und sie festzuhalten, bis sie auf dem Papier auf ihren Beinen steht, kann in der heutigen Zeit sogar noch etwas verdienen. Ich brauche Dir wohl nicht zu sagen, daß ich diese kleinen Skizzen nur schicke, damit Du Dir einen Begriff von der Pose machen kannst, ich habe sie heute sehr schnell hingekritzelt und merke, daß es an den Proportionen viel auszusetzen gibt, sicher mehr als an den eigentlichen Zeichnungen. Ich bekam einen guten Brief von Rappard, der eifrig bei der Arbeit zu sein scheint. Er schickte mir sehr hübsche Skizzen von Landschaften. Ich wollte, er käme noch einmal für einige Tage hierher.

⟨*Zeichnung, s. Abb. S. 82*⟩

Dies ist ein Acker oder Stoppelfeld, auf dem man beim Pflügen & Säen ist, habe davon eine ziemlich große Skizze mit aufziehendem Gewitter

⟨*Zeichnung, s. Abb. S. 82*⟩

Die beiden anderen kleinen Skizzen zeigen die Pose von grabenden Bauern. Ich hoffe, davon noch andere zu machen.

*⟨Zeichnung, s. Abb. S. 82⟩*

Der andere Sämann hat einen Korb.

Riesig gerne würde ich einmal eine Frau mit einem Säkorb Modell stehen lassen, um die kleine zarte Figur zu finden, die ich Dir im Frühjahr gezeigt habe und die Du im Vordergrund der ersten kleinen Skizze siehst.

*⟨Zeichnung, s. Abb. S. 87⟩*

Enfin, wie Mauve sagt: »die Fabrik ist in vollem Betrieb«.

Wenn Du willst und Du es schaffst, dann denke an das Ingrespapier in der Farbe ungebleichten Leinens, wenn möglich die stärkere Sorte. Schreibe mir, zumindest sobald Du kannst, und nimm in Gedanken meinen Händedruck,

t. à t.
Vincent

*⟨Zeichnungen, s. Abb. S. 83–86⟩*

**An Theo van Gogh Etten**
**zwischen 12. und 15. Oktober 1881**

Teurer Theo,

Dein soeben eingetroffener Brief hat mir sehr viel Freude bereitet, und da ich mir in diesen Tagen ohnehin vorgenommen hatte, Dir zu schreiben, tue ich das anläßlich Deines Briefes nun sofort.

Daß Du das Ingrespapier abgeschickt hast, finde ich großartig, ich habe zwar noch etwas, aber nicht mehr in der bewußten Farbe.

Ich freue mich über das, was Herr Tersteeg Dir zu meinen Zeichnungen gesagt hat, und gewiß nicht weniger darüber, daß Du selbst in den mitgeschickten kleinen Skizzen einen Fortschritt siehst; wenn der nun wirklich kommt, hoffe ich sicher, ordentlich weiterzuarbeiten, daß weder Du noch Herr T. diese günstige Meinung zurücknehmen braucht, ich werde mein Bestes tun, damit Du Dich darin nicht getäuscht hast. Die Natur fängt immer an, dem Zeichner zu widerstehen, aber wer seine Arbeit wahrhaft ernst nimmt, läßt sich durch diesen Widerstand nicht aus der Fassung bringen, im Gegenteil, für ihn ist das ein zusätzlicher Anreiz, um zu siegen, und im Grunde sind sich die Natur und der aufrichtige Zeichner einig. Die Natur ist ganz gewiß »intangible«, trotzdem muß man sie anfassen und zwar mit fester Hand. Nachdem ich nun einige Zeit mit ihr gerungen und gekämpft habe, beginnt sie, ein wenig nachgiebiger und fügsamer zu werden, nicht, daß ich schon am Ziel wäre, niemand ist weiter davon entfernt, das zu glauben, als ich selbst, aber es gelingt mir doch allmählich besser. Der Kampf mit der Natur gleicht zuweilen dem, was Shakespeare »Taming the shrew« nennt (d.h. die Widerspenstige durch Beharrlichkeit, bongré & malgré, zu zähmen). In vielen Dingen und namentlich im Zeichnen glaube ich, daß serrer de près vaut mieux que lâcher. –

Ich habe immer mehr das Gefühl, daß besonders das Figurenzeichnen gut ist und sich auch indirekt günstig auf das Landschaftszeichnen auswirkt. Wenn man eine Kopfweide zeichnet, als sei sie ein lebendes Wesen, was sie ja eigentlich auch ist, dann folgt die Umgebung so ziemlich von selbst, wenn man nur seine Aufmerksamkeit auf diesen bewußten Baum konzentriert und nicht ruht, bevor etwas Leben hineingekommen ist. Anbei ein paar Skizzen, ich zeichne gegenwärtig ziemlich oft am Leurschen Weg. Arbeite auch hin & wieder mit etwas Wasserfarbe & Sepia, aber das will mir nicht auf Anhieb gelingen. Mauve ist in Drenthe, habe mit ihm verabredet, daß ich, sobald er mir geschrieben hat, zu ihm komme, vielleicht kommt er noch für einen Tag nach Prinsenhage. Den Fabritius in Rotterd. habe ich mir auf meiner letzten Reise noch angesehen, es macht mir Freude, daß Du unter anderem die Mesdag-Zeichnung betrachten konntest. Falls die Zeichnung von Frau Mesdag, von der Du schreibst, die mit den gelben Rosen auf Moosgrund ist, dann habe ich sie in der Ausstellung gesehen, sie ist wahrhaftig sehr schön und sehr künstlerisch.

Zu dem, was Du über de Bock sagst, gebe ich Dir in allen Teilen recht, so ist auch meine Meinung über ihn, aber es war mir bisher nicht gelungen, sie so in Worte zu fassen, wie Du es in Deinem Brief tust.

Wenn er sich besser konzentrieren könnte und wollte, wäre er sicherlich ein besserer Künstler als im Augenblick. Ich habe ihm rundheraus erklärt: de Bock, wenn wir uns beide ein Jahr lang aufs Figurenzeichnen konzentrieren, dann sind wir nach dieser Zeit ganz andere Menschen als jetzt in diesem Augenblick; wenn wir uns nicht zur Arbeit zwingen und einfach so weitermachen, ohne etwas Neues dazuzulernen, dann bleiben wir nicht einmal, was wir sind, sondern entwickeln uns im Stillstand zurück. Wenn wir keine Figuren zeichnen oder meinetwegen Bäume, als wären es Figuren, dann sind wir wie Menschen ohne oder mit einem zu schwachen Rückgrat. Konnten Millet & Corot, die wir beide so sehr lieben, Figuren zeichnen, ja oder nein? Ich meine, diese Meister fürchteten sich vor gar nichts. Und darin gab er mir teilweise oder auch vollkommen recht. Übrigens hat er, glaube ich, tatsächlich ernsthaft an dem Panorama gearbeitet, und auch das wird im allgemeinen, auch wenn er das selbst nicht einsehen will, einen günstigen Einfluß auf ihn haben. Er sagte mir in bezug auf das Panorama etwas überaus Nettes, die Ursache dafür, daß ich große Sympathie für ihn habe. Du kennst doch den Maler Destrée. Dieser war mit einer sehr dünkelhaften Haltung zu de Bock gekommen und hatte ihm, natürlich sehr von oben herab und doch zuckersüß und unerträglich gönnerhaft gesagt: de Bock, man hat mich auch gebeten, das Panorama zu malen, aber weil es etwas Unkünstlerisches war, habe ich gemeint, es ablehnen zu müssen. Und daraufhin de Bock: Herr Destrée, was ist leichter, ein Panorama zu malen oder abzulehnen, ein Panorama zu malen; was ist künstlerischer, es zu tun oder es nicht zu tun. – Ob es genau dieselben Worte waren, weiß ich nicht, aber sicherlich war es der Sinn seiner Erwiderung, die ich sehr treffend fand. Davor habe ich ebensoviel Respekt wie vor Deiner Handlungsweise gegenüber den älteren und weiseren Mitgliedern in Deiner Vereinigung, die Du von ihrem eigenen Alter und ihrer eigenen Weisheit hast zehren lassen, während Du selbst als Jüngerer die Sache etwas energischer durchgesetzt hast. Das ist wahre Philosophie, die uns so handeln läßt, wie Ihr, de Bock & Du, jeweilig in Eurem Fall gehandelt habt, von solcher Philosophie kann man sagen, sie ist auch Praxis, genau wie Mauve sagt: »Farbe ist auch Zeichnen«. Mein Papier ist voll, also schließe ich und mache mich wieder auf den Weg nach draußen, habe Dank für Deine tatkräftige Mitwirkung, in Gedanken drücke ich Dir die Hand und bin, dessen sei versichert,

t. à t.
Vincent

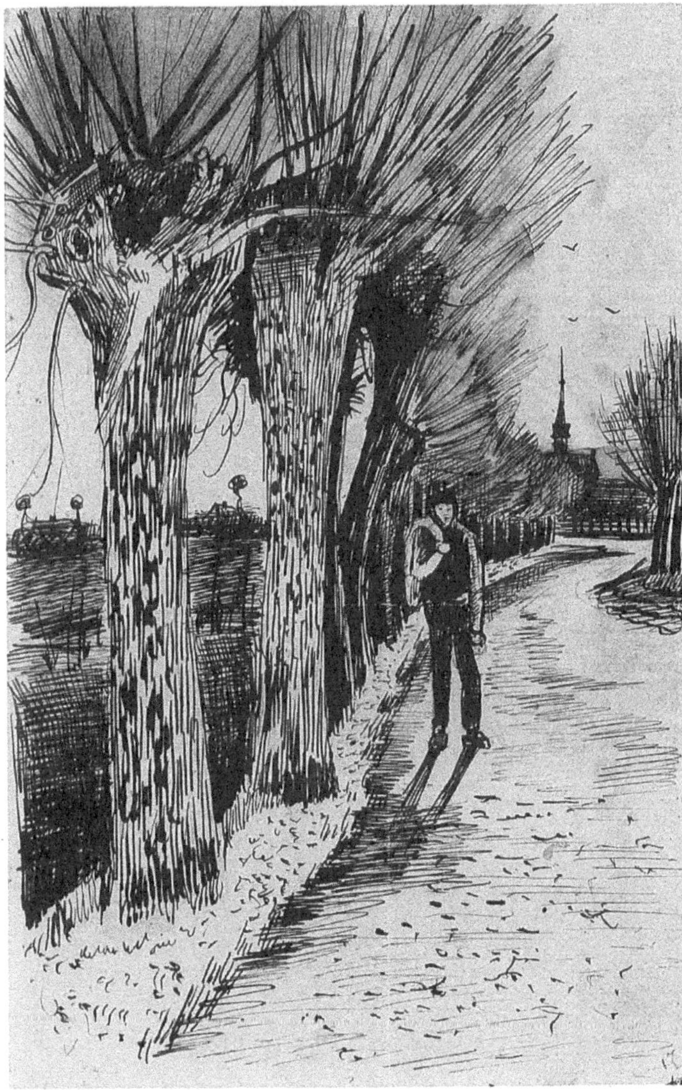

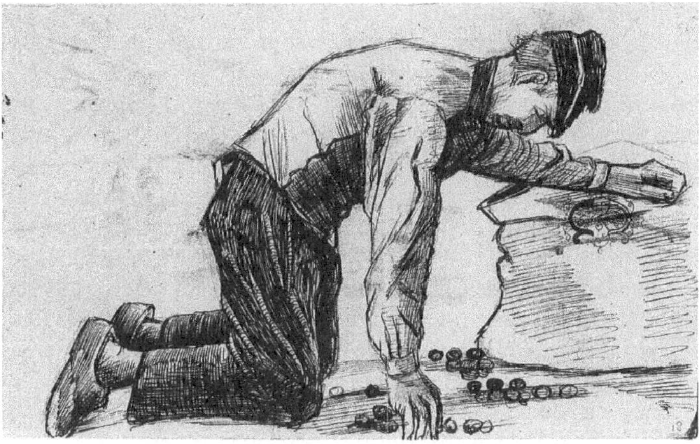

**An Theo van Gogh** **Etten**
**7. November 1881**

Etten 7/9 1881

Old boy, –

Dieser Brief ist für Dich ganz allein, Du wirst ihn für Dich behalten, nicht wahr? Es würde mich nicht wundern, Theo, wenn mein letzter Brief einen mehr oder weniger sonderbaren Eindruck auf Dich gemacht hätte. Doch ebenso hoffe ich, daß es ein Eindruck war, der Dich die Lage einigermaßen überblicken läßt. Mit geraden, großen Holzkohlestrichen habe ich versucht, die Proportionen und groben Linien anzugeben. Sind die unentbehrlichen Grundlinien einmal gefunden, dann klopfen wir die Holzkohle mit einem Taschentuch oder einem Flügel wieder ab und fangen an, nun etwas feinfühliger die Konturen zu suchen. –

Dieser Brief wird also in einem vertraulicheren, weniger harten und kantigen Ton geschrieben sein als der letzte. –

Zunächst muß ich Dich einmal fragen, ob es Dich ebenfalls nur einigermaßen wundert, daß es eine Liebe gibt, die ernsthaft und feurig genug ist, um nicht abzukühlen, auch nicht durch viele »Nein, Niemals, Nimmer«. – Mich dünkt, dies wird, weit davon entfernt Deine Verwunderung zu erregen, Dir sicher sehr natürlich und vernünftig vorkommen. – Die Liebe ist doch etwas Positives, etwas Starkes, etwas so Wirkliches, daß es für jemanden, der liebt, ebenso unmöglich ist, so ein Gefühl wieder rückgängig zu machen, wie Hand an sich zu legen. Sagst Du nun darauf: »Aber es gibt doch Menschen, die Hand an sich legen«, dann antworte ich daraufhin einfach: Ich glaube eigentlich nicht, daß ich ein Mensch mit dergleichen Neigungen bin. –

Ich habe sehr viel Lust aufs Leben bekommen, und ich bin sehr froh, daß ich liebe. Mein Leben und meine Liebe sind eins. – Aber Du stehst vor einem Niemals, Nein, Nimmer, hältst Du mir dann vor. Dann sage ich daraufhin: Old boy, einstweilen betrachte ich das »Niemals, Nein, Nimmer« als einen Eisklumpen, den ich an mein Herz drücke, damit er schmilzt.

Zu entscheiden, wer nun gewinnen wird, die Kälte des Eisklumpens oder meine Lebenswärme, das ist eine heikle Frage, zu der ich mich vorläufig lieber noch nicht äußern möchte, & ich wünschte auch, die anderen hielten diesbezüglich den Mund, wenn sie nichts Besseres zu sagen wissen als »nicht schmelzbar«, »Narretei« und dergleichen wohlwollende Anzüglichkeiten mehr. Wenn ich einen Eisberg aus Grönland oder Nowaja Semlja von ich weiß nicht wieviel Metern Höhe, Breite und Tiefe vor der Nase hätte, dann wäre das sicher ein schwieriger Fall, wenn man davorstünde und, um ihn zu schmelzen, so einen Eiskoloß umfassen und ans Herz drücken wollte. –

Aber weil mir in meinem Fahrwasser noch kein Eiskoloß von derartigen Dimensionen in die Quere gekommen ist, weil sie, sage ich, mit ihrem Niemals, Nein, Nimmer und alldem nicht viele Meter hoch, breit und tief ist und, wenn ich richtig gemessen habe, wohl zu umfassen ist, so kann ich das »Unsinnige« meiner Handlungsweise noch nicht einsehen.

Was mich nun betrifft, drücke ich den Eisklumpen »Niemals, Nein, Nimmer« an mein Herz, ich weiß mir keine andere Lösung, und wenn ich es nun soweit zu bringen versuche, daß er schmilzt und verschwindet – wer sollte etwas dagegen haben???

Sag mal, Theo, findest Du es etwa sehr feinfühlig von den Menschen, ihr das Kompliment zu machen, ihr Nein, Niemals, Nimmer sei unschmelzbar, unauftaubar und unwiderruflich! Und doch tun das meines Erachtens viele, indem sie das Nein, Niemals, Nimmer so schwernehmen. – Wäre es nicht humaner von diesen Menschen, wenn sie darüber lächeln könnten und wollten. –

Ich halte es wohl für sehr melancholisch, daß so viele es so schwernehmen, habe jedoch nicht die Absicht, darüber selbst melancholisch zu werden und den gefaßten guten Mut wieder zu verlieren. Das sei mir fern. –

Mag melancholisch sein, wer will. – Ich habe genug davon und will nichts anderes, als fröhlich zu sein wie die Lerche im Frühling! Ich will kein anderes Lied singen als »aimer encore!«.

Hast Du, Theo, Freude an diesem »Niemals, Nein, Nimmer«? Von Dir glaube ich wahrhaftig das Gegenteil. Und doch scheint es nun einmal einige Menschen zu geben, die Spaß daran haben und sich, vielleicht sans le savoir, »natürlich zu meinem Besten und mit den besten Absichten«, darum bemühen, mir den Eisklumpen von der Brust zu reißen, ohne sich dessen bewußt zu sein, daß sie mir mehr Eimer kalten Wassers auf meine feurige Liebe gießen, als sie sich selbst vorstellen können. –

Und doch bin ich der Meinung, daß viele Eimer kaltes Wasser mich vorläufig nicht abkühlen werden, old boy. –

Vor allem von Christen halte ich es für sehr unchristlich, so fest an das Niemals, Nein, Nimmer zu glauben und so wenig oder gar keinen Wert auf die Macht des »aimer encore!« zu legen, und ich erkläre, nicht begreifen zu können, wo sie in dieser Angelegenheit nur das Schwanken zwischen zwei Gedanken, nämlich der Unentschlossenheit & der Schwermut, herhaben. – Und es ist mir gleichfalls ein Rätsel, aus welcher Physik sie die Unschmelzbarkeit des Eises gelernt haben. Es fällt mir nicht leicht, solche Menschen als Freunde zu betrachten, die mich aus der Fassung bringen oder ablenken oder mir etwas in den Weg legen oder mich mit leeren Worten abspeisen wollen.

Findest Du es nicht sehr schlau von den Leuten, daß sie angedeutet haben, ich solle mich schon mal darauf vorbereiten, daß ich vielleicht schon bald zu hören bekäme, sie habe eine andere, reichere Partie akzeptiert, sie sei schön geworden & bekäme wohl einen Antrag, sie hätte ganz entschieden eine Abneigung gegen mich, wenn ich weiterginge als »Bruder & Schwester« (das sei die äußerste Grenze), daß es doch so schade sei, wenn ich »inzwischen« (!!!) eine andere, möglicherweise bessere Chance vorübergehen ließe!!!

Oh, wer ihr auch seid, die solche Greuelreden halten, wie ich sie à contre cœur in obigen Zeilen wiederhole, ihr haltet sie doch gewiß in Eile und ohne Takt und Nachdenken? Ihr wollt doch nicht, daß ich glauben soll, ihr wäret wirklich im Grunde eures Herzens derart eitel und leichtsinnig? A Dieu ne plaise, daß dies euer wahres Ich ist. –

> N'étiez vous des amis, je vous nommerais lâches
> Car je n'accepte point le joug du désespoir. –

Wer noch nicht gelernt hat zu sagen, »sie und keine andere«, weiß der, was Liebe ist? – Als man mir obenerwähnte Dinge sagte, f ü h l t e ich mit meinem ganzen Herzen, mit meiner ganzen Seele, mit meinem ganzen Verstand: »Sie & keine andere«. Schwäche, Leidenschaft, Unverstand, Mangel an Weltkenntnis zeigt man, wenn man sagt »sie und keine andere«, meinen vielleicht einige; »halte dir ein Hintertürchen offen, ersinne eine List«, das sei mir fern! – diese meine Schwäche sei meine Stärke, von »ihr und keiner anderen« will ich abhängig sein, und wenn ich es auch könnte, würde ich von ihr nicht unabhängig sein wollen. – Sie hat dennoch einen anderen geliebt und noch immer sind ihre Gedanken in dieser Vergangenheit und scheint sich allein schon bei dem Gedanken an eine mögliche neue Liebe ihr Gewissen zu regen.

Aber es gibt ein Wort, und Du kennst es:

> Il faut avoir aimé, puis désaimé, puis aimer encore!
> Aimer encore! ma chère, ma trois fois chère, ma
> bien aimée. –

Theo, betrachte es nicht als Voreiligkeit, nicht als Übermut von mir, daß ich voller Begeisterung für den Sieg des Aimer encore! bin. Nicht, daß ich ihn schon errungen habe oder daß sie mich bereits liebt, aber ich jage ihm nach, als müßte ich sie auch besiegen. – Ich muß sie so lange lieben, bis sie mich am Ende auch liebt. –

Ich sah, daß sie immerfort an die Vergangenheit dachte und sich mit Hingabe in sie vertiefte. Und dann dachte ich: Obwohl ich dieses Gefühl respektiere und es mich bewegt und trifft, diese tiefe Trauer in ihr, so sehe ich darin doch etwas Fatales. Also darf es mein Herz nicht weich machen, sondern ich muß fest und entschlossen sein wie eine Klinge aus Stahl.

Ich wollte versuchen, »etwas Neues« zu wecken, womit das Alte nicht ausgelöscht, sondern ihm ein Daseinsrecht eingeräumt würde.

Und dann fing ich an – zunächst steif und ungelenk, aber doch entschlossen und es endete mit dem Satz: »Kee, ich habe das Gefühl, als seist du meine Nächste und ich dein Nächster im vollsten Sinne des Wortes, ich habe dich lieb wie mich selbst« – und dann, dann sagte sie: niemals, nein, nimmer .. –

Dem Niemals, Nein, Nimmer, was steht ihm gegenüber – Aimer encore!

Wer nun gewinnen wird – das kann ich nicht entscheiden – Gott weiß es – ich weiß nur das eine: »that I had better stick to my faith«. –

Als ich in diesem Sommer das »Niemals, Nein, Nimmer« hörte, o Gott, wie schrecklich war das, und obwohl ich darauf nicht unvorbereitet war, so hat es mich doch fast zerschmettert wie die ewige Verdammnis. – Und ja – es warf mich für einen Augenblick gleichsam zu Boden. – Aber dann stieg trotz dieser unaussprechlichen Seelenangst ein Gedanke in mir auf wie ein helles Licht in der Nacht; und zwar: Wer entsagen *kann*, der entsage, doch wenn du *glauben kannst, so glaube!* Dann stand ich auf, nicht resignierend, sondern gläubig, und hatte nur den einen Gedanken: *Sie und keine andere!* –

Du wirst mir nun entgegnen: Wovon willst du leben, wenn du sie für dich gewinnst, oder vielleicht willst Du sagen: Du wirst sie nicht bekommen; aber nein, so wirst *Du* nicht sprechen. Wer liebt, lebt, wer lebt, arbeitet, wer arbeitet, der hat Brot.

Es gibt einen Gott – und *er will*, daß wir lieben sollen, das ist die wichtigste Voraussetzung.

So bin ich denn ruhig und gelassen in dieser Angelegenheit und gerade das hat Einfluß auf meine Arbeit, die für mich je länger, desto attraktiver wird, besonders weil ich mir bewußt bin, daß sie gelingen wird. Nicht, daß ich etwas Außergewöhnliches werde, aber ganz entschieden etwas »Gewöhnliches«, und dann meine ich mit »gewöhnlich«, daß meine Arbeit gesund und vernünftig sein wird, daß sie eine Daseinsberechtigung haben wird und irgendeinem Zweck wird dienen können. Ich glaube, nichts läßt uns so sehr auf den Boden der Tatsachen kommen wie eine wahre Liebe. Und wer auf den Boden der Tatsachen kommt, ist der auf dem schlechten Weg? – Ich glaube nicht. – Aber womit soll ich es vergleichen, dieses eigenartige Gefühl, diese eigenartige Entdeckung »Lieben«? Denn es ist im Leben des Menschen wahrlich die Entdeckung einer Neuen Welt, wenn er sich ernsthaft verliebt.

Und darum würde ich mir wünschen, daß Du Dich nun auch verliebtest, doch dazu gehört eine Sie, sonst wäre das natürlich schier unmöglich. Aber es ist mit der Sie genau wie mit anderen Dingen, wer sucht, der findet, obwohl das Finden selbst ein Glück ist und nicht unser Verdienst. Dennoch ist Suchen nicht überflüssig und übrigens, wer könnte es lassen. – Wer sucht wohl nicht viel mehr, als er selbst weiß, bisweilen sans le savoir.

Obwohl man in der Hoffnung sucht, es zu finden, so ist das Finden doch eine erstaunliche Überraschung. Es ist auch eine schlimme Überraschung, wenn man dann etwas gefunden hat und – und – und – sich herausstellt, daß man nicht auf ein Ja und Amen gestoßen ist, sondern auf ein Niemals, Nein, Nimmer, das ist anfangs nicht angenehm, vielmehr schrecklich.

Aber so wie Onkel Jan mit Recht sagt: Der Teufel ist nie so schwarz, als daß man ihm nicht ins Auge sehen könnte, so ist es auch mit dem Niemals, Nein, Nimmer. Ich selbst weiß zumindest, daß man, wenn man es nur mutig in Angriff nimmt, es nicht bereuen wird.

Nun mußt Du mir aber, wenn Du es noch nicht getan hast und vor allem, nachdem Du diesen Brief erhalten & gelesen hast, unbedingt einmal schreiben. Denn jetzt verlange ich natürlich sehr nach einem Brief von Dir, nachdem ich so zu Dir gesprochen habe, wie ich es getan habe. Ich glaube nicht, daß Du mir das, was ich Dir gesagt habe, übelnehmen wirst, sondern eher, daß Du selbst mehr oder minder und im allgemeinen genauso über die Unentbehrlichkeit des »Sie und keine andere« denkst.

Wie dem auch sei, schreibe mir nun bald und ich bin (inzwischen!!!), dessen sei versichert,

t. à t.
Vincent

## 1881–1883
# Den Haag, Drenthe

---

**An Theo van Gogh** **Den Haag**
**29. Dezember 1881**

Den Haag Donnerstag-
abend

Teurer Theo,

meinen Dank für Deinen Brief & die Beilage. Als ich Deinen Brief erhielt, war ich schon wieder in Etten, wie ich Dir nach Rücksprache mit Mauve geschrieben hatte. Aber wie Du nun siehst, bin ich inzwischen zurück in Den Haag.

Weihnachten hatte ich eine ziemlich heftige Auseinandersetzung mit Pa, die schließlich so an Schärfe zunahm, daß Pa sagte, es sei besser, wenn ich das Haus verließe. Nun, das wurde so nachdrücklich gesagt, daß ich noch am gleichen Tag fortging.

Es fing eigentlich damit an, daß ich nicht zur Kirche ging und auch sagte, wenn der Gang zur Kirche ein Zwang sei & ich zur Kirche hin *müßte*, ich ganz gewiß nie mehr und nicht einmal aus Höflichkeit hingehen würde, wie ich es die ganze Zeit, die ich in Etten war, ziemlich regelmäßig getan habe. Aber ach, eigentlich steckt viel mehr dahinter, u.a. die ganze zwischen mir und K. V. vorgefallene Geschichte in diesem Sommer.

Ich kann mich nicht erinnern, je in meinem Leben so zornig gewesen zu sein, und ich habe Pa rundheraus gesagt, daß ich das ganze System dieser Religion abscheulich fände, gerade weil ich mich in einem miserablen Abschnitt meines Lebens zu sehr in diese Dinge vertieft hätte und nichts mehr mit ihnen zu tun haben wolle und ich mich davor wie vor etwas Unheilvollem hüten müsse. –

Bin ich zu zornig, zu heftig gewesen – das mag so sein, aber wenn das nun auch wirklich der Fall war, dann ist es jetzt eben auch für immer aus.

Ich ging zu M. zurück und sagte: Hör mal, M., in Etten geht es nicht länger, ich werde woanders, am liebsten hier, wohnen müssen.

Nun, M. sagte: Dann eben hier. Und somit habe ich hier ein Atelier gemietet und zwar ein Zimmer mit Alkoven, das sich leicht als ein Atelier einrichten läßt. Nicht zu teuer, unmittelbar am Stadtrand, am Schenkweg, etwa 10 Minuten hinter Ms. Wohnung.

Pa hatte mir gesagt, wenn ich Geld brauche, wolle er es mir notfalls vorschießen, aber das geht jetzt nicht mehr, ich muß ganz & gar unabhängig von Pa bleiben. Wie? Das weiß ich noch nicht, aber M. wird mir zur Not etwas helfen, und ich hoffe & erwarte, auch Du, und natürlich werde ich arbeiten & mir Mühe geben, soviel ich nur kann, um etwas zu verdienen.

So ist es jetzt, und wir sind nun einmal in diese Lage geraten – zu einem unpassenden Augenblick, aber qu'y faire. –

Ich brauche ein paar einfache Möbel, und außerdem werden meine ganzen Ausgaben für Zeichen- & Malbedarf nicht weniger.

Auch muß ich versuchen, mich etwas besser anzuziehen. Es ist ein Wagnis, entweder alles oder nichts. Aber es mußte doch einmal dazu kommen, daß ich mich einrichte, also was will ich denn, es ist jetzt schneller gegangen, als ich erwartet hatte. –

Mein Verhältnis zu Pa und Moe wird so bald nicht wiedergutzumachen sein. Der Unterschied in Denkart und Anschauungsweise ist allzu groß. –

Und obwohl ich im Zorn gesprochen habe, so habe ich doch Dinge gesagt, die auch in ruhigerer Verfassung meiner

Meinung entsprochen hätten. Ich nehme also nichts von dem zurück, was ich gesagt habe, und enfin, Pa hat es nun endlich geradeheraus gehört. Wäre ich zurückhaltender gewesen, dann hätte ich es in anderen, weniger starken Farben gesagt, aber im Grunde wären es doch dieselben Gedanken gewesen.

Und ich hoffe, daß es doch auf jeden Fall zu etwas Gutem führen wird. Ich muß durch eine schlimme Zeit hindurch, und das Wasser steigt hoch, vielleicht bis an die Lippen und vielleicht noch höher, wie soll ich das im voraus wissen. Aber ich werde den Kampf aufnehmen & mein Leben teuer verkaufen & versuchen, zu gewinnen und obenauf zu kommen.

Am 1. Januar beziehe ich das Atelier. Ich werde, was die Möbel betrifft, die allereinfachsten nehmen, einen Holztisch, ein paar Stühle.

Als Bett würden mir eine Wolldecke und der Fußboden genügen. Aber M. will, daß ich ein Bett kaufe & will es mir notfalls vorschießen. Bei der Abrechnung der 100 Francs ergab sich, daß ich nach so langer Zeit noch Geld übrig hatte, obwohl ich in diesem Sommer doch zweimal davon auf Reisen war und einmal jetzt, das letzte Mal, für längere Zeit. Es ist wahr, daß ich zu Hause mitgegessen & gewohnt habe, aber Pa hatte selbst vorgeschlagen, dafür Geld zu erübrigen.

Du wirst verstehen, daß ich jetzt den Kopf voller Sorgen habe und viele Probleme auf mich zukommen sehe. Trotzdem ist es für mich eine Beruhigung, soweit gegangen zu sein, daß ich nicht mehr zurück k a n n und daß mein Weg sich nun deutlich abzeichnet, obwohl er schwer zu gehen sein wird.

Es versteht sich von selbst, daß ich Dich bitte: Theo, wenn es Dir möglich ist, schicke mir dann hin und wieder etwas, was Du entbehren kannst, ohne selbst in Schwierigkeiten zu geraten. Und – schicke es unter den gegebenen Umständen lieber an mich, als daß Du es anderen mitgibst.

Denn wenn es möglich ist, sollten wir Mauve nicht in die finanziellen Angelegenheiten mit hineinziehen. Es ist schon von unschätzbarem Wert, daß er mir auf künstlerischem Gebiet mit Rat & Tat zur Seite steht. Er besteht jedoch darauf, daß ich z. B. ein Bett & ein paar Möbel anschaffe & sagt: Ich werde es Dir notfalls vorschießen. Denn seiner Meinung nach müßte ich quand même doch ein wenig, was meine Kleidung angeht, auf mein Äußeres achten und mich nicht allzu sehr einschränken.

Ich werde Dir bald mehr schreiben. Daß alles so gekommen ist, will ich nicht als ein Unglück betrachten: im Gegenteil, trotz mancherlei Aufregungen fühle ich doch eine gewisse Ruhe.

There is a safety in the midst of danger. – Was wäre das Leben, wenn wir nicht den Mut hätten, etwas anzupacken.

Sowohl in der Stadt als auch in Scheveningen bin ich von Pontius zu Pilatus gelaufen, um dieses Atelier zu finden.

Scheveningen ist fürchterlich teuer. Dieses Atelier kostet nur 7 Gulden im Monat, nur die Möbel machen es schwierig. Doch wenn man einmal sein eigenes Zuhause hat, dann läuft das auch nicht mehr davon und man hat festeren Boden unter den Füßen.

Das Licht kommt so ungefähr von Süden, aber das Fenster ist groß und hoch und ich bin zuversichtlich, daß es hier mit der Zeit ganz nett aussehen wird.

Du kannst Dir denken, daß ich voller Mut bin. Wie wird es in einem Jahr um meine Arbeit stehen? Könnte ich nur das ausdrücken, was ich fühle – nun, Mauve versteht sich sehr gut darauf und will mir soviel technische Hinweise geben, wie er kann – das, von dem mein Kopf & Herz erfüllt ist, das muß in meinen Zeichnungen und Bildern zum Ausdruck kommen.

Mauve selbst ist eifrig mit einem großen Bild beschäftigt, auf dem ein Ewer von Pferden die Dünen hinaufgeschleppt wird. Mir gefällt es ausgezeichnet in ’s-Gravenhage und ich finde hier so unendlich viel Schönes, von dem ich etwas wiederzugeben versuchen muß.

Adieu, Junge, schreibe bald, empfange in Gedanken einen Händedruck, dessen sei versichert,

t. à t.
Vincent

Viele Grüße von M. und Jet.

Ich habe noch ein bißchen Geld, aber wie lange werde ich damit auskommen können. Bis zum 1. Januar muß ich im Gasthof bleiben.

Adressiere Deine Briefe nur an diese Adresse A. Mauve. Uileboomen 198. Ich komme ohnehin fast täglich dorthin.

**An Theo van Gogh** **Den Haag**
**etwa 7. Mai 1882**

Ich stelle Dir frei, Mauve über den Inhalt dieses Briefes zu sagen, was Du willst, aber weiter brauchst Du nicht zu gehen.

Teurer Theo,

heute bin ich Mauve begegnet und hatte mit ihm ein sehr bedauerliches Gespräch, bei dem mir deutlich geworden ist, daß Mauve & ich für immer geschiedene Leute sind. Mauve ist soweit gegangen, daß er nichts mehr zurücknehmen kann, wenigstens wird er es sicher nicht wollen. Ich hatte ihn gebeten, sich meine Arbeiten ansehen zu kommen und danach über die Sachen zu sprechen. Mauve weigerte sich ganz entschieden: »Zu dir komme ich sicher nicht, es ist ein für allemal aus«. –

Schließlich sagte er: »Du hast einen bösartigen Charakter«. Da habe ich mich umgedreht – es war in den Dünen, und bin allein nach Hause gegangen.

Mauve nimmt es mir übel, daß ich gesagt habe: Ich bin Künstler – was ich nicht zurücknehmen werde, weil es sich von selbst versteht, daß das Wort die Bedeutung von fortwährendem Suchen, ohne je restlos zu finden, in sich birgt. Es ist genau das Gegenteil davon, wenn man sagt: »Ich weiß es schon, ich habe es schon gefunden.« Soviel ich weiß, bedeutet das Wort: »Ich suche, ich jage ihm nach, ich bin mit meinem Herzen dabei«. – Ich habe doch Ohren am Kopf, Theo – wenn jemand sagt: »Du hast einen bösartigen Charakter«, was soll ich dann tun. Ich drehte mich um und ging allein zurück, aber mit tiefer Traurigkeit im Herzen, daß Mauve mir das zu sagen gewagt hatte. ICH werde ihn nicht bitten, mir das zu erklären, ich werde mich ebensowenig entschuldigen.

Und doch – und doch – und doch. – Ich wünschte, Mauve würde es bereuen. Man hat mich wegen etwas in Verdacht ... es liegt in der Luft ... hinter mir steckt etwas anderes .. Vincent hält etwas verborgen, was das Licht scheut .. Nun denn, meine Herren, ich werde es Ihnen sagen, Euch Leuten, die Ihr so großen Wert auf Umgangsformen und gute Sitten legt, und das mit Recht, falls sie wenigstens echt sind: Was ist anständiger, feinfühliger, männlicher, eine Frau zu verlassen oder sich einer Verlassenen anzunehmen. –

Ich bin in diesem Winter einer schwangeren Frau begegnet, die von dem Mann, dessen Kind sie im Leibe trug, verlassen worden war.

Eine schwangere Frau, die sich in diesem Winter auf der Straße herumtrieb – ihr Brot verdienen mußte, Du weißt schon wie. –

Ich habe diese Frau als Modell genommen und mit ihr den ganzen Winter über gearbeitet. Ich konnte ihr den vollen Tageslohn für ein Modell nicht geben, aber das ändert nichts daran, daß ich ihre Miete bezahlt habe und sie und ihr Kind, Gott sei Dank, bis heute vor Hunger und Kälte habe bewahren können, indem ich mein eigenes Brot mit ihr geteilt habe. Als ich dieser Frau begegnete, fiel sie mir auf, weil sie krank aussah.

Ich habe sie Bäder und Stärkungsmittel nehmen lassen, soviel ich vermochte, sie ist viel gesünder geworden. Ich bin mit ihr in Leiden gewesen, wo ein Heim für Wöchnerinnen ist und wo sie entbinden wird. Es war kein Wunder, daß sie kränklich aussah, das Kind lag verkehrt, und sie mußte sich einer Operation unterziehen, das Kind mußte nämlich mit der Zange umgedreht werden. Gleichwohl besteht viel Hoffnung, daß sie doch noch gut durchkommt. Im Juni wird sie niederkommen.

Es kommt mir vor, daß jeder Mann, der das Leder seiner Schuhe wert ist und vor so einem Fall gestanden hätte, dasselbe getan haben würde. Ich fand das, was ich getan habe, so einfach und selbstverständlich, daß ich meinte, es für mich behalten zu können. Das Modellstehen fiel ihr schwer, dennoch hat sie es gelernt, und ich habe Fortschritte in meinem Zeichnen gemacht, weil ich ein gutes Modell hatte. Diese Frau hängt nun an mir wie eine zahme Taube – ich selbst kann nur einmal heiraten, und wann könnte ich es wohl besser tun als jetzt mit ihr, weil ich ihr allein dadurch weiterhelfen könnte und sie sonst aus Not wieder denselben Weg gehen müßte, der in den Abgrund führt. Sie hat kein Geld, aber sie hilft mir, mit meiner Arbeit Geld zu verdienen. Ich bin voller Lust und Ehrgeiz für meinen Beruf und meine Arbeit; mag es auch sein, daß ich das Malen und Aquarellieren für eine Zeitlang sein gelassen habe, weil ich zu sehr schockiert war, daß Mauve mich verlassen hatte, und wenn er wahrhaftig doch zu mir zurückkäme, würde ich mit Courage von neuem beginnen. Im Augenblick kann ich keinen Pinsel mehr sehen, er macht mich nervös.

Ich habe Dir geschrieben: Theo, kannst Du mir eine Erklärung für Mauves Verhalten geben – aber vielleicht gibt dieser Brief Dir mehr Aufklärung. Du bist mein Bruder, daß ich mit Dir über private Dinge spreche, ist natürlich, aber mit jemandem, der mir sagt: Du hast einen bösartigen Charakter, spreche ich dann von dem Moment an nicht mehr.

Ich konnte nicht anders, ich tat das, was die Verantwortung für richtig hielt zu tun, ich arbeitete. Ich habe geglaubt, man würde mich ohne Worte verstehen. Ich dachte wohl an eine andere Frau, für die mein Herz schlug – doch die war fern und wollte mich nicht sehen, und diese – sie ging dort, krank, schwanger, hungrig – im Winter. Ich konnte nicht anders. Mauve, Theo, Tersteeg, Ihr Leute habt mein Brot in Händen; solltet Ihr mich brotlos machen oder mir den Rücken kehren – ich habe jetzt gesprochen und warte ab, was mir weiter gesagt wird.

Vincent

Ich schicke Dir ein paar Studien, weil Dir daraus vielleicht ersichtlich wird, daß sie mir durch das Modellstehen wirklich hilft.

Meine Zeichnungen sind »von meinem Modell & mir«.

Die mit der weißen Haube ist ihre Mutter.

Da ich mich jedoch in einem Jahr, wenn ich wahrscheinlich ganz anders arbeiten werde, so gewissenhaft wie *ich* nur kann auf die heutigen Studien zurückgreifen muß, möchte ich zumindest diese drei gern wieder zurückhaben. Du siehst, daß sie sorgfältig gemacht sind. Habe ich später ein Interieur oder einen Wartesaal oder so etwas zu machen, dann kommen sie mir gut zustatten, weil ich sie dann der Details wegen zu Rate ziehen muß.

Ich dachte, daß es vielleicht gut wäre, wenn Du darüber informiert bist, wie ich meine Zeit nutze. Diese Studien bringen es mit sich, daß sie etwas trocken gemacht sind, hätte ich hier auf Effekt gearbeitet, dann wären sie mir später weniger nützlich.

Doch ich glaube, Du wirst dies selbst wohl so auffassen. Das Papier, das ich eigentlich am liebsten haben würde, ist das, auf dem die vornübergebeugte Frauenfigur gezeichnet ist, jedoch wenn möglich in der Farbe ungebleichten Leinens. Ich habe nichts mehr von diesem dicken Papier, ich glaube, man nennt es Doppel-Ingres. Hier kann ich keins mehr davon bekommen. Wenn Du siehst, wie die Zeichnung gemacht ist, wirst Du verstehen, daß das dünne Papier es kaum aushält. Ich hatte noch eine kleine Figur in schwarzem Merinokleid hinzufügen wollen, doch sie läßt sich nicht aufrollen. Der Stuhl neben der großen Figur ist nicht fertiggezeichnet, weil ich dort einen alten Eichenstuhl aufbringen will.

**An Theo van Gogh** **Den Haag etwa 10. Mai 1882**

Teurer Theo.

Wenn ich in meinem letzten Brief ziemlich düstere Dinge über sie gesagt habe, dann deshalb, weil ich von Anfang an darauf hinweisen wollte, daß ich hier nicht in einem Rosengarten, sondern in der Wirklichkeit stehe. Und auch weil ich schon von vornherein gegen sentimentale Betrachtungen protestiere, wie z. B. Pa & Moe nicht zögern würden, sie anzustellen, falls ich sie um Rat fragen oder ihnen auch nur die Sache mitteilen würde. Gefühl & Sentimentalität sind zwei sehr verschiedene Dinge, die sie nicht zu unterscheiden wissen. Und Pa würde, falls ich darüber spräche, leicht glauben, die Rolle des Polizisten spielen zu müssen, die ein für allemal unangebracht wäre und auch wenig nützen würde.

Du wirst es mir also nicht übelnehmen, wenn ich Pa und Moe keine Silbe über diese Angelegenheit sage und nicht verlange, daß sie sich damit befassen. Falls Pa seine Zustimmung nicht geben sollte, dann gibt es Bestimmungen im

Gesetz, die mir als Volljährigem doch meine Unabhängigkeit garantieren, aber ich glaube, es wird nicht soweit kommen, daß Pa sich dagegen auflehnen würde.

Man wird sagen: »Du verläßt deinen Stand und du bist zu arm«. Ich werde darauf antworten: Falls ich die Absicht hätte, auf großem Fuß zu leben, dann würde ich den falschen Weg wählen. Wenn ich in einem Haus wohne, bestehend aus einem Atelier, 1 Zimmer und einer kleinen Küche, die Schlafstätte auf dem Dachboden, und ich es hinsichtlich der Lebensweise sehr einfach halte, dann kann man lavieren und dann brauchen zwei zusammenlebende Personen weniger als eine allein.

On est sûr de périr à part, on ne se sauve qu'ensemble. Ich habe Kee Vos gefragt, ob sie es mit mir wagen wollte. Wie sie mich abgewiesen hat, ist Dir bekannt, das einzige, worum ich noch gebeten hatte, war, mich anläßlich meines Aufenthaltes in Amsterdam empfangen zu wollen. Daraufhin wurde mir gesagt, daß ich es erzwingen wollte – sie wollte mich nicht sehen, mir nicht Rede und Antwort stehen, nicht nur bei einem einmaligen Besuch, sondern während der ganzen 3 Tage meines Aufenthaltes dort.

Wenn mir gesagt wird: »Du willst es erzwingen«, dann sagen das nur solche Menschen, Theo, die mich ganz und gar mißverstehen. Zum Beweis dafür, daß ich seinerzeit nichts habe erzwingen wollen, mag mein jetziges Verhalten dienen, das zur Genüge beweist, daß ich nicht als jemand, der erzwingen will, vor Kee Vos stand.

Die Frau, mit der ich nun zusammen bin, hat mich besser verstanden. In kurzer Zeit ist sie so zutraulich wie eine zahme Taube geworden, sicher nicht durch Druck meinerseits, sondern weil *sie* sah, daß ich nicht roh war.

Enfin, sie hat es begriffen und sagte mir: Ich weiß, daß du nicht viel Geld hast, aber auch wenn du noch weniger hättest, will ich mich allem fügen, wenn du nur bei mir bleibst und mich bei dir bleiben läßt, ich hänge zu sehr an dir, als daß ich wieder allein sein könnte.

Wenn jemand dies zu mir sagt und mir in allem, viel mehr mit Taten als mit Worten zeigt, daß sie es wirklich meint, dann ist es kein Wunder, daß ich ihr gegenüber meine Maske der Kühlheit & fast Grobheit, die ich lange vorgehalten habe, weil ich nicht schmeicheln wollte, habe fallen lassen.

Und nun, ist diese Frau schlechter dabei gefahren oder bin ich schlechter dabei gefahren, daß es so gekommen ist? Ich wundere mich darüber, sie mit jedem Tag stärker und heiterer werden zu sehen, sie ist so verändert und scheint ein ganz anderer Mensch geworden zu sein als die kranke, blasse Frau, der ich in diesem Winter begegnete. Und dabei habe ich nicht einmal viel für sie getan, ich habe ihr nur gesagt: Tue dies, tue das und du wirst gesund – und sie hat es nicht in den Wind geschlagen, und als ich sah, daß sie es nicht in den Wind schlug, habe ich mir mit ihr noch mehr Mühe gegeben.

Vielleicht war ich besser als ein anderer dazu imstande, sie zu verstehen, weil sie ein paar Eigenheiten hat, die manch anderen abgestoßen hätten.

Zunächst ihre Sprache, die häßlich ist und die von ihrer Krankheit herrührt, dann ihre Stimmungen, eine Folge ihrer nervösen Körperkonstitution, wodurch sie Launen hat, die für manchen unerträglich sind. Ich verstehe diese Dinge, sie stören mich nicht und bis jetzt konnte ich ganz gut damit fertig werden. Und sie ihrerseits versteht meine eigenen Stimmungen, und es ist fast wie eine stillschweigende Abmachung zwischen uns, daß wir einander nicht bekritteln.

Wenn Du die große Zeichnung »the deserter« von Frank Holl aus dem Graphic kennst, dann würde ich sagen, daß sie viel von der Frauenfigur darauf hat.

Das Modellstehen lernt sie von Tag zu Tag besser, und das bedeutet mir ungeheuer viel.

Sie ist mir keine Last, kein Klotz am Bein, sondern sie hilft und arbeitet mit.

Sie stellt keine Ansprüche: Ich will es so oder so haben, sondern ist ohne Murren zufrieden, wenn nichts anderes da ist als Brot und Kaffee.

Dennoch, Theo, sehne ich mich schmerzlich danach, Dich zu sehen & zu sprechen. Auch nach einem Brief von Dir sehne ich mich sehr. Wenn ich wüßte, daß Du Dich wegen dieser Angelegenheit nicht von mir abwendest, wäre ich so glücklich, wie ein Mensch nur sein kann. Es ist so, daß ich für den Anfang etwas Hilfe brauchen werde. Müßte ich die entbehren, wäre ich übel dran und sie auch; aber diese Hilfe braucht nicht größer zu sein als für mich allein. Und meine Arbeitskraft nimmt zu; und wenn ich mein Bestes getan habe, um mich emporzuarbeiten (was selbstverständlich jetzt noch viel mehr der Fall ist), und gerade wenn ich noch eine Zeitlang auf Deine Hilfe & Mitwirkung rechnen darf, werde ich soweit kommen, daß ich das Notwendige durch den Verkauf meiner Arbeiten verdiene.

Der erste Schritt, den ich gern tun möchte, ist das Mieten des Ateliers nebenan, von dem ich Dir geschrieben hatte. Sobald sie nun aus Leiden zurückkommt, werde ich sie heiraten, ohne jemanden davon in Kenntnis zu setzen, in aller Stille & ohne jedes Aufhebens. Und dann können wir das Haus nehmen und sind bereit, so einfach wie nur irgend möglich zu leben.

Und wenn es sich ergeben könnte, daß Du einmal herkämst, würdest Du, glaube ich, selbst sehen, wie sehr Du Dich darauf verlassen kannst, daß sie und ich unser möglichstes für die Arbeit tun.

Ich wollte nur, sie hätte die Niederkunft schon überstanden. Das ist noch eine Feuerprobe für sie. Doch seitdem sie in Leiden gewesen ist, geht bis heute alles gut.

Dennoch stehen weder sie noch ich in einem Rosengarten oder träumend im Mondschein, wir stehen vor einem harten Leben – tant mieux.

Ich hoffe nun von Herzen, daß Du dies nicht als zu melancholisch auffassen wirst. Selbstverständlich wäre dies alles nicht geschehen, wenn Kee Vos auch nur in etwa erwidert hätte, was ich für sie empfand. Nun, nach meinem Besuch in Amsterdam war ich so entschieden abgewiesen worden, daß ich auch nicht die geringste Chance hatte, sie zu bekommen. Es sei denn, meine finanziellen Verhältnisse hätten sich in kurzer Zeit vollkommen verändert. Und das wird jetzt nicht geschehen, denn obwohl ich nach und nach soviel verdienen werde, daß diese Frau mit mir zusammen davon leben kann, wird es nicht soviel sein, daß ich davon einen Stand aufrechterhalten könnte, wozu ich mich übrigens nicht berufen fühle oder Lust verspüre. Du weißt, was ich suche, ist das Allernötigste zum Leben, und alles, was darüber hinausgeht, läßt mich ziemlich kalt. Was ich gerne hätte, ist ein fester Wochenlohn, wie andere Arbeiter, dafür will ich arbeiten mit meiner ganzen Kraft und meinem ganzen Verstand. Als Arbeiter gehöre ich zum Arbeiterstand und werde mehr und mehr in ihm leben & meine Wurzeln schlagen. Ich kann nicht anders und ich habe keine Lust zu etwas anderem, ich verstehe mich nicht auf etwas anderes. Adieu, mit einem Händedruck

t. à t.
Vincent

**An Theo van Gogh** **Den Haag**
**18. Juli 1882**

Dienstagmorgen.

Teurer Theo,

ich habe Dir diesmal etwas über einen Besuch von Herrn Tersteeg zu erzählen. Er kam heute morgen zu mir – und sah Sien und die Kinder. Ich hätte gewünscht, daß er zumindest einer jungen Mutter gegenüber, die erst vor 14 Tagen entbunden hat, ein freundliches Gesicht aufgesetzt hätte. Aber selbst das schien zuviel verlangt. Teurer Theo, vielleicht kannst Du Dir die Art und Weise vorstellen, in der er mit mir gesprochen hat:

Was die Frau und das Kind zu bedeuten hätten? Wie es mir überhaupt in den Sinn gekommen sei, daran zu denken, mit einer Frau zusammenzuleben & obendrein mit Kindern?

Sei das nicht genauso lächerlich, als wenn ich mit einer eigenen Equipage durch die Stadt fahren würde. Woraufhin ich geantwortet habe: Das sei sicherlich etwas ganz anderes. Ob ich den Verstand verloren habe? Das könne doch nur einem kranken Kopf und Körper entspringen.

Ich habe ihm gesagt, daß mich eben erst kompetentere Personen als er, nämlich die Ärzte im Krankenhaus, sowohl über meine körperliche Verfassung als auch über die Kraft meines Kopfes, Anstrengungen aushalten zu können, vollkommen beruhigt hätten.

So kam er von einem auf das andere, zog meinen Vater und, stell Dir vor, m e i n e n  O n k e l  a u s  P r i n s e n h a g e ! ! ! mit hinein. Er würde sich damit befassen. Würde schreiben.

Teurer Theo – um der Frau willen, um meiner selbst willen habe ich mich sehr beherrscht, ich habe nichts im Zorn gesagt – ich habe auf seine meines Erachtens allzu indiskreten Fragen kurz und trocken geantwortet, vielleicht etwas zu sacht, aber ich zog den sanfteren Ton vor, sonst wäre ich vielleicht in den zornigen verfallen. Nach und nach beruhigte er sich etwas. Ich fragte ihn, ob es nicht etwas lächerlich wäre, wenn sie zu Hause einen empörten Brief von ihm erhielten und danach eine freundliche Aufforderung von mir, auf meine Kosten eine kleine Reise zu mir zu unternehmen und über dieselbe Angelegenheit zu sprechen. Das machte insofern Eindruck, als er aufsah: Würde ich denn selbst schreiben? Fragen Sie das? erwiderte ich, natürlich – aber Sie werden zugeben, daß der jetztige Augenblick ein wenig ungeeignet ist, da sie zu Hause im Umzugstrubel stecken und es mit der Frau so steht, daß die geringste Aufregung eine Gebärmuttersenkung verursachen kann, die nie wieder in Ordnung zu bringen ist. – Sie jetzt der Aufregung von Angst, Spannung, Nervosität auszusetzen wäre Mord. Oh, dann würde er natürlich nicht schreiben, fing aber dann doch wieder von neuem an: Ich sei so töricht wie jemand, der ins Wasser springen wolle, und er wolle mich davon abhalten. Ich sagte, daß ich an seinen guten Absichten nicht zweifle und mich deshalb bemühe, über seine Worte nicht zornig zu werden, obwohl ein derartiges Gespräch mir sehr unangenehm sei.

Und endlich, als ich mich entschlossen zeigte, das Gespräch abbrechen zu wollen, ging er fort.

Ich schreibe es Dir nun sofort. Ich habe ihm gesagt, daß wir beide uns darüber geschrieben hätten, mehr nicht. Das ließ ihn auch etwas ruhiger werden. –

Du weißt, daß ich nichts verheimlichen will, doch für Sien, für das kleine Kind und für mich ist es wünschenswert, daß solche Szenen nicht mehr passieren. Die Frau beunruhigen heißt, ihr einen harten Schlag versetzen. Ich kann dies nicht oft genug sagen. Es geht ihr gut, aber sie ist schwach und sehr empfindlich. Eine Kleinigkeit kann ihr die Milch verderben und noch viel Schlimmeres herbeiführen, zumindest in den ersten sechs Wochen.

Ich versuchte noch, ihn auf die Zeichnungen zu bringen, aber er sah sich nur kurz um: Oh, das sind die alten. – Es waren neue dabei, aber die schien er nicht zu sehen – nun, Du weißt, die allerletzten sind bei Dir, oder C. M. hat noch einige &c. In allem war er übereilt.

Nur das eine stand fest: Ich bin alles, was verrückt und verkehrt ist. Ich frage Dich: Wie ist es möglich, derart mit jemandem zu sprechen, und wozu soll das gut sein.

Das ist gerade das, wovor ich mich fürchte: eine unsympathische, schulmeisterliche, wenig feinfühlige und diskrete Einmischung in meine vertraulichsten und privaten Angelegenheiten. Kein Mensch kann dabei ruhig bleiben. Obwohl ich nicht zornig geworden bin, nehme ich es Herrn Tersteeg äußerst übel und will nichts mehr mit ihm zu tun haben und werde ihm nicht mehr Rede und Antwort stehen, solange er in dieser Polizistenstimmung ist. Ich schreibe Dir nun direkt davon. Ich traue ihm zu, daß er allerlei Unheil stiftet durch seine voreilige Einmischung zu Hause und in Prinsenhage (und Prinsenhage hat nichts, rein gar nichts damit zu tun) und sie dort alle aus dem Gleichgewicht bringt.

IST DEM KEIN EINHALT ZU GEBIETEN???

Zwischen mir und zu Hause geht es jetzt gut, und dann das, wer weiß, ob er nicht alles wieder verdirbt.

Ich will so bald wie möglich selbst schreiben, aber wie jämmerlich ist es doch von Tersteeg, so zu wettern. – Und wer – eine arme schwache Frau, 14 Tage nach der Entbindung.

Nein – ich finde es häßlich – aber das fühlt er nicht, bei ihm geht es immer und ewig nur um das eine, Geld. Einen anderen Gott hat er nicht, scheint es, ich selbst habe das Gefühl, zu Frauen, Kindern, Schwachen sanft und gut sein zu müssen und empfinde ihnen gegenüber eine Art Respekt und Rührung.

Er kam dann noch mit einer Stichelei – ich würde die Frau unglücklich machen – &c. Ich sagte: Er sei nicht in der Lage, dies jetzt zu beurteilen, und bat ihn, so etwas nicht mehr zu sagen. Sien hat mich lieb und ich habe Sien lieb, wir wollen und können zu zweit von dem leben, was ich sonst allein haben würde – uns einschränken und in jeder Hinsicht so sparsam wie möglich sein, Du weißt zur Genüge, was ich darüber gesagt habe.

Ich kann Dir nicht deutlich genug sagen, Bruder, wie meine ganze Zukunft davon abhängt. Ein Mensch kann sich für ein Mal wieder aufrichten, wenn er in seiner Liebe und in seinen Geschäften und Plänen ruiniert und gekränkt wird. Aber das darf nicht zu oft passieren. Und nun, ich bin wieder gesund oder bin dabei, an Leib und Seele wieder gesund zu werden, und Sien auch, doch es könnte fatal sein, wenn uns von neuem, um es einmal so auszudrücken, der Kopf eingeschlagen würde. Denke also einmal hierüber nach und versuche, wenn Du etwas zu unternehmen vermagst, zu vermeiden, daß Tersteeg oder andere Personen mir zu viele Hindernisse in den Weg legen. Ich selbst fühle mich jetzt eigentlich noch nicht imstande, mich selbst zu verteidigen, als wenn ich wieder im gewohnten Gleis wäre. Sachte, ganz sachte muß ich mich wieder in meine Arbeit vertiefen, aber ich kann wirklich solche Besuche noch nicht ertragen, wie den von heute morgen.

Du weißt von der Sache auf jeden Fall mehr als Tersteeg, aber Du kennst Sien noch zu wenig, um zu wissen, wie sehr wir uns lieben und wie gut wir uns vertragen.

Wenn Tersteeg und auch andere ihren Willen bekämen, würden sie natürlich Sien und mich auseinanderreißen.

Darum ist es ihnen zu tun, und sie würden keine Gewalt scheuen.

Ob wir zusammenbleiben, hängt davon ab, ob wir das Monatsgeld von Dir bekommen.

Ich für meinen Teil würde das Monatsgeld von Dir ablehnen, sobald Du Dich auf den Standpunkt Tersteegs stellen solltest. Ich will Sien nicht im Stich lassen. Wenn ich sie nicht habe, bin ich ein gebrochener Mann, und dann würde ich auch in meiner Arbeit und in allem gebrochen sein. Dann käme ich niemals nach oben und würde Dir keine Kosten mehr verursachen oder zur Last sein wollen und Dir sagen: Theo, ich bin ein gebrochener Mann und alles ist im Eimer, es ist nutzlos, daß Du mir noch länger hilfst.

Wenn ich m i t d e r F r a u z u s a m m e n b l e i b e, bin ich guten Mutes und dann sage ich: Das Monatsgeld von Dir wird einen tüchtigen Maler aus mir machen. Mit Sien will ich mit aller Kraft und Anstrengung arbeiten, aber ohne sie gebe ich auf. So sieht es also aus. – So oft schon hast Du mir gezeigt, daß Du mich besser verstehst und mich unendlich viel besser behandelst als die anderen. Ich hoffe, daß das auch diesmal so bleiben wird. Es besteht zwischen Dir und mir in vieler Hinsicht echte Sympathie und es kommt mir vor, Theo, daß all Deine Mühe und all meine Mühe nicht vergebens sein werden. Stets hast Du mir weitergeholfen, stets habe auch ich weitergearbeitet und fühle jetzt, während ich gesünder werde, wie sich neue Kräfte entwickeln. Sieh, das, was zwischen Dir und mir ist, ist, glaube ich, ernsthafter als die Standpauke von Tersteeg und kann durch seine Einmischung oder die Einmischung anderer nicht zunichte gemacht werden. Doch wir müssen der Ordnung und des Friedens willen dieser Einmischung mit Bedacht ein Ende zu machen suchen. Nur, nimm es mir nicht übel, daß ich dadurch ein wenig aus der Fassung geraten bin. Für die Frau und für mich war es die erste elende Stunde, seitdem wir aus dem Krankenhaus zurück sind.

Wenn Du einverstanden bist, ziehen wir uns das jedoch nicht weiter an und lassen uns dadurch nicht aus der Fassung bringen.

Schreibe uns doch bald einmal, denn ich sehne mich sehr nach einem Brief von Dir. Ich will nicht, daß mein Kopf von Unruhe und Sorge erfüllt wird, weil vom Ruhigbleiben meine Besserung abhängt.

Sonst geht es mir gut, die Frau und das Kind sind so lieb, so gut und still, daß man in ihrem Beisein wirklich aufleben muß. Nur Sien veränderte sich wie ein Blatt am Baum, als sie Tersteeg sprechen hörte – und ich selbst auch.

Ich habe wieder einmal den Arzt gesprochen und etwas zum Einnehmen bekommen, just um die Genesung möglichst zu beschleunigen. Das Wasserlassen geht Gott sei Dank weiter gut. Ein paar Tage fast normal. Und ich komme wieder zu Kräften, das innere Fieber nimmt ab.

Nun – ich sollte mich wegen Tersteeg mit meinem Brief an Pa und Moe wohl etwas beeilen, obwohl ein späterer Zeitpunkt meines Erachtens vorzuziehen wäre. Sobald Du um den Zwanzigsten herum etwas geschickt hast, werde ich schreiben, aber lieber würde ich warten, bis sie den Umzug hinter sich hätten und die Frau wieder zu Kräften gekommen ist. Und auch jetzt würde ich es viel, viel besser finden, bis dahin zu warten, nur Tersteeg könnte mir vielleicht zuvorkommen. Daß ich das Reisegeld für Pa mitschicke, ist, glaube ich, ein Zeichen für meine Gestimmtheit und eine Aufmerksamkeit, die ihnen hoffentlich verständlich machen wird, wie ich sie schätze.

Schreibe also bald, und sollte dies alles ein Grund sein, Bruder, daß wir uns einander stärker verbunden fühlen und einander besser verstehen & vertrauen, anstatt uns durch Tersteegs oder wessen Einmischung auch immer auseinanderbringen zu lassen, dann bedaure ich die Unannehmlichkeit von heute morgen keineswegs. Noch einmal, ich beanspruche nicht, einen Stand aufrechtzuerhalten oder es gut haben zu müssen. Das Allernötigste für die Frau sind alle Kosten, die sie mitbringt, und die müssen aufgebracht werden, n i c h t, indem w i r m e h r b e k o m m e n, sondern indem w i r u n s b e h e l f e n. Dieses Behelfen ist für sie und für mich wegen der Liebe zwischen uns keine Last, sondern sozusagen ein Fest. Ihr Gefühl der Besserung und mein Verlangen, binnen sehr kurzer Zeit wieder bei der Arbeit zu sein und ganz & gar in ihr aufzugehen, erwärmen sie und mich.

Sie ist ein sehr, sehr liebes Mütterchen, so einfach, so rührend – wenn man sie einmal kennt. Doch es fuhr ein häßlicher Zug von Schmerz oder ich weiß nicht was in sie, als sie Tersteeg mit mir sprechen hörte und einige Worte auffing. Es kann schon sein, daß Tersteeg sich so aufführte, weil er ahnungslos war – doch ich kann das nicht gutheißen oder ganz und gar entschuldigen.

Was er auch anderen bedeuten mag – ich will auch jetzt gerne glauben, daß er eigentlich besser ist – für mich ist er unausstehlich. Wenn Tersteeg seinen Willen durchsetzen würde, wäre ich unglücklich und ein verlorener Mann – er könnte, glaube ich, mit großer Kaltblütigkeit zusehen, wenn Sien ertrinken würde oder so etwas, und sagen, das sei heilsam für die zivilisierte Gesellschaft.

Wenn ich dann wenigstens auch dabei ersaufen würde, ließe mich das ziemlich kalt. Aber daß ihr Leben und mein Leben eins ist, haben wir deutlich empfunden, als wir uns an der Wiege des kleinen Kindes im Krankenhaus wiedersahen.

Ach, Bruder! Aber ich sollte nicht in diese Gedanken verfallen. Gesünder ist es, ruhig weiter an die Arbeit zu denken & gesund zu werden und still und leise Tag für Tag zu leben.

Trotzdem besteht zwischen Sien und mir für den äußersten Fall, daß man gegen uns Gewalt anwenden sollte, eine Abmachung. Die lautet, daß wir, wenn wir nicht miteinander leben können, zumindest zusammen auswandern können. Das bedeutet 10 gegen eins den sicheren Tod, wenn man kein Geld hat und nicht stark ist, doch das würden wir lieber tun, als voneinander zu scheiden.

Zwischen ihr & mir ist Liebe und wir haben uns das Versprechen der gegenseitigen Treue gegeben.

Daran, Theo, darf niemand rütteln, denn das ist das Heiligste, was es im Leben gibt.

Es ist ihr Verlangen & das meine, daß die Dinge keine dramatische Wendung nehmen; wir sind zu sehr von neuer Lebenslust, vom Verlangen erfüllt, zu arbeiten und uns abzurackern, als daß wir nicht alles tun würden, um das Schlimmste zu vermeiden.

Doch wenn viele Menschen – vor allem Du – in der gleichen Gemütsverfassung wie Tersteeg gegen uns wären, dann gäbe es kein Halten und es müßte wohl ein trauriges Ende nehmen. Bleibt es ruhig, dann kämpfen wir hier unseren Kampf, indem wir arbeiten, und das ist zwar alltäglich und normal, aber auch nicht leicht, und es gehört Mut und Energie dazu, um kräftig anzupacken und durchzuhalten.

Wir sind den ganzen Winter durchgekommen und mit Gottes Hilfe werden wir wohl noch etwas weiterkommen.

Ich sage mit Gottes Hilfe, weil ich außer Dir auch Gott für die Hilfe dankbar bin, die ich von Dir bekommen habe und noch bekomme.

Tersteeg ist ein energischer Mann, aber ich hoffe, daß er seine Energie nicht benutzen wird, um Sien und mich zu verfolgen oder so. Vielleicht wird er wohl von selbst einsehen, daß es nicht seine Aufgabe ist, sich da einzumischen, und sich unbemerkt fernhalten. Ihm liegt doch nichts an mir, ich bin ihm eigentlich völlig gleichgültig, doch er tut es, weil er denkt, Onkel Cent oder Pa einen Gefallen damit zu tun oder ihnen damit einen Dienst zu erweisen. Meine Interessen, meine Gefühle schont oder berücksichtigt er nicht im geringsten. Er kommt hier herein – mustert die Frau, die dem Kind die Brust gibt, mit Augen, die sie zusammenzucken lassen, und sagt, ohne ein einziges freundliches Wort für sie zu haben – (was man einer Mutter doch leicht sagt, auch wenn man sie nicht kennt) – zu mir: »Ist das dein Modell oder ist das etwas anderes?« Schau, das ist doch nicht human und nicht feinfühlig. –

Wenn ich auch nicht immer höflich zu Männern bin, so würde ich mich doch einer schwachen Frau gegenüber in acht nehmen. Über Zeichnungen, über das Atelier &c. sagt er nichts, nein, aber wohl über meinen Onkel in Prinsenhage, an dem mir nichts liegt, mit dem ich nichts zu tun habe. – Und über meinen Vater – ohne weiteres a priori annehmend, daß ich mit ihm auf schlechtem Fuße stehe, obwohl sich das schon seit langem bessert.

Nun genug – aber schreibe mir bald, Junge, denn ich versichere Dir, daß ein herzlicher Brief von Dir mir mehr vorwärtshilft als meine Pillen &c. Was meine Gesundheit betrifft – Tersteeg ist nicht mein Arzt und versteht von meiner körperlichen Verfassung rein gar nichts –, wenn ich darüber Informationen brauche, werde ich meinen eigenen

Arzt fragen, aber mit ihm wünsche ich nie mehr darüber zu sprechen. Es gibt sicherlich nur wenige Dinge, die der Frau oder mir mehr schaden könnten, als Besuche wie der von soeben. Diese zu vermeiden ist eine der ersten Regeln, die ich beachten muß. Mir hat ein Arzt noch nie gesagt, daß ich etwas Krankhaftes von der Art und in dem Sinne hätte, wie Tersteeg es mir heute morgen zu sagen gewagt hat. Daß ich nicht denken könne oder daß mein Kopf nicht in Ordnung sei. Weder früher – noch heute – hat ein Arzt das gesagt. Ich habe eine nervöse Natur, aber dahinter steckt keineswegs eine bestimmte Boshaftigkeit. Bei Tersteeg sind das also ernsthafte Beleidigungen. – Wie bei Pa, als er mich nach Gheel schicken wollte, aber noch ärger. Solche Sachen darf ich nicht über mich ergehen lassen. Ich sehne mich danach, einmal mit Dir über mein Unwohlsein zu sprechen und wie das begann usw. Wenn Tersteeg in seinem Übereifer weiterjagt, dann wird er viel Unruhe stiften, das weiß ich wohl. Nun adieu, Junge, – damit Du es weißt: Sien ist, wenn sie ruhig ist, ein so stilles Mütterchen geworden, so fein, so rührend, wie eine Radierung oder Zeichnung oder ein Bild von Feyen Perrin. Ich sehne mich nach dem Zeichnen, nach dem Modellstehen, nach völliger Genesung von ihr und von mir – nach Ordnung und Ruhe und etwas Sympathie, vor allem von Dir.

Sien läßt Dich grüßen, hörst Du, mit einem Händedruck in Gedanken & ich bin, dessen sei versichert,

t. à t.
Vincent

**An Theo van Gogh** **Den Haag**
**5. August 1882**

Samstag.

Teurer Theo,

noch ganz unter dem Eindruck Deines Besuches und nicht wenig darüber erfreut, daß ich mit dem Malen tüchtig weitermachen kann, schreibe ich Dir noch ein paar Worte.

Ich hätte Dich am nächsten Morgen sehr gerne noch zur Bahn begleitet – aber ich dachte, Du hattest Dir schon so viel Zeit für mich genommen, daß es aufdringlich gewesen wäre, wenn ich Dich auch noch den nächsten Morgen beansprucht hätte.

Ich bin Dir sehr dankbar, daß Du einmal hier gewesen bist – ich finde es herrlich, wieder ein Jahr geregelter Arbeit ohne Kalamitäten in Aussicht zu haben, und außerdem hat sich mir durch das, was Du mir gegeben hast, wieder ein neuer Horizont im Malen aufgetan.

Ich halte es für ein Vorrecht vor tausend anderen, daß Du so viele Barrieren aus dem Wege räumst. –

Es ist so selbstverständlich, daß mancher oftmals aus Kostengründen nicht weiterkommt, nun, ich kann es Dir nicht mit Worten ausdrücken, wie dankbar ich bin, daß ich geregelt arbeiten kann.

Um die Zeit einzuholen, die ich verloren habe, weil ich später als andere angefangen habe, muß ich mich doppelt anstrengen, und wenn ich Dich nicht hätte, würde ich trotz besten Willens aufgeben müssen.

Ich werde Dir nun erzählen, was ich mir alles angeschafft habe.

Primo eine anständige moist colour box für 12 Stücke oder Tuben Wasserfarbe mit einem zweimal aufklappbaren Deckel, der geöffnet als Palette dient – zugleich mit einer Vorrichtung, in der etwa 6 Pinsel aufbewahrt werden können.

Das ist eine Gerätschaft, die viel wert ist, wenn man im Freien arbeitet, und die eigentlich unbedingt notwendig ist, aber sehr viel kostet, und ich hatte sie in Gedanken auf später verschoben und bisher mit losen Farbstücken auf Untertassen gearbeitet, die jedoch lästig zum Mitnehmen sind, besonders wenn man noch mehr Gepäck hat.

Ein schönes Stück also, das, wenn man es einmal hat, lange Zeit hält.

Zugleich habe ich Wasserfarbe auf Vorrat gekauft und meine Pinsel erneuert und ergänzt.

Zum eigentlichen Malen habe ich nun alles, was unbedingt notwendig ist.

Und auch Farbe auf Vorrat – große Tuben (die am Ende viel billiger sind als kleine), aber wie Du verstehen wirst, habe ich mich sowohl bei der Wasser- als auch bei der Ölfarbe auf einfache Farben beschränkt: Ocker (rot, gelb – braun), Kobalt & Preußischblau, Neapelgelb, Terra di Siena, Schwarz und Weiß, und zusätzlich etwas Karmin, Sepia, Zinnober, Ultramarin, Gummigutt in kleinen Tuben.

Aber ich habe keine Farben genommen, die man selbst mischen muß.

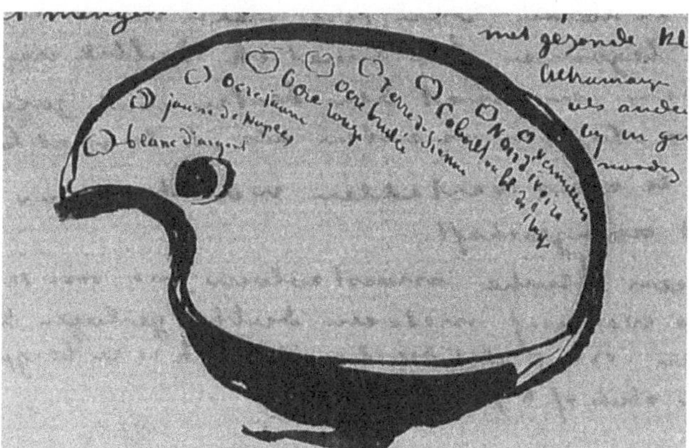

Dies ist, glaube ich, eine praktische Palette mit gesunden Farben. – Man fügt Ultramarin, Karmin oder etwas anderes jeweils für den Fall hinzu, der es unbedingt notwendig macht.

Ich werde mit kleinen Sachen anfangen – hoffe aber wohl, mich noch in diesem Sommer in größeren Kohleskizzen zu üben mit der Absicht, später in etwas größerem Format zu malen. –

Und dafür lasse ich mir wieder einen neuen und hoffentlich besseren Perspektivrahmen machen, der mit zwei Stützen z. B. auf unebenem Dünengrund doch fest steht,

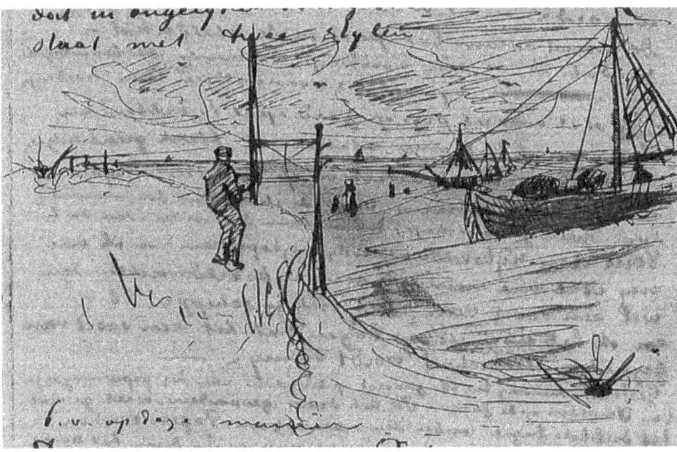

z. B. auf diese Art.

Das, was wir zusammen in Scheveningen gesehen haben, Sand – Meer – Himmel – ist etwas, was ich sicherlich in meinem Leben, irgendwann einmal auszudrücken hoffe.

Natürlich habe ich nicht alles, was Du mir gegeben hast, auf einmal ausgegeben – obwohl, das muß ich sagen, die Preise für dies & jenes wieder weitaus höher waren, als ich erwartet hatte – und bei näherer Betrachtung mehr Sachen nötig sind, als es auf den ersten Blick scheint. Wenn ich sage, daß es mir angenehm sein würde, wenn Du um den Zwanzigsten das Übliche schicken könntest, so ist es nicht deshalb, weil dann alles ausgegeben sein wird, sondern weil ich es für den Fall, daß ich während der Arbeit merke, noch bestimmte Dinge zu brauchen, für ratsam halte, etwas in der Tasche zu haben. Das gibt mir eine große Ruhe und Ordnung in der Arbeit.

Die moist colour box paßt in den Malkasten – so daß ich notfalls alle Utensilien zum Aquarellieren & Malen zugleich in einem Utensil mitnehmen kann. Ich lege großen Wert auf gutes Material und mag es gern, wenn mein Atelier anständig aussieht – zwar nicht durch Antiquitäten oder Teppiche & Draperien – sondern durch Studien an der Wand und durch gutes Werkzeug. Das muß sich durch die Arbeit & nach einiger Zeit ergeben.

Da wir gerade vom Wachtmeisterstil redeten – ich für meinen Teil fühle mich weniger als ein Wachtmeister, sondern eher als z. B. ein Delfter Schiffer und ich habe nichts dagegen, wenn es bei mir etwa wie auf einem gemütlichen Lastkahn sein würde. –

Gestern nachmittag bin ich auf dem Dachboden des Papierlagers von Smulders auf der Laan gewesen. Und weißt Du – was ich dort gefunden habe, das Doppel-Ingres unter der Bezeichnung Papier Torchon, es war eine Sorte, noch gröber im Korn als das von Dir. Ich schicke Dir ein kleines Muster, damit Du es einmal siehst. – Es ist noch eine ganze Partie da – alt & abgelagert, sehr gut. Jetzt habe ich nur ein halbes Buch davon genommen, aber später kann ich dort hingehen. Ich war jetzt aus einem anderen Grund dort, nämlich wegen des Honigpapiers, das ich hin & wieder verwende, das sehr billig ist und noch von einer nicht ausgelieferten Bestellung des Katasteramts stammt. Das eignet sich sehr gut für fusain, glaube ich, und es sind große Bogen, im Ton etwa wie das Harding.

Du siehst, dieses kleine Muster hat ein Korn so grob wie Segeltuch. Das, was Du mir mitgebracht hattest, ist farblich hübscher und z. B. hervorragend für Studien von Grabenrändern & Erdböden. Ich bin jedoch froh, auch diese neue Papierpartie entdeckt zu haben.

Nun, Junge, herzlichen Dank für alles, einen Händedruck in Gedanken, ich gehe an die Arbeit. – Sage Pa & Moe recht herzlich guten Tag, danke ihnen dafür, was sie Dir für mich mitgegeben haben, und sage, daß ich ihnen bald einmal schreibe – jedoch wie verabredet nicht über außergewöhnliche Dinge. Adieu – Dir weiterhin gute Tage und eine gute Heimkehr in Deinen gewohnten Arbeitskreis wünschend & dessen sei versichert

t. à t.
Vincent

**An Theo van Gogh** **Den Haag 26. August 1882**

Samstagabend.

Teurer Theo,

meinen herzlichen Dank für Deinen Brief und das Beiliegende. Sobald ich Deinen Brief erhalten hatte, habe ich noch einmal für sieben Gulden Farbe gekauft, damit ich etwas in Vorrat hatte & das Fehlende ergänzen konnte. Wir hatten hier während der ganzen Woche viel Wind, Sturm, Regen, und ich bin unzählige Male in Scheveningen gewesen, um mir das anzusehen. Und ich habe zwei kleine Seestücke mit nach Hause gebracht. In dem einen sitzt bereits viel Sand – aber das zweite habe ich, als es richtig stürmte und das Meer sehr dicht an die Dünen herangekommen war, zweimal ganz abkratzen müssen, weil es vollständig von einer dicken Sandschicht bedeckt war. Es wehte derart, daß ich mich kaum aufrecht halten und beinahe nichts sehen konnte durch den aufwirbelnden Sand. Ich habe es trotzdem wieder von neuem versucht, indem ich es in einer kleinen Kneipe hinter den Dünen, nachdem ich alles abgekratzt hatte, sofort wieder draufgemalt habe, und habe mir von dort aus alles nochmal angesehen. So daß ich nun doch ein paar Andenken daran habe. – Ein anderes Andenken jedoch ist eine Erkältung, die ich mir geholt habe, mit den Dir bekannten Folgen, die mich nun zwingen, für ein paar Tage zu Hause zu bleiben. In der Zwischenzeit habe ich einige Figurenstudien gemalt – ich schicke Dir zwei kleine Skizzen.

Das Figurenmalen reizt mich sehr – aber es muß noch reifen – ich muß das Verfahren besser kennenlernen – das, was man schon mal als »la cuisine de l'art« bezeichnet. Anfangs werde ich viel abkratzen müssen – oftmals von neuem beginnen müssen – aber ich fühle, daß ich dadurch lerne und es mir einen neuen, frischen Blick auf die Dinge verschafft.

Wenn Du mir wieder etwas schickst, werde ich ein paar gute Marderpinsel kaufen, das sind, wie ich merke, die eigentlichen Z e i c h e n pinsel – um eine Hand oder ein Profil in Farbe zu z e i c h n e n. Sie sind zudem für feine Baumzweige &c. unbedingt notwendig, merke ich. Die Lyoner Pinsel machen, auch wenn sie fein sind, zu breite Streifen oder Striche. Auch mein Malpapier ist fast aufgebraucht – um den 1. Sept. wird sich herausstellen, was alles noch gekauft werden muß, aber mit dem Üblichen werde ich auskommen.

Dann wollte ich Dir noch einmal sagen, daß ich mit verschiedenen Punkten Deines Briefes ganz einverstanden bin. Vor allem stimme ich Dir vollständig zu, daß Pa und Moe mit all ihrem Für & Wider Menschen sind, denen man in der gegenwärtigen Zeit nicht sehr häufig begegnet – die auf die Dauer seltener werden – und vielleicht ist das Neue gar nicht besser – und die man also um so mehr zu schätzen wissen muß. Ich selbst schätze sie denn auch ganz entschieden, allerdings fürchte ich, daß das, worüber Du sie nun vorläufig beruhigt hast, zurückkehren wird – besonders dann, wenn sie mich wiedersähen. Sie werden niemals verstehen, was Malen ist – nicht das Verständnis dafür aufbringen, daß die Figur eines Grabenden – einige Furchen umgepflügter Erde – ein paar Brocken Sand, Meer und Himmel ernsthafte Motive & so schwer, aber auch so schön sind, daß es durchaus der Mühe wert ist, ihnen sein Leben zu widmen und die darin liegende Poesie wiederzugeben. Und wenn sie außerdem im Laufe der Zeit, noch mehr als heute, sehen würden, wie ich mich bei meiner Arbeit abschufte und schinde – immer wieder abkratze und verändere – erst einmal streng vergleiche mit der Natur – und dann von neuem Veränderungen anbringe, so daß sie die Stelle oder die Figur nicht mehr genau erkennen können – dann wird das für sie immer eine Enttäuschung bleiben – sie werden nicht begreifen können, daß das Malen nicht auf einmal gelingt, und stets wieder in den Gedanken verfallen, »daß ich es eigentlich nicht kann« und die echten Maler auf ganz andere Weise arbeiten würden.

Enfin, ich wage es nicht, mir Illusionen zu machen, und fürchte, es wird nicht geschehen, daß Pa und Moe wirklich aufrichtige Freude daran haben. – Das ist kein Wunder & es ist nicht ihre Schuld – sie haben nicht gelernt, zu sehen, wie Du und ich es gelernt haben, sie sehen sich andere Dinge an als wir, und wir sehen dieselben Dinge nicht mit denselben Augen, sie lassen nicht dieselben Gedanken aufkommen.

Zu wünschen, daß dies auch anders hätte sein können, ist erlaubt, es zu erwarten ist meines Erachtens unvernünftig.

Sie werden sich schwerlich meine Gemütsverfassung vorstellen können und nicht wissen, was mich treibt, wenn sie mich Dinge tun sehen, die ihnen fremd & sonderbar vorkommen – sie geben der Unzufriedenheit, Gleichgültigkeit oder Nonchalance die Schuld, auch wenn doch etwas anderes zugrunde liegt, nämlich die Lust, um coute qui coute demjenigen nachzulaufen, was ich für meine Arbeit brauche. Sie versteifen sich jetzt vielleicht auf das »Malen mit Ölfarbe«, nun wird es endlich kommen – aber ach, wie enttäuscht werden sie sein, wenn sie es sehen würden, fürchte ich, und sie erkennen darin nichts anderes als Farbkleckse – außerdem betrachten sie das Zeichnen als ein »vorbereitendes Studium«, ein Ausdruck, der mich seit Jahren unsagbar anwidert und den ich für so falsch wie nur irgend möglich halte. Wie Du übrigens weißt. Und wenn sie mich wie früher damit beschäftigt sehen, werden sie denken, daß ich noch stets beim vorbereitenden Studium bin. Enfin. Aber wir wollen das Beste hoffen und unser Bestes tun, um sie zu beruhigen.

Was Du mir über ihre neue Umgebung mitteilst, interessiert mich in höchstem Maße. Ganz gewiß und überaus gerne würde ich so eine alte kleine Kirche & Kirchhof mit Sandgräbern und alten Holzkreuzen zu machen versuchen.

Ich hoffe doch sehr, daß es einmal dazu kommen wird. Dann schreibst Du über ein Stück Heide & einen Tannenwald ganz in der Nähe – nun, ich habe ein immerwährendes Heimweh nach Heide & Tannenwald mit ihren eigenartigen Menschen. Eine Frau, die Reisig sammelt – ein Bauer, der Sand holt – enfin, das Einfache, das etwas von der Gewaltigkeit des Meeres hat.

Ich trage mich immer mit dem Gedanken, mich, wenn sich die Gelegenheit einmal ergeben sollte – die Umstände es zulassen, irgendwo weit weg auf dem Lande niederzulassen.

Obwohl ich hier Stoff im Überfluß habe – den Wald, den Strand, die Rijswijker Wiesen ganz in der Nähe und damit buchstäblich bei jedem Schritt ein Motiv. Es wäre auch aus dem Grund, billiger zu wohnen. Aber im Augenblick gibt es, soweit ich sehe, keinen bestimmten Anlaß und es hat also keine Eile.

Ich sage Dir das deshalb, damit Du verstehst, wie sympathisch mir so ein Landstrich ist, den Du als neuen Wohnort von Pa und Moe beschreibst.

Ich fühle mich in diesen Tagen recht glücklich durch das Malen. Ich habe mich sehr beherrscht und mich auf das Zeichnen beschränkt, gerade weil ich so viele traurige Geschichten von Leuten kenne, die sich unbesonnen hineingeworfen hatten – es mit Technik versucht hatten und desillusioniert erwachten, ohne vorwärtsgekommen zu sein und sich bis über die Ohren verschuldet hatten wegen der teuren Materialien, die dann verpfuscht waren. Das hat mich von Anfang an mit Schrecken und Schaudern erfüllt – ich habe das Zeichnen als einziges Mittel betrachtet und betrachte es immer noch als solches, um nicht das gleiche Los teilen zu müssen. Und ich habe das Zeichnen liebgewonnen, anstatt es als eine Mühsal zu betrachten. Heute jedoch gibt mir das Malen fast ungeahnt viel Spielraum, es versetzt mich in die Lage, Effekte, die früher unerreichbar waren, auszuprobieren, gerade jene, die mir doch après tout am sympathischsten sind, und es verschafft mir in vielen Fragen soviel mehr Einsicht und neue Möglichkeiten, um Effekte auszudrücken, daß alles dies mich recht glücklich macht.

Es war doch die letzten Tage so schön in Scheveningen. Das Meer war vor dem Sturm fast noch imposanter als während des eigentlichen Sturms. Während des Sturms sah man die Wellen viel weniger und sie machten weniger den Eindruck von Furchen umgepflügter Erde. Die Wellen folgten so schnell aufeinander, daß die eine die andere verdrängte, und es entstand durch den Zusammenstoß der Wassermassen eine Art Schaum, wie Staubsand, der den Vordergrund des Meeres in eine Art Dunst hüllte. Aber sonst war es ein kleiner heftiger Sturm – um so heftiger – je länger man ihn betrachtete, um so eindrucksvoller, weil er so wenig Lärm machte. Das Meer hatte die Farbe von schmutzigem Seifenwasser. An dieser Stelle waren ein kleines Fischerboot, das letzte einer Reihe, und einige undeutliche Gestalten. Im Malen liegt etwas Unendliches – ich kann es Dir nicht so erklären – aber gerade um Stimmungen auszudrücken ist es so herrlich. In den Farben liegen verborgene Dinge von Harmonien oder Kontrasten, die von selbst wirken und die man sich sonst nicht zunutze machen kann. Morgen hoffe ich wieder einmal hinausgehen zu können.

Ich hatte von Zola noch La faute de l'abbé Mouret und Son Excellence Eugène Rougon gelesen, auch schön. Ein edler Charakter, finde ich, ist dieser Arzt Pascal Rougon – der in verschiedenen Werken vorkommt, jedoch immer im Hintergrund bleibt. Er ist wohl ein Beweis dafür, daß, wie verdorben eine Familie auch sein mag, es immer möglich bleibt, das Schicksal durch Willenskraft und Grundsätze zu überwinden. Er fand in seinem Beruf eine Kraft, die stärker war als die Natur, die er von seiner Familie hatte, und anstatt sich seinen natürlichen Neigungen zu überlassen, ging er einen geraden, lichten Weg und geriet nicht in das trübe Wasser, in dem all die anderen Rougons ersoffen. Er und Mme François aus Le ventre de Paris sind mir die sympathischsten Figuren. Nun adieu, ich denke viel an Dich und liebend gern würde ich Dich hin und wieder einmal sehen. Mit einem Händedruck in Gedanken bin ich, dessen sei versichert,

t. à t.
Vincent

Während ich dies schrieb, habe ich noch eine Studie von einem Jungen gemacht, Grisaille: Holzkohle, Öl und ganz wenig Farbe, allein des Tons wegen.

**An Theo van Gogh** **Den Haag**
**22. Oktober 1882**

Sonntagnachmittag

Teurer Theo,

Dein Brief & das Beiliegende haben mir sehr viel Freude gemacht, das brauche ich Dir nicht zu sagen, es kommt mir sehr gelegen und ist mir eine wirkliche Hilfe.

Das Herbstwetter hier hält an – regnerisch & kühl, aber voller Stimmung – prächtig vor allem für die Figuren, die sich von den nassen Straßen und Wegen, in denen sich der Himmel spiegelt, tonig abheben. Genau das, was vor allem Mauve immer so schön kann.

Ich habe deshalb noch etwas an dem großen Aquarell mit der kleinen Gruppe Menschen vor dem Lotteriebüro arbeiten können, und gerade eben habe ich wieder eins vom Strand angefangen, dessen Komposition folgendermaßen ist:

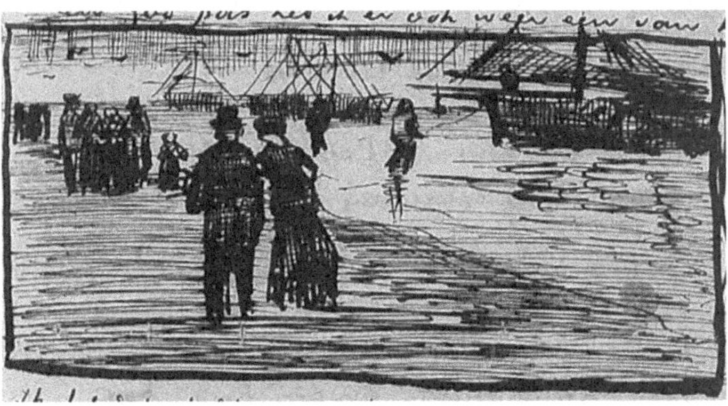

Ich stimme vollkommen mit dem überein, was Du über die Zeiten sagst, die man manchmal hat, in denen man abgestumpft für die Dinge der Natur zu sein scheint oder in denen die Natur uns nicht mehr anzusprechen scheint.

Mir geht es auch oftmals so, und es hilft mir zuweilen, wenn ich mich dann mit etwas ganz anderem befasse. Bin ich gegen Landschaften oder Lichteffekte abgestumpft, dann nehme ich die Figuren in Angriff und umgekehrt. Manchmal kann man nichts anderes tun als abzuwarten, bis es vorbei ist, aber so manches Mal ist es mir gelungen, die Gleichgültigkeit zu überwinden, indem ich die Motive, die meine Aufmerksamkeit haben, wechselte. So allmählich fesseln mich die Figuren jedoch immer mehr. Ich erinnere mich, früher eine Zeit gehabt zu haben, in der ich ein sehr starkes Gefühl für die Landschaft hatte und ich viel mehr von einem Bild oder einer Zeichnung, worin Lichteffekte oder Landschaftsstimmungen gut ausgedrückt waren, beeindruckt war als von einer Figur. Im allgemeinen flößten mir Figurenmaler sogar eher eine Art von gewisser kühler Ehrfurcht ein, als daß ich warme Sympathie für sie hatte. Ich erinnere mich jedoch noch sehr gut daran, in jener Zeit besonders von einer Zeichnung Daumiers beeindruckt gewesen zu sein, ein alter Mann unter den Kastanienbäumen auf den Champs Elysées (eine Illustration zu Balzac), obwohl die Zeichnung gar nicht so bedeutend war, aber ich weiß noch, wie tief sie mich berührte, weil die Auffassung von Daumier etwas so Kräftiges und Männliches hatte, daß ich dachte: Es muß doch gut sein, so zu fühlen und zu denken und eine Menge Dinge zu übersehen oder an ihnen vorbeizugehen, um sich auf etwas zu konzentrieren, das zu denken gibt und den Menschen als Mensch unmittelbar persönlicher berührt als Wiesen oder Wolken.

Und so ziehen mich auch immer wieder die Figuren entweder von englischen Zeichnern oder von englischen Autoren an wegen ihrer montagmorgenhaften Nüchternheit und gewollten Einfachkeit und wegen ihrer Prosa und Analyse, und zwar als etwas, das solide und kräftig ist, bei denen man einen Halt findet an Tagen, an denen man sich schlapp fühlt. Und unter den französischen Autoren ebensosehr jene von Balzac & Zola. Die Bücher von Murger, von denen Du schreibst, sind mir noch unbekannt, doch ich hoffe sehr, sie kennenzulernen.

Habe ich Dir schon geschrieben, daß ich Les rois en exil von Daudet gelesen habe? Das fand ich recht schön.

Ich fühle mich sehr von den Titeln dieser Bücher angezogen, u. a. von La bohême. Wie weit sind wir doch in der heutigen Zeit von der Bohême aus den Tagen Gavarnis abgekommen! Ich denke, in jener Zeit gab es doch etwas Herzlicheres und Aufgeräumteres und Lebendigeres als heute. Ich weiß es jedoch nicht – und gegenwärtig gibt es auch viel Gutes oder es könnte davon noch mehr geben, als es wirklich der Fall ist, wenn es etwas mehr Zusammenhalt gäbe.

Aus dem Fenster meines Ateliers zeigt sich mir im Augenblick eine prächtige Stimmung. Die Stadt mit ihren Türmen und Dächern und rauchenden Schornsteinen zeichnet sich als dunkle, düstere Silhouette gegen einen Horizont aus Licht ab. Das Licht ist gleichwohl nur ein breiter Streifen, darüber hängen schwere Regenwolken: tief unten konzentrierter, oben vom Herbstwind in große Flocken & Massen zerrissen, die davontreiben. Der Streifen Licht läßt jedoch in der düsteren Masse der Stadt hier & da die nassen Dächer glänzen (auf einer Zeichnung würde man das mit einem Strich Deckfarbe herausholen) und bewirkt, daß man, obwohl die Masse nur einen Ton hat, doch den Unterschied zwischen roten Ziegeln & Schiefer sehen kann.

Der Schenkweg verläuft im Vordergrund wie ein glänzender Streifen durch die Nässe, die Pappeln haben gelbe Blätter, die Grabenränder & Wiesen sind tiefgrün, die kleinen Figuren schwarz.

Ich würde es zeichnen oder lieber zu zeichnen versuchen, wenn ich mich nicht den ganzen Nachmittag mit Figuren von Torfträgern abgeplagt hätte, die mir doch noch zu sehr im Kopf herumgehen und auch darin bleiben müssen, als daß da Raum wäre für etwas Neues.

Ich sehne mich doch so oft nach Dir und denke soviel an Dich. Was Du mir über manche Typen in Paris schreibst: von Künstlern, die mit Frauen leben, vielleicht weniger kleingeistig sind als andere, verzweifelt versuchen, sich etwas Jugend zu erhalten, betrachte ich wohl als richtig gesehen. Solche gibt es hier wie dort. Vielleicht ist es dort noch schwieriger als hier, sich als Mensch etwas Frische im häuslichen Leben zu bewahren, weil das dort fast noch mehr Gegen-den-Strom-Schwimmen bedeutet. Wie viele hat es in Paris zur Verzweiflung getrieben – ruhig, verständig, logisch und zu Recht verzweifelt. – Ich habe etwas Derartiges gelesen u. a. über Tassaert, von dem ich viel halte und für den es mir leid tat, daß es ihm so ergangen ist.

Um so mehr, um so mehr halte ich jeden Versuch in diese Richtung für wert, respektiert zu werden. Auch glaube ich, daß der Erfolg wirklich eintreten könnte und man nicht verzweifeln sollte – auch wenn man hier und da verliert und auch wenn man manchmal eine Art Verwelken fühlt, ist es trotzdem geboten, wieder aufzuleben und Mut zu fassen, wenn es auch anders kommt, als man anfangs glaubte. Glaube nur nicht, daß ich mit Geringschätzung auf die Menschen, die Du beschreibst, herabsehe, weil ihr Leben nicht auf ernsthaften und durchdachten Prinzipien beruht. Meine Meinung darüber ist diese – das Resultat muß eine Tat sein, nicht eine abstrakte Idee. Ich finde Grundsätze nur dann gut und der Mühe wert, wenn sie sich zu Taten entwickeln, und ich finde es gut, nachzudenken und zu versuchen, gewissenhaft zu sein, weil das die Arbeitskraft eines Menschen mehr bestimmt und die verschiedenen Taten zu einem Ganzen machen. Ich würde von solchen Menschen, wie Du sie beschreibst, glauben, daß sie mehr Festigkeit bekämen, wenn sie das, was sie tun, mit mehr Bedacht täten, ziehe sie aber im übrigen weitgehend jenen Menschen vor, die ihre Grundsätze zur Schau tragen, ohne sich die geringste Mühe zu geben oder auch nur daran zu denken, sie in die Praxis umzusetzen. Denn die letztgenannten haben an den schönsten Grundsätzen gar nichts, und die erstgenannten sind eben die Menschen, die dann, WENN sie dazu kämen, mit Willenskraft und Nachdenken zu leben, imstande wären, etwas Großes zu vollbringen. Denn das Große geschieht nicht allein durch den Impuls, sondern ist eine Reihenfolge von kleinen Dingen, die aneinandergekettet sind.

Was ist Zeichnen? Wie gelangt man dahin? – Es ist ein Sichdurcharbeiten durch eine unsichtbare eiserne Wand, die zwischen dem, was man fühlt, und dem, was man kann, zu stehen scheint. – Wie soll man durch diese Wand hindurchkommen – da das Dagegenanrennen nichts hilft. Man muß meines Erachtens diese Wand untergraben und durchfeilen, langsam und mit Geduld, und siehe da – wie soll man assidu bei solch einer Arbeit bleiben, sich nicht von ihr abbringen oder ablenken lassen, es sei denn, man denkt nach und regelt sein Leben nicht nach Grundsätzen. Und genauso, wie es sich mit dem Künstlerischen verhält, ist es auch mit anderen Dingen. Das Große ist nicht etwas Zufälliges, es muß ganz entschieden gewollt werden. Ob ursprünglich in einem Menschen die Taten zu den Grundsätzen führen werden oder die Grundsätze zu den Taten, ist etwas, was mir ebenso unbestimmbar erscheint und ebensowenig der Mühe wert ist, bestimmt zu werden, wie die Frage, was zuerst dagewesen ist, die Henne oder das Ei.

Aber ich erachte es als etwas Positives und von großem Gewicht, daß man versucht, seine Denk- und Willenskraft zu entwickeln.

Ich bin sehr neugierig, ob Du in den Figuren, die ich in diesen Tagen mache, etwas findest, wenn Du sie früher oder später einmal sehen wirst. Auch damit verhält es sich genauso wie mit der Frage von Henne & Ei: Soll man Figuren machen für eine vorher gefundene Komposition, oder soll man die Figuren, die man einzeln macht, kombinieren, damit sich daraus eine Komposition entwickelt. – Es wird wohl, denke ich, auf dasselbe hinauslaufen. Vorausgesetzt, man arbeitet. Ich schließe mit den Worten, mit denen Du Deinen Brief beendet hast: Daß wir miteinander gemein haben, es zu lieben, hinter die Kulissen des Theaters zu schauen oder, mit anderen Worten, die Neigung haben, Dinge zu analysieren. Nun, dies ist, glaube ich, gerade die Eigenschaft, die man braucht, um zu malen – diese Kraft muß man beim Malen und Zeichnen einsetzen. Es mag in etwa so sein, daß da irgendwas von Natur aus in uns sein muß (das habe ich, Du aber auch – das haben wir vielleicht unserer Kinderzeit in Brabant und einer Umgebung zu verdanken, die mehr, als es meistens der Fall ist, dazu beigetragen hat, uns denken zu lehren), aber vor allem, vor allem entwickelt sich das künstlerische Empfinden erst später und reift durch Arbeiten. Auf welche Art Du ein sehr guter Maler werden könntest, weiß ich nicht, doch daß er in Dir steckt und daß das geschehen könnte, glaube ich wohl ganz gewiß.

Adieu, Junge, Dank für das Geschickte und einen herzlichen Händedruck.

t. à t.
Vincent

Ich habe den kleinen Ofen bereits stehen – Junge, wie sehr wünschte ich, daß wir uns einmal einen Abend Zeichnungen & Skizzen ansehen könnten – und Holzschnitte, ich habe wieder prächtige. Ich hoffe, diese Woche Waisenjungen zum Modellstehen zu bekommen, dann würde ich die Zeichnung mit den Waisenkindern vielleicht noch retten können.

**An Theo van Gogh** **Den Haag**
**etwa 5. September 1883**

Teurer Theo,

soeben erhalte ich Deinen Brief, als ich gerade von den Dünen hinter Loosduinen nach Hause komme, durchnäßt, denn ich habe etwa 3 Stunden im Regen gesessen an einer Stelle, wo alles Ruysdael, Daubigny oder Jules Dupré war. Ich komme zurück mit einer Studie von krummen, vom Wind zerzausten, kleinen Bäumen und einer zweiten von einem Bauernhof nach dem Regen. Alles ist schon bronzefarben, alles ist da, was man draußen in der Natur nur in dieser Zeit des Jahres sehen kann, oder wenn man vor einem jener Bilder z. B. von Dupré steht, und es ist so schön, wie man es sich in seiner Phantasie niemals vorstellen kann.

Du schreibst von Deinem Spaziergang an jenem Sonntag in Ville d'Avray; am selben Tag, zur selben Zeit ging auch ich allein spazieren und möchte Dir von diesem Spaziergang auch etwas erzählen, denn unsere Gedanken werden sich wahrscheinlich wiederum in gewisser Weise gekreuzt haben.

Ich hatte mit der Frau gesprochen, wie Du aus meinem Brief weißt – wir fühlten, daß uns die Zukunft für ein gemeinsames Leben verschlossen war, ja, daß wir einander unglücklich machen würden, und trotzdem fühlten wir auf beiden Seiten, wie sehr wir aneinander hängen. Und dann war ich hinausgegangen, weit weg, um einmal mit der Natur zu sprechen.

Nun, ich kam nach Voorburg und von dort nach Leidschendam.

Du kennst die Natur dort: prachtvolle Bäume von einer heiteren Erhabenheit neben grünen, abscheulichen Spielzeug-Pavillons und all dem, was die plumpe Phantasie der von ihren Zinsen lebenden Holländer an Albernheiten sich an Blumenbeeten, Lauben und Veranden zu ersinnen weiß.

Die Häuser meistens sehr häßlich, manche jedoch alt und vornehm. Nun, in dem Augenblick ballte sich über den Wiesen, unendlich wie die Wüste, ein Wolkenungetüm nach dem anderen zusammen, und der Wind stieß zuerst gegen die Reihe der Landhäuser mit ihren Bäumen am anderen Flußufer, wo der schwarze Schlackenweg entlangführt. Die Bäume, sie waren prachtvoll, es lag ein Drama in jeder Figur, möchte ich sagen, ich meine, in jedem Baum.

Dann, in seiner Ganzheit war der Anblick fast noch schöner als die windgepeitschten Bäume für sich, gerade weil der Augenblick so war, daß selbst die albernen Pavillons, naßgeregnet und zerzaust, einen eigenartigen Charakter erhielten. Ich sah darin ein Sinnbild, wie auch ein Mensch mit albernen Formen und Konventionen oder ein anderer voll Exzentrik und Kapricen zur dramatischen Figur mit eigenartigem Charakter werden kann, vorausgesetzt, daß ein wirklicher Schmerz ihn ergreift – ein Unglück ihn erschüttert. – Ich mußte dann einen Augenblick an die gegenwärtige Gesellschaft denken, wie sie sich in ihrem Zugrundegehen, betrachtet gegen das Licht einer Erneuerung, derzeit auch so manches Mal wie eine große, düstere Silhouette abhebt. Ja, für mich ist das Drama des Sturms in der Natur, das Drama des Schmerzes im Leben wohl das beste. – Ein »paradou« ist schön, aber Gethsemane ist doch schöner.

Ach, ein klein wenig Luft, ein klein wenig Glück muß es geben, doch vor allem, um die Form fühlen, die Linien der Silhouette sprechen zu lassen. Aber das Ganze darf ruhig düster sein.

Ich muß sagen, die Frau läßt nicht den Kopf hängen. Es schmerzt sie und mich gleichermaßen, aber sie ist nicht mutlos und sie wehrt sich gut.

Ich hatte kürzlich noch ein Stück Stoff gekauft, um daraus selbst Leinwand für Studien zu machen, und nun habe ich es ihr gegeben, damit sie Hemden für die wandelnden Gerippe von Kindern machen kann. Und Sachen von mir lasse ich auch für sie umarbeiten, damit sie noch dies und jenes dazubekommen, und damit ist sie sehr beschäftigt.

Wenn ich sage, wir trennen uns als Freunde, dann ist das wahr – aber getrennt haben wir uns auf jeden Fall, und ich habe mich seitdem auch besser damit abgefunden, als ich gedacht hatte, weil das, was ihr fehlt, von der Art ist, daß es sowohl für mich als auch für sie verhängnisvoll wäre, wenn wir aneinander gebunden wären, weil jeder sozusagen für die Gebrechen des anderen verantwortlich ist. Allerdings bleibt es für mich eine Sorge – wie es ihr in einem Jahr gehen wird? – Zu mir in meine Wohnung nehme ich sie sicher nicht mehr, aber ich will sie doch nicht aus den Augen verlieren, dazu habe ich sie und ihre Kinder zu lieb.

Gerade weil es etwas anderes als eine Leidenschaft war und ist, ist das auch möglich.

Ich hoffe, daß sich der Plan mit Drenthe verwirklicht.

Du fragst, was ich noch nötig habe?

Ich brauche Dir nicht zu sagen, daß ich die Absicht habe, viel zu arbeiten, ich werde das für meine eigene Erneuerung tun müssen. Und dort gibt es nichts an Malausrüstung, also was den Vorrat angeht, muß ich unbedingt solche Dinge mitnehmen, die wirklich nützlich sind, je mehr desto besser.

Gutes Werkzeug ist nie verloren, und auch wenn es teuer ist, macht es sich bezahlt. Und um das Ziel zu erreichen, muß ganz viel gemalt werden. Von der Zeit, die ich dort zubringen werde, hoffe ich sehr wenig zu verlieren und auch viele Modelle zu nehmen, was dort wahrscheinlich ziemlich billig sein wird. Zudem ist das Leben dort billig, und ich werde mit den Frs. 150 dort mehr anfangen können als hier.

Das alles kann ich jedoch einrichten, wie es sich gerade ergibt. Sehr wünschenswert wäre es mir, wenn ich eine größere Ausgabe machen könnte, weil mir vieles fehlt, was andere haben und was eigentlich unentbehrlich ist.

Es ist meine Absicht, in Drenthe mit meinem Malen ein Stück weiterzukommen, damit ich für die Zeichengesellschaft in Betracht komme, wenn ich wieder hier bin. Und das steht wieder im Zusammenhang mit dem zweiten Plan, nach England zu gehen. –

Ich glaube, es ist erlaubt, zu spekulieren, wenn es nicht gerade ins Blaue hinein oder allzu sehr auf gut Glück geschieht. – Was nun England betrifft: Ich glaube ganz bestimmt, dort leichter etwas verkaufen zu können als hier – das ist so – also denke ich manchmal an England. Doch wie es sich mit meiner Art zu malen, zu der ich gelangt bin, bei den englischen Kunstliebhabern verhält, weiß ich nicht, und weil ich es nicht weiß, will ich erst hier einen kleinen positiven Anfang mit dem Verkaufen machen, bevor ich es für ratsam halte, drüben etwas zu unternehmen. Falls ich hier anfange, einige Sachen zu verkaufen, dann zögere ich keinen Augenblick mehr, sondern beginne, nach drüben zu schicken oder nach drüben zu gehen. Doch solange ich hier absolut nichts verkaufe, könnte ich mich sehr leicht im Zeitpunkt irren, wenn ich nicht die Vernunft hätte, zu warten, bis ich hier zumindest einen Anfang sehe.

Ich hoffe, daß Du diese Gedanken für redlich hältst, das würde mir eine Beruhigung sein. Denn in England nimmt man es sehr ernst, wenn man einmal anfängt, wer in England Beifall bekommt, findet dort treue Freunde. Ich möchte z. B. einmal Ed. Frère und Henriette Browne nennen, die heute ebensowenig langweilen wie am ersten Tag, als ihre Arbeiten dort zu sehen waren.

Aber will man dort Erfolg haben, dann muß man umsichtig vorgehen und sich sicher sein, daß man die Sachen produzieren kann, die man hinschicken will.

Dein Brief hat mir viel Freude gemacht, denn ich sehe, daß Du Dir von dem Plan mit Drenthe etwas versprichst, und das genügt mir, es wird sich dann später von selbst zeigen, welcher Nutzen daraus zu ziehen ist. Für mich selbst steht die Sache in direktem Zusammenhang mit der Absicht, Mitglied der Zeichengesellschaft zu werden, und weiter mit England – da ich sicher weiß, daß die Motive aus Drenthe in England Anklang finden werden, wenn es mir gelingt, etwas Gefühl hineinzulegen.

Enfin, Drenthe sollte verwirklicht werden, ob wir nun vorläufig viel oder wenig ausgeben können.

Wenn ich das Reisegeld habe, fahre ich hin, auch wenn ich nicht viel Malutensilien vorrätig habe, weil die Zeit der Herbststimmungen bereits angefangen hat und weil ich hoffe, davon noch etwas zu erhaschen. Doch hoffentlich wird es möglich sein, der Frau für die erste Zeit noch etwas zu geben. Allerdings: Wenn ich fort *kann*, *gehe ich fort*.

*Dir* sage ich, daß ich die Absicht habe, der Frau vorläufig noch etwas zu helfen, viel *darf* ich nicht geben, das *kann* ich auch nicht, aber mit *keinem* anderen als mit Dir spreche ich darüber. Und Du kannst Dich auf das, was ich Dir sage, verlassen, daß ich sie nicht mehr in meine Wohnung aufnehmen kann oder will, was immer ihr auch geschehen sollte, denn es liegt ihr nicht, das zu tun, was sie eigentlich tun müßte. Ich habe Pa auch mit ein paar Worten berichtet, daß ich mich von ihr getrennt habe, aber mein Brief an Pa mit der Mitteilung, bei ihr zu bleiben und sie zu heiraten, bleibt dennoch eine Tatsache, und daß Pa gewissermaßen darüber hinweggeredet und auf die eigentliche Frage keine Antwort gegeben hat, ist eine zweite Tatsache. Ich weiß nicht, wie sich das in späteren Jahren auswirken wird und ob das nicht besser gewesen wäre als die Trennung; nun ist das alles noch zu frisch, um es in seinem eigentlichen Zusammenhang und in seinen Folgen zu überblicken. Ich *hoffe*, daß sich alles finden wird, aber ihre Zukunft und auch meine eigene sehe ich doch finster. Ich glaube zwar, daß in ihr wohl noch etwas erwachen wird, aber die Schwierigkeit ist eben, daß es bereits *hätte erwachen müssen* und daß es ihr von nun an schwerfallen wird, ihren besseren Gedanken zu folgen, wenn sie niemanden hat, der sie darin unterstützt. Jetzt will sie nicht hören, später aber wird sie danach verlangen, mit mir zu sprechen, und dann geht es nicht mehr. – Solange sie mit mir zusammen war, kannte sie nicht den Unterschied und kümmerten sie und beachtete sie nicht die Dinge, an die sie sich aber in einer anderen Umgebung erinnern wird. Durch den Gegensatz wird sie nun wohl manchmal darüber nachdenken. Ich bin zuweilen zutiefst darüber erschüttert, daß wir beide den unhaltbaren Zustand, uns zusammen durch die Zukunft zu schlagen, fühlen, während wir doch so aneinander hängen. Sie ist in den letzten Tagen zutraulicher zu mir als gewöhnlich, und die Mutter hatte sie zu einigen Dummheiten angestiftet, die sie mir nicht hatte antun wollen. Dinge von der Art, über die wir, als Du hier warst, gesprochen haben, wie Lärm schlagen und so.

Du siehst, etwas in ihr ist wie der Anfang zu etwas mehr Festigkeit, wenn das nur so bliebe. Ich wollte, sie könnte heiraten, und wenn ich Dir sage, daß ich sie im Auge behalten will, dann deshalb, weil ich ihr das anrate. Wenn sie nur einen Mann fände, der halb so gut ist, wäre das ausreichend, und würde sich das weiterentwickeln, womit hier ein Anfang gemacht worden ist, nämlich ein etwas häuslicherer, einfacherer Sinn, und wenn sie sich daran hält, brauche ich sie auch in Zukunft nicht ganz und gar ihrem Schicksal zu überlassen, denn dann bleibe ich zumindest ihr Freund, und zwar aufrichtig.

Schreibe mir bald wieder und sei gegrüßt.

t. à t.
Vincent

Ich füge noch ein paar Worte hinzu – Du fragst, was ich brauche. Ich habe darüber nachgedacht, und es ist mir unmöglich zu sagen, was ich eigentlich als nötig erachte, denn es wäre keine kleine Summe, also laß uns mal sehen, was erreichbar ist und damit auskommen. Wahrscheinlich wird das Erreichbare dahinter zurückbleiben, was au fond nötig ist, aber es ist schon etwas im Leben, wenn man seine Pläne wenigstens teilweise verwirklichen kann. Und ich, das sage ich Dir, werde mit dem auskommen, was Du erübrigen kannst.

Das Leben dort ist billiger, und ich selbst kann im Vergleich zu hier sparen, und ist erst einmal ein Jahr darüber hinweggegangen, werde ich durch die Ersparnis schon ein gutes Stück vorangekommen sein. Ich kann mir Farbe &c. per Postpaket schicken lassen. Also, wenn es möglich ist, dann nehme ich selbstverständlich Vorrat mit, aber wenn ich das nicht kann, werde ich deshalb die Reise nicht aufschieben.

Ich habe die Hoffnung, daß das abgelaufene Jahr doch scheint solide gewesen zu sein, denn ich habe meine Arbeit nicht vernachlässigt, im Gegenteil, ich habe eine Reihe von Schwachpunkten verbessert. Es gibt natürlich noch mehrere zu verbessern, aber die kommen jetzt an die Reihe.

Wie ich Dir in einem früheren Brief schrieb, daß die Frau bestimmte Versprechen sofort gebrochen hat, das war schlimm genug, besonders ihre Absicht, als Dirne in ein Hurenhaus zu gehn; die Mutter hatte die Gelegenheit dazu ausfindig gemacht und sie dazu gedrängt. Die Frau selbst hat es bald bereut und davon Abstand genommen, doch trotzdem ist es sehr, sehr schwach von ihr, gerade jetzt so etwas zu tun, doch so ist sie – zumindest bis heute – die Kraft, so etwas mit einem absoluten Nein zu verweigern, hat sie doch noch nicht. Enfin, sie drängt mich zu Maßnahmen, die ich immer und immer wieder aufgeschoben habe.

Ich habe bei dieser Gelegenheit in ihr etwas von einer Krise gesehen – ich erhoffe mir ein »Bis-hierher-und-nicht-weiter«. Und daher kommt es, daß sie die Trennung als mögliche Wendung zum Guten betrachtet.

Und weil sie zu ihrer Mutter in einer so fatalen Beziehung steht, müssen die beiden gemeinsam den schlechten oder gemeinsam den guten Weg gehen.

Und es wird darauf hinauslaufen, daß sie mit der Mutter zusammenwohnt, beide abwechselnd als Zugehfrau arbeiten und sich auf eine ehrliche Weise durchbringen werden. Das ist ihre Absicht, und sie haben einige Arbeitstage sicher, und ich habe Anzeigen aufgegeben; nun suchen sie täglich und haben sogar Freude daran.

Ich werde das solange tun wie nötig und weiter Anzeigen aufgeben und enfin alles tun, was sie in ihrem Vorhaben unterstützen und womit ich helfen kann.

Und wenn ich kann, will ich für sie vor meinem Weggehen für ein paar Wochen die Miete und ein Brot täglich oder so etwas bezahlen, um ihnen noch mehr Zeit zu lassen, damit sie ihr Vorhaben umsetzen und voranbringen. Doch daß ich beabsichtige, ihnen noch etwas zuzustecken, habe ich ihnen noch nicht versprochen, weil ich selbst noch nicht weiß, ob ich es kann. Und ich werde das meiner Lage entsprechend tun.

Und ihr rate ich entschieden zu einer Vernunftehe mit einem Witwer oder so jemandem, wobei ich ihr gesagt habe, daß sie zu so jemandem besser als zu mir sein muß.

Und daß sie selbst gut wisse, wo sie es bei mir habe fehlen lassen, so daß sie nun die Lehren daraus zu ziehen wisse und daß ich es ihr keineswegs übelnehme, weil ich weiß, daß eine Verbesserung oder Veränderung nicht sofort gelingt, sondern sozusagen nur stufenweise, und daß sie, wenn sie nur an dem Punkt, an dem sie nun angelangt sei, bleibe und von dort weiter arbeite und sich keinen Rückfall erlaube, ohne sich die Fehler mir gegenüber allzu sehr zu Herzen zu nehmen und mutlos zu werden, sondern versuchen solle, zu einem anderen besser als zu mir zu sein. –

Und dieses und anderes sieht sie nun vorläufig selbst ein, und ich hoffe, daß es so bleibt. Mutlos zu werden und sich dann gehenzulassen, ist bei beiden ein Schwachpunkt, doch gleichzeitig sind sie auch geduldig, von vorn anzufangen, vor allem die Frau ist das zunehmend, und ich weiß doch au fond, obwohl sie viele und ziemlich schlimme Fehler hat, daß etwas Gutes in ihr ist, das alles mildert, und darum verzweifle ich auch nicht an ihrer Zukunft. Daß die miséricorde bei solch einer Person von Natur aus vorhanden ist, ist etwas, an das ich von ganzem Herzen glauben möchte, und ich finde es gottlos von mir, daß ich nicht vollkommen davon überzeugt bin und nun noch nicht in der Lage bin, mich in alles ruhig zu fügen und zumindest jetzt noch nicht, alles hinzunehmen, was in Ordnung zu bringen ich mich so sehr gemüht habe.

Schreib mir bald wieder, nicht wahr. –

**An Theo van Gogh** **Nieuw-Amsterdam etwa 16. Oktober 1883**

Liebster Bruder,

in Gedanken bin ich stets bei Dir, kein Wunder, daß ich oft schreibe. Übrigens klärt sich alles allmählich, ich wäge & erwäge länger, alles ordnet sich, erhält mehr Konturen. So kann ich Dir nun in aller Ruhe schreiben. – Ich kann vorerst nicht glauben, daß die guten Beziehungen zu G & Cie mit großer Wahrscheinlichkeit so bleiben. Das Geschäft ist derartig groß, daß es ganz sicher lange dauern wird, ehe man sich nicht mehr damit abfinden kann und die Fäulnis überall durchgedrungen ist. Aber siehe da – eine lange Zeit der Fäulnis liegt m. E. bereits hinter uns, und so würde es mich nicht wundern, wenn sie weit fortgeschritten wäre. Wisselingh hat gewartet – schon bevor er ging. – Und das war vergebens – er war mit seinem Herzen ganz und gar dabei – er wäre, glaube ich, viel lieber geblieben – doch das ging nicht. Arnold & Trip zähle ich nicht mit, das waren Leute ganz anderer Art, mit weniger Gemüt. Obach würde ich wohl wieder dazuzählen – der wartete so lange, ertrug derartige Spannungen, daß er eine Zeitlang nicht recht bei Verstand war. – Aber ich wollte über den Zustand des Geschäfts – über die negative Seite der Dinge – après tout jetzt nicht so viel schreiben – das alles bleibt dahingestellt, weil ich über eine einzelne positive Sache sprechen möchte.

Mit Dir sind ein paar Dinge geschehen, die ich nicht für gleichgültig halte. – Du hast auf eine andere und bessere Weise als die meisten die Bücher von Zola gelesen – die ich zu den allerbesten Büchern über die heutige Zeit zähle. – Du sagtest mir einmal: »Ich bin so etwas wie die Figur in Pot bouille« – ich sagte: Nein. – Wenn Du so wärst, tätest Du gut daran, ein neues Geschäft anzufangen, aber Du hast ein tieferes Gefühl als er, und ich weiß nicht, ob du wohl au fond ein Geschäftsmann bist – au fond des fonds sehe ich in Dir den Künstler, den wahren Künstler. Du hast eine tiefe, besondere Erfahrung in der Begegnung mit dieser Frau gemacht. Das berührt le fond des fonds – Vielleicht hat es deshalb so sein müssen, damit aller Grund einmal von unten nach oben gebracht wurde. So hast Du seelische Erfahrungen gemacht, ungesucht, die Dich aufgewühlt haben – und nun laufen die Dinge so, wie sie laufen. – Warum? Wohin? Zu einem neuen Anfang einer gleichartigen Karriere? Ich glaube ganz entschieden – nein – es ist etwas Tieferes als das. – Verändern mußt Du Dich – aber es muß eine allumfassende Erneuerung sein, nicht eine Wiederholung desselben. Deine Vergangenheit war kein Irrtum, nein, in Anbetracht der Vergangenheit mußtest Du so sein, wie Du warst. – Die Vergangenheit war richtig. – Läßt sich daraus nicht schließen, daß es einfach eine allgemeine Vorbereitung, das Legen einer Basis, nur ein Abhobeln war und noch nicht das Eigentliche? – Warum sollte das nicht daraus folgen? Es kommt mir vor, daß es genau das war.

Ich glaube, die Dinge sprechen so gewaltig für sich selbst, daß ich Dir unmöglich etwas sagen könnte, was nicht bereits auf der Hand liegt – sogar in Deinen eigenen Gedanken.

Nun ist es außerdem in meinen Augen merkwürdig genug, daß sich eben in diesen Tagen auch in mir eine Veränderung vollzieht. Daß ich eben jetzt in eine neue Umgebung kommen muß, die es mir gewaltig angetan hat, die meine Gedanken ordnet, regelt, festigt, erneuert, erweitert, daß ich ganz davon erfüllt bin.

Und Dir kann ich schreiben, voll von dem, was die stille, triste Heide in mir bewirkt. Gerade in diesem Augenblick fühle ich in mir den Anfang zu etwas Besserem. Das ist noch nicht da, zeigt mir aber Dinge in meiner Arbeit, die ich vor kurzem noch nicht sah.

Das Malen fällt mir leichter, ich verspüre Lust, allerlei in Angriff zu nehmen, was ich bis heute noch sein gelassen habe. – Ich weiß, daß es mit der so ungewissen Lage zusammenhängt, wodurch es keineswegs sicher ist, ob ich hier werde bleiben können. Vielleicht könnte es gerade durch Deine Situation anders kommen. Das fände ich wohl schade, auch wenn ich es sehr gelassen hinnehmen würde. Aber ich kann es nicht lassen, mir eine Zukunft vorzustellen, in der ich nicht mich allein, sondern Dich und mich als Maler sehe, die wie Kameraden hier in dieser Moorgegend arbeiten. Der Gedanke kommt in mir mit der größtmöglichen Seelenruhe auf. Die Sache müßte ohne den geringsten Aufwand, ohne großes Hin und Her bewerkstelligt werden, als »une révolution qui est puisqu'il faut qu'elle soit«. – Mehr nicht – und also sage ich nur, daß es mich nicht im allerallergeringsten wundern würde, wenn wir in einiger Zeit zusammen wären, und zwar *hier*. Ich sehe, daß es sein und geschehen *könnte*, ohne größeren Aufwand, wie ein Stück Torf, das von einem Fleck zum anderen rollt. Einen Augenblick später, und es liegt wieder totenstill da und kein Mensch kümmert sich mehr darum. –

Der Mensch hat dagegen seine Wurzeln, das Umpflanzen ist schmerzhaft, auch wenn der Boden, in den er umgepflanzt wird, besser für ihn ist. –

Und ist dieser besser??? Was früher die Puritaner waren, das sind gewissermaßen die Maler in der heutigen Gesellschaft. Das ist keine närrische, keine übertriebene Frömmigkeit oder Schwärmerei, das ist etwas Einfaches & Solides. Ich spreche hier namentlich von den Leuten von Barbizon und von dieser Richtung, die das bäuerliche Leben sucht. In dir als Mensch sehe ich etwas, das im Widerspruch zu Paris steht – ich weiß nicht, wie viele Jahre Paris darüber hinweggegangen sind – ja, ein Stück von Deinem Herzen steckt darin – ich habe nichts dagegen – aber etwas – ein je ne sais quoi – ist noch vierge. Das ist das künstlerische Element. Es ist jetzt scheinbar schwach – doch dieser neue Sproß schlägt aus und wird schnell sprießen. Ich fürchte, auf den alten Stamm ist zu sehr eingehackt worden, und ich sage: Sprieße in eine ganz andere Richtung, sonst, fürchte ich, wird der alte Stamm zeigen, daß er doch nicht mehr die rechte Lebensfähigkeit hat.

So kommt es mir vor – kommt es Dir anders vor? Um so mehr, weil Du, wenn Du Maler werden würdest, selbst eigentlich ohne jede Absicht den Grund dafür gelegt hast und in Deiner ersten Zeit über Gesellschaft, Freundschaft und eine gewisse Umgebung verfügen könntest. Und zudem würdest Du in meine eigene Arbeit Veränderung bringen, glaube ich. Denn mir fehlt es an Umgang und Unterstützung bei meiner Arbeit, an einer gewissen Reibung der Gedanken mit jemandem, der weiß, was ein Bild ist. Ich bin ohnehin schon zu lange aus allem herausgewesen, daß ich glaube, einen solchen Anreiz wohl nötig zu haben. Meine Pläne sind derart, daß ich fast nicht wage, sie allein auszuführen – was das für Pläne sind und wie sie zusammenhängen, würdest Du sehr bald merken. Ich bin (obwohl ich wollte, daß es anders wäre) überaus empfindlich für das, was über meine Arbeit gesagt wird, wie ich selbst eingeschätzt werde. Wenn ich auf Unglauben stoße, allein stehe, dann fehlt mir ein gewisses Etwas, und das tötet manche Initiative in mir. Nun, Du wärst genau der Mensch, der das begreifen würde – ich verlange durchaus keine Schmeichelei oder daß man sagen sollte, »ich finde das schön«, während man es häßlich findet, nein, ich verlange eine intelligente Aufrichtigkeit, die sich nicht an mißglückten Arbeiten ärgert. Einer der mir, wenn sie mir 6mal mißlingen, gerade wenn *mich* der Mut verläßt, sagen würde: Nun mußt Du es doch noch einmal zum 7. Mal versuchen. Siehe, diesen kleinen Stoß kann ich nicht entbehren. – Und ich glaube, daß Du das begreifen und ich ungeheuer viel an Dir haben würde. Etwas, was Du besonders dann gut könntest, wenn Du selbst davorstündest und malen *müßtest*. Wir würden einander unterstützen, denn Deinerseits hättest du an mir *dasselbe* und das ist von großer Wichtigkeit. Zwei Menschen müssen aneinander glauben und das Gefühl haben, daß es *möglich ist* und daß *es sein muß*, auf diese Weise sind sie unglaublich stark. Sie müssen sich gegenseitig den Mut im Herzen stärken. Nun, ich denke, wir beide würden einander begreifen.

Wenn Du kein Maler wärst, weiß ich nicht, ob Du das könntest.

Dem steht nun der Zweifel gegenüber – den die Menschen meistens zu wecken versuchen. Tersteeg zum Beispiel – der selbst skeptisch ist, NICHT WEISS, was Glauben ist. – Millet jedoch ist der Typ eines *Glaubensmenschen*. Er verwendete oftmals den Ausdruck *foi de charbonnier*, und dieser Ausdruck ist schon uralt. Man darf kein Stadtmensch, sondern muß ein Naturmensch sein, auch wenn man gebildet ist oder was auch immer. Ich kann es nicht genau sagen. Es muß ein je ne sais quoi in jemandem sein, das ihm den Mund stopft und ihn zur Tätigkeit antreibt – etwas, das ihn schweigend, auch wenn er spricht – inwendig schweigend, sage ich, zum Handeln antreibt. Damit tut man etwas Großes. Warum? Weil man ein gewisses »komme, was da kommen mag« hat. – Arbeitet – et après – ich weiß es nicht. – Ich will Dich nicht drängen, ich will nur sagen: Arbeite der Natur nicht entgegen. Ich will nicht etwas Unsinniges, aber ich habe die stille Hoffnung, daß man auf vernünftige Weise, nicht völlig mittellos, wohl aber mit verhältnismäßig wenig, nur das, was für Obdach, Nahrung nötig ist, in See stechen könnte. Und nicht für den Fall, daß ein völliges Unheil hervorgerufen würde, sondern für den Fall, daß es auch nur eine ganz kleine Möglichkeit gäbe, sage ich jetzt: Folge diesem Tüpfelchen – dieser ganz kleinen Möglichkeit – dieses Tüpfelchen ist der Weg – gehe ihn – laß das andere einfach fahren. – Einfach fahrenlassen, nicht nach außen hin, erhalte Dir soviel Beziehungen, wie Du kannst, aber sei entschlossen, wenn Du sagst: Ich will Maler werden, so daß alles, was Hinz und Kunz sagen, an Dir wie Wasser von einem Regenmantel abgleitet. –

Ich stelle mir vor, daß Du Dich dann nicht so wie bestellt und nicht abgeholt fühlen würdest, sondern wie in die Heimat zurückgekehrt – direkt – gerade nun in großer Heiterkeit – und Du ruhiger für das Werden eines Malers sein würdest als für ein neues Geschäft, oder sogar ruhiger als bei G & C^ie^. –

Und nun, Junge, kommt noch etwas hinzu – Du besitzt ein Nervensystem wie andere Menschen – aus eigener Erfahrung muß ich Dich jetzt vor etwas warnen. – Achte darauf, daß Deine Nerven Dir nicht einen häßlichen Streich spielen. – Du hast Zeiten entsetzlicher Anspannung hinter Dir, bist jetzt noch genau mittendrin. – Bist kein Mann, um zu stürzen – wärst Du das, dann gäbe es keine Gefahr. Wenn Du den Schock, bei G & C^ie^ wegzugehen, ertragen mußt, dann versuche erst zur Ruhe zu kommen, bevor Du etwas Neues anfängst, Junge, denn sonst schädigst Du vielleicht Deine Gesundheit und Geisteskraft auf Jahre hinaus und zweitens Deine Geschäfte.

Ich habe nun einen Monat lang Heideluft geatmet, die hatte ich auch dringend nötig – ich habe mich an das Torffeuer eines Bauern gesetzt, mit einer Wiege daneben. –

Ich spreche ruhig, ich denke jetzt ruhig. –

Es ist sehr gut, daß Du mir einmal darüber geschrieben hast – vertraue mir auch weiterhin – vertraue mir noch ein wenig mehr oder lieber nicht mir, sondern vertraue auf dasselbe, worauf ich vertraue: Darauf, daß man es wagen muß, um die Welt hinter sich zu lassen und um nach einem stilleren Leben mit einem Handwerk zu suchen. – Nicht, weil ich Dir das sage, sondern weil Du das selbst auch glaubst, mußt Du es tun. – Nun, dann brauche ich Dir auch nicht zu sagen, daß Du mir vertrauen kannst, weil Du selbst mein eigenes Suchen als redlich verstehst. –

Wie es mit mir weitergehen soll, falls Du Dich entschließen solltest, kein Maler zu werden, weiß ich nicht. – Wenn es für mich einen Ausweg in Paris gäbe, dann müßte ich den natürlich wohl suchen, und sonst müßte ich zusehen, wie ich mich mit Pa einigen kann, daß ich dort ein Dach über dem Kopf fände und eine Zeitlang in Brabant arbeiten gehe. Ach, ich muß Dir aber sagen, daß ich daran jetzt nicht einmal denke, meine Gedanken befassen sich mit meiner augenblicklichen Arbeit und weiter mit dem Plan für Dich. Du bist ein Mensch mit einem Willen und mit einem guten, denkenden, klaren Kopf, mit einem ehrlichen Herzen; nun, werde Du unter den gegebenen Umständen ruhig Maler, wenn Du das für eine Zeitlang schaffen kannst. Und noch einmal, meine Arbeit würde dadurch entschieden einen Impuls erhalten. –

Ich bin heute hinter pflügenden Bauern hergelaufen, die ein Kartoffelfeld umpflügten und denen Frauen hinterherliefen, um ein paar übriggebliebene Kartoffeln aufzusammeln. –

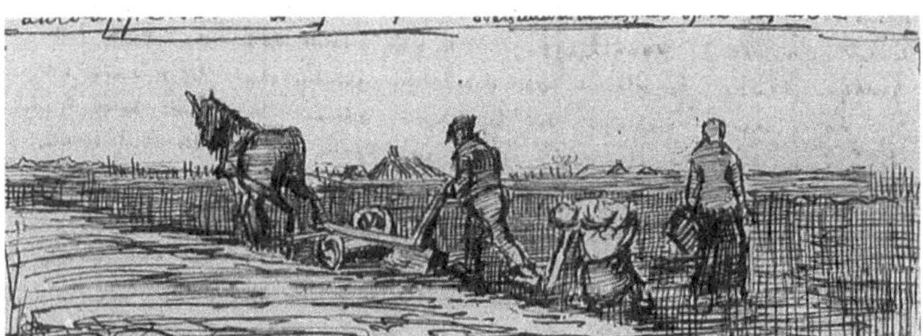

Dies war ein ganz anderes Feld als das, was ich Dir gestern zeichnete, aber es ist etwas Eigenartiges hier: Jedesmal genau dasselbe und trotzdem eben genau die Variation, dieselben Motive wie auf den Bildern von Malern, die im selben Genre arbeiten und doch verschieden sind, oh, es ist hier so eigenartig – und so still, so friedlich. – Ich kann kein anderes Wort dafür finden als Frieden. –

Viel darüber reden, wenig darüber reden, es bleibt alles dasselbe, es fügt nichts hinzu und nimmt nichts weg.

Die Frage ist, etwas ganz Neues zu wollen, eine Art Neuschöpfung seiner selbst zu unternehmen, ganz einfach und seelenruhig mit einer fixen Idee: ça ira. Nicht, daß Du keine Sorgen haben dürftest, jawohl, es geht nicht von allein, doch es muß ein Gefühl sein wie »ich tue das, was mir am einfachsten erscheint – ich gehe alldem, was nicht einfach ist, aus dem Weg – ich will die Stadt nicht mehr – ich will aufs Land – ich will kein Büro mehr – ich will malen«. Siehe da. – Es aber dennoch wie ein Geschäft behandeln, obwohl es tiefer ist, ja, unendlich tief, und die Gedanken mit Entschlossenheit darauf richten. –

Nun, in Zukunft Dich und mich als Maler sehen.

Kommt Elend, gibt es Bedenken, *es TROTZDEM sehen – Deine eigene Arbeit schon sehen.* Ein Stück Natur betrachten – denken: *Das* will *ich* malen. – Dich persönlich dieser einen fixen Idee hingeben: Maler werden. –

Auf einmal werden die Menschen, sogar Deine besten Freunde, mehr oder weniger zu Fremden. – Du tust etwas anderes – richtig. – Dann auf einmal das Gefühl: Donnerwetter, ich träume, ich bin auf dem falschen Weg. Wo ist mein Atelier, wo ist mein Pinsel?

Gedanken wie diese sind, wenn man sie fühlt, sehr tief. – Man sagt darüber natürlich nichts oder nur wenig, es wäre ein Irrtum, sich dazu einen Rat holen zu wollen, der würde Dir nicht mehr Klarheit verschaffen. Man muß es soweit bringen, daß man dem, was man mit gutem Willen und guten Mutes vorhat, nicht entgegenwirkt, im Gegenteil. Ich sage nicht, daß man von dem quelque chose là-haut erwarten muß, daß es alles genau tun wird, nein, aber das Quelque chose là-haut ist doch da, zumindest, wenn Millet daran glaubte; Du willst ihm natürlich wohl glauben, daß er keinen Unsinn daherredete, wenn er wußte, daß es das gab. Nun, daran dürfte man wohl einmal denken, das sage ich allein, weil das Leben ernst ist und ein richtiger Entschluß wohl nicht die Schwierigkeiten beseitigt, die mit seiner Ausführung verbunden sind, und après tout das Leben ernst ist und man es so ernst nehmen muß, damit man sein Bestes tut, nach so etwas Ähnlichem zu streben, und also im Fall, daß sich die Notwendigkeit zur Veränderung zeigt, das rechte Handeln schwerer wiegen muß als das, was die Leute dazu sagen.

Später wird man nicht mehr danach fragen, was da seinerzeit einmal gesagt wurde, darauf wird es weniger ankommen. Nun, der Kunsthandel bringt gewisse Vorurteile mit sich, die Dir möglicherweise noch anhaften, und zwar insbesondere, daß das Malen eine Gabe ist – nun ja, eine Gabe, aber nicht so, wie man sie darstellt; man muß seine Hände ausstrecken und *es nehmen* (und das Nehmen ist etwas Schwieriges), nicht warten, bis es sich von selbst offenbart. Es gibt da wohl etwas, aber das ist keineswegs so, wie es dargestellt wird; Übung macht den Meister. Durch das Malen wird man Maler. Will man Maler werden, hat man Lust dazu, fühlt man, was Du fühlst, dann kann man es; aber dieses Können ist verknüpft mit Mühen, Sorgen, Enttäuschungen, mit Zeiten von Melancholie, von Ohnmacht und alledem. – So denke ich darüber. Ich gerate nun derart ins Faseln, daß ich eben eine kleine Zeichnung machen mußte, um nicht mehr daran zu denken, nimm es mir nicht übel, ich werde darüber nichts mehr sagen, es ist nicht der Mühe wert.

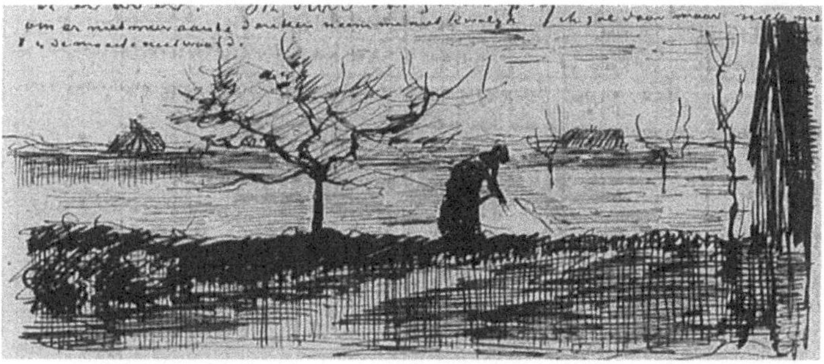

Aber ich möchte doch noch einmal darauf zurückkommen, wie die Dinge liegen, in mancher Hinsicht ist dies wohl der Augenblick, in dem die Natur so besonders interessant ist, daß Du, wenn das tägliche Brot gefunden werden könnte, *prompt* an die Arbeit gehen könntest, es wäre kein Herumtrödeln, sondern ein direktes, frisches Ringen mit den Dingen, so direkt wie nur eben möglich.

Gegenüber der Welt müßten wir es mit sehr viel gutem Mut, sehr viel Energie, sehr viel Seelenruhe angehen, nicht so problematisch, hörst Du – auch wenn wir ernsthafte Sorgen haben sollten – müßten etwas Fröhliches haben wie die Schweden, von denen Du erzählt hast, wie die Alten von Barbizon. Müßten es als groß, stattlich, weit auffassen. Nicht zweifeln, faseln oder aus der Fassung zu bringen sein. – In solch einem Plan würde ich mich zu Hause fühlen, in einem anderen Plan immer viel, viel weniger heimisch.

Ich zweifle denn auch keinen Augenblick daran, daß Du genauso denkst, und dies, wenn es getan wird, mit der größten Seelenruhe wie nur irgend möglich unternommen werden muß. Und ich schreibe Dir dies eigentlich auch mehr, weil ich Dir zeigen will, daß ich den gleichen Gedanken habe. Ich meinerseits glaube an Dich als Maler, als Künstler und respektiere Dich als solchen.

Weil ich im Anfang zumindest ebensowenig davon verstand, weil ich nicht mehr daran zweifle, daß man durch

Übung weiterkommt, und weil ich eben erst meine eigene *absolute* Ungeschicklichkeit gesehen habe, bin ich Dir vielleicht ein guter Kamerad, wenn Du Dich zu Beginn abplagen müßtest. Mich würde das keinesfalls wundern und mit manchen Dingen, bei denen ich mich lange aufgehalten habe, weil ich sie allein entdecken mußte, kann ich Dir helfen.

Nun weiß ich nicht genau, wie sich alles verhält, was übrigens auch gleichgültig ist, *dies* wäre etwas so Neues, daß es verhältnismäßig weniger darauf ankäme, wie dies & jenes zusammenhängt.

Doch was ich sagen will, ist folgendes: Zu einer Veränderung wirst Du höchstwahrscheinlich doch gelangen müssen, und ich würde es gut finden, wenn Du eine Veränderung durch & durch machtest. Den Stier bei den Hörnern packtest. Den Stier FATALITÄT, der uns alle in die Misere und Melancholie stürzen würde, wenn er der Herrscher wäre. Von dem wir uns ohne Kampf nicht befreien können. Was willst Du? – Frieden – Ordnung – Handwerk – Kunst? – Gut – verlasse den windigen Kunsthandel – werde Maler. – Das wäre vielleicht sehr leichtsinnig, wenn die Firma G & Cie jetzt noch das wäre, was G & Cie einmal gewesen ist. – Sie ist heute zu sehr Spekulationsgeschäft – ich bin nicht neugierig darauf, wie es ihr geht und weiter ergehen wird, und ich denke, Du eigentlich auch nicht. – Aber ein Herz für sie haben, so wie sie jetzt ist, das kannst Du nicht, eben deshalb, weil Du nur ein Herz für sie hättest, wenn sie anders wäre. –

Und nun das andere – ja, *wenn es sein muß* und es unmöglich wäre, uns hier eine Zeitlang ruhiges Arbeiten zu ermöglichen – *mußt* Du das andere in Angriff nehmen: Dann mach nur, dann ordne ich mich unter und sehe zu, wie ich mich den Umständen füge, die sich daraus für mich ergeben würden, indem ich entweder nach Paris komme oder vielleicht eine Zeitlang zu Hause sein muß, bis die Situation sich gebessert hat. Natürlich hoffe ich mich dem einen oder dem anderen vernünftig zu fügen, wenn es sein müßte.

Doch ich habe nun dies & jenes zu einem Plan gesagt, in dem ich mich zu Hause fühle – in einem anderen fühle ich mich nicht zu Hause. Es ist ein gewaltiges Wagnis, aber weder Du noch ich fürchten uns davor, etwas zu wagen. Denke also einmal darüber nach und schreibe auf alle Fälle bald. Sei gegrüßt, Junge. Mit einem Händedruck in Gedanken,

t. à t.
Vincent

Was Du tun sollst?

Mais toi, tu te tairas –
Tel que l'on voit se taire un coq sur la bruyère,

gelassener kannst Du es nicht machen. –

**An Theo van Gogh** **Nieuw-Amsterdam**
**2. November 1883**

Liebster Bruder,

wollte Dir eben von einer kleinen Fahrt nach Zweeloo erzählen, diesem Dorf, in dem Liebermann lange gewohnt hat & wo er Studien für sein Bild mit den Waschfrauen gemacht hat für den letzten Salon.

Wo auch Termeulen und Jules Bakhuyzen eine Zeitlang gewesen sind.

Stelle Dir eine Fahrt durch die Heide vor, morgens um 3 Uhr, in einem offenen Karren (ich fuhr mit dem Mann, bei dem ich wohne, der auf den Markt nach Assen mußte). Auf einem Weg oder »Deich«, wie man hier sagt, auf den man, um ihn zu erhöhen, Schlamm anstatt Sand geschüttet hatte. Es war noch viel schöner als auf dem Schleppkahn.

Als es eben anfing zu tagen und überall bei den über die Heide verstreuten Katen die Hähne krähten, wurden die vereinzelten Häuschen, an denen wir vorbeikamen – umringt von zarten Pappeln, deren gelbe Blätter man fallen hörte – wurde ein alter stumpfer Turm auf einem kleinen Kirchhof mit Erdwall & Buchenhecke, wurden die flachen Landschaften von Heide oder Kornfeldern, wurde alles, alles ganz genauso wie die allerschönsten Corots. – Eine Stille, ein Mysterium, ein Friede, wie allein er gemalt hat.

Es war jedoch noch dunkel, als wir morgens um 6 Uhr in Zweeloo ankamen – die eigentlichen Corots hatte ich noch früher an diesem Morgen gesehen. – Wie schön war es, als wir in das Dorf hineinfuhren. Riesige Moosdächer auf Häusern, Ställen, Schafställen, Scheunen. Hier sind die Häuser ganz breit, zwischen Eichenbäumen von einer prächtigen Bronzefarbe. – Im Moos Töne von Goldgrün, in der Erde rötliche oder bläuliche Töne oder gelbliches dunkles Lilagrau, Töne von einer unsagbaren Reinheit im Grün der kleinen Kornfelder. In den nassen Stämmen schwarze Töne, die abstechen von dem goldenen Regen der wirbelnden, wimmelnden Herbstblätter, die in losen Perükken, als wären sie draufgeblasen, noch lose, mit durchschimmerndem Himmel an den Pappeln, Birken, Linden, Apfelbäumen hängen. Der Himmel einfarbig, hell, leuchtend, nicht weiß, sondern in Lilafarben, die nicht zu ergründen sind, ein Weiß, in dem man Rot, Blau, Gelb flimmern sieht, das alles reflektiert und das man überall über sich fühlt, das dunstig ist und sich mit dem dünnen Nebel unten vereint. Das alles zusammenbringt auf einer Skala von feinen Grautönen.

In Zweeloo fand ich jedoch keinen einzigen Maler, die, wie die Leute sagten, im Winter auch nie kämen. – Ich hoffe, gerade im Winter dort zu sein. Weil keine Maler dort waren, entschloß ich mich, anstatt auf die Rückkehr meines Hauswirts zu warten, zu Fuß zurückzugehen & unterwegs etwas zu zeichnen.

So begann ich an einer Skizze des bewußten Apfelbaumgartens zu arbeiten, in dem Liebermann sein großes Bild gemacht hat. – Und dann den Weg zurück, den wir in der Frühe gefahren waren. Die Gegend um Zweeloo ist in diesem Augenblick einzig & allein junges Getreide – zuweilen unabsehbar und von dem allerallerzartesten Grün, das ich kenne. Darüber ein Himmel von einem feinen lilafarbigen Weiß, das eine Wirkung hat – die, glaube ich, nicht zu malen ist, das für mich aber der Grundton ist und das man kennen muß, um zu wissen, was der Grund für andere Effekte ist.

Eine schwarze Erde, flach – unendlich – ein heller Himmel von feinem lilafarbigen Weiß. – Aus dieser Erde sprießt das junge Getreide – sie ist mit diesem Getreide wie mit Schimmel überzogen. – Das sind au fond die guten, fruchtbaren Äcker in Drenthe – alles in einer nebligen Atmosphäre. Denke an Le dernier jour de la création von BRION – jetzt, gestern kam es mir vor, als hätte ich die Bedeutung dieses Bildes begriffen. –

Der schlechte Boden in Drenthe ist genauso, allerdings ist die schwarze Erde noch schwärzer – wie Ruß – kein lilafarbiges Schwarz wie die Furchen. Und melancholisch bewachsen mit ewig faulender Heide & Moor. – Ich sehe das überall – die Zufälligkeiten auf diesem unendlichen Hintergrund, in den Mooren, die Soden, die Katen und in den fruchtbaren Landstrichen, die höchst einfachen Ungetüme von Bauernhöfen & Schafställen mit niedrigen, sehr niedrigen Mauern und riesigen Moosdächern. Eichen ringsumher. Wenn man Stunde um Stunde durch die Gegend wandert, fühlt man, daß es eigentlich nichts anderes gibt als Erde, unendlich; dieser Schimmel aus Getreide oder Heide, dieser Himmel, unendlich. – Pferde, Menschen gleichen dann Flöhen, so klein. – Man fühlt nichts mehr, auch wenn es an sich noch so groß ist, man fühlt nur, daß da Erde & Himmel sind. –

Dennoch, in seiner Eigenschaft als Tüpfelchen, achtend auf andere Tüpfelchen, erfährt man – von dem Unendlichen einmal abgesehen – jedes Tüpfelchen als einen Millet. –

Ich kam an einer kleinen alten Kirche vorbei, ganz genau, ganz genau l'église de Gréville aus Millets Bild im Luxembourg, anstatt des Bauern mit dem Spaten vom Bild kam hier ein Hirte mit seiner Schafherde die Hecke entlang. Im Hintergrund hatte man keinen Durchblick aufs Meer, sondern allein auf das Meer des jungen Getreides, das Meer der Furchen anstatt das der Wellen. Der effet produit der gleiche. Eifrig pflügende Bauern sah ich jetzt, einen Sandkarren, Hirten, Straßenarbeiter, Mistkarren. Zeichnete in einer Kneipe am Weg ein altes Weiblein am Spinnrad, kleine dunkle Silhouette – wie aus einem Zaubermärchen – kleine dunkle Silhouette gegen ein helles Fenster, durch das man den hellen Himmel sah und einen schmalen Weg durch das feine Grün und ein paar Gänse, die Gras zupften. –

Und nun, als die Abenddämmerung hereinbrach – stelle Dir die Stille vor, den Frieden dieses Augenblicks! Stelle Dir eine schmale Allee hoher Pappeln gerade mit Herbstlaub vor, stelle Dir einen breiten, morastigen Weg vor, alles schwarzer Schlamm, rechts Heide bis ins Unendliche, links Heide bis ins Unendliche, ein paar schwarze dreieckige Silhouetten von Sodenkaten, durch deren kleine Fenster das rote Licht eines Feuerchens scheint, einige Tümpel mit schmutzig-gelblichem Wasser, in denen sich der Himmel spiegelt und in denen Baumstämme verfaulen. – Stelle Dir diese morastige Welt abends in der Dämmerung vor mit dem weißlichen Himmel darüber, also alles schwarz gegen weiß. – Und in dieser morastigen Welt eine zottige Figur – der Hirte – eine Schar eiförmiger Gebilde, halb Wolle, halb Schlamm, die gegeneinanderstoßen, einander abdrängen – die Schafherde. – Du siehst sie ankommen – Du stehst mittendrin – Du kehrst um und folgst ihnen. –

Mühsam und unwillig kommen sie auf dem morastigen Weg voran. – Dennoch, siehe da, ein Bauernhof in der Ferne – einige Moosdächer und Haufen von Stroh & Torf zwischen den Pappeln. – Der Schafstall ist auch wieder wie eine dreieckige Silhouette. – Dunkel. –

Die Tür steht weit offen, wie der Eingang zu einer dunklen Spelunke. – Durch die Ritzen der Bretter scheint von hinten das Licht des Himmels durch. Die ganze Karawane der Woll- & Schlammhaufen verschwindet in dieser Spelunke – der Hirte und eine Frau mit einer kleinen Laterne schließen die Tür hinter ihnen zu.

Die Rückkehr der Herde in der Dämmerung war das Finale der Symphonie, die ich gestern hörte. – Wie ein Traum ist dieser Tag vorbeigegangen, ich war den ganzen Tag so in diese herzzerreißende Musik vertieft, daß ich sogar buchstäblich Essen & Trinken vergessen hatte – eine Scheibe Bauernbrot und eine Tasse Kaffee hatte ich in der Kneipe zu mir genommen, wo ich das Spinnrad gezeichnet habe. Der Tag war vorbei, und von der Morgendämmerung bis zur Abenddämmerung, oder besser von der einen Nacht zur anderen Nacht hatte ich mich in dieser Symphonie selbst vergessen. – Ich kam nach Hause und als ich am Feuer saß, war mir, als hätte ich Hunger, und es stellte sich heraus, daß ich schrecklichen Hunger hatte. – Doch sieh nur, wie es hier ist. – Man fühlt sich, als wäre man auf einer Ausstellung zum Beispiel der cent chef d'œuvres. – Was bringt man von so einem Tag mit? – Nur einige Skizzen. – Aber man bringt noch etwas anderes mit – eine ruhige Lust zur Arbeit.

Schreibe mir doch vor allem bald. Heute ist Freitag, aber Dein Brief ist noch nicht da, ich warte sehnlichst auf ihn. – Mit dem Umtauschen geht Zeit verloren, auch weil es wieder nach Hoogeveen zurückgeschickt werden muß und dann wieder hierhin. – Wir wissen nicht, wie es weitergehen wird, doch sonst würde ich *jetzt* sagen – es wäre vielleicht am einfachsten, einmal im Monat Geld zu schicken. – Schreibe auf jeden Fall bald wieder. Mit einem Händedruck

t. à t.
Vincent

## 1884–1885
## Nuenen

---

**An Theo van Gogh** **Nuenen**
**etwa 2. März 1884**

Teurer Theo,

Dank für Deinen Brief – Moe geht es gut – der Arzt sprach anfangs davon, daß es wohl ein halbes Jahr dauern würde, ehe das Bein wieder gesund ist – j e t z t spricht er von gut 3 Monaten – und er sagte zu Moe – »Das ist aber das Verdienst Ihrer Tochter, denn ich erlebe es selten, sehr selten, daß jemand so gut pflegen kann, wie sie es tut«. Was Wil tut, ist auch vorbildlich, vorbildlich, ich werde das nicht so schnell vergessen. –

Von Anfang an ist fast alles auf sie zugekommen, und sie hat Moe viel Elend erspart. –

Um nur eines zu nennen: Daß Moe sich so wenig wundgelegen hat (was zu Anfang sehr schlimm und schon ziemlich weit fortgeschritten war), das ist ganz entschieden ihr Verdienst. – Und ich versichere Dir, daß es nicht immer angenehme Aufgaben sind, die sie zu erledigen hat.

Hör mal – als ich jetzt Deinen Brief über die Zeichnungen gelesen hatte, habe ich Dir sofort ein neues Aquarell von einem Weber und fünf Federzeichnungen geschickt. – Auch meinerseits will ich Dir franchement sagen, daß ich glaube, es ist wahr, was Du sagst, daß meine Arbeiten viel besser werden müssen, aber gleichzeitig auch, daß Du Deine Anstrengungen etwas entschlossener nutzen könntest, um daraus etwas zu machen. – Du hast n o c h n i e e i n e e i n z i g e A r b e i t von mir verkauft – weder für viel noch für wenig – und es EIGENTLICH NOCH NICHT VER-

SUCHT. Du siehst, ich werde darüber nicht böse – aber – wir wollen die Dinge doch einmal beim richtigen Namen nennen.

Auf Dauer würde ich mich sicher nicht damit abfinden. Du kannst auch Deinerseits weiter franchement darüber sprechen.

Was die Verkäuflichkeit und Unverkäuflichkeit betrifft, das ist eine alte Feile, an der ich nicht die Absicht habe, mir die Zähne abzuschleifen.

Enfin, meine Antwort ist, daß ich einige neue schicke – und recht gerne würde ich dies weiterhin tun – nichts lieber als das. – Allerdings solltest Du Deiner Offenheit einmal ganz freien Lauf lassen – das wäre mir am liebsten – ob Du Dich in Zukunft damit zu befassen gedenkst oder ob Deine Würde dies nicht zuläßt. – Die Vergangenheit sei dahingestellt – ich stehe vor der Zukunft und abgesehen davon, wie Du darüber denkst, habe ich entschieden die Absicht, zu versuchen, damit etwas anzufangen. –

Du hast mir letztens selbst gesagt, Du seist ein Händler – gut – man verfällt mit einem Händler nicht ins Sentimentale, man sagt: Mein Herr, wenn ich Ihnen Zeichnungen in Kommission gebe, darf ich dann damit rechnen, daß Sie sie zeigen werden? – Der Händler muß selbst wissen, ob er dazu ja – nein – oder etwas zwischen beidem sagen will.

Aber der Maler wäre närrisch, wenn er sie in Kommission gäbe und merken würde, daß der Händler seine Arbeiten doch als etwas betrachtete, das das Tageslicht zu scheuen hätte.

Nun, Junge – wir stehen beide in der Wirklichkeit – und gerade deshalb, weil wir einander nicht in die Quere kommen wollen, müssen wir offen miteinander reden. – Wenn Du sagst – ich kann mich nicht damit befassen – gut, darüber werde ich nicht böse werden – aber dann bin ich auch nicht verpflichtet zu glauben, nur Du ganz allein wärst das Orakel, nicht wahr? –

Du sagst: Das Publikum wird sich an diesem oder jenem Fleckchen &c. &c. ärgern. – Hör mal – das mag wohl sein, aber Dich, den Händler, stört dies oder das noch mehr als das fragliche Publikum, das habe ich schon so oft bemerkt – und Du fängst damit an.

Ich muß mich auch durchschlagen, Theo, und mit Dir bin ich noch genau, genau auf demselben Stand wie vor ein paar Jahren; was Du über meine heutigen Arbeiten sagst – »sie sind doch beinahe verkäuflich« – ist wörtlich dasselbe, was Du mir geschrieben hast, als ich Dir aus Etten meine ersten Brabanter Skizzen schickte. – Also sage ich – es ist das alte Lied. Und daraus schließe und erwarte ich, daß Du immer dasselbe sagen wirst – und daß ich, der bis heute gewissermaßen systematisch zurückhaltend war, um Schritte bei Händlern zu unternehmen, nun meine Taktik ändern und sehr eifrig versuchen werde, meine Arbeiten an den Mann zu bringen. –

Ich habe nun wohl begriffen, Daß Dir mein Tun & Lassen gleichgültig ist. Aber falls es Dir gleichgültig ist, ist es für mich immer etwas jämmerlich, und ich sehe gewissermaßen gegen die Fragen an, die sich natürlich daraus ergeben und die man mir stellen wird – nämlich: Ach, machen Sie keine Geschäfte mehr mit Ihrem Bruder oder mit Goupil? Nun, ich werde dann sagen – das ist unter der Würde von ces Messieurs G & Cie, Van Gogh & C[o]. Dadurch gewinnt man natürlich einen schlechten Eindruck von mir – auf den ich jetzt wohl vorbereitet bin – aber ich erwarte, daß man auch Dir gegenüber mit der Zeit distanzierter werden wird. –

Ich habe jetzt die kleine alte Kirche gemalt und wieder einen neuen Weber. – Die Studien aus Drenthe, sind die denn so besonders schlecht? – Ich fühle mich nicht sehr ermuntert, Dir gemalte Studien von hier zu schicken, nein, damit wollen wir gar nicht erst anfangen – Du kannst sie sehen, wenn Du im Frühjahr vielleicht einmal herkommst. –

Was Du über Marie schreibst, ist wohl verständlich – wenn eine Frau nicht gerade reizlos & fade ist, kann ich mir sehr wohl vorstellen, daß sie wenig Lust hat, bei bösartigen Vätern wie auch geistlichen Schwestern verkümmern zu müssen, zumindest ist sowohl für eine Frau als auch für einen Mann die Versuchung ziemlich groß, quand même diesen Stillstand zu durchbrechen. –

Ein Stillstand, der mit einer an sich vielleicht schönen Resignation beginnt, welche man meistens jedoch leider wohl bereuen muß, wenn man fühlt, daß man auf Dauer erfrieren wird. – Las ein Wort von Daudet über geistliche Frauen: Ces deux visages se regardèrent – elles échangèrent un regard méchant, froid, fermé – qu'a-t-il/elle? – Toujours la même chose. – Siehst Du, jenen eigenartigen Blick von Pharisäern und devoten Damen. – Ja, uns fehlt dann auch immer – la même chose.

Ja – was soll ich davon halten, was Du über meine Arbeiten sagst. Ich möchte z. B. noch einmal besonders auf die Studien aus Drenthe zurückkommen – es sind einige dabei, die sehr oberflächlich sind, das habe ich selbst auch gesagt – aber was bekomme ich da auf mein Butterbrot geschmiert für jene, die still und bedächtig einfach im Freien gemalt sind, die versuchen, nichts anderes zu sagen als das, was ich sah? Ich bekomme dafür: Beeinflußt Dich Michel nicht zu stark? – (Ich spreche hier von jener Studie mit der Hütte im Dunkeln und von der größten der Sodenkaten, nämlich die mit dem kleinen grünen Feld im Vordergrund.) Du würdest sicher genau dasselbe von dem kleinen alten Kirchhof sagen.

Und doch, weder bei dem kleinen Kirchhof noch bei den Sodenkaten dachte ich an Michel, ich dachte an mein Motiv, vor dem ich saß. – Tatsächlich in diesem Fall ein Motiv, das Michel, wenn er vorbeigekommen wäre, hätte aufmerken lassen und ihn beeindruckt hätte, glaube ich. –

Ich stelle mich keineswegs auf eine Stufe mit Meister Michel – aber Michel imitieren, das tue ich deshalb entschieden auch nicht. –

Nun, ich werde vielleicht einmal versuchen, in Antwerpen etwas zu verkaufen, und gerade ein paar von den Drentheschen Studien möchte ich in schwarze Holzrahmen einfassen – die ich hier gerade bei einem Zimmermann suche – ich sehe meine Arbeiten am liebsten in tiefschwarzen Rahmen, und er macht sie ziemlich billig.

Du darfst es mir nicht übelnehmen, Bruder, daß ich darüber spreche. –

Ich suche in meiner Arbeit etwas Stilles und etwas Schönes. Siehst Du, s o w e n i g ich es gut finde, daß meine Arbeiten unbeachtet liegenbleiben, s o w e n i g verlange ich danach, daß sie in den ersten Geschäften in kannelierten Rahmen ausgestellt werden. –

Und nun ist meines Erachtens dieser Mittelweg der Anfang, und ich muß einigermaßen genau wissen, wie ich mit Dir dran bin, oder am besten sage ich Dir einmal, daß ich glaube, Du zeigst sie tatsächlich NICHT, obwohl Du in Deinen Worten noch wie die Katze um den heißen Brei herumschleichst. Und ich glaube auch nicht, daß Du Dich vorläufig in dieser Hinsicht ändern wirst.

Hast Du darin recht oder unrecht? Darauf werde ich nicht eingehen. Du wirst mir sagen, daß ich von anderen Händlern genauso wie von Dir behandelt werden würde; nur daß Du mir, obwohl Du Dich mit meinen Arbeiten nicht befassen kannst, trotzdem Geld verschaffen würdest und andere Händler dies sicher nicht tun würden; und ich ohne Geld doch völlig festgefahren wäre.

Ich sage dagegen, daß sich die Dinge in der Wirklichkeit nicht so scharf profilieren, wie Du meinst, und daß ich schon zusehen werde, wie weit ich, von einem Tag zum anderen lebend, komme.

Ich hatte Dir schon vorher gesagt, daß ich in bezug darauf diesen Monat eine Entscheidung zu treffen wünschte, und das muß dann auch geschehen. – Nun, weil Du vielleicht die Absicht hast, schon im Frühjahr zu kommen, dringe ich nicht darauf, daß Du Dich schon d i r e k t für alles entscheidest, aber Du sollst wissen, daß ich mich mit dem jetzigen Zustand nicht zufriedengeben kann – man sieht mir immer und überall, wohin ich komme, und besonders auch zu Hause auf die Finger: Was ich mit meinen Arbeiten mache, ob ich etwas dafür bekäme &c., enfin, in meiner Umgebung achtet fast jeder fortwährend auf mich und will alles genau wissen. –

Und dies ist sehr verständlich. Nun, für mich ist es sehr unangenehm, immer in einer schiefen Lage zu sein.

Allons – es kann nicht genauso bleiben, wie es jetzt ist. Warum nicht? Darum nicht. –

Wenn ich so kühl wie nur irgend möglich zu Pa – zu C.M. – bin, warum sollte ich mich Dir gegenüber anders verhalten, falls ich in Dir genau dieselbe Taktik, sich nie ganz auszusprechen, bemerken sollte. Halte ich mich für besser als Pa oder Dich? – Schon möglich, daß ich mich nicht für besser halte, schon möglich, daß ich die Dinge mit der Zeit weniger in Gut und Böse scheide – doch ich weiß wohl, daß diese Taktik für einen Maler nicht passend ist und man sich als Maler offen aussprechen und manche Knoten durchhauen muß. Enfin – ich glaube qu'une porte doit être ouverte ou fermée. –

Nun, ich denke doch, Du wirst wohl begreifen, daß ein Händler Malern gegenüber nicht neutral sein kann – daß es genau denselben Eindruck macht, ob Du Dein Nein nun unumwunden sagst oder nicht, und vielleicht wird es einem sogar eher zuwider, wenn es so in Komplimente gewickelt gesagt wird.

Siehe, was Du vielleicht später eher einsehen wirst als heute – ich bedaure die Händler, wenn sie alt werden – auch wenn sie ihre Schäfchen noch so gut ins Trockene gebracht haben – das hilft nicht gegen alles – dann jedenfalls nicht. Tout se paye und dann wird es für sie viele Male eine eiskalte Wüste.

Nun – aber Du wirst vielleicht anders darüber denken. Und wenn ein Maler in einem Krankenhaus krepiert und mit den Huren in der fosse commune begraben wird – wo après tout viele liegen – wirst Du sagen, daß dies auch ziemlich traurig ist, vor allem wenn man bedenkt, daß das Sterben vielleicht nicht so schwer ist wie das Leben selbst. –

Nun, daß ein Händler nicht immer Geld zum Helfen hat, kann man nicht übelnehmen, wohl aber ist es meines Erachtens übelzunehmen, wenn man merkt: Dieser oder jener brave Händler spricht sehr freundlich, aber in seinem Herzen schämt er sich meiner. Und meine Arbeiten läßt er einfach liegen. Franchement also: Ich werde es Dir nicht übelnehmen, wenn Du mir rundheraus sagst, daß Du meine Arbeiten nicht gut findest, oder wenn es darüber hinaus noch andere Gründe gibt, weshalb Du Dich nicht mit ihnen befassen kannst, doch es ist nicht nett, wenn sie bei Dir in eine Ecke gelegt werden und Du sie nicht zeigst, wenn Du mir gleichzeitig versicherst, daß Du selbst etwas in ihnen siehst – UND DAS IST NICHT ANNEHMBAR – ich glaube es nicht – das alles wird nicht Dein Ernst sein. Und eben weil Du selbst sagst, meine Arbeiten besser wie jeder andere zu kennen, darf ich doch Grund zu der Annahme haben, daß Du wohl sehr schlecht über sie denken mußt, wenn Du Deine Finger nicht an ihnen schmutzig machen willst. – Warum sollte ich mich Dir aufdrängen? Nun, lebe wohl.

b. à t.
Vincent

Was es auch mit den paar Jahren, die ich selbst schwer begreifen kann, auf sich haben mag, als ich durch religiöse Ideen – eine Art Mystizismus – in Verwirrung geraten war – von dieser Periode abgesehen habe ich immer mit einer gewissen Wärme gelebt. – Heute wird es immer schlimmer und kälter und langweiliger um mich her. –

Und wenn ich Dir sage, daß ich es erstens so nicht aushalten WILL, geschweige denn ob ich es kann oder nicht, so berufe ich mich auf eine Äußerung aus dem allerersten

Anfang unserer Beziehung. Was ich im letzten Jahr gegen Dich gehabt habe, ist ein Rückfall in die kalte Anständigkeit, die ich für steril halte und von der man nichts hat – die in geradem Widerspruch steht zu allem, was Aktion ist, und besonders zu allem, was künstlerisch ist.

Ich sage es Dir so, wie ich es meine, nicht, um Dich zu beunruhigen, sondern damit Du, wenn möglich, sehen und fühlen kannst, woran es liegt, daß ich nicht mehr mit derselben Freude wie früher an Dich als Bruder und Freund denke. Es muß mehr animo in mein Leben kommen, wenn ich mehr brio in meinen Pinsel bekommen will – mit Üben in Geduld komme ich kein Haarbreit weiter. Wenn Du selbst in den obenerwähnten Zustand zurückfällst, dann nimm es mir nicht übel, daß ich zu Dir nicht mehr so bin wie z. B. im ersten Jahr.

Zu meinen Zeichnungen – mir selbst kommt es im Augenblick vor, daß die Aquarelle, die Federzeichnungen der Weber, die letzten Federzeichnungen, mit denen ich jetzt beschäftigt bin, nicht allesamt so langweilig sind, daß das Ganze gar nichts ist. – W e n n ich aber selbst zum Schluß käme: Sie taugen rein gar nichts und Theo hat recht, daß er sie niemandem zeigt – dann – dann – wäre das für mich u m s o m e h r e i n B e w e i s, daß ich meine Gründe habe, etwas in unserer jetzigen schiefen Situation nicht richtig zu finden und werde quand même um so mehr eine Veränderung anstreben – besser oder schlechter, aber nicht das gleiche. –

Wenn ich nun sähe, daß Du, falls Du mich für noch nicht weit genug fortgeschritten hieltest, etwas tätest, mich zu fördern, mich z. B. mit einem anderen tüchtigen Maler, weil Mauve nicht mehr in Frage kommt, bekannt machen würdest, oder, enfin, ETWAS, mir das eine oder andere Zeichen zum Beweis dafür geben würdest, daß Du wirklich an meinen Fortschritt glaubst oder ihn Dir zu Herzen nimmst. – Aber nein, da ist – ja, das Geld – aber sonst weiter nichts, außer diesem »Arbeite nur weiter«, »Habe Geduld« – genauso kalt, genauso tot, genauso dürr und genauso unausstehlich, als wenn z. B. Pa es gesagt hätte. – Davon kann ich nicht zehren – es wird mir zu einsam, zu kalt, zu hohl und zu dumpf.

Ich bin nicht besser als ein anderer, insofern habe ich meine Bedürfnisse und mein Verlangen wie jeder andere, und in dem SICHEREN WISSEN, daß man an einer allzu kurzen Leine gehalten und gedeckelt wird, ist es sehr verständlich, daß man reagiert. –

Wenn man ohnehin immer tiefer sinkt – das wäre in meinem Fall nicht unmöglich – was macht das dann noch aus? Man muß schon etwas wagen, um es besser zu bekommen, wenn es einem schlecht geht.

Bruder – Du solltest Dir doch einmal in Erinnerung rufen, wie ich ganz zu Beginn war, als wir zusammen anfingen. – Von Anfang an ist es so gewesen, daß ich Dich auch auf die Frauenfrage hingewiesen habe, ich weiß noch, als ich Dich im ersten Jahr zum Bahnhof in Rozendaal gebracht habe und ich Dir da gesagt habe, derart gegen das Alleinsein zu sein, daß ich lieber mit einer schlechten Hure zusammen sei als allein. Vielleicht kannst Du Dich daran erinnern.

Es war mir zunächst ein fast unerträglicher Gedanke, daß unsere Beziehung nicht von Dauer sein könnte. – Und ich hätte so entsetzlich gerne gewollt, daß sie einfach zu ändern gewesen wäre. – Ich bin jedoch auch nicht immer imstande, mir selbst weiszumachen, daß dies auch gegen den Strich möglich ist. –

Die Niedergeschlagenheit darüber war wohl auch eine der Ursachen, weshalb ich Dir aus Drenthe so entschlossen geschrieben habe: Werde noch Maler. – Was direkt nachließ, als ich sah, daß Deine Unzufriedenheit über die Geschäfte verschwand, seit Du mit Goupil wieder auf besserem Fuße standest. –

Ich hielt das erst für nur halb aufrichtig – damals, später und auch jetzt noch finde ich es sehr verständlich und halte es eher für einen Irrtum meinerseits, daß ich Dir schrieb: Werde Maler, als von Dir, daß Du Deine Geschäfte wieder mit animo aufnahmst, als sie wieder aufnehmbar wurden und als die Machenschaften, die sie Dir unmöglich machten, aufhörten. –

Gleichwohl bleibt das mich bedrückende Gefühl durch die Schieflage zwischen uns beiden. Es ist in diesem Augenblick für mich von größerem Belang, für 5 Gulden etwas zu verkaufen als für 10 Gulden Protektion zu erhalten. Nun, eigentlich hast Du mir wiederholt ganz entschlossen geschrieben, Du hättest primo nicht als Händler (den lasse ich nun dahingestellt und nehme ihn Dir jedenfalls nicht übel), aber secundo auch nicht als Privatmann (was ich Dir wohl ein wenig übelnehme) die allermindesten oder geringsten Schritte für meine Arbeiten unternommen, unternähmst sie nicht und glaubtest auch fürs nächste, sie nicht unternehmen zu können. –

Ich darf in dieser Sache kein Dussel oder Schlappschwanz sein, also ohne Umschweife: W e n n  D u  n i c h t s  f ü r  m e i n e  A r b e i t e n  t u s t,  v e r l a n g e  i c h  k e i n e  P r o t e k t i o n  v o n  D i r. Den Grund sage ich rundheraus und werde ihn auch in Zukunft genauso sagen, da ich die Angabe von Gründen wohl schwer vermeiden kann.

Es geht hier also nicht darum, daß ich Deine Hilfe vom Anfang bis heute ignorieren oder als geringer darstellen will. Es geht hier um die Frage, daß ich sogar im armseligsten, jämmerlichsten Sichdurchschlagen mehr Heil sehe als in der P r o t e k t i o n (die schon darin auszuarten droht).

Im allerallerersten Anfang kann man nicht ohne Hilfe, aber jetzt muß ich mich eben in Gottes Namen, Gott weiß wie, durchschlagen, als daß ich in etwas einwillige, das uns doch um NICHTS WEITERbringen würde. Brüderlich oder nicht brüderlich, wenn Du nichts anderes kannst als einzig nur das Finanzielle, dann darfst Du das auch für

Dich behalten. – So wie es jetzt im letzten Jahr gewesen ist, wage ich fast zu sagen, beschränkte sich alles ausschließlich auf Geld. –

Und obwohl Du sagst, Du ließest mich ganz frei, merkte ich au fond doch, wenn ich dies oder das z. B. mit einer Frau hatte, was Du und andere nicht gutheißen (vielleicht zu Recht nicht billigen, aber darauf pfeife ich zuweilen), daß so ein kleiner Ruck am Geldzügel kam, damit ich einmal fühlen sollte, wie sehr es in »meinem Interesse« läge, wenn ich mich Deiner Ansicht fügte. –

Du hast in der Sache mit der Frau auch Deinen Willen bekommen, und es war aus, aber – – – – – – was zum Teufel liegt mir daran, ein bißchen Geld zu bekommen, wenn ich dann auf Sittsamkeit bedacht sein muß? An sich finde ich es natürlich nicht abwegig von Dir, daß Du im letzten Sommer nicht mit dem einverstanden warst, was ich noch hätte weiterführen wollen. Im Laufe der Zeit aber sehe ich folgendes voraus: Ich werde wiederum eine Beziehung zu dem haben, was Ihr Leute den niederen Stand nennt – und ich werde von neuem, wenn ich dann noch mit Dir in Verbindung stehe, auf denselben Widerstand stoßen. Einen Widerstand, den Ihr Leute nur dann mit irgendeinem Anschein von Billigkeit aufrechterhalten könntet, wenn ich von Dir so viel bekäme, daß ich es anders machen könnte. – Was Du mir aber nicht gibst oder nicht geben kannst oder willst après tout – weder Du noch Pa noch CM oder solche, die immer die Schlauberger sind und dieses und jenes nicht gutheißen – und was ich après tout auch nicht von Dir verlange, da ich nicht viel über den niederen oder höheren Stand nachdenke.

Siehst Du nun, warum es von mir kein übermütiges Handeln war oder sein würde, wenn ich es wieder versuchte? –

Weil ich primo nicht den Anspruch erhebe, mich gar nicht berufen fühle und secundo nicht die Mittel von wem auch immer erhalte oder verdiene, eine Art Stand oder wie

Du es nennst aufrechtzuerhalten – betrachte ich mich als vollkommen frei, es mit den sogenannten Niederen zu halten, wenn es sich so ergibt.

Ewig würden wir auf dieselben Fragen zurückkommen. – Frage Dich nun selbst einmal, ob ich unter denen, die denselben Beruf haben, der einzige bin, der die Protektion aufs entschiedenste ablehnt, wenn sie die Verpflichtung mit sich bringt, eine Art Stand aufrechtzuerhalten, obwohl das Geld dazu nicht ausreicht und man Schulden macht anstatt vorwärtszukommen. Wenn das mit dem Geld wohl zu machen wäre, so würde ich mich vielleicht ebensowenig wie andere weigern, mich zu fügen. – Doch so weit sind wir vorläufig sicher nicht – ich habe eine Reihe von Jahren vor mir, in denen meine Arbeiten nach Deiner eigenen Aussage noch bitterwenig Handelswert haben werden. – Gut – DANN BEGEBE ICH MICH LIEBER IN DIE HÄNDE EINES KÜMMERLICHEN DASEINS und manger de la vache enragée – was ich schon öfter getan habe – als in die Hände der Herren Van Gogh.

Daß ich mich seinerzeit mit Pa gestritten habe, hat mich nur insofern gereut, als ich das nicht 10 Jahre früher getan habe. – Falls Du weiter in die Fußstapfen von Pa &c. trittst – wirst Du noch einmal sehen, wie Du Dich nach und nach langweilen wirst – und – wie langweilig Du auch für gewisse Personen werden wirst. – Doch das sind mauvais coucheurs und die, wirst Du sagen –, fallen nicht in die Waagschale. –

**An Theo van Gogh** **Nuenen**
**30. April 1885**

Teurer Theo,

zu Deinem Geburtstag wünsche ich Dir von Herzen Gesundheit & Heiterkeit. Gern hätte ich Dir zu diesem Tag das Bild der Kartoffelesser geschickt, doch obwohl es gut vorankommt, ist es noch nicht ganz fertig.

Obgleich ich das eigentliche Bild in verhältnismäßig kurzer Zeit gemalt haben werde und größtenteils aus dem Kopf, so hat mich das Malen der Kopfstudien & Hände einen ganzen Winter gekostet. Und die wenigen Tage, in denen ich es jetzt gemalt habe – waren auch noch ein gehöriger Kampf, aber einer, zu dem ich viel animo habe. Trotzdem fürchtete ich immer wieder, daß es nicht gelingen würde. – Aber Malen ist auch ein »agir-créer«.

Wenn die Weber die Stoffe weben, die man, glaube ich, Cheviots nennt, oder auch die eigenartigen buntkarierten schottischen Gewebe – dann ist es ihnen, wie Du weißt, darum zu tun, bei den Cheviots die eigenartig gebrochenen Farben und Grautöne herauszubekommen – oder bei dem buntkarierten Stoff die allergrellsten Farben miteinander ins Gleichgewicht zu bringen, so daß anstatt eines knalligen Gewebes der effet produit des Musters aus der Entfernung harmonisch wirkt. Ein Grau, das aus roten, blauen, gelben, schmutzigweißen & schwarzen Fäden gewebt ist, ein Blau, das – durch einen grünen und einen orangefarbenen, roten oder gelben Faden gebrochen ist – sind ganz anders als monochrome Farben – denn sie wimmeln mehr, und ganze Farben werden daneben hart, eintönig und LEBLOS.

Dennoch ist es für den Weber oder besser gesagt den Gestalter des Musters oder der Farbkombination nicht gerade immer leicht, die Zahl der Fäden zu berechnen und ihre Richtung zu bestimmen – ebensowenig ist es leicht, Pinselstriche zu einem harmonischen Ganzen miteinander zu verweben. Wenn Du sie nebeneinander sähest – die ersten gemalten Studien, die ich gemacht habe, als ich hierher nach Nuenen kam – und die heutige Leinwand – würdest Du, glaube ich, einsehen, daß, was die Farbe betrifft, Schwung in den Laden gekommen ist.

Ich glaube, daß Dich die Frage der Farbenbrechung im Verband der Farben wohl noch einmal beschäftigen wird. – Denn als Kunstkenner und -kritiker muß man sich auch, scheint mir – seiner Sache sicher sein und eine gewisse Überzeugung haben. Jedenfalls zu seinem eigenen Vergnügen und um sich Rechenschaft abzulegen; und außerdem muß man es mit wenigen Worten anderen erklären können, die sich manchmal um Aufklärung an jemanden wie Dich wenden, wenn sie etwas mehr über die Kunst zu wissen wünschen.

Nun habe ich jedoch in bezug auf Portier wohl einiges zu sagen – natürlich ist mir seine Privatmeinung ganz und gar nicht gleichgültig, und ich schätze auch in hohem Maße, daß er gesagt hat, er nähme nichts zurück von dem, was er gesagt habe.

Auch stört es mich nicht, daß er, wie sich zeigte, diese ersten Studien nicht aufgehängt hatte.

Aber – wenn ich ein Bild schicke, das, wenn er will, auch für ihn bestimmt sein kann, dann kann er es nur unter der Bedingung bekommen, daß er es ausstellt. –

Was die Kartoffelesser betrifft – das ist ein Bild, das sich gut in Gold macht, ich weiß es sicher. – Doch es würde sich ebenfalls sehr gut an einer Wand machen, die mit einer Tapete im tiefen Ton von reifem Getreide tapeziert ist. Ohne diesen Rahmen ist es sonst einfach nicht zu sehen.

Gegen einen dunklen Hintergrund kommt es nicht zu seinem Recht und vor allem nicht gegen einen fahlen Hintergrund. Und das kommt, weil es ein kleiner Blick in ein sehr graues Interieur ist.

In Wirklichkeit hat es ja eigentlich auch einen vergoldeten Rahmen – da sich näher zum Betrachter hin ein Kamin und der Schein des Feuers auf den weißen Wänden befinden würden – was jetzt außerhalb des Bildes bleibt, in der Natur aber die ganze Szene nach hinten verschieben würde.

Noch einmal, man muß es also rahmen, indem man etwas von einer tiefen Gold- oder Kupferfarbe um das Bild herumlegt.

Wenn Du es selbst so sehen willst, wie es gesehen werden muß, dann denke s. v. p. daran. Diese Kombination mit einem Goldton gibt außerdem jenen Stellen eine Helligkeit, an denen Du sie nicht vermuten würdest, und nimmt den marmorierten Aspekt weg, den man erhält, wenn man es unglücklicherweise gegen einen fahlen oder schwarzen Hintergrund aufhängt. Die Schatten sind mit Blau gemalt, und darauf wirkt die Goldfarbe.

Ich habe es gestern zu einem Bekannten von mir, der auch malt, nach Eindhoven gebracht. In etwa 3 Tagen werde ich dort die Lichter mit etwas Eiweiß herausholen und bei ihm noch einige Details fertigmachen. Dieser Mann, der selbst sein Bestes tut, malen zu lernen, und auch versucht, ein gutes Kolorit zu erreichen, war besonders davon angetan. Er hatte bereits die Studie gesehen, nach der ich die Lithographie gemacht habe, und sagte, er hätte nicht gedacht, daß ich Farbe und Zeichnung zugleich noch soviel stärker hätte hervortreten lassen. Da er ebenfalls nach Modellen malt, weiß er wohl auch, was in einem Bauernkopf oder in einer Faust steckt, und von den Händen sagte er, er habe nun selbst einen ganz anderen Begriff davon bekommen, wie sie zu machen seien.

Ich habe nämlich ganz entschieden darauf hingearbeitet, den Betrachter auf den Gedanken zu bringen, daß diese Leutchen, die bei der Lampe ihre Kartoffeln essen, mit denselben Händen, mit denen sie in die Schüssel langen, selbst die Erde umgegraben haben, und das Bild spricht also von HANDARBEIT und davon – daß sie ihr Essen so ehrlich verdient haben. Ich habe gewollt, daß es an eine ganz andere Lebensweise erinnert als die unsere – die der gebildeten Menschen. – Ich möchte denn auch keineswegs verlangen, daß jeder es ohne weiteres schön oder gut findet. –

Den ganzen Winter über habe ich die Fäden dieses Gewebes in Händen gehabt und das endgültige Muster gesucht – und wenn es jetzt ein Gewebe ist, das sich rauh oder grob ansieht, so sind trotzdem die Fäden sorgfältig und nach bestimmten Regeln gewählt. Und es könnte sich wohl herausstellen, daß es ein ECHTES BAUERNBILD ist. Ich weiß, daß es das ist. Aber wer die Bauern lieber süßlich sieht, der soll sich keinen Zwang antun. – Ich selbst bin davon überzeugt, daß man auf die Dauer zu besseren Ergebnissen kommt, wenn man sie in ihrer Grobheit malt, als daß man die konventionelle Gefälligkeit hineinbringt. –

Ein Bauernmädchen ist schöner als eine Dame – meines Erachtens – in seinem staubigen und geflickten blauen Rock & Jacke, die durch Wetter, Wind und Sonne die feinsten Nuancen bekommen. Zieht sie aber – ein Damenkostüm an, dann ist das Echte weg. – Ein Bauer ist in seinem Arbeitszeug auf dem Feld schöner als in dieser Art von Herrenrock, den er sonntags zur Kirche trägt.

Und zudem, man würde meines Erachtens im Unrecht sein, einem Bauernbild eine gewisse konventionelle Glätte zu geben. Wenn ein Bauernbild nach Speck, Rauch, Kartoffeldampf riecht – richtig – das ist nicht ungesund – wenn ein Stall nach Mist riecht – gut, dafür ist es ein Stall – wenn das Feld einen Geruch von reifem Getreide oder Kartoffeln oder – nach Guano & Mist hat – gerade das ist gesund – besonders für Stadtmenschen. An solchen Bildern haben sie etwas Nützliches. Aber parfümiert darf ein Bauernbild nicht sein. – Ich bin neugierig, ob Du etwas davon in ihm finden wirst, das Dir gefällt – ich hoffe es. – Ich freue mich, daß ich gerade jetzt, da M. Portier sich mit meinen Arbeiten befassen will, auch etwas Bedeutenderes habe als nur die Studien. Was Durand Ruell betrifft – auch wenn er die Zeichnungen nicht der Mühe wert gefunden hat, zeige ihm dieses Bild. – Mag er es häßlich finden – meinetwegen – zeige es ihm trotzdem – damit sie sehen können, daß Energie in unserem Streben steckt. Du wirst jedoch »QUELLE CROÛTE!« hören, sei darauf vorbereitet, wie ich selbst darauf vorbereitet bin. – Trotzdem fortfahren, etwas Echtes und Ehrliches zu geben.

Das Malen des Bauernlebens ist etwas Ernsthaftes, und ich würde mir selbst Vorwürfe machen, wenn ich Bilder nicht so zu machen versuchte, daß sie jenen, die ernsthaft über Kunst und Leben nachdenken, zum ernsthaften Nachdenken Anlaß geben können. Millet, de Groux, so viele andere waren Vorbilder von Charakter, die sich nicht an Vorwürfen wie – sale, grossier, boueux, puant &c. &c. gestört haben, so daß es eine Schande wäre, wenn man auch nur zweifelte.

Nein – man muß die Bauern malen, als sei man selbst einer von ihnen, fühlend und denkend wie sie selbst.

Indem man nicht anders sein kann, als man ist.

Ich denke so oft daran, daß die Bauern eine Welt für sich sind, in vieler Hinsicht soviel besser als die gebildete Welt.

Nicht in jeder Hinsicht, denn was wissen sie von Kunst und sonstigen Dingen? –

Ich habe wohl noch einige kleinere Studien – Du kannst Dir jedoch vorstellen, daß ich mit dem größeren Bild so beschäftigt war, daß ich daneben wenig anderes habe machen können.

Sobald das Bild ganz fertig und trocken ist, schicke ich es Dir in einer kleinen Kiste. Und lege dann wohl noch einige kleinere dazu. Ich glaube, es wäre nicht gut, lange mit der Sendung zu warten, deshalb werde ich sie abschicken. Wahrscheinlich bleibt dann die zweite Lithographie davon auf der Strecke. Aber enfin – ich verstehe, daß z. B. M. Portier noch in dem, was er gesagt hat, bekräftigt werden muß, damit wir endgültig als Freund auf ihn zählen können. Von Herzen hoffe ich, daß dies gelingen wird.

Ich war durch das Bild derart in Anspruch genommen, daß ich darüber fast buchstäblich den Umzug vergessen hätte, der doch auch ins Werk gesetzt werden muß. Die Sorgen werden sich dadurch für mich nicht verringern, aber das Leben aller Maler dieses Schlags ist so davon erfüllt, daß ich gar nicht verlangen möchte, es leichter zu haben, als sie es hatten. – Und da sie trotz allem doch ihre Bilder gemalt haben, werden die materiellen Schwierigkeiten mich zwar stören, aber nicht zerstören oder erschlaffen lassen. Enfin. –

Ich glaube, daß die Kartoffelesser zu einem guten Abschluß kommen – die letzten Tage sind, wie Du weißt, für ein Bild immer gefährlich, weil man daran in nicht ganz trockenem Zustand nicht mehr mit dem großen Pinsel ohne die große Gefahr kommen darf, es zu verderben. – Und Änderungen müssen ganz bedächtig und ruhig mit einem kleinen Pinsel gemacht werden. Darum habe ich es einfach weggebracht und zu meinem Freund gesagt, er müsse eben dafür sorgen, daß ich es auf diese Weise nicht verdürbe und daß ich die kleinen Sachen bei ihm machen würde. Du wirst schon sehen, daß es Ursprünglichkeit hat. Sei gegrüßt – ich bedaure, daß es nicht bis heute fertig geworden ist – wünsche Dir nochmals Gesundheit und Heiterkeit und mit einem Händedruck bin ich, dessen sei versichert,

b. à t.
Vincent

Heute arbeite ich noch an einigen kleineren Studien, die dann gleichzeitig mitgehen. Hast Du die Salon-Nummer noch geschickt?

**An Theo van Gogh** **Nuenen**
**etwa 28. Oktober 1885**

Teurer Theo,

mit großer Freude habe ich Deinen Brief über das Schwarz gelesen. Und der überzeugt mich denn auch, daß Du kein parti pris gegen Schwarz hast.

Deine Beschreibung von Manets Studie, Le Toréador mort, war gut analysiert. Und der ganze Brief beweist mir dasselbe, woran ich seinerzeit bei Deinen croquis von Paris denken mußte: Daß Du, wenn Du Dir Mühe gibst, etwas mit Worten malen kannst.

Gewiß kann man durch das Studium der Farbgesetze, mit dem instinktiven G l a u b e n an die großen Meister dahin gelangen, eine Begründung dafür zu geben, warum man schön findet, was man schön findet, und das ist heutzutage wohl notwendig, wenn man bedenkt, wie schrecklich willkürlich und wie oberflächlich beurteilt wird. –

Du mußt mir meinen Pessimismus hinsichtlich des heutigen Handels schon lassen, denn er beinhaltet k e i n e s w e g s Mutlosigkeit. – Ich sage mir so: Angenommen, ich habe recht, daß ich das merkwürdige Schachern um die Preise für Bilder mehr und mehr als so was wie den Tulpenhandel betrachte. – Angenommen, sage ich, daß, wie der Tulpenhandel Ende des vorigen Jahrhunderts, der Kunsthandel mit anderen Ablegern der Spekulation am Ende dieses Jahrhunderts genauso verschwinden wird, wie er gekommen ist, nämlich ziemlich schnell.

Mag der Tulpenhandel vergehen, DIE BLUMENZUCHT BLEIBT. Und ich für mein Teil bin, ob es nun besser oder schlechter kommt, damit zufrieden, ein kleiner Gärtner zu sein, der ein Herz für seine Gärtnerei hat.

Gegenwärtig ist auf meiner Palette Tauwetter, und die eisige Kälte des ersten Anfangs ist weg.

Ich stoße mir zwar noch oftmals den Kopf, wenn ich etwas unternehme, aber immerhin folgen die Farben einander wie von selbst, und wenn ich eine Farbe als Ausgangspunkt nehme, sehe ich im Geiste klar vor mir, was daraus abgeleitet wird und wie man Leben hineinbringen kann. –

Jules Dupré ist in der Landschaftsmalerei wohl das, was Delacroix ist, denn welch ungeheure Verschiedenheit von Stimmungen hat er in seinen Farbsymphonien ausgedrückt.

Mal ein Seestück in den zartesten blaugrünen Tönen und gebrochenem Blau und allerlei perlartigen Tönen.

Dann eine Herbstlandschaft mit Laub von tiefem Weinrot bis zu grellem Grün, von starkem Orange bis zu dunklem Havanna, mit wieder anderen Farben für den Himmel in grauen, lila, blauen, weißen Tönen, die mit den gelben Blättern wiederum einen Gegensatz bilden.

Dann wieder ein Sonnenuntergang in Schwarz, in Violett, in Feuerrot.

Dann wieder launischer, als ich eine Gartenecke von ihm sah, die ich nie vergessen habe: Schwarz im Schatten, Weiß in der Sonne, starkes Grün, ein Feuerrot und dann noch ein Dunkelblau, ein bituminöses Grünbraun und ein helles Braungelb. – Wahrhaftig Farben, die einander ziemlich was zu erzählen haben. –

Ich habe immer für Jules Dupré geschwärmt, und er wird *noch* mehr anerkannt werden als heute. Denn er ist ein echter Kolorist – immer interessant, und er hat etwas so Gewaltiges und Dramatisches. Ja, er ist wirklich ein Bruder von Delacroix.

Wie gesagt, Deinen Brief über das Schwarz finde ich sehr gut, und was Du über das *Nicht*wiedergeben der Lokalfarbe sagst, ist ebenfalls richtig.

Doch es genügt mir nicht. Es steckt meines Erachtens viel mehr hinter diesem Verzicht auf die Lokalfarbe. *Les vrais peintres sont ceux qui ne font pas la couleur locale* – das war es, was Blanc & Delacroix einmal besprochen haben.

Darf ich nicht ganz dreist darunter verstehen, daß ein Maler gut daran tut, wenn er von den Farben seiner Palette ausgeht anstatt von den Farben der Natur?

Ich meine, wenn man z. B. einen Kopf malen will und man sich die Natur, die man vor sich hat, einmal genau ansieht, dann kann man denken: Dieser Kopf ist eine Harmonie aus Rotbraun, Violett, Gelb, alles gebrochen – ich werde ein Violett und ein Gelb und ein Rotbraun auf meine Palette setzen und diese untereinander brechen.

Ich halte der Natur entsprechend eine gewisse Reihenfolge ein und eine gewisse Richtigkeit in der Anordnung der Farbtöne, ich studiere die Natur, damit ich keinen Unsinn mache und vernünftig bleibe – doch – es kümmert mich weniger, ob meine Farben buchstäblich genau dieselben sind, wenn sie nur schön auf meiner Leinwand wirken, ebenso schön, wie sie im Leben wirken. Ein Porträt von Courbet ist viel wertvoller, männlich, frei – gemalt in allerlei schönen, tiefen Tönen von Rotbraun, von Goldfarben, von kälterem Violett im Schatten, mit Schwarz als repoussoir, mit einem Stückchen Leinen in getöntem Weiß als Ruhepunkt fürs Auge – schöner als ein Porträt von wem auch immer – der mit gräßlicher Präzision die Farbe des Gesichts nachgeahmt hat. –

Ein Männerkopf oder ein Frauenkopf ist, gut und bedächtig betrachtet, göttlich schön, nicht wahr. – Nun – diese allgemeine Harmonie der Farbtöne in der Natur verliert man durch eine peinlich genaue Nachahmung, man kann sie jedoch durch Neuschöpfung einer PARALLEL VERLAUFENDEN Farbskala erhalten, die nicht unbedingt genau oder auch bei weitem nicht mit der natürlichen übereinstimmen muß.

Immer und intelligent Gebrauch machen von den schönen Tönen, die die Farben von selbst bilden, wenn man sie auf der Palette bricht; noch einmal – das Ausgehen von seiner Palette – von seinem Wissen um das Zusammenpassen von Farben, ist etwas anderes, als mechanisch und sklavisch die Natur kopieren. –

Noch ein anderes Beispiel. – Angenommen, ich muß eine Herbstlandschaft malen, Bäume mit gelben Blättern. –

Gut – was kommt es denn schon darauf an, falls ich sie als – eine Symphonie in Gelb auffasse, ob meine gelbe Grundfarbe dasselbe Gelb der Blätter hat oder nicht – darauf kommt es nur wenig an. Vieles, alles kommt auf mein Gefühl für die unendliche Verschiedenheit von Tönen aus derselben Familie an.

Wenn Du dies für eine gefährliche Neigung zur Romantik hältst, für eine Untreue gegenüber dem »Realismus«, ein – peindre de chic – für eine größere Liebe zur Palette des Koloristen als zur Natur, nun, que soit.

Verkörpern Delacroix, Millet, Corot, Dupré, Daubigny, Breton, noch weitere 30 Namen, nicht das Herz der Malerei dieses Jahrhunderts, und sie alle, haben sie nicht ihre Wurzeln in der Romantik, auch wenn sie die Romantik übertroffen haben. Der Roman und das Romantische ist unsere Zeit, und Phantasie, Gefühl muß man beim Malen haben. Realismus und Naturalismus SIND ZUM GLÜCK NICHT FREI DAVON. Zola erschafft Dinge, hält ihnen aber keinen Spiegel vor, er erschafft sie staunenerregend, aber er erschafft, dichtet, darum sind sie so schön. Soviel zu Naturalismus und Realismus, die DENNOCH mit der Romantik in Zusammenhang stehen. Und ich bleibe dabei, daß ich bewegt bin, wenn ich ein Bild aus der Zeit von 30–48 sehe, einen Paul Huet, einen alten Israels wie der Fischer von Zandvoort, einen Cabat, einen Isabey. Und für absolut wahr halte ich das Wort: ne pas peindre le ton local – daß ich rundheraus lieber ein Bild sehe, das unter dem Niveau der Natur ist als eines, das genauso hochstehend ist wie die Natur. –

Lieber ein Aquarell, das etwas vage und auf der anderen Seite unfertig ist, als eines, das ausgearbeitet ist, damit es der Wirklichkeit gleicht.

Die Bedeutung des Wortes – ne pas peindre le ton local – ist weit und stellt es dem Maler frei, Farben zu suchen, die ein Ganzes bilden und miteinander in Einklang stehen, was um so mehr durch den Gegensatz zu einer anderen Reihe betont wird. –

Was liegt mir daran, wenn mir das Porträt eines braven Bürgers genau erzählt, von welcher wasser- und milch-, rosa-lilaartigen nichtssagenden Farbe das Gesicht des gottesfürchtigen Mannes war – das ich mir niemals angesehen hätte. Aber die Mitbürger des Städtchens, in dem das Individuum in casu sich so verdient gemacht hat, daß es sich verpflichtet fühlte, der Nachwelt von seiner Physiognomie ein Abbild überliefern zu müssen – sind höchst erbaut von der sprechenden Ähnlichkeit. –

FARBE DRÜCKT AUS SICH SELBST HERAUS ETWAS AUS, das kann man nicht entbehren, davon muß man Gebrauch machen. Was schön wirkt, wirklich schön – ist auch richtig. – Als Veronese die Porträts seiner beau monde in den Noces de Cana gemalt hatte, da hatte er den ganzen Reichtum seiner Palette an dunklen Violetts, an prächtigen goldfarbenen Tönen dazu verwendet. – Dann – war da noch ein dünnes Azurblau und ein perlartiges Weiß, an die er dachte – die nicht im Vordergrund vorkommen. Er donnert es dahinter – und es war gut, es verändert sich von selbst in die Umgebung aus Marmorpalästen und Himmel, die die Figurenreihe eigenartig komplettiert. –

So prächtig ist der Hintergrund, daß er spontan von selbst aus einer Farbenberechnung entstanden ist.

Habe ich darin unrecht? –

Ist es nicht *anders* gemalt, als wenn jemand es tun würde, der gleichzeitig an den Palast *und* an die Figuren gedacht hat? Als ein *Ganzes*? –

Diese ganze Architektur und der Himmel sind konventionell und den Figuren untergeordnet, berechnet, um die Figuren schön wirken zu lassen. –

*Das ist* wahrhaftiges Malen – das kommt schöner zur Geltung als die präzise Nachahmung der Dinge selbst. Nur eine Sache im Sinn haben und die Umgebung dazugehören lassen, aus ihr hervorgehen lassen. –

Das Studium nach der Natur, das Ringen mit der Wirklichkeit – ich will es nicht ableugnen. Jahrelang habe ich es selbst fast vergeblich und mit allerlei traurigen Ergebnissen so in Angriff genommen. – Ich möchte auf diesen – Fehler – nicht verzichten wollen. –

Das immer in der gleichen Weise Fortfahren ist närrisch und dumm, das meine ich – aber nicht, daß all meine Mühe unbedingt verloren sein sollte. –

On commence par tuer, on finit par guérir, ist eine Redensart der Ärzte. –

Am Anfang schindet man sich vergeblich, der Natur zu folgen, und alles geht einem gegen den Strich.

Und man endet damit, still aus seiner Palette zu schaffen, und die Natur stimmt damit überein, folgt daraus. Aber diese beiden Gegensätze bestehen nicht ohne einander. Durch das Schuften, auch wenn es scheinbar vergeblich ist, erreicht man eine Vertrautheit mit der Natur und ein gediegenes Wissen der Dinge. Und ein schönes Wort von Doré, der manchmal so gescheit ist!, lautet: je me souviens.

Obwohl ich glaube, daß die schönsten Bilder ziemlich frei aus dem Kopf gemalt werden, kann ich mich nicht davon trennen, daß man nie zuviel nach der Natur studieren, sogar schuften kann.

Die größten, mächtigsten Phantasien haben ebenfalls Sachen direkt nach der Wirklichkeit hervorgebracht, die einen sprachlos machen.

Als Antwort auf Deine Beschreibung der Manetschen Studie schicke ich Dir ein Stilleben mit einer aufgeschlagenen, in Leder gebundenen Bibel, also ein gebrochenes Weiß, gegen einen schwarzen Hintergrund mit gelbbraunem Vordergrund und noch einer Spur Zitronengelb.

Ich habe es hintereinanderweg gemalt, an einem Tag. Dies meine ich also, wenn ich Dir sage, vielleicht nicht ganz umsonst geschuftet zu haben, weil es mir heute verhältnismäßig flott von der Hand geht, einen bestimmten

Gegenstand von welcher Form und Farbe auch immer, ohne Zögern zu malen.

In letzter Zeit habe ich im Freien einige Studien von Herbstlandschaften gemacht. Binnen kurzem schicke ich Dir das Stilleben und eine dieser Herbststudien. Ich schreibe in den nächsten Tagen doch noch einmal und schicke diesen Brief in Eile, um Dir zu sagen, wie gut mir gefallen hat, was Du über das Schwarz sagst. Sei gegrüßt,

b. à t.
Vincent

# 1885
# Antwerpen

---

**An Theo van Gogh** **Antwerpen**
**28. November 1885**

Samstagabend

Teurer Theo,

wollte Dir noch einige Eindrücke von Antwerpen schreiben. Heute morgen habe ich in strömendem Regen eine richtige Wanderung gemacht, um meine Sachen vom Zollamt abzuholen. Die verschiedenen Lagerhäuser und Schuppen an den Kais sind sehr schön.

Schon verschiedene Male bin ich auf allerlei Wegen an diesen Docks & Kais langgegangen. Besonders wenn man aus dem Sand und der Heide & der Stille eines Bauerndorfes kommt und sich längere Zeit nur in einer stillen Umgebung aufgehalten hat, sind diese als Kontrast merkwürdig. Sie sind ein unergründliches Durcheinander. –

Einer der Aussprüche von de Goncourt war »Japonaiserie forever«. – Nun, diese Docks sind eine famose Japonaiserie: wunderlich, eigenartig, unerhört – zumindest kann man sie so sehen. –

Ich möchte wohl einmal mit Dir dort umherstreifen, um dahinterzukommen, ob wir dasselbe sehen. –

Man könnte dort alles malen: Stadtansichten – Figuren von verschiedenstem Charakter – die Schiffe als Hauptsache mit Wasser & Himmel von feinem Grau – aber vor allem – Japonaiserien. –

Ich meine, die Figuren sind dort dauernd in Bewegung, man sieht sie in der sonderbarsten Umgebung, alles wunderlich, und immer wieder entstehen von selbst interessante Gegensätze.

Ein Schimmel im Schlamm, in einer Ecke, wo Haufen von Waren mit einer Plane bedeckt liegen – gegen alte, schwarzverräucherte Mauern des Lagerhauses. Verblüffend einfach, aber ein Effekt von Black & White.

Durch das Fenster eines sehr eleganten englischen Gasthauses wird man einen Ausblick auf den größten Dreck haben und auf ein Schiff, aus dem z. B. kostbare Waren wie Felle und Büffelhörner von riesigen Typen von Lastträgern oder fremdländischen Matrosen ausgeladen werden; das oder etwas anderes wird von einem sehr hellhäutigen, sehr feinen englischen Mädchen vom Fenster aus beobachtet. Das Interieur mit der Figur ganz im Ton und als Licht – der silbrige Himmel über diesem Dreck und den Büffelhörnern, schon wieder eine Reihe von ziemlich krassen Gegensätzen. Es werden flämische Matrosen mit übertrieben gesunden Gesichtern, mit breiten Schultern, kräftig und voll und durch & durch antwerpisch dastehen und Muscheln essen und Bier trinken, und das wird mit viel Lärm und Bewegung geschehen. – Der Gegensatz – da kommt ein sehr kleines Figürchen in Schwarz, die Händchen am Körper, unhörbar an der grauen Mauer entlanggeschlichen. In einem Rahmen aus pechschwarzem Haar ein kleines ovales Gesichtchen, braun?, orangegelb?, ich weiß es nicht.

Ganz kurz schlägt sie die Augen auf und schaut mit einem schrägen Blick aus einem Paar pechschwarzer Augen herüber. Es ist ein chinesisches Mädchen, geheimnisvoll, still wie eine Maus, klein, wanzenhaft von Charakter. Welch ein Kontrast zu der Gruppe flämischer Muschelesser!

Ein anderer Kontrast – man geht durch eine sehr enge Straße zwischen beträchtlich hohen Häusern. Lagerhäuser und Speicher. Aber unten an der Straße Kneipen für alle Nationen mit den dazugehörigen männlichen und weiblichen Individuen. Läden mit Eßwaren, Seemannskleidung, bunt und wimmelnd. –

Die Straße ist lang, man sieht dort immer wieder etwas Echtes und zuweilen, wenn es einen Streit gibt, ist das Gewühl schlimmer als anderswo. Man geht da z. B. und sieht sich das an – und auf einmal erschallt ein Hurra und lautes Geschrei. Am hellichten Tag wird ein Matrose von den Mädchen aus einem Bordell geworfen und von einem wütenden Kerl und einer Schar Mädchen verfolgt. Vor denen hat der Matrose offenbar große Angst – zumindest sah ich ihn über einen Haufen Säcke klettern und durch ein Fenster in einem Lagerhaus verschwinden. Hat man nun genug von diesem Lärm – am Ende der Anlegestellen, wo die Harwich- und Havre-Schiffe liegen und wo man die Stadt hinter sich hat – sieht man – nichts, absolut nichts vor sich als nur die Unendlichkeit eines flachen Geländes, halbüberschwemmte Wiesen, bestürzend trist und naß, wogendes, dürres Schilf, Morast – auf dem Fluß ein vereinzeltes schwarzes kleines Boot, das Wasser im Vordergrund grau, der Himmel neblig und kalt, grau – still wie die Wüste. –

Die Gesamtheit des Hafens oder eines Docks also – ist nun einmal verwirrender und wunderlicher als eine Dornenhecke, so verwirrend, daß man keine Ruhe fürs Auge findet, daß man schwindlig wird, gezwungen ist, durch das Geflirre von Farben und Linien bald hierhin bald dorthin zu sehen, ohne daß es bei längerem Hinsehen auf denselben Punkt auch nur möglich ist, das eine vom anderen zu unterscheiden.

Geht man aber an einen Ort mit einem undeutlichen Gelände als Vordergrund – dann erhält man wieder die schönsten, stillsten Linien und die Effekte, die z. B. Mols häufig malt. Mal sieht man ein Mädchen, strotzend vor Gesundheit und zumindest dem Anschein nach aufrichtig und naiv fröhlich, mal ein Gesicht so heimtückisch falsch, daß man Angst vor ihm bekommt wie vor einer Hyäne. Nicht zu vergessen die durch Pocken entstellten Gesichter von einer Farbe wie gekochte Krabben, mit matten grauen Augen ohne Brauen und spärlichem glatten, dünnen Haar in der

Farbe reiner Schweineborsten oder etwas gelber – schwedische oder dänische Typen. – Dort zu arbeiten – das wäre schön – aber wie und wo? Denn das könnte einem schon besonders schnell arg zusetzen. – Ich habe jedoch ein ganzes Gebiet von Straßen & Gassen ohne Abenteuer durchkreuzt, habe sogar sehr fidel mit verschiedenen Mädchen, die mich offenbar für einen Schiffer hielten, geplaudert.

Ich halte es nicht für unmöglich, daß ich durch das Malen von Porträts wohl noch einmal an gute Modelle komme. –

Heute habe ich meine Sachen und mein Malgerät bekommen – auf die ich schon sehr gewartet hatte. Ich habe meine Werkstatt also in Ordnung. – Wenn ich fast kostenlos an ein gutes Modell kommen könnte, dann würde ich mich vor nichts fürchten. Ich finde es auch nicht schlimm, nicht soviel Geld zu haben, als nötig wäre, um es durch Bezahlen zu erzwingen.

Vielleicht ist die Idee, Porträts zu malen und diese mit Modellstehen bezahlen zu lassen, ein sicherer Weg. Denn in der Stadt ist es nicht so wie bei den Bauern. Enfin. Auf jeden Fall ist Antwerpen für einen Maler sehr merkwürdig und schön. –

Meine Werkstatt ist recht erträglich, vor allem weil ich ein paar japanische Drucke an die Wände geheftet habe, die mich sehr amüsieren. Du weißt schon, diese Frauenfigürchen in Gärten oder am Strand, Reiter, Blumen, knorrige Dornenzweige.

Ich bin zufrieden, daß ich hierher gegangen bin – und hoffe, den Winter über nicht müßig dazusitzen.

Nun, es ist mir eine Beruhigung, daß ich einen kleinen Raum gefunden habe, in dem ich bei schlechtem Wetter arbeiten kann.

Daß ich nun diese letzten Tage nicht gerade in übermäßigem Luxus leben werde, gehört zu den begreiflichen Dingen. –

Sieh zu, daß Du Deinen Brief am Ersten wegschickst, denn bis dahin habe ich mich mit Brot eingedeckt, aber an den nachfolgenden Tagen würde ich in der Patsche sitzen.

Mein kleines Zimmer ist gar nicht so übel, und es sieht keineswegs traurig aus.

Nun, da ich meine 3 Studien, die ich mitgenommen hatte, hier habe, werde ich auch einmal versuchen, zu den marchands de tableaux zu gehen, die jedoch, wie es scheint, meist in geschlossenen Häusern wohnen, ohne Schaufenster an der Straße.

Der Park ist auch schön, einen Morgen habe ich dort noch gesessen und gezeichnet.

Nun – ich habe also soweit Glück gehabt, was die Wohnung betrifft, bin ich geborgen, und ich habe noch ein paar Francs springen lassen und dafür einen Ofen und eine Lampe bekommen. Langweilen werde ich mich nicht so leicht, das kann ich Dir versichern. Ich habe auch OCTOBRE von Lhermitte gefunden, Frauen abends auf dem Kartoffelfeld, prächtig! – Novembre aber noch nicht. – Hast Du ihn vielleicht aufgehoben? Ich habe auch gesehen, daß es im Figaro illustré eine schöne Zeichnung von Raffaelli gibt.

Du weißt, meine Adresse ist Rue des images 194. Also adressiere Deinen Brief s. v. p. dahin und auch den zweiten Band von de Goncourt, wenn Du ihn aus hast.

Sei gegrüßt.

b. à t.
Vincent.

Es ist merkwürdig, daß meine gemalten Studien hier in der Stadt dunkler wirken als auf dem Lande – kommt das daher, weil das Licht überall in der Stadt weniger hell ist? Ich weiß es nicht – aber das kann mehr ausmachen, als man beim ersten Hinsehen sagen würde, das frappierte mich und ich könnte mir vorstellen, daß die Sachen, die bei Dir sind, auch dunkler wirken, als sie mir auf dem Lande zu sein schienen. Dennoch wirken die, die ich mitgenommen habe, dadurch nicht schlecht – die Mühle – die Allee mit Herbstbäumen und das Stilleben und ein paar kleinere.

## 1886–1888
## Paris

---

### An Horace Mann Livens Paris
### September oder Oktober 1886

Mein lieber Herr Livens,

seitdem ich hier in Paris bin, habe ich sehr oft an Sie und Ihre Arbeit gedacht. Sie werden sich erinnern, daß ich Ihre Farbe, Ihre Ansichten über Kunst und Literatur schätzte und vor allem – so möchte ich hinzufügen – Ihre Persönlichkeit.

Schon früher habe ich daran gedacht, Sie wissen zu lassen, was ich gerade gemacht und wo ich mich aufgehalten habe. –

Aber was mich abhielt, war, daß ich finde, in Paris zu leben ist so viel teurer als in Antwerpen, und daß ich nicht wußte, in welchen Umständen Sie leben. Ich wage nicht zu sagen: Kommen Sie von Antwerpen nach Paris, ohne Sie zu warnen, daß das Leben hier teurer ist und daß man, wenn man arm ist, unter vielen Dingen zu leiden hat. – Wie Sie sich leicht ausmalen können. Aber auf der anderen Seite gibt es mehr Gelegenheit zum Verkauf von Bildern.

Außerdem gibt es gute Gelegenheiten, mit anderen Künstlern Bilder zu tauschen.

In einem Wort: Mit viel Kraft, mit einem aufrichtigen persönlichen Gefühl für Farbe in der Natur glaube ich sagen zu können, daß ein Künstler hier ungeachtet der zahlreichen Einschränkungen weiterkommen kann. Und ich habe die Absicht, hier noch länger zu bleiben.

Es gibt hier viel zu sehen – z. B. Delacroix, um nur einen Meister zu nennen.

In Antwerpen wußte ich nicht einmal, was die Impressionisten waren; nun habe ich sie gesehen und obwohl ich nicht ihrem Club angehöre, habe ich bestimmte impressionistische Bilder sehr bewundert – Degas' Akt – Claude Monets Landschaft.

Was nun meine gegenwärtige Arbeit betrifft, so habe ich kein Geld, um Modelle zu bezahlen, sonst hätte ich mich vollständig der Figurenmalerei zugewandt, aber ich habe eine Reihe von Farbstudien durch das Malen einfacher Blumen gemacht, roter Klatschmohn, blaue Kornblumen und Vergißmeinicht, weiße und rosa Rosen, gelbe Chrysanthemen – dabei habe ich den Kontrast zwischen Blau und Orange, Rot & Grün, Gelb und Violett gesucht, aber auch versucht, les tons rompus et neutres durch harte Gegensätze zu harmonisieren.

Ich versuche intensive Farbe und nicht graues Einerlei wiederzugeben.

Nun, nach diesen Fingerübungen habe ich neulich zwei Köpfe gemalt, von denen ich zu sagen wage, daß sie, was Licht und Farbe angeht, besser als früher gelungen sind –

Ebenso wie wir seinerzeit sagten, in der Farbe sei das Leben zu suchen, ist das wahre Zeichnen das Modellieren mit Farbe.

Ich habe ein Dutzend Landschaften gemalt, frischweg grün und frischweg blau. Und so ringe ich mit dem Leben und mit dem Fortschritt in der Kunst.

Nun würde ich sehr gern erfahren, was Sie treiben und ob Sie jemals daran denken, nach Paris zu gehen –

Wenn Sie jemals hierher kommen, schreiben Sie mir zuvor, und ich werde – wenn Sie wollen – meine Wohnung und mein Atelier mit Ihnen, so lange wie ich sie habe, teilen. Im Frühling – sagen wir Februar oder sogar früher – möchte ich in den Süden Frankreichs gehen, in das Land der blauen Töne und hellen Farben.

Und sehen Sie, wenn ich wüßte, daß Sie die selben Ziele hätten, sollten wir uns zusammentun. Ich war seinerzeit sicher, daß Sie ein wahrer Kolorist sind, und seit ich die Impressionisten gesehen habe, kann ich Ihnen versichern, daß weder Ihre noch meine Farbe, wie sie sich entwickelt, *genau* ihren Theorien entspricht, demnach – soviel wage ich zu sagen – haben wir eine Chance, und zwar eine gute, Freunde zu finden.

Ich hoffe, Sie sind gesund. Meine Gesundheit war in Antwerpen ziemlich angegriffen, aber hier geht es mir besser.

Schreiben Sie mir auf jeden Fall. Grüßen Sie Allan, Briet, Rink, Durand, aber ich habe an keinen von ihnen so oft wie an Sie gedacht – beinahe täglich.

Mit einem herzlichen Händedruck
Aufrichtig Ihr
Vincent

Meine gegenwärtige Anschrift lautet
Mr Vincent van Gogh
54 Rue Lepic
Paris

Was meine Verkaufschancen hier angeht, sind sie gewiß nicht viel besser, doch ich *mache einen Anfang*.

Gegenwärtig habe ich vier Händler gefunden, die Studien von mir ausgestellt haben. Und ich habe mit verschiedenen Künstlern Studien getauscht.

Zur Zeit beträgt der Preis 50 Francs.

Gewiß nicht viel, aber man muß – soweit ich beurteilen kann – billig verkaufen und sogar zum Selbstkostenpreis, um nach oben zu kommen. Und vergessen Sie nicht, mein lieber Kollege, Paris ist Paris, aber es gibt nur ein Paris, und wie hart das Leben hier auch sein mag und sogar wenn es schlechter und härter werden sollte – die französische Luft durchlüftet den Geist und tut gut – unglaublich gut –.

Ich habe drei oder vier Monate im Atelier von Cormon verbracht, aber ich fand es nicht so sinnvoll, wie ich es erwartet hatte. Es mag mein Fehler sein, wie auch immer, ich habe es verlassen, wie ich Antwerpen verlassen habe, und seitdem arbeite ich allein und bilde mir ein, daß ich nun mein eigener Herr bin –

Der Handel hier ist flau, die großen Händler verkaufen Millet, Delacroix, Corot, Daubigny, Dupré und einige wenige andere Meister zu exorbitanten Preisen. Sie tun wenig oder gar nichts für junge Künstler. Die zweitrangigen Händler dagegen verkaufen diese, aber zu äußerst niedrigen Preisen. Wenn ich mehr verlangen würde, würde ich nichts verkaufen, glaube ich. Wie auch immer, ich habe Vertrauen in die Farbe, sogar was den Preis betrifft, das Publikum wird in ferner Zukunft dafür bezahlen –

Aber die gegenwärtigen Dinge sind schrecklich hart, so daß jeder, der es riskiert, hierher zu kommen, einsehen muß, daß er hier keineswegs auf Rosen gebettet wird.

Was sich erreichen läßt, ist Fortschritt, und was zum Teufel das auch sein mag, er ist hier zu finden. Ich wage zu sagen, jeder, der irgendwo in einer gesicherten Position lebt, soll bleiben, wo er ist, aber Abenteurer wie ich & ich denke, sie verlieren nichts, wenn sie, besonders was mich angeht, mehr riskieren. Ich bin kein freiwilliger Abenteurer, aber einer aus Schicksal und ich fühle mich nirgends so sehr als Fremder wie in meiner Familie und Heimat.

Empfehlen sie mich freundlichst Ihrer Wirtin Frau Roosmalen und sagen Sie ihr, daß – wenn sie etwas von meinen Arbeiten ausstellen möchte – ich ihr eins meiner kleinen Bilder schicken werde.

**An Willemina Jacoba van Gogh** — **Paris, Ende Oktober 1887**

Mein liebes Schwesterchen, ich danke Dir für Deinen Brief, während mir das Schreiben im Augenblick so widerwärtig ist, aber es stehen Fragen in Deinem Brief, die ich nun doch beantworten will.

Ich muß beginnen, Dir zu widersprechen, dort wo Du der Meinung Ausdruck gibst, Theo habe im letzten Sommer »so elend« ausgesehen.

Ich selbst finde, daß Theos Erscheinung im Gegenteil letztes Jahr viel an Vornehmheit gewonnen hat.

Man muß stark sein, um wie er das Leben in Paris so viele Jahre lang auszuhalten.

Aber könnte es nicht sein, daß die Familie und Theos Freunde in Amsterdam und Den Haag ihn nicht mit jener Herzlichkeit behandelt und sogar nicht empfangen haben, die er ihrerseits verdient und auf die er ein Recht hätte?

Ich möchte Dir dazu sagen, daß er darüber möglicherweise etwas betrübt war, aber er zieht es sich nicht weiter an, und er macht gegenwärtig, wo die Zeiten für Gemälde so schlecht sind, trotzdem Geschäfte, könnte bei seinen holländischen Freunden nicht ein wenig jalousie de métier hinzugekommen sein?

Was soll ich Dir nun zu Deinem Artikel über die Pflanzen & den Regen sagen. Du selbst siehst in der Natur, daß manche Blume zertreten wird, erfriert oder verbrannt wird, und siehst auch, daß nicht jedes Getreidekorn, nachdem es reif geworden ist, wieder in die Erde gelangt, um dort zu keimen & zu einem Halm zu werden – die weitaus meisten Körner kommen nicht zur Entwicklung, sondern gehen zur Mühle – nicht wahr. –

Vergleicht man nun die Menschen mit den Getreidekörnern – in jedem gesunden und natürlichen Menschen steckt, wie in dem Getreidekorn, Keimkraft – Dann ist das natürliche Leben also Keimen.

Was die Keimkraft im Korn, ist die Liebe in uns.

Nun stehen wir da, meine ich, und wissen nichts zu sagen oder sperren Mund und Augen auf, wenn uns, in unserer eigenen Entwicklung behindert, das Keimen vereitelt wird, und sehen uns selbst in eine Lage versetzt, so hoffnungslos, wie sie für das Korn zwischen den Mühlsteinen sein muß.

Wenn es uns so ergeht und wir über den Verlust unseres natürlichen Lebens vollends fassungslos sind, gibt es einige unter uns, die sich in dem Wunsch, sich dem Lauf der Dinge, wie er nun einmal ist, zu unterwerfen, trotz allem nicht von ihrem Selbstbewußtsein lösen und zu wissen wünschen, wie es ihnen ergehen wird und was eigentlich geschieht. Und mit guter Absicht in Büchern suchend, von denen gesagt wird, sie seien das Licht in der Finsternis, finden wir mit der besten Absicht der Welt denn doch bitterwenig Sicheres und für unseren persönlichen Trost nicht immer Genugtuung. Und die Krankheiten, an denen wir zivilisierten Menschen am meisten laborieren, sind Melancholie und Pessimismus.

So z.B. ich, dessen Leben so viele Jahre zählt, daß mir die Lust zum Lachen ein für allemal vergangen ist, ob durch eigene Schuld oder nicht, mag dahingestellt sein, ich z.B. habe vor allem das Bedürfnis, einmal so richtig zu lachen. Das fand ich in Guy de Maupassant, und es gibt hier wohl noch mehrere, unter den alten Autoren Rabelais, unter den heutigen Henri Rochefort, bei denen man das finden kann – Voltaire in Candide.

Wenn man dagegen Wahrheit will, das Leben, wie es ist, schildern z. B. de Goncourt in Germinie Lacerteux, La fille Elisa, Zola in La joie de vivre und L'assommoir und so viele andere Meisterwerke das Leben, wie wir es selbst fühlen, und befriedigen also unser Bedürfnis, daß man uns die Wahrheit sagt.

Die Werke der französischen Naturalisten Zola, Flaubert, Guy de Maupassant, de Goncourt, Richepin, Daudet, Huysmans sind großartig, und es kann kaum einer von sich behaupten, er gehöre zu seiner Zeit, wenn er sie nicht kennengelernt hat. Das Meisterwerk von Maupassant ist Bel ami, ich hoffe, es Dir besorgen zu können. Haben wir genug an der Bibel? Heute, glaube ich, würde Jesus selbst wieder zu denen sagen, die melancholisch dasitzen: er ist nicht hier, er ist auferstanden. Was sucht ihr den Lebenden bei den Toten. –

Falls das gesprochene oder geschriebene Wort das Licht der Welt bliebe, so ist es unser Recht und unsere Pflicht zu erkennen, daß wir in einer Zeit leben, in der so geschrieben, so gesprochen wird, um etwas zu finden, das ebenso groß und ebenso gut und ebenso ursprünglich und ebensosehr wie früher mächtig genug ist, die ganze alte Gesellschaft umzuwälzen, und wir es ruhig vergleichen können mit dem alten Aufbruch der Christen. Ich selbst bin immer froh, daß ich die Bibel besser gelesen habe als viele Leute in der heutigen Zeit, eben weil sie mir eine gewisse Ruhe gibt, daß es früher so große Ideen gegeben hat. Aber gerade weil ich das Alte schön finde, finde ich das Neue à plus forte raison schön, à plus forte raison, weil wir selbst in unserer eigenen Zeit handeln können und uns sowohl die Vergangenheit als auch die Zukunft nur indirekt etwas angehen.

Meine eigenen Erlebnisse beschränken sich vor allem darauf, daß ich schnell fortschreite, zu einem alten Mann zu werden, Du weißt, mit Falten, mit einem stacheligen Bart, mit einigen falschen Zähnen &c.

Aber was soll's, ich habe ein schmutziges und schwieriges Fach, das Malen, und wenn ich nicht wäre, wie ich bin, würde ich auch nicht malen, aber da ich nun mal bin, wie ich bin, arbeite ich oft mit Freude und sehe die Möglichkeit durchschimmern, Bilder zu malen, in denen Jugend und Frische stecken, sei es, daß meine Jugend eines jener Dinge ist, die ich verloren habe. Wenn ich Theo nicht hätte, wäre es mir nicht möglich, mit meiner Arbeit zurechtzukommen, aber da ich ihn zum Freund habe, glaube ich, daß ich noch vorwärtskommen und mich entfalten werde. Es ist meine Absicht, sobald es mir möglich ist, eine Zeitlang in den Süden zu gehen, wo noch mehr Farbe und noch mehr Sonne ist.

Aber das, was ich zu erreichen hoffe, ist das Malen eines guten Porträts. Enfin.

Um nun noch einmal auf Deinen Artikel zurückzukommen, ich sehe mich belastet, mir oder anderen zu raten, sich dem Glauben hinzugeben, daß überirdische Mächte sich persönlich einmischen, um uns zu helfen oder zu trösten. Die Vorsehung ist etwas so Sonderbares, und ich erkläre Dir ganz entschieden, daß ich nicht weiß, was ich von ihr halten soll.

Und dann, in Deinem Artikel steckt noch immer eine gewisse Sentimentalität und besonders seine Form erinnert an die Geschichten über die bereits obengenannte Vorsehung, sagen wir die fragliche Vorsehung. Geschichten, die immer wieder so wenig stichhaltig waren und gegen die so sehr viel einzuwenden wäre.

Und vor allem halte ich es für bedenklich, daß Du glaubst, studieren zu müssen, um schreiben zu können – Nein, mein liebes Schwesterchen, lerne tanzen oder verliebe Dich in einen oder mehrere Kanzleischreiber, Offiziere, enfin, irgendwen aus Deiner Umgebung, begehe lieber, viel lieber ein paar Torheiten als ein holländisches Studium, es dient glattweg keinem anderen Zweck, als jemanden stumpfsinnig zu machen, und davon will ich jedenfalls nichts hören.

Ich selbst habe noch immer die unmöglichsten und wenig schicklichen Liebesgeschichten, die ich in der Regel nur mit Schaden und Schande loswerde.

Und darin habe ich doch meiner Ansicht nach ganz recht, weil ich mir selbst sage, daß ich mich in früheren Jahren, als ich hätte verliebt sein müssen, in religiöse und sozialistische Dinge vertieft habe und die Kunst für heiliger hielt, heiliger als heute. Warum sind Religion oder Recht oder Kunst so heilig? Menschen, die nichts anderes tun als verliebt zu sein, sind vielleicht ernster und heiliger als die, die ihre Liebe und ihr Herz einer Idee opfern. Wie dem auch sei, um ein Buch zu schreiben, eine Tat zu vollbringen, ein Bild zu malen, in dem Leben steckt, muß man selbst ein lebendiger Mensch sein. Und somit ist Studieren für Dich arge Nebensache, es sei denn, Du willst niemals vorwärtskommen. Amüsiere Dich, soviel Du kannst, und suche soviel Zerstreuung, wie Du kannst, und Du sollst wissen, daß das, was man heute in der Kunst will, sehr lebendig, äußerst farbig und in die Höhe geschraubt sein muß. Strebe also mit Deiner eigenen Gesundheit und Stärke und Deinem eigenen Leben etwas höher hinaus, das ist das beste Studium.

Es würde mich freuen, wenn Du mir schreiben würdest, wie es Margot Begemann und wie es den de Groots geht, wie diese Geschichte sich zugetragen hat. Ist Sien de Groot mit ihrem Vetter verheiratet? Und ist ihr Kind am Leben geblieben? Über meine eigene Arbeit denke ich, daß das Bild mit den kartoffelnessenden Bauern, das ich in Nuenen malte, après tout das beste ist, das ich gemacht habe. Allerdings habe ich seitdem die Gelegenheit verpaßt, Modelle zu finden, hingegen jedoch die Gelegenheit gehabt, die Frage der Farbe zu studieren. Und wenn ich später wieder Modelle für meine Figuren finde, dann hoffe ich sehr, zeigen zu können, daß ich noch etwas anderes suche als grüne Landschaften und Blumen. Im vergangenen Jahr habe ich fast nichts anderes als Blumen gemalt, um mich an andere Farben als Grau zu gewöhnen, nämlich an Rosa, blasses oder grelles Grün, Hellblau, Violett, Gelb, Orange, schönes Rot. Und als ich in diesem Sommer in Asnières Landschaften gemalt habe, sah ich in ihnen mehr Farbe als früher. Ich suche jetzt nach dem Porträt. Und ich muß Dir sagen, daß ich deshalb nicht schlechter male, vielleicht weil ich Dir, wenn ich wollte, sehr viel Böses sowohl von den Malern als von der Malerei sagen könnte, mit genau der gleichen Leichtigkeit, mit der ich Dir Gutes davon erzählen könnte …

Ich will nicht zu den Melancholikern gehören oder zu denen, die sauer und bitter und schwarzgallig werden. Tout comprendre c'est tout pardonner, und ich glaube, daß wir, w e n n wir alles wüßten, eine gewisse Heiterkeit erlangen würden. Nun, diese Heiterkeit soviel wie möglich zu besitzen, auch dann wenn man wenig, nichts sicher weiß, ist vielleicht ein besseres Mittel gegen alle Leiden als das, was in der Apotheke verkauft wird. Viel kommt von selbst, man wächst und entwickelt sich von selbst.

Studiere und büffle also nicht zuviel, denn das macht unproduktiv. Amüsiere Dich lieber zuviel als zuwenig und nimm die Kunst oder die Liebe auch nicht zu schwer – man kann selbst daran wenig zufügen oder ändern, es ist vor allem eine Frage des Temperaments. Wenn ich in Deiner Nähe wäre, würde ich versuchen, Dich zu der Einsicht zu bringen, daß es vielleicht praktischer für Dich wäre, mit mir zu malen als zu schreiben, und daß Du so eher dazu kämst, Dein Gefühl ausdrücken zu können. Beim Malen könnte ich auf jeden Fall persönlich etwas tun, aber was das Schreiben betrifft, habe ich keine Erfahrung. Es ist andererseits keine schlechte Idee von Dir, Künstler sein zu wollen, denn wenn man das Feuer und die Seele in sich hat, kann man es nicht unter einem Deckel aushalten – man will lieber brennen als ersticken, was drin sitzt, muß heraus. Mir z. B., mir verschafft es Luft, wenn ich ein Bild male, und ohne das wäre ich unglücklicher, als ich bin. Grüße Moe recht herzlich von mir

Vincent

Am allermeisten hat mich À la recherche du bonheur bewegt. Nun habe ich gerade Mont-Oriol von Guy de Maupassant gelesen.

Die Kunst erscheint oftmals als etwas sehr Hohes und, wie Du sagst, als etwas Heiliges. Aber das ist auch mit der Liebe der Fall. Und die Frage ist nur, daß nicht jeder so darüber denkt und daß diejenigen, die etwas davon empfinden und sich mitreißen lassen, viel zu leiden haben, zunächst durch Unverständnis, aber ebensosehr dadurch, weil unsere Inspiration so oft unzureichend ist oder die Arbeit umständehalber unmöglich wird. Man müßte zwei oder lieber viele Dinge zugleich tun können.

Und es gibt wohl Zeiten, da es uns längst nicht klar ist, ob die Kunst etwas Heiliges oder Gutes ist.

Enfin, denke mal gut darüber nach, ob es, wenn man Gefühl für Kunst hat und darin zu arbeiten sucht, nicht besser ist zu sagen, daß man dies tut, weil man nun einmal mit diesem Gefühl erschaffen wurde und nicht anders kann und seiner Natur folgt, als zu sagen, man tut es in einer guten Absicht. –

Steht nicht ausgerechnet in À la recherche du bonheur, daß das Böse in unserer eigenen Natur liegt – die wir selbst nicht erschaffen haben?

An den Modernen gefällt mir so sehr, daß sie nicht moralisieren wie die Alten.

Vielen Leuten erscheint dies z. B. schauderhaft, und sie ärgern sich darüber: le vice et la vertu sont des produits chimiques comme le sucre et le vitriol.

## 1888–1889
# Arles

---

**An Theo van Gogh** **Arles**
**21. Februar 1888**

Mein lieber Theo,

während der Reise habe ich mindestens soviel an Dich gedacht wie an die neue Gegend, die ich sah.

Aber ich denke, daß Du später vielleicht selber oft hierher kommen wirst. Es scheint mir nahezu unmöglich, in Paris arbeiten zu können, jedenfalls wenn man nicht einen Zufluchtsort hat, wo man sich erholen und seine Ruhe und Sicherheit wiedergewinnen kann. Ohne das müßte man unweigerlich verrückt werden.

Zunächst einmal muß ich Dir jetzt sagen, daß für den Anfang hier überall wenigstens 60 Zentimeter frischgefallener Schnee liegen, und es schneit immer noch.

Arles scheint mir nicht größer als Breda oder Mons zu sein.

Bevor ich in Tarascon ankam, habe ich eine großartige Landschaft von riesigen gelben Felsen gesehen, seltsam wirre, imposanteste Formen.

In den kleinen Tälern zwischen diesen Felsen waren Reihen von kleinen runden Bäumen mit olivgrünem oder graugrünem Laub, die sehr gut Zitronenbäume gewesen sein können.

Aber hier in Arles scheint das Land flach zu sein. Ich habe großartige rote Gegenden gesehen, die mit Wein bepflanzt waren, vor einem Hintergrund von Bergen in zartestem Lila. Und die Schneelandschaften mit den weißen Berggipfeln vor einem Himmel, der ebenso leuchtend wie der Schnee war, waren wie die Winterlandschaften, die die Japaner gemalt haben.

Hier meine Adresse
Restaurant Carrel
30 Rue Cavalerie
Arles
(Departement Bouches du Rhône)

Ich habe bisher erst einen kurzen Gang durch die Stadt gemacht, weil ich gestern abend ziemlich erschöpft war.

Ich werde bald schreiben – ein Antiquar in der Straße hier, bei dem ich gestern war, sagte mir, daß er einen Monticelli kenne. Mit einem herzlichen Händedruck für Dich und die Freunde

b. à t.
Vincent

**An Émile Bernard** **Arles**
**18. März 1888**

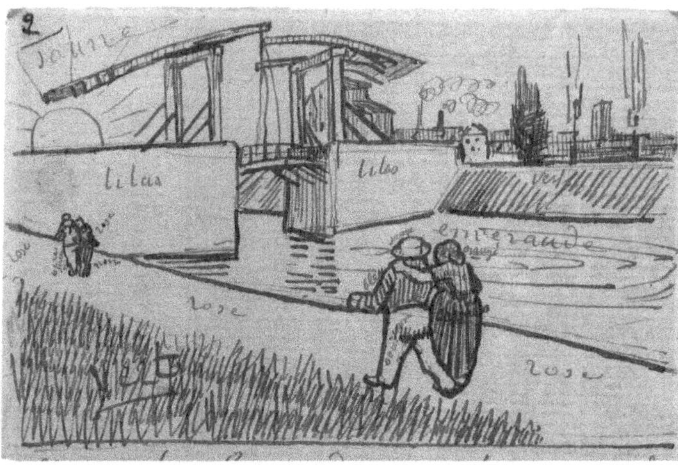

Mein lieber Bernard, da ich Dir versprochen habe zu schreiben, will ich Dir zuerst sagen, daß mir die Gegend hier wegen der Klarheit der Luft und der lebhaften Farbwirkungen so schön erscheint wie Japan. Die Gewässer bilden in der Landschaft Flecken von schönem Smaragdgrün und leuchtendem Blau, so wie wir es auf den Japandrucken sehen. Blaßorange Sonnenuntergänge, die das Land blau erscheinen lassen. Herrliche gelbe Sonnen. Dabei habe ich das Land noch gar nicht in seiner eigentlichen Sommerpracht gesehen. Die Tracht der Frauen ist sehr hübsch, und man sieht vor allem am Sonntag auf dem Boulevard sehr unbefangene und gelungene Farbzusammenstellungen. Und dies wird zweifellos im Sommer noch lebhafter.

Ich bedaure, daß das Leben hier nicht so billig ist, wie ich gehofft hatte, und ich habe bis jetzt noch kein Mittel gefunden, so billig davonzukommen, wie man es in Pont-Aven könnte. Ich habe zuerst 5 Francs gezahlt, und jetzt bin ich bei 4 Francs pro Tag. Man müßte den hiesigen Dialekt beherrschen und Bouillabaisse und Knoblauch essen können, dann würde man sicherlich eine preiswerte, gutbürgerliche Pension finden. Ich bin mir sicher, man erhielte auch vorteilhaftere Bedingungen, wenn man zu mehreren wäre. Es wäre vielleicht wirklich von Vorteil, wenn Künstler, die in die Sonne und in die Farbe verliebt sind, in den Süden auswandern würden. Wenn auch die Japaner in ihrem Land nicht weiterkommen, so setzt sich doch ihre Kunst unzweifelhaft in Frankreich fort. Oben auf dem Brief schicke ich Dir eine kleine Skizze einer Studie, aus der ich etwas machen möchte: Matrosen, die mit ihren Liebsten zur Stadt zurückkehren, die sich mit der seltsamen Silhouette ihrer Zugbrücke gegen eine riesige gelbe Sonne abzeichnet.

Ich habe eine weitere Studie von derselben Zugbrücke mit einer Gruppe von Wäscherinnen. Ich würde mich über ein paar Worte von Dir freuen, damit ich weiß, was Du machst und wohin Du gehen wirst. Sehr herzlicher Händedruck für Dich und die Freunde, ganz der Deine.

Vincent

**An Theo van Gogh** **Arles**
**etwa 11. April 1888**

Mein lieber Theo, es ist unglaublich lieb von Dir, daß Du mir gleich alle Farben geschickt hast, die ich bestellt habe, ich habe sie gerade erhalten, aber ich habe noch keine Zeit gehabt, sie zu überprüfen. Ich bin sehr froh darüber. Der Tag heute war übrigens gut. Heute morgen habe ich an einem Garten mit blühenden Pflaumenbäumen gearbeitet – plötzlich kam ein heftiger Wind auf, ein Effekt, wie ich ihn nur hier gesehen habe – und der sich in Abständen wiederholte. Zwischendurch Sonnenschein, der alle kleinen weißen Blüten funkeln ließ. Das war so schön! Mein Freund, der Däne, kam dazu, aber auf die Gefahr hin, daß ich jeden Augenblick all das auf dem Boden liegen sähe, habe ich weitergemalt – in diesem weißen Effekt ist viel Gelb mit Blau & Lila, der Himmel ist weiß und blau. Aber was wird man zur Malweise sagen, zu dem, was man so im Freien macht? Nun, warten wir's ab.

Nach dem Essen habe ich dann für Dich dasselbe Bild angefangen, das ich für Tersteeg vorgesehen habe, »Le pont de l'Anglais«. Und ich habe große Lust, eins auch für Jet Mauve zu machen, denn da ich soviel ausgebe, müssen wir darauf achten, daß wir von diesem Geld, das schnell durch die Finger rinnt, auch wieder etwas hereinbekommen müssen. Ich habe im nachhinein bedauert, daß ich nicht doch Vater Tanguy um die Farben gebeten habe, obwohl man nicht den geringsten Vorteil davon hätte – im Gegenteil – aber er ist ein so lustiger Kerl, und ich denke noch oft an ihn. Vergiß nicht, ihn von mir zu grüßen, wenn Du ihn siehst, und sag ihm, wenn er Bilder für sein Schaufenster will, so bekommt er welche von hier – und zwar die besten. Ach, es scheint mir mehr und mehr, daß *die Menschen* die Wurzel von allem sind, und es bleibt ewig ein wehmütiges Gefühl, daß man sich nicht im wirklichen Leben befindet, weil es vorteilhafter wäre, im Fleisch selbst zu arbeiten als in Farbe oder Gips, das heißt, daß es besser wäre, Kinder zu machen oder Geschäfte. Trotzdem fühlt man, daß man lebt, wenn man daran denkt, daß man Freunde unter denen hat, die selbst auch nicht im wirklichen Leben stehen.

Aber gerade weil es darauf ankommt, was im Herzen der Menschen ist und was auch das Herz der Geschäfte ist, muß man Freundschaften in Holland schließen oder eher wiederaufleben lassen. Um so mehr, weil man im Augenblick für den Sieg des Impressionismus nichts mehr befürchten muß. Und weil dieser Sieg im vorhinein fast schon gewiß ist, müssen wir uns richtig verhalten und alles mit Ruhe angehen.

Ich hätte gern L'Incarnation de Marat gesehen, wovon Du kürzlich gesprochen hast, das würde mich sicher sehr interessieren. Unwillkürlich stelle ich mir Marat als das moralische Gegenstück – (aber viel gewaltiger) zu Xanthippe vor – der Frau mit der verbitterten Liebe. – Die trotzdem rührend ist – aber natürlich ist das nicht so lustig wie La maison Tellier von Guy de Maupassant.

Hat Lautrec sein Bild von der Frau fertig, die die Ellbogen auf einen kleinen Cafétisch stützt? –

Wenn ich es lerne, die Studien, die ich nach der Natur gemacht habe, auf einer neuen Leinwand zu malen, könnten wir vielleicht mehr verkaufen. Ich hoffe, das hier zu schaffen – und deshalb mache ich einen Versuch mit den beiden Bildern, die nach Holland gehen, da Du sie ebenfalls haben wirst, kann nichts schiefgehen.

Es war richtig, daß Du Tasset gesagt hast, er solle den Geraniumlack trotzdem dazulegen, er hat ihn geschickt, ich habe es soeben überprüft – alle Farben, die der Impressionismus in Mode gebracht hat, verändern sich, ein Grund mehr, daß man den Mut hat, sie kräftig zu verwenden, die Zeit wird sie sowieso abschwächen. Meine ganze Bestellung, die 3 Chroms (das Orange, das Gelb, das Zitronengelb), das Preußischblau, das Smaragdgrün, die Krapplacke, das Veroneser Grün, die orange Mennige, all das findet man kaum auf der holländischen Palette von Maris, Mauve und Israels – Es war nur auf der von Delacroix, der eine Passion für die beiden Farben hatte, die – und zwar aus besten Gründen – am meisten verpönt sind, Zitronengelb und Preußischblau – Trotzdem finde ich, daß er damit Großartiges gemacht hat, mit seinen Blaus und Zitronengelbs. Händedruck für Dich, für Koning und noch einmal vielen Dank für die Farben

t. à t.
Vincent

**An Theo van Gogh** **Arles**
**28. oder 29. Mai 1888**

Mein lieber Theo, ich habe über Gauguin nachgedacht, also – wenn Gauguin hierher kommen will, dann müssen wir natürlich unbedingt Gauguins Reise bezahlen, und dann müssen wir zwei Betten oder zwei Matratzen kaufen.

Aber da Gauguin Seemann ist, werden wir wahrscheinlich unser Essen zu Hause kochen.

Und wir werden zu zweit für dasselbe Geld leben, das ich für mich allein ausgebe.

Du weißt, daß es mir immer schon idiotisch erschien, daß Maler allein leben &c., daß man immer verliert, wenn man nur für sich ist –

Das also als Antwort auf Deinen Wunsch, ihm zu helfen.

Du kannst nicht ihm Geld zum Leben in die Bretagne schicken und mir in die Provence. Aber Du kannst es gut finden, daß man teilt und eine Summe von, sagen wir 250 im Monat, festsetzen, wenn Du jeden Monat zusätzlich zu meiner Arbeit einen Gauguin bekommst.

Wäre das nicht sogar ein Vorteil, vorausgesetzt, daß man die Summe nicht überschreitet. Es ist übrigens meine Idee, mich mit anderen zusammenzutun. Hier also der Entwurf eines Briefes an Gauguin, den ich, wenn Du einverstanden bist, mit den Änderungen im Ausdruck schreiben werde, die zweifellos nötig sein werden. Aber ich habe erst einmal so geschrieben. Betrachte die Sache ganz einfach als ein Geschäft, das ist das beste für alle, und wir wollen es ganz strikt so handhaben. Da Du aber nicht Geschäfte auf eigene Rechnung machst, kannst Du zum Beispiel verlangen, daß ich mich daran beteilige und Gauguin sich als Freund mit mir zusammentut. Ich dachte, daß Du den Wunsch hättest, ihm zu helfen, ebenso wie ich darunter leide, daß es ihm schlecht geht – was sich nicht von heute auf morgen ändern wird.

Wir können nichts Besseres vorschlagen, andere würden nicht einmal das tun.

Es macht mir Sorgen, daß ich so viel für mich allein ausgebe, aber um dem abzuhelfen, gibt es nichts anderes, als eine Frau mit Geld zu finden oder Freunde, die sich wegen der Bilder zusammentun. Nun, es ist zwar keine Frau in Sicht, aber die Freunde.

Wenn ihm das recht wäre, sollte man ihn nicht unnötig lange warten lassen.

Das wäre der Anfang zu einer Künstlervereinigung. Bernard, der auch in den Süden geht, wird zu uns kommen, und Du mußt wissen, daß ich Dich immer *in Frankreich* an der Spitze einer Gruppe von Impressionisten sehe. Und wenn ich dazu beitragen könnte, sie zusammenzubringen, dann wäre es mir sogar recht, daß sie besser wären als ich. Du mußt doch auch spüren, wie sehr es mich ärgert, daß ich mehr ausgebe als sie, ich muß eine Lösung finden, die für Dich und für sie vorteilhafter ist. Und dies wäre eine Möglichkeit. Denk trotzdem gut darüber nach, aber stimmt's denn nicht, daß man in guter Gesellschaft von wenig leben könnte, vorausgesetzt man gibt sein Geld zu Hause aus.

Später können dann Tage kommen, wo man weniger knapp bei Kasse ist, aber damit rechne ich nicht. Es würde mich so freuen, wenn Du die Gauguins zuerst hättest. Ich bin im Kochen &c. nicht sehr geschickt, aber sie sind darin geübt, weil sie beim Militär waren &c. Händedruck und herzliche Grüße an Koning, es ist jedenfalls eine Genugtuung für Dich, daß Du ihn in gutem Zustand ablieferst, das wäre nicht der Fall, wenn Du ihn nicht aufgenommen hättest – und eine weitere Genugtuung ist, daß die Goupils den Saal nehmen wollen, den Du vorgeschlagen hast.

t. à t.
Vincent

Ist Tersteeg schon nach Paris gekommen?

Man muß sehr, sehr gut überlegen, bevor man auf Reisen geht, es scheint mir darum richtig, daß Du in Frankreich bleibst.

Um die Sache vorzubereiten und um diesen Brief zu vervollständigen, schreibe ich an Gauguin, aber ohne irgend etwas von all dem zu sagen, ich spreche nur von der Arbeit.

## An Paul Gauguin (Entwurf) Arles 28. oder 29. Mai 1888

Mein lieber Freund Gauguin,

ich habe sehr oft an Dich gedacht, und wenn ich jetzt erst schreibe, dann, weil ich nicht nur Phrasen machen wollte. Das Geschäft mit Russell hat wieder nicht geklappt, aber Russell hat trotzdem Impressionisten gekauft, Guillaumin und Bernard und – warte nur ab – er wird von selbst darauf kommen, aber ich konnte nicht weiter drängen, nachdem er zweimal abgelehnt hatte, jedesmal aber mit einem Versprechen für die Zukunft. –

Ich wollte Dir jetzt schreiben, daß ich hier in Arles gerade ein Haus mit 4 Zimmern gemietet habe.

Und daß es mir scheint, daß es von Vorteil wäre, wenn ich einen anderen Maler fände, der Lust hätte, den Süden auszubeuten, und der wie ich so in seiner Arbeit aufgeht, daß er sich damit abfände, wie ein Mönch zu leben, der alle vierzehn Tage mal ins Bordell geht – im übrigen aber für seine Arbeit lebt, seine Zeit nicht vergeuden will. So ganz allein leide ich etwas unter dieser Einsamkeit. Ich habe also sehr oft daran gedacht, Dir offen davon zu erzählen.

Du weißt, daß mein Bruder und ich Deine Malerei sehr schätzen und es unser großer Wunsch wäre, daß Du ein wenig Ruhe hättest. Mein Bruder kann aber nicht Dir Geld in die Bretagne und auch noch mir Geld in die Provence schicken. Aber würdest Du hier mit mir teilen wollen? Wenn wir uns zusammentäten, würde es vielleicht für zwei reichen, ich bin mir da sogar sicher.

Da ich mir nun einmal den Süden vorgenommen habe, sehe ich keinen Grund, das wieder aufzugeben.

Als ich herkam, war ich krank, jetzt bin ich wieder gesund und fühle mich stark durch den Süden angezogen, wo man fast das ganze Jahr über im Freien arbeiten kann.

Das Leben scheint mir hier allerdings teurer, aber hat man nicht auch mehr Möglichkeiten, Bilder zu machen. Wie dem auch sei, wenn mein Bruder uns 250 Francs im Monat schikken würde, würdest Du dann hierher kommen wollen. Dann würden wir teilen. Für diesen Fall müßte man sich nur entschließen, so oft wie möglich zu Hause zu essen, für einige Stunden am Tag nähme man eine Art Haushälterin, und so würde man Kosten fürs Gasthaus vermeiden.

Und Du würdest meinem Bruder ein Bild pro Monat liefern, während Du mit dem Rest tun und lassen könntest, was Du willst.

Wir würden beide sofort in Marseille ausstellen, und so würden wir nicht nur uns, sondern auch anderen Impressionisten den Weg bahnen. Wir dürfen nicht vergessen, daß jetzt Kosten für die Reise und den Kauf eines Bettes entstehen, das wäre ebenfalls mit den Bildern zu verrechnen.

Es steht Dir natürlich frei, hierüber mit meinem Bruder zu korrespondieren, ich warne Dich aber, daß er aller Wahrscheinlichkeit nach die Verantwortung nicht übernehmen wird. Er wird Dir nur versichern, daß diese Verbindung das einzige Mittel ist, das wir bis jetzt gefunden haben, um Dir besser zu helfen, sofern Dir das zusagt. Wir haben viel darüber nachgedacht. Ich denke, daß Du für Deine Gesundheit vor allem Ruhe brauchst. Falls ich mich irre und die Hitze des Südens für Dich zu groß wäre – nun –, dann müßte man weitersehen. Ich jedenfalls fühle mich bis jetzt sehr wohl in diesem Klima. Ich hätte Dir noch vieles zu sagen – aber denken wir erst mal ans Geschäftliche. Geben Sie uns möglichst bald Antwort.

**An Theo van Gogh** **Les Saintes-Maries-de-la-Mer etwa 3. oder 4. Juni 1888**

Mein lieber Theo,

endlich schreibe ich Dir aus Saintes-Maries am Mittelmeer – das Mittelmeer hat eine Farbe wie Makrelen, will sagen wechselnd – man weiß nicht recht, ob es grün oder violett ist – man weiß nicht recht, ist es blau, denn eine Sekunde später hat der wechselnde Reflex eine rosa oder graue Färbung angenommen. Es ist etwas Seltsames um die Familie – ganz unwillkürlich & gegen meinen Willen habe ich hier oft zwischendurch an unseren Onkel, den Seemann, gedacht, der sicherlich manches Mal das Meer hier gesehen hat.

Ich habe Leinwände mitgenommen und habe sie bemalt – zwei Seestücke – eine Ansicht des Dorfes – dann Zeichnungen, die ich Dir mit der Post schicke – wenn ich morgen wieder in Arles bin.

Ich wohne und esse zum Preis von 4 Francs am Tag – zuerst verlangte man 6.

Sobald ich kann, werde ich wohl noch einmal zurückkommen, um noch einige Studien zu machen.

Der Strand hier ist sandig, keine Steilküste und keine Felsen – wie in Holland – weniger Dünen und mehr Blau.

Man ißt hier bessere gebratene Fische als an der Seine – nur gibt es nicht jeden Tag Fisch zu essen, denn die Fischer fahren nach Marseille und verkaufen ihn dort. Wenn es aber welchen gibt, dann ist er verdammt gut. Wenn es keinen gibt – der Fleischer ist nicht appetitlicher als der Fellah-Fleischer von Monsieur Gérôme – wenn es also keinen Fisch gibt, dann ist es ziemlich schwierig, hier etwas zu essen zu finden, finde ich. Ich glaube, es gibt in diesem Dorf oder dieser Stadt keine 100 Häuser.

Das wichtigste Gebäude nach der Kirche, einer alten Festung, ist die Kaserne. Und dann, was für Häuser – wie in unseren Heide- & Torfgegenden von Drenthe, Du wirst Beispiele auf den Zeichnungen sehen. Ich muß meine drei gemalten Studien hierlassen, denn sie sind natürlich noch nicht trocken genug, um sie ungestraft 5 Stunden dem Gerüttel der Kutsche aussetzen zu können.

Aber ich rechne damit, noch einmal hierher zu kommen.

In der nächsten Woche würde ich gern nach Tarascon fahren, um zwei oder drei Studien zu machen.

Wenn Du noch nicht geschrieben hast, so warte ich den Brief natürlich in Arles ab. Ein sehr schöner Gendarm ist gekommen, um mich hier zu befragen. – Und selbst der Pfarrer – die Leute hier können nicht sehr schlecht sein, denn sogar der Pfarrer sah fast wie ein anständiger Mensch aus – . –

Im nächsten Monat wird hier die Badesaison eröffnet.

Die Zahl der Badegäste schwankt zwischen 20 und 50. Ich bleibe bis morgen nachmittag, ich muß unbedingt noch Zeichnungen machen.

Eines Nachts bin ich über den verlassenen Strand am Meer spazierengegangen. Das war nicht fröhlich, aber auch nicht traurig, es war – schön.

Der Himmel war von tiefem Blau und übersät mit Wolken von noch tieferem Blau als das blauste Blau intensiven Kobalts, – und anderen Wolken von hellerem Blau, wie das bläuliche Weiß der Milchstraße. Auf dem blauen Hintergrund funkelten die Sterne hell, grünlich, gelb, weiß, rosa – noch heller, diamantener als bei uns – selbst als in Paris –

wie Edelsteine – man könnte sagen: Opale, Smaragde, Lapislazuli, Rubine, Saphire.

Das Meer von ganz tiefem Ultramarin – der Strand schien mir ins Violette und Blaßrote zu spielen – mit Gebüsch auf der Düne (die Düne 5 Meter hoch), preußischblauen Sträuchern. Ich habe neben Zeichnungen auf halbem Bogen eine große Zeichnung, ein Gegenstück zu meiner letzten.

Ich hoffe auf bald, Händedruck,

t. à t.
Vincent

**An Émile Bernard** **Arles**
**26. Juni 1888**

Mein lieber Bernard, Du tust sehr gut daran, die Bibel zu lesen. Ich beginne damit, weil ich mich immer damit zurückgehalten habe, Dir das zu empfehlen.

Als ich die zahllosen Zitate aus Moses, aus dem heiligen Lukas las, sagte ich mir unwillkürlich, sieh da, das war es, was ihm fehlte, nun ist es soweit, und zwar richtig ... die Künstlerneurose.

Denn die Beschäftigung mit Christus zieht sie unvermeidlich nach sich, vor allem in meinem Fall, wo sich dies noch durch das Rauchen unzähliger Pfeifen verschlimmert.

Die Bibel, das ist Christus, denn das Alte Testament führt zu diesem Gipfel. Der heilige Paulus und die Evangelisten nehmen den anderen Abhang des heiligen Bergs ein. –

Wie kleingeistig ist doch diese Geschichte! Mein Gott, so ist es. Es gibt also nur diese Juden auf der Welt, die zunächst alles, außer sich selbst, für unrein erklären.

Die anderen Völker unter der großen Sonne dort unten, die Ägypter, die Inder, die Äthiopier, Babylon, Ninive, daß die ihre Annalen nicht mit derselben Sorgfalt geschrieben haben! Nun, es ist schön, das zu studieren, aber am Ende alles lesen zu können, wäre dasselbe wie überhaupt nicht lesen zu können.

Aber der Trost dieser so traurig stimmenden Bibel, die unsere Verzweiflung und Empörung weckt – uns wirklich durch ihre geistige Enge und ihren ansteckenden Wahn tief betrübt – der Trost, den sie enthält wie einen Kern, in bitterem Fruchtfleisch, unter einer harten Schale, das ist Christus.

Die Gestalt Christi ist so, wie ich sie empfinde, nur von Delacroix und Rembrandt gemalt worden … und dann hat Millet … die Lehre Christi gemalt.

Der Rest, die übrige religiöse Malerei, macht mich ein wenig lächeln – vom religiösen Standpunkt aus, nicht dem der Malerei. Und die italienischen Primitiven – Botticelli, oder sagen wir die flämischen Primitiven, Van Eyck, die deutschen, Cranach, das sind nur Heiden, die mich nur in dem Maße interessieren wie die Griechen, wie Velasquez und all die anderen Naturalisten. Christus allein – unter all den Philosophen, Magiern &c. – hat das ewige Leben, die Unendlichkeit der Zeit, die Nichtigkeit des Todes, die Notwendigkeit und den Sinn ruhiger Gelassenheit und aufopfernder Hingabe als wichtigste Gewißheit bekräftigt.

Er hat gelassen gelebt, als ein Künstler, der größer ist als alle Künstler, der Marmor, Ton und Farben verachtet und in lebendigem Fleisch gearbeitet hat. Das soll heißen, daß dieser unerhörte und mit dem schwerfälligen Instrument unserer modernen, nervösen und verblödeten Hirne kaum begreifbare Künstler weder Statuen noch Bilder, noch Bücher gemacht hat; er bestätigt es frei heraus, er schuf … lebendige Menschen, Unsterbliche. –

Dies ist bedeutsam, vor allem; weil es die Wahrheit ist.

Dieser große Künstler hat auch keine Bücher geschrieben; die ganze christliche Literatur würde ihn mit Sicherheit empören, und darunter sind nur sehr wenige literarische Produkte, die neben dem Lukasevangelium und den Briefen des Paulus – die in ihrer harten und kämpferischen Form so schlicht sind – Gnade finden könnten. Wenn dieser große Künstler – Christus – es auch verachtete, Bücher über die Ideen & Empfindungen zu schreiben, so hat er doch das gesprochene Wort sehr viel weniger verachtet – vor allem das Gleichnis (der Sämann, die Ernte, der Feigenbaum! &c.).

Und wer würde wagen zu sagen, daß er gelogen hätte an dem Tag, als er voller Verachtung den Untergang Roms voraussagte und bekräftigte: »Himmel und Erde werden vergehen, aber meine Worte vergehen nicht.« –

Diese gesprochenen Worte – die er als edler, freigebiger Herr nicht aufzuschreiben geruhte, sind einer der höchsten – der allerhöchste – Gipfel, den die Kunst erreicht hat, die in ihnen schöpferische Kraft wird, reine schöpferische Kraft.

Diese Betrachtungen, mein lieber Freund Bernard, führen uns weit, sehr weit; sie heben uns sogar über die Kunst empor. Sie lassen uns die Kunst ahnen, Leben zu schaffen, die Kunst, unsterblich-lebendig zu sein.

Sie haben Verbindung zur Malerei.

Der Schutzheilige der Maler – der heilige Lukas, Arzt, Maler, Evangelist – der leider! nur den Ochsen als Sinnbild hat, gibt uns Hoffnung.

Trotzdem ist unser eigenes und wahres Leben sehr bescheiden, dieses Leben von uns Malern, die kümmerlich unter dem stumpfmachenden Joch eines schwierigen Berufes leben, den man auf diesem so undankbaren Planeten kaum ausüben kann, wo »die Liebe zur Kunst die wahre Liebe verdrängt«.

Da aber nichts der Annahme entgegensteht – daß es auf den anderen unzähligen Planeten und Sonnen ebenfalls Linien, Formen und Farben gibt – steht es uns frei, eine gewisse Heiterkeit zu bewahren im Hinblick auf die Möglichkeit, einst in einer anderen Existenz unter besseren Bedingungen zu malen, vielleicht durch ein Phänomen, das nicht schlimmer und nicht überraschender ist als die Verwandlung der Raupe in einen Schmetterling, des Engerlings in den Maikäfer.

Der Ort dieser Existenz als Maler-Schmetterling wäre einer der unzähligen Sterne, die uns nach dem Tod vielleicht ebenso erreichbar wären wie die schwarzen Punkte, die in unserem irdischen Leben auf der Landkarte Städte & Dörfer symbolisieren. Die Wissenschaft – das wissenschaftliche Denken – scheint mir ein Instrument zu sein, das es in der Zukunft sehr weit bringen wird.

Sieh mal: man hat angenommen, daß die Erde flach sei. Das war richtig; sie ist es noch heute, von Paris bis Asnières zum Beispiel. –

Nur hindert das die Wissenschaft nicht zu beweisen, daß die Erde vor allem rund ist. Was heutzutage auch niemand bestreitet. –

Trotzdem glaubt man heute noch, daß das Leben flach sei und von der Geburt zum Tod führe.

Nur ist wahrscheinlich auch das Leben rund und in Ausdehnung und Fähigkeit sehr viel größer als die Hemisphäre, die uns zur Zeit bekannt ist.

Wahrscheinlich werden uns künftige Generationen über dieses sehr interessante Thema aufklären; und so könnten die Wissenschaften – mit Verlaub – zu Schlußfolgerungen kommen, die im Hinblick auf die andere Hälfte der Existenz mehr oder weniger den Lehren Christi entsprechen.

Wie dem auch sei, Tatsache ist, daß wir Maler im wirklichen Leben sind und daß es darum geht, solange zu atmen, solange man am Leben ist.

Ach! das schöne Bild von Eugène Delacroix: La Barque du Christ sur la mer de Génésareth. Er – mit seinem blaßzitronengelben Heiligenschein – schlafend, leuchtend in dem dramatisch violetten, düster blauen, blutroten Fleck der Gruppe der verängstigten Jünger – auf dem schrecklichen smaragdgrünen See, der steigt, bis oben an den Rahmen steigt. Ach, was für ein genialer Entwurf!

Ich würde Dir Skizzen machen, aber ich schaffe es nicht

mehr, da ich seit drei oder vier Tagen nach einem Modell – einem Zuaven – gezeichnet und gemalt habe; schreiben aber beruhigt mich und lenkt mich ab.

Es ist sehr häßlich, was ich da zustandegebracht habe: eine Zeichnung von dem sitzenden Zuaven, eine Ölstudie von dem Zuaven gegen eine ganz weiße Wand, und schließlich sein Porträt gegen eine grüne Tür und einige orangefarbene Ziegelsteine einer Mauer. Das ist schwierig und letztlich häßlich und mißlungen. Trotzdem kann es mir den Weg in die Zukunft bahnen, weil ich das wirklich Schwierige angepackt habe. Die Figuren, die ich male, sind in meinen eigenen Augen fast immer scheußlich, und für die Augen der anderen noch mehr; dennoch ist das Studium der Figur am lehrreichsten, wenn man es anders macht, als es zum Beispiel Monsieur Benjamin Constant lehrt.

Dein Brief hat mir viel Freude gemacht, die Skizze ist sehr, sehr interessant, und ich danke Dir herzlich dafür. Ich werde Dir in den nächsten Tagen auch eine Zeichnung von mir schicken; heute abend bin ich zu abgespannt, meine Augen sind müde, auch wenn mein Hirn es nicht ist.

Sag mal, erinnerst Du Dich an Johannes den Täufer von Puvis? Ich finde es erstaunlich und ebenso magisch wie Eugène Delacroix.

Die Textstelle über Johannes den Täufer, die Du im Evangelium aufgespürt hast, meint genau das, was Du darin gesehen hast ... Leute, die sich um einen scharen: »Bist du Christus? Bist du Elias?« So wie man heute den Impressionismus oder einen seiner suchenden Vertreter fragen würde: »Hast du es gefunden?« Es ist genau dasselbe.

Mein Bruder hat zur Zeit eine Ausstellung von Claude Monet – zehn Bilder, die er von Februar bis Mai in Antibes gemalt hat – das scheint sehr schön zu sein.

Hast Du je das Leben Luthers gelesen? Denn Cranach, Dürer, Holbein sind seine Zeitgenossen. Er – seine Persönlichkeit – ist das helle Licht des Mittelalters. –

Ich mag den Sonnenkönig genauso wenig wie Du – dieser Ludwig XIV. kommt mir eher vor wie einer, der die Lichter löscht, – mein Gott, was für ein Ekel in jeder Hinsicht, eine Art methodistischer Salomon. Salomon mag ich auch nicht und die Methodisten erst recht nicht – Salomon scheint mir ein heuchlerischer Heide zu sein, ich habe wirklich keinen Respekt vor seiner Baukunst, einer Nachahmung anderer Stile, und schon gar keinen Respekt vor seinen Schriften, denn das haben die Heiden besser gemacht.

Sag mir mal, wie es jetzt mit Deinem Militärdienst steht. Soll ich mit diesem Zuaven-Unterleutnant sprechen oder nicht? Gehst Du nach Afrika oder nicht? Versuche vor allem genug Blut zu haben; mit Blutarmut kommt man nicht voran, das Malen geht dann langsam; Du müßtest versuchen, Dir ein dickeres Fell zuzulegen, ein Temperament, um alt zu werden, Du müßtest wie ein Mönch leben, der einmal alle vierzehn Tage ins Bordell geht – ich mache das so, das ist nicht sehr poetisch, aber letztlich fühle ich, daß es meine Pflicht ist, mein Leben der Malerei unterzuordnen.

Wenn ich mit Dir im Louvre wäre, würde ich gern mit Dir zusammen die Primitiven ansehen.

Im Louvre gehe ich immer wieder mit großer Liebe zu den Holländern, vor allem zu Rembrandt. Rembrandt, den ich früher so sehr studiert habe – dann zum Beispiel Potter, der einem auf einer Leinwand zu vier oder sechs einen weißen Hengst malt, allein auf einer Wiese – einen Hengst, der wiehert und sich aufbäumt – verzweifelt unter einem wild stürmischen Himmel, niedergeschlagen in der zartgrünen Weite einer feuchten Wiese. Kurz, es gibt Wunderwerke bei den alten Holländern, die sich mit nichts anderem vergleichen lassen. Händedruck, und noch einmal danke für Deinen Brief und Deine Skizze.

t. à t.
Vincent

Die Sonette passen gut, das heißt: die Farbe ist schön, die Zeichnung ist weniger stark, besser gesagt weniger sicher, die Zeichnung ist noch zaghaft – ich weiß nicht, wie ich es sagen soll – die moralische Absicht wird noch nicht deutlich.

**An Theo van Gogh** **Arles**
**18. August 1888**

Mein lieber Theo, in Kürze wirst Du den Herrn Patience Escalier kennenlernen – Typ Mann mit der Hacke, ein alter Ochsentreiber aus der Camargue, der jetzt Gärtner in einem Landhaus in der Crau ist.

Heute schicke ich Dir auch die Zeichnung, die ich nach diesem Bild gemacht habe, und auch die Zeichnung nach dem Porträt des Briefträgers Roulin.

Die Farbe dieses Bauernporträts ist weniger schwarz als die der Kartoffelesser von Nuenen – aber der sehr kultivierte Pariser Portier, der vermutlich so genannt wird, weil er die Gemälde zur Tür hinausschmeißt – wird das nicht verstehen. Du hast Dich seitdem verändert, aber Du wirst sehen, daß er der gleiche geblieben ist, und es ist wirklich schade, daß es in Paris nicht mehr Bilder en sabots gibt. Ich glaube nicht, daß mein Bauer zum Beispiel Deinem Lautrec schaden wird, und ich wage sogar zu glauben, daß der Lautrec durch den unmittelbaren Kontrast noch an Vornehmheit gewinnt, und mein Bild wird durch die ungewöhnliche Kombination gewinnen, weil das Sonnige und Verbrannte, das durch die heiße Sonne und Luft Gebräunte, neben dem Reispuder und der eleganten Toilette stärker zur Geltung kommt. Wie dumm, daß die Pariser nicht genügend Geschmack an derben Sachen gefunden haben, an den Monticelli, an Steingut. Nun, ich weiß, daß man nicht den Mut verlieren darf, wenn die Utopie nicht

Wirklichkeit wird. Ich merke nur, daß das, was ich in Paris gelernt habe, verschwindet und daß ich auf meine eigenen Ideen zurückkomme, die mir auf dem Lande gekommen sind, bevor ich die Impressionisten kannte. Und es würde mich nicht überraschen, wenn die Impressionisten bald an meiner Malweise, die eher durch die Ideen von Delacroix als durch ihre befruchtet worden ist, etwas zu kritisieren hätten.

Denn statt zu versuchen, genau wiederzugeben, was ich vor den Augen habe, bediene ich mich der Farbe viel willkürlicher, um mich kraftvoll auszudrücken. Nun, lassen wir die Theorie beiseite, aber ich will Dir ein Beispiel dafür geben, was ich sagen will.

Ich möchte das Porträt eines Künstlerfreundes machen, der große Träume hat, der, weil das seine Natur ist, arbeitet, so wie eine Nachtigall singt.

Dieser Mann wird blond sein. Ich möchte meine Wertschätzung in das Bild legen, die Zuneigung, die ich für ihn empfinde.

Zu Beginn werde ich ihn also malen, wie er ist, so getreu wie möglich –

Aber das Bild ist so noch nicht fertig. Um es fertigzumachen, werde ich jetzt ein eigenmächtiger Kolorist sein.

Ich übertreibe das Blond des Haares, ich komme zu Orangetönen, zu Chromgelb, zu blassem Zitronengelb. Statt der banalen Mauer der kargen Wohnung male ich hinter dem Kopf das Unendliche.

Ich mache einen einfachen Hintergrund von kräftigstem Blau, dem kräftigsten, das ich herstellen kann, und durch diese einfache Kombination erhält der helle, blonde Kopf vor diesem leuchtenden Hintergrund eine geheimnisvolle Wirkung wie ein Stern im tiefen Blau des Himmels.

Auch beim Porträt des Bauern bin ich so vorgegangen.

In diesem Fall allerdings ohne den geheimnisvollen Glanz eines blassen Sterns im blauen Unendlichen hervorrufen zu wollen.

Aber indem ich mir den unglaublichen Mann, den ich zu malen hatte, zur Erntezeit in der Mittagshitze vorgestellt habe. Deshalb die Orangetöne, die wie rotglühendes Eisen leuchten, deshalb die Töne alten Goldes, das im Dunklen glänzt. Ach, mein lieber Bruder – – und die lieben Leute werden in dieser Übertreibung nichts als Karikatur sehen. Aber was schert uns das, wir haben La terre und Germinal gelesen, und wenn wir einen Bauern malen, wollen wir zeigen, daß diese Lektüre schließlich ein Teil von uns selbst geworden ist.

Ich weiß nicht, ob ich den Briefträger so werde malen können, wie ich ihn fühle; dieser Mann ist ein Revolutionär wie der Vater Tanguy; vermutlich betrachtet man ihn als guten Republikaner, weil er die Republik, in der wir leben, herzlich verabscheut und weil er insgesamt an der republikanischen Idee selbst ein wenig zweifelt und von ihr etwas enttäuscht ist. Aber ich habe ihn eines Tages die Marseillaise singen hören – und ich glaubte 89 vor mir zu haben, nicht das nächste Jahr, sondern das von vor 99 Jahren. Das war ganz und gar Delacroix, Daumier, die alten Holländer.

Leider läßt sich das nicht nachstellen, aber auf jeden Fall müßte man ein intelligentes Modell haben, um das Bild machen zu können.

Ich muß Dir jetzt sagen, daß diese Tage hier äußerst hart sind, was das Materielle betrifft.

Wie ich es auch angehe, das Leben ist hier ziemlich teuer, ungefähr so wie in Paris, wo man nicht viel bekommt, wenn man 5 oder 6 Francs am Tag ausgibt.

Wenn ich Modelle habe, dann muß ich ordentlich zahlen. Das macht nichts, ich werde so weitermachen.

Ich versichere Dir, daß es weniger mir als den Bildern zugute käme, wenn Du mir vielleicht mal etwas mehr Geld schicken würdest. Ich habe nur die Wahl, ein guter oder ein schlechter Maler zu sein. Ich wähle das erste. Aber die Bedürfnisse der Malerei sind wie die einer kostspieligen

Geliebten; ohne Geld läuft nichts, und man hat nie genug davon.

Die Malerei sollte auf Kosten der Gesellschaft ausgeübt werden, und nicht der Künstler sollte durch sie übermäßig belastet sein.

Aber nun, man muß still sein, denn *niemand zwingt uns zu arbeiten*; fatalerweise ist die Gleichgültigkeit gegenüber der Malerei ziemlich verbreitet und nicht zu ändern. –

Glücklicherweise hat sich mein Magen so weit wieder beruhigt, da ich 3 Wochen des Monats von Schiffszwieback, Milch und Eiern gelebt habe.

Es ist die wohltuende Wärme, die mir meine Kräfte wiedergibt, und sicherlich war es gut, daß ich *jetzt* in den Süden gegangen bin, statt zu warten, bis das Übel unheilbar geworden wäre. Ja, es geht mir jetzt so gut wie den anderen Menschen, was in Nuenen nur für Augenblicke der Fall war – und das ist nicht unangenehm. Mit den anderen Menschen meine ich die streikenden Erdarbeiter, den Vater Tanguy, den Vater Millet, die Bauern; wenn man sich gut fühlt, dann muß ein Stück Brot reichen, auch wenn man den ganzen Tag lang arbeitet, und man muß noch die Kraft haben, zu rauchen und sein Glas zu trinken, das *braucht* man unter diesen Umständen. Und trotzdem die Sterne fühlen und das Unendliche da oben. Dann ist das Leben trotz allem fast wie verzaubert. Ach die, die nicht an die Sonne hier glauben, sind wirklich gottlos. Leider gibt es neben dem lieben Gott Sonne 3 Viertel der Zeit den Teufel *Mistral*.

*Verflixt, die Samstagspost war schon da*, und ich war ganz sicher, daß ich einen Brief von Dir bekommen würde, aber Du siehst, daß ich deshalb nicht böse bin. Händedruck

t. à t.
Vincent

## An Theo van Gogh

Arles
21. oder 22. August 1888

Mein lieber Theo, ich schreibe Dir in großer Eile, doch um Dir zu sagen, daß ich gerade ein paar Zeilen von Gauguin erhalten habe, der sagt, daß er nicht geschrieben habe, weil er viel gearbeitet hätte, aber immer noch bereit sei, in den Süden zu kommen, sobald sich eine Gelegenheit ergibt.

Sie vergnügen sich sehr damit, zu malen, zu diskutieren und sich mit den tugendhaften Engländern zu schlagen; er sagt viel Gutes über die Arbeit von Bernard, und Bernard sagt viel Gutes über die Arbeit von Gauguin.

Mit der Begeisterung, mit der ein Marseiller eine Bouillabaisse ißt, bin ich gerade dabei zu malen, was Dich nicht wundern wird, denn ich male *große* Sonnenblumen.

Ich habe drei Bilder in Arbeit: 1) 3 große Blumen in einer grünen Vase, heller Hintergrund, Leinwand zu 15, 2) 3 Blumen, eine davon in Samen und ohne Blütenblätter & eine Knospe auf königsblauem Hintergrund, Leinwand zu 25, 3) zwölf Blumen & Knospen in einer gelben Vase (Leinwand zu 30). Das letzte ist also hell auf hell, und es wird das beste werden, hoffe ich. Dabei wird es vermutlich nicht bleiben.

In der Hoffnung, mit Gauguin in unserem eigenen Atelier zu leben, möchte ich gern einen Bilderschmuck für das Atelier machen. *Nichts als große Sonnenblumen.*

Du weißt, in dem Restaurant neben Deinem Geschäft, gibt es so schönen Blumenschmuck, ich erinnere mich immer an die große Sonnenblume im Schaufenster. Wenn ich diesen Plan zu Ende führe, habe ich am Ende ein Dutzend Bilder. Das Ganze wird eine Symphonie in Blau und Gelb. Ich arbeite jeden Morgen von Sonnenaufgang an daran, weil die Blumen schnell verwelken und man das Ganze in einem Zug machen muß.

Es war richtig, daß Du Tasset gesagt hast, daß er uns einige Tuben Farbe für die 15 Francs Porto der zwei nicht frankierten Sendungen geben muß. Wenn ich die Sonnenblumen fertig habe, wird mir vielleicht Gelb & Blau fehlen, aus diesem Grund werde ich eine kleine Bestellung machen. Die normale Leinwand von Tasset, die um 50 Centimes teurer war als die von Bourgeois, gefällt mir sehr, und sie ist sehr gut grundiert.

Ich bin sehr froh, daß es Gauguin gut geht. Ich fange an, den Süden mehr und mehr zu lieben.

Ich habe noch eine Studie von staubigen Disteln in Arbeit mit einem riesigen Schwarm von weißen und gelben Schmetterlingen.

Mir fehlen noch Modelle, die ich dieser Tage zu bekommen hoffte.

Koning hat geschrieben, daß er in Den Haag bleiben wird, er hat die Absicht, Dir Studien zu schicken.

Ich habe einen Haufen Ideen für neue Bilder. Ich habe heute das Kohlenschiff wiedergesehen, von dem ich Dir schon geschrieben habe, mit Arbeitern, die es entladen, und an derselben Stelle Sandkähne, von denen ich Dir eine Zeichnung geschickt habe. Das wäre ein wirklich schönes Motiv. Nur beginne ich mehr und mehr, eine einfache Technik zu suchen, die vielleicht nicht impressionistisch ist. Ich möchte so malen, daß letztlich alle, die Augen haben, es klar sehen könnten – Ich schreibe in Eile, aber möchte ein paar Zeilen an die Schwester beilegen. Händedruck, ich muß zurück an die Arbeit. t. à t.

Vincent

Gauguin hat gesagt, daß Bernard ein Album mit Skizzen von mir gemacht habe und daß er es ihm gezeigt habe.

**An Theo van Gogh** **Arles**
**etwa 29. September 1888**

Mein lieber Theo, vielen Dank für Deinen Brief und den 50-Francsschein, den er enthielt. Es ist wirklich nicht schön, daß Du wieder Schmerzen in Deinem Bein hast – mein Gott – Du müßtest ebenfalls im Süden leben können, denn ich denke immer, daß wir Sonne und gutes Wetter und blauen Himmel als bestes Heilmittel brauchen. Das Wetter hier ist weiterhin schön, und wenn es immer so wäre, dann wäre dies besser als das Paradies der Maler, es wäre ganz und gar Japan. Jeden Augenblick und überall denke ich an Dich, an Gauguin und an Bernard. Es ist so schön, und ich wünschte so sehr, Euch alle hier zu sehen.

Beiliegend eine kleine Skizze von einem Bild zu 30 – endlich der Sternenhimmel, während der Nacht selbst unter einer Gaslaterne gemalt. Der Himmel ist grünblau, das Wasser ist königsblau, das Gelände mauve. Die Stadt ist blau und violett, das Gaslicht ist gelb, und die Reflexe sind rotgolden und gehen bis ins Bronzegrün. Auf der grünblauen Fläche des Himmels bekommt der Große Bär ein grünrosa Funkeln, dessen sanfte Blässe gegen das harte Gold des Gaslichts absticht.

Zwei farbige Figuren eines Liebespaars im Vordergrund.

Außerdem die Skizze eines Bildes zu 30, die das Haus und seine Umgebung unter einer schwefelgelben Sonne, unter einem Himmel von reinem Kobaltblau zeigt. Das Motiv ist ziemlich schwierig! Aber gerade deshalb will ich es hinkriegen. Denn es ist furchtbar, diese gelben Häuser in der Sonne, und dann die unvergleichliche Frische des Blau.

Das ganze Gelände ist ebenfalls gelb. Ich werde Dir noch eine bessere Zeichnung als diese aus dem Kopf gemachte Skizze schicken, das Haus links, das von einem Baum beschattet wird, ist rosa und hat grüne Fensterläden.

Dort ist das Restaurant, wo ich jeden Tag essen gehe, mein Freund der Briefträger wohnt am Ende der Straße links zwischen den beiden Eisenbahnbrücken.

Das Nachtcafé, das ich gemalt habe, ist nicht auf dem Bild, es befindet sich links neben dem Restaurant.

Milliet findet das scheußlich. Aber auch wenn er sagt, daß er nicht versteht, wie es einem Vergnügen machen kann, ein so gewöhnliches Lebensmittelgeschäft und so starre und eckige Häuser ohne jede Anmut zu malen, muß ich Dir nicht sagen, daß ich daran denke, daß Zola am Anfang von L'assommoir einen bestimmten Boulevard beschrieben hat und Flaubert am Anfang von Bouvard et Pécuchet eine Ecke des Quai de la Villette im Hochsommer, die ganz bestimmt nicht schlecht sind. Und es tut mir gut, etwas Schwieriges zu machen. Das ändert nichts daran, daß ich ein enormes Bedürfnis nach – soll ich das Wort sagen – Religion habe; also gehe ich nachts nach draußen, um die Sterne zu malen, und ich träume immer von einem Bild mit einer Gruppe von lebendigen Gestalten meiner Freunde.

Jetzt habe ich einen Brief von Gauguin, der sehr traurig zu sein scheint und sagt, daß er bestimmt kommen wird, sobald er etwas verkauft hat, aber er äußert sich noch immer nicht eindeutig dazu, ob er ganz einfach bereit wäre, sich dort loszumachen, wenn er seine Reise bezahlt bekäme. Er sagt, daß die Leute, bei denen er wohnt, für ihn großartig sind und sehr gut zu ihm waren und es gemein wäre, so von ihnen wegzugehen. Aber ich stieße ihm einen Dolch ins Herz, wenn ich glaubte, daß er nicht sofort käme, wenn er könnte. Er wäre es übrigens auch zufrieden, wenn Du seine Bilder zu niedrigerem Preis verkaufen könntest. Ich werde Dir seinen Brief mit meiner Antwort schicken.

Sein Kommen würde die Bedeutung dieses Unternehmens, im Süden zu malen, um 100 Prozent erhöhen. Und wenn er erst einmal hier ist, sehe ich ihn nicht wieder fortgehen, weil ich glaube, daß er hier Wurzeln schlagen wird.

Und ich sage mir, daß das, was Du privat tust, durch seine Mitarbeit endlich eine ernsthaftere Sache wäre als durch meine Arbeit allein; ohne Erhöhung der Ausgaben würdest Du tiefere Befriedigung darin finden.

Später, wenn Du eines Tages vielleicht die impressionistischen Bilder auf eigene Rechnung verkaufst, müßte man nur im Größeren weiterführen, was jetzt schon besteht. Zu guter Letzt spricht Gauguin davon, daß Laval jemanden gefunden hat, der ihm für mindestens ein Jahr monatlich 150 Francs geben will, und daß Laval im Februar vielleicht auch kommen würde. Und als ich Bernard geschrieben hatte, ich glaubte, daß er im Süden nicht mit weniger als 3,50 oder 4 Francs pro Tag allein für Unterkunft & Verpflegung leben könnte, sagte er, daß er glaube, man bekomme Verpflegung und Unterkunft für alle 3 für 200 Francs im Monat, was übrigens nicht undenkbar ist, wenn man im Atelier wohnt & ißt.

Dieser Benediktinerpater muß recht interessant gewesen sein. Was wäre seiner Meinung nach die Religion der Zukunft? Vermutlich würde er sagen, immer dieselbe wie die in der Vergangenheit. Victor Hugo sagt, Gottes Licht ist zuweilen verdunkelt, und sicherlich gehen wir jetzt gerade durch eine solche Dunkelheit.

Ich wollte nur, man fände für uns etwas Beruhigendes und Tröstendes, damit wir aufhörten, uns schuldig oder unglücklich zu fühlen, und damit wir, so wie wir sind, gehen könnten, ohne uns in der Einsamkeit oder im Nichts zu verirren und ohne bei jedem Schritt das Böse befürchten oder Angst haben zu müssen, daß wir es, ohne es zu wollen, anderen zufügen könnten.

Dieser merkwürdige Giotto, dessen Biographie berichtet, daß er immer leidend, aber immer auch voller Leidenschaft und Ideen war, das ist die Sicherheit, die in allen Situationen glücklich, fröhlich und lebendig macht und die ich gerne erlangen würde. Dies kann viel eher auf dem Lande oder in einer kleinen Stadt geschehen als in der Hölle von Paris.

Ich wäre nicht überrascht, wenn Dir die Sternennacht und die gepflügten Felder gefielen – sie sind ruhiger als andere Bilder. Wenn die Arbeit immer so gut von der Hand ginge, hätte ich weniger Geldsorgen, denn die Leute fänden viel leichter Zugang, wenn meine Malweise harmonischer wäre. Aber dieser verdammte Mistral hindert einen sehr, Pinselstriche zu machen, die sich zusammenfügen und mit Gefühl verbinden wie eine Musik, die voller Gefühl gespielt wird.

Bei diesem ruhigen Wetter lasse ich mich treiben, und ich habe nicht mit so vielen Widrigkeiten zu kämpfen.

Die Sendung von Tanguy ist angekommen, und ich danke Dir sehr, sehr herzlich dafür, denn ich hoffe nun, im Herbst etwas für die nächste Ausstellung machen zu können. Was jetzt das wichtigste ist, das sind 5 oder gar 10 Meter Leinwand. Ich schreibe Dir bald wieder und werde Dir Gauguins Brief mit der Antwort schicken. Sehr interessant ist, was Du von Maurin sagst, 40 Francs sind für seine Zeichnungen sicherlich nicht viel. Ich bin immer sicherer, daß man daran glauben soll, daß der wahre und rechte Bilderhandel darin besteht, sich auf seinen Geschmack zu verlassen, seine Schulung durch die Meister, kurzum auf seinen Glauben. Es ist nicht leichter, davon bin ich überzeugt, ein gutes Bild zu machen, als einen Diamanten oder eine Perle zu finden, das erfordert Mühe, und als Händler wie als Künstler riskiert man dabei sein Leben. Hat man erst einmal gute Steine, dann sollte man auch nicht mehr an sich zweifeln, und entschlossen an einem bestimmten Preis festhalten.

Inzwischen heißt es abwarten .... aber trotzdem ermutigt mich der Gedanke zu arbeiten, wenn ich natürlich auch darunter leide, Geld ausgeben zu müssen. Aber mitten im

Leiden ist mir der Gedanke von der Perle gekommen, und ich würde mich nicht wundern, wenn er Dir in den Stunden der Mutlosigkeit auch guttäte. Es gibt nicht mehr gute Bilder als Diamanten.

Und Handel mit Edelsteinen zu treiben, das hat nun wirklich nichts Ehrenrühriges. Man darf an sich selbst glauben, weil man sieht, daß die Sache, die man verkauft, gut ist. Wenn die Leute jetzt trotzdem auch Straß lieben, so stehe ihnen das frei, und wenn sie ihn wollen, gut, dann kann man das im Geschäft haben.

Aber für den Glauben an sich selbst ist das nicht genug – mit guten Bildern aber kann man an sich selbst glauben und sicher sein, weil es nämlich reiner Irrtum ist, zu glauben, daß es davon so viel gibt, wie man nur will. Vielleicht drükke ich mich schlecht aus, aber ich habe in der letzten Zeit viel darüber nachgedacht und nach der Affäre Gauguin meine Ruhe wiedergefunden.

Alle diese Gauguins sind Edelsteine, und wir sollten eifrig Gauguins anbieten.

Milliet läßt Dich grüßen, ich habe sein Porträt jetzt mit dem roten Käppi vor smaragdgrünem Hintergrund und auf diesem Hintergrund die Zeichen seines Regiments, der Halbmond und ein fünfzackiger Stern.

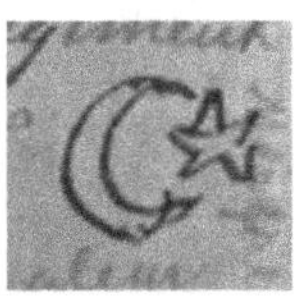

Ein kräftiger Händedruck und bis bald und herzlichen Dank und ich hoffe, daß die Schmerzen nicht zu lange dauern werden. Hast Du noch einmal einen Arzt aufgesucht? Pflege Dich, weil körperliche Schmerzen so nervös machen.

t. à t.
Vincent

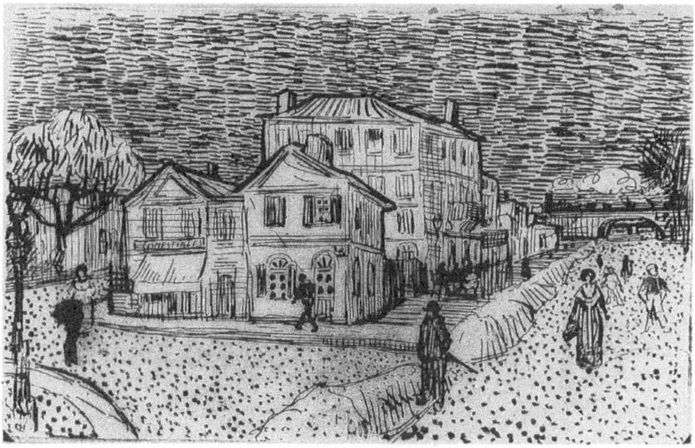

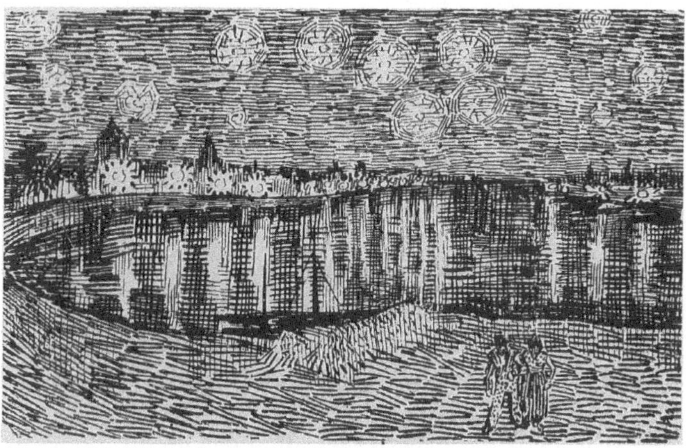

## An Paul Gauguin

Arles
3. Oktober 1888

Mein lieber Gauguin, heute morgen habe ich Ihren vortrefflichen Brief erhalten, den ich wiederum meinem Bruder geschickt habe; Ihre Auffassung des Impressionisten im allgemeinen, dessen Symbol Ihr Porträt ist, bewegt mich sehr. Ich bin überaus neugierig, es zu sehen – aber es will mir scheinen, da bin ich im voraus sicher, daß dieses Werk zu bedeutend ist, als daß ich es im Tausch haben wollte.

Aber wenn Sie es für uns reservieren wollen, wird mein Bruder, wenn Sie wollen, es Ihnen bei der ersten Gelegenheit abnehmen, worum ich ihn sofort gebeten habe, und wir wollen hoffen, daß das schon bald sein wird.

Denn wir werden immer wieder versuchen, Ihr Kommen möglichst zu beschleunigen.

Ich muß Ihnen sagen, daß ich selbst während der Arbeit unaufhörlich an das Vorhaben denke, mit Ihnen und mir als festen Bewohnern ein Atelier zu gründen, aus dem wir beide aber ein Obdach und einen Zufluchtsort für die Freunde machen, wenn sie in ihrem Kampf nicht mehr ein noch aus wissen. Als Sie von Paris abgereist sind, haben mein Bruder und ich noch eine Zeit miteinander verbracht, die mir immer unvergeßlich bleiben wird. Die Diskussionen weiteten sich aus – mit Guillaumin, mit Vater und Sohn Pissarro, mit Seurat, den ich nicht kannte (ich habe sein Atelier erst wenige Stunden vor meiner Abreise besucht). In diesen Diskussionen ging es oft um das, was mir und meinem Bruder so sehr am Herzen liegt, nämlich Maßnahmen zu ergreifen, um die materielle Existenz der Maler zu sichern, um ihnen die Arbeitsmaterialien (Farben, Leinwand) zu sichern und um ihnen direkt ihren Anteil an den Preisen zu sichern, die ihre Bilder nicht sofort erzielen, sondern erst lange nachdem sie nicht mehr im Besitz der Künstler selbst sind.

Wenn Sie hier sind, werden wir alle diese Diskussionen noch einmal Revue passieren lassen.

Wie dem auch sei, als ich Paris verlassen habe, sehr, sehr traurig, ziemlich krank und nahe am Alkoholismus, weil ich mich zu sehr abgerackert hatte, als meine Kräfte mich schon verließen – da habe ich mich in mich selbst zurückgezogen, ohne noch zu wagen zu hoffen.

Aber jetzt erscheint mir am Horizont eine vage Hoffnung, diese aufleuchtende Hoffnung, die mich in meinem einsamen Leben so manches Mal getröstet hat.

Nun aber ist es mein Wunsch, auch Ihnen diese Zuversicht zu vermitteln, daß wir so gut wie sicher sein können, etwas wirklich Dauerhaftes zu gründen.

Wenn wir über diese seltsamen Tage voller Diskussionen in den armseligen Ateliers und in den Cafés auf dem *kleinen* Boulevard sprechen werden, und wenn Sie meines Bruders und meine Konzeption im Ganzen sehen werden, die noch nicht in einer tatsächlichen Künstlervereinigung Realität geworden ist.

Trotzdem werden Sie sehen, daß alles, was wir künftig tun werden, um dem schrecklichen Zustand, der in den letzten Jahren herrschte, abzuhelfen, entweder das sein wird, was wir gesagt haben oder doch etwas Ähnliches. Wenn wir Ihnen alles erklärt haben, werden Sie sehen, daß wir die Sache auf eine sichere Basis gestellt haben. Und Sie werden uns beipflichten, daß wir sogar noch *über* jenen Plan *hinaus*gegangen sind, den wir Ihnen schon mitgeteilt haben. Daß wir darüber hinausgegangen sind, das ist nur unsere Pflicht als Bilderhändler, denn Sie wissen vielleicht, daß auch ich Jahre im Handel verbracht habe und das Metier nicht verachte, in dem ich mein Brot verdient habe.

All das, um Ihnen zu sagen: ich glaube nicht, daß Sie die direkte Verbindung mit Paris verlieren, auch wenn Sie sich scheinbar von Paris trennen.

Ich bin zur Zeit voll von außerordentlichem Arbeitsfieber, im Augenblick ringe ich mit einer Landschaft mit blauem Himmel über einem weiten grünen, purpurnen, gelben Weinberg mit schwarzen und orangefarbenen Weinranken. Kleine Frauenfiguren mit roten Sonnenschirmen, kleine Figuren von Winzern mit ihrer Karre beleben ihn zusätzlich. Im Vordergrund grauer Sand. Wieder eine Leinwand zu 30 für die Dekoration des Hauses.

Ich habe ein ganz aschenfarbiges Porträt von mir. Die aschgraue Farbe ist das Resultat einer Mischung von Veroneser Grün mit oranger Mennige auf einem ganz einfarbigen Hintergrund von blassem Veroneser Grün, das Ganze zusammen mit braunroter Kleidung. Aber indem ich meine Persönlichkeit durch Übertreibung herausarbeiten wollte, hatte ich eher den Charakter eines Bonzen gesucht, eines einfachen Anbeters des ewigen Buddha. Es hat mich viel Mühe gekostet, aber ich werde es noch einmal neu machen müssen, wenn es mir gelingen soll, das wirklich auszudrücken. Ich werde sogar noch mehr den konventionellen Stumpfsinn unserer sogenannten Zivilisation abstreifen müssen, um ein besseres Modell für ein besseres Bild zu haben.

Was mich besonders freut, ist, daß ich gestern einen Brief von Boch (seine Schwester ist bei den belgischen Vingtisten) bekommen habe, der schreibt, daß er sich im Borinage niedergelassen hat, um dort Bergarbeiter und Kohlengruben zu malen. Um andere Eindrücke zu gewinnen, will er jedoch auf das zurückkommen, was er sich vom Süden verspricht –, und für diesen Fall wird er gewiß nach Arles kommen.

Ich finde meine Auffassung von der Kunst im Vergleich mit der Ihren äußerst schlicht.

Ich habe immer den rohen Appetit eines Tieres. Ich vergesse alles, was die äußere Schönheit der Dinge angeht, die ich nicht wiedergeben kann, weil ich sie häßlich und grob auf meinem Bild wiedergebe, während mir die Natur vollkommen erscheint.

Jetzt ist aber mein Knochengerüst so in Schwung, daß es direkt aufs Ziel losgeht, daher vielleicht die manchmal echte Ernsthaftigkeit, in dem was ich fühle, wenn sich das Motiv überhaupt für meine brutale und ungeschickte Ausführung eignet.

Ich glaube, wenn Sie sich von jetzt an als Chef dieses Ateliers fühlen würden, aus dem wir nach und nach einen Zufluchtsort für andere machen wollen, in dem Maße wie unsere eifrige Arbeit uns die Mittel verschafft, um die Sache zu vollenden – ich glaube, daß Sie sich einigermaßen über das gegenwärtige Unglück von Geldnot und Krankheit hinweggetröstet fühlten, wenn Sie bedenken, daß wir wahrscheinlich unser Leben für eine Generation von Malern hingeben, die noch lange fortbestehen wird.

Die Gegend hier hat schon den Venuskult – in Griechenland eine ausgesprochen künstlerische Angelegenheit – und dann auch die Dichter und die Künstler der Renaissance gesehen. Da, wo so etwas hat blühen können, kann es auch der Impressionismus.

Für das Zimmer, in dem Sie wohnen werden, habe ich eine besondere Dekoration gemacht, den Garten eines Dichters (unter den Skizzen, die Bernard hat, befindet sich eine erste, später vereinfachte Konzeption). In jedem gewöhnlichen öffentlichen Park gibt es Pflanzen und Sträucher, die einen von Landschaften träumen lassen, in denen man sich gern Botticelli, Giotto, Petrarca, Dante und Boccaccio vorstellt. Ich habe in der Dekoration versucht, dem Form zu geben, was den unabänderlichen Charakter der Gegend hier ausmacht.

Und ich wollte, ich hätte diesen Garten so gemalt, daß man gleichzeitig an Petrarca, den alten Dichter dieser Gegend (oder genauer der Gegend von Avignon) und an den neuen Dichter von hier dächte – Paul Gauguin –

Wie ungeschickt dieser Versuch auch sein mag, Sie werden daran vielleicht trotzdem erkennen, daß ich an Sie gedacht habe, als ich Ihr Atelier mit wirklich großer innerer Bewegung vorbereitet habe.

Wir wollen guten Mutes sein, daß unser Vorhaben gelingt, und Sie sollen sich hier immer zu Hause fühlen, denn ich glaube fest daran, daß all dies von langer Dauer sein wird.

Kräftiger Händedruck und immer

t. à v.
Vincent

Nur fürchte ich, daß Sie die Bretagne schöner finden werden – auch wenn Sie hier nichts Schöneres als Daumier finden würden, die Figuren hier sind oft reine Daumiers. Nun, und Sie werden bald hinter aller Modernität die verborgene Antike und die Renaissance entdecken. Nun, es steht Ihnen frei, diese wiederzuerwecken.

Bernard spricht davon, daß er, Moret, Laval und ein anderer mit mir Bilder tauschen wollen. Ich bin im Prinzip für den Tausch unter Künstlern, weil ich sehe, daß das einen hohen Stellenwert im Leben der japanischen Maler hatte. Ich werde Ihnen also demnächst die Studien schicken, die ich im Moment in trockenem Zustand zur Verfügung habe, und Sie sollen als erster wählen.

Aber ich tausche mit Ihnen nicht, wenn Sie das Ihrerseits etwas so Bedeutendes kosten würde wie Ihr Selbstporträt, das zu schön wäre. D a s würde ich bestimmt nicht wagen, denn mein Bruder wird es Ihnen gerne für einen ganzen Monatsunterhalt abnehmen.

**An Émile Bernard** **Arles**
**etwa 5. Oktober 1888**

Mein lieber Freund Bernard.

Fast gleichzeitig mit der Absendung meiner Studien ist die Sendung von Dir und Gauguin angekommen. Es hat mich sehr vergnügt und mir das Herz erwärmt, die beiden Gesichter wiederzusehen. Dein Porträt, weißt Du, mag ich sehr. Mir gefällt übrigens alles, was Du machst, wie Du weißt, und vielleicht hat niemand außer mir und vor mir so sehr gemocht, was Du machst.

Ich rate Dir, beschäftige Dich ernsthaft mit dem Porträt, macht so viele wie möglich und gebt nicht auf. In der Zukunft müssen wir das Publikum durch das Porträt gewinnen; darin liegt meiner Meinung nach die Zukunft. Aber verlieren wir uns jetzt nicht in Mutmaßungen. Weil ich gerade dabei bin, Dir zu danken, so habe Dank auch für die Sammlung von kleinen Skizzen mit dem Titel: Au Bordel.

Bravo! Die Frau, die sich wäscht, und die andere, die sagt: »Es gibt keine zweite, die einen Mann wie ich rannimmt«, scheinen mir die besten; die anderen sind zu verzerrt und vor allem zu lau, zu wenig fleischlich, nicht gut genug gebaut.

Aber egal, das ist etwas ganz Neues und Interessantes, wie das Übrige auch – im Bordell – ja, das ist es, was man machen muß, und ich versichere Dir, ich beneide Dich fast um dieses Mordsglück, daß Du dort in Uniform hineingehen kannst; darauf stehen diese kleinen Weibsbilder. Das Gedicht am Ende ist wirklich schön, es steht besser auf seinen Beinen als manche der Figuren. Was Du willst und was Du Deinen Glauben nennst, das klingt gut, wie Du es sagst.

Schreib mir, wann Du in Paris bist. Wie ich Dir schon tausendmal geschrieben habe, ist mein Nachtcafé kein Bordell; es ist ein Café, wo Nachtschwärmer nicht länger Nachtschwärmer sind, weil sie die Nacht träge an den Tischen verbringen, statt herumzuschwärmen. Zufällig bringt mal eine Hure ihren Typ mit. Aber als ich eines Nachts dorthin kam, habe ich einen Zuhälter und seine Hure dabei überrascht, wie sie sich nach einem Krach wieder versöhnten. Die Frau spielte die Gleichgültige und Stolze, der Mann umschmeichelte sie. Ich habe das dann für Dich aus dem Kopf auf eine kleine Leinwand zu 4 oder 6 gemalt. Nun, falls Du bald schon abreist, schicke ich es Dir nach Paris; wenn Du noch bleibst, schreibe mir das, dann schikke ich es Dir nach Pont-Aven; es war noch nicht trocken genug, um es der Sendung beizulegen.

Ich möchte diese Studie nicht signieren, denn ich arbeite sonst nie aus dem Kopf. Die Farben werden Dir gefallen, aber noch mal, ich mache da für Dich eine Studie, die ich lieber nicht machen würde. Ein großes Bild – einen Christus mit dem Engel in Gethsemane – und ein anderes, das den Dichter mit einem Sternenhimmel darstellt, habe ich trotz der richtigen Farbgebung erbarmungslos vernichtet, weil ich die Form nicht vorher nach dem Modell studiert hatte, was in diesen Fällen notwendig gewesen wäre.

Falls Dir die Studie, die ich Dir zum Tausch schicke, nicht gefällt, dann betrachte sie nur etwas länger.

Es war eine Mordsarbeit, sie bei dem ärgerlichem Mistral zu machen (wie auch die Studie in Rot und Grün). Na ja, auch wenn sie nicht so fließend gemalt ist wie die Alte Mühle, so ist sie doch feiner und intimer. Du siehst, all das ist überhaupt nicht impressionistisch; nun ja, nichts dran zu ändern. Ich mache, was ich mache, voller Hingabe an die Natur, ohne an dieses oder jenes zu denken. Wenn Du aus der Sendung lieber eine andere Studie als die Sandablader haben möchtest, kannst Du selbstverständlich eine nehmen und meine Widmung abkratzen, wenn ein anderer sie will. Aber ich glaube, daß sie Dir gefallen wird, sobald Du sie ein wenig länger betrachtet hast.

Wenn Laval, Moret und der andere mit mir tauschen wollen, ausgezeichnet! Ich meinerseits würde mich vor allem freuen, wenn sie Selbstporträts machen würden.

Du weißt, Bernard, ich glaube immer, daß ich mehr Geld bräuchte, als ich habe, wenn ich Bordellstudien machen will, ich bin nicht jung und auch nicht so attraktiv für die Frauen, daß sie für mich umsonst Modell stünden. Und ohne Modell kann ich nicht arbeiten. Ich behaupte ja nicht, daß ich der Natur nicht manchmal einfach den Rücken kehre, wenn ich eine Studie in ein Bild verwandle, wenn ich die Farbe anpasse, vergrößere und vereinfache; aber was die Form angeht, so habe ich große Angst, mich von dem zu entfernen, was möglich und richtig ist.

Vielleicht später, nach noch einmal zehn Jahren Studien, wer weiß; aber wahrlich und wahrhaftig, ich habe soviel Neugier auf das, was möglich ist und wirklich existiert, daß ich kaum den Wunsch und den Mut habe, nach dem Ideal zu streben, wie es sich aus m e i n e n abstrakten Studien ergeben könnte.

Andere haben vielleicht mehr Gefühl für abstrakte Studien als ich, und sicher gehören Du und Gauguin dazu und vielleicht auch ich, wenn ich mal alt bin.

Aber bis das soweit ist, verschlinge ich immer wieder Natur. Ich übertreibe, ich ändere manchmal am Motiv; aber letztlich erfinde ich nicht das ganze Bild, im Gegenteil, ich finde es fertig vor, ich muß es aus der Natur herausarbeiten.

Vermutlich wirst Du diese Studien häßlich finden. Ich weiß nicht. Auf jeden Fall sollten weder Du noch ich, noch sonst jemand gegen seinen Willen tauschen.

Mein Bruder schreibt, daß Anquetin wieder in Paris ist, ich bin gespannt zu erfahren, was er gemacht hat. Wenn Du ihn siehst, grüße ihn herzlich von mir.

Das Haus wird mir jetzt viel bewohnter erscheinen, wenn ich dort Eure Porträts sehe.

Wie froh wäre ich, Dich selbst diesen Winter hier zu sehen! Es ist wahr, daß die Reise ein wenig teuer ist. Aber kann man diese Kosten nicht riskieren und sie durch die Arbeit wieder hereinholen? Im Winter ist die Arbeit im Norden so schwierig! Hier vielleicht auch, ich habe ja noch kaum Erfahrung, man wird abwarten müssen; aber um die Japaner besser zu verstehen, ist es verdammt nützlich, den Süden zu sehen, wo das Leben sich viel mehr im Freien abspielt.

Und dann wäre auch das irgendwie Stolze und Vornehme, das hier manche Gegenden haben, sicherlich nach Deinem Geschmack. Auf dem Roten Sonnenuntergang muß man sich die Sonne weiter oben denken, außerhalb des Bildes, etwa in der Höhe des Rahmens. Eine Stunde oder anderthalb vor ihrem Untergang hat alles auf der Erde noch die eigene Farbe, so wie hier. Später, sobald die Strahlen der Sonne horizontaler werden, färben sich Blau und Violett mehr nach Schwarz. Nochmals Dank für Deine Sendung, die mir wirklich das Herz erwärmt hat.

In Gedanken einen guten Händedruck. Schreibe mir, an welchem Tag Du abreist, damit ich weiß, wann Du in Paris bist; Adresse in Paris, wie immer Avenue Beaulieu 5, nicht wahr?

t. à t.
Vincent

## An Theo van Gogh

**Arles**
**16. Oktober 1888**

Mein lieber Theo – endlich schicke ich Dir eine kleine Skizze, um Dir wenigstens einen Eindruck zu vermitteln, welche Richtung die Arbeit nimmt. Denn heute habe ich damit angefangen. Meine Augen sind noch müde, aber endlich habe ich eine neue Idee im Kopf, und hier ist die Skizze davon. Wieder ein Bild zu 30.

Es ist diesmal ganz einfach mein Schlafzimmer, nur die Farbe soll eine Rolle spielen und durch Vereinfachung den Dingen einen größeren Stil geben und so den Eindruck von R u h e oder S c h l a f allgemein wiedergeben. Kurz, der Blick auf das Bild soll den Kopf oder vielmehr die Einbildungskraft beruhigen. –

Die Wände sind blaßviolett. Der Boden besteht aus roten Fliesen.

Das Holz des Bettes und die Stühle sind gelb wie frische Butter, das Laken und die Kopfkissen sehr hell zitronengrün.

Die Bettdecke scharlachrot.

Das Fenster grün.

Der Waschtisch orange, die Waschschüssel blau.

Die Türen lila.

Und das ist alles – sonst nichts in diesem Zimmer mit geschlossenen Fensterläden.

Die Kompaktheit der Möbel soll jetzt noch die unerschütterliche Ruhe ausdrücken. An der Wand Porträts und ein Spiegel und ein Handtuch und ein paar Kleidungsstücke.

Der Rahmen – da es auf dem Bild kein Weiß gibt, soll weiß sein.

Dies um mich für die erzwungene Ruhe zu rächen, die ich einhalten mußte.

Ich werde morgen noch den ganzen Tag daran arbeiten, aber Du siehst, wie einfach die Konzeption ist. Die Schatten und die Schlagschatten sind weggelassen, es ist mit flachen und natürlichen Farbtönen koloriert wie die Japandrucke.

Das wird zum Beispiel ein deutlicher Kontrast zur Postkutsche von Tarascon und zum Nachtcafé.

Ich schreibe Dir nicht viel, denn ich werde morgen sehr früh mit dem ersten Morgenlicht beginnen, mein Bild fertig zu machen.

Was machen Deine Schmerzen, vergiß nicht, mir davon zu berichten.

Ich hoffe, daß Du in diesen Tagen schreiben wirst.

Ich werde Dir demnächst auch Skizzen von den anderen Zimmern machen.

Ich drücke Dir fest die Hand

t. à t.
Vincent

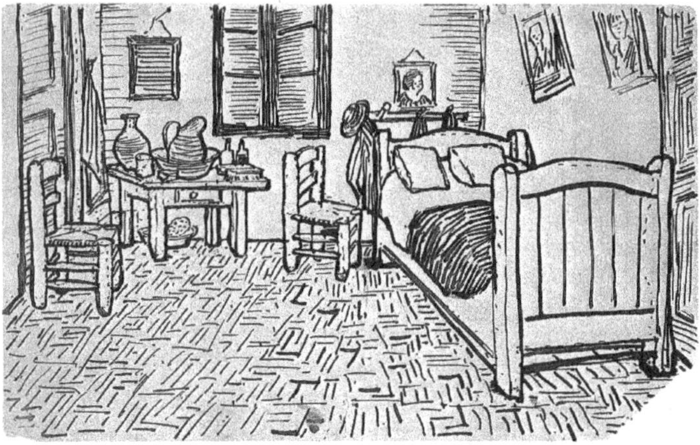

**An Theo van Gogh** **Arles**
**etwa 25. Oktober 1888**

Mein lieber Theo, hab Dank für Deinen Brief und den 50-Francsschein. Wie Du aus meinem Telegramm erfahren hast, ist Gauguin bei guter Gesundheit eingetroffen. Ich habe sogar den Eindruck, daß es ihm besser geht als mir.

Er ist natürlich sehr zufrieden mit dem Verkauf, den Du zuwege gebracht hast, und ich bin es nicht weniger, weil nun einige Ausgaben, die für die Einrichtung unbedingt nötig sind, nicht warten müssen und nicht Dir allein zur Last fallen. G. wird Dir sicher heute schreiben. Er ist als Mensch sehr, sehr interessant, und ich bin voller Zuversicht, daß wir mit ihm zusammen eine Menge Dinge machen werden. Er wird hier wahrscheinlich viel produzieren, und ich hoffe, ich vielleicht auch.

Und ich wage also für Dich zu hoffen, daß die Last für Dich etwas weniger schwer wird, ich wage sogar zu hoffen, viel weniger.

Ich habe das Gefühl, daß ich unbedingt produzieren muß, bis ich davon seelisch zerstört und physisch leer bin, weil ich ansonsten kein anderes Mittel habe, jemals unsere Ausgaben wieder hereinzuholen.

Ich kann nichts dafür, daß meine Bilder sich nicht verkaufen.

Aber der Tag wird kommen, wo man sehen wird, daß sie mehr wert sind als das Geld, das wir für die Farbe und meinen insgesamt sehr kümmerlichen Lebensunterhalt aufwenden.

Was das Geld oder die Finanzen angeht, so habe ich keinen anderen Wunsch und keine andere Sorge, als erst einmal keine Schulden zu haben.

Aber, mein lieber Bruder, meine Schulden sind so groß, wenn ich die abbezahlt habe, was ich denke, schaffen zu können, dann wird die Mühe, Bilder zu produzieren, mein ganzes Leben bestimmt haben, und es wird mir so vorkommen, als hätte ich nicht gelebt. Vielleicht wird mir die Produktion von Bildern schwerer werden, und was ihre Anzahl angeht, werden es wohl nicht so viele sein.

Daß sie sich jetzt nicht verkaufen, weckt in mir zwar die Angst, daß Du selber darunter leidest, aber wenn Du dadurch, daß ich nichts einbringe, nicht in Geldverlegenheit kommst, dann ist mir das einigermaßen gleichgültig.

Was die Finanzen angeht, so genügt es zu wissen, daß ein Mensch, der 50 Jahre lang lebt und zweitausend im Jahr ausgibt, insgesamt hunderttausend Francs ausgibt und daß er also auch hunderttausend verdienen muß. In einem Künstlerleben tausend Bilder zu hundert Francs zu machen, ist sehr, sehr, sehr hart, aber wenn das Bild hundert Francs kostet ...... selbst dann .... ist unsere Aufgabe manchmal noch sehr schwer. Aber daran ist nichts zu ändern.

Wir werden Tasset vermutlich ordentlich eins auswischen, denn Gauguin und auch ich werden wenigstens größtenteils billigere Farben verwenden. Die Leinwand werden wir auch selbst grundieren.

Einen Moment lang hatte ich das Gefühl, krank zu werden, aber Gauguins Ankunft hat mich so sehr abgelenkt, daß ich sicher bin, daß es vorübergeht. Ich muß nur eine Zeitlang aufpassen, daß ich das Essen nicht vernachlässige, das ist alles, wirklich alles.

Und nach einiger Zeit bekommst Du wieder Arbeiten von mir.

Gauguin hat ein wundervolles Bild mitgebracht, das er mit Bernard getauscht hat, bretonische Frauen auf einer grünweißen Wiese, schwarzgrün und eine Spur Rot und matte Fleischtöne. Kurz, wir wollen alle guten Mutes sein.

Ich glaube, daß der Tag kommen wird, wo auch ich etwas verkaufen werde, aber ich bin Dir gegenüber so sehr im Rückstand, gebe Geld aus und bringe nichts ein.

Dieses Gefühl macht mich manchmal traurig.

Ich bin sehr, sehr froh darüber, daß Du schreibst, daß einer der Holländer bei Dir wohnen wird und daß Du deshalb nicht mehr allein sein wirst, das ist wirklich, wirklich gut, vor allem, weil wir bald Winter haben. Jetzt bin ich in Eile und muß raus, um mich wieder an die Arbeit an einem weiteren Bild zu dreißig zu machen.

Bald, wenn Gauguin Dir schreibt, werde ich seinem Brief einen weiteren von mir beilegen.

Ich weiß natürlich nicht im voraus, was Gauguin zu der Gegend hier und unserem Leben sagen wird, aber auf jeden Fall ist er sehr zufrieden mit dem guten Verkauf, den Du für ihn getätigt hast.

Bis bald, und ich drücke Dir fest die Hand

t. à t.
Vincent

**An Theo van Gogh** **Arles**
**27. oder 28. Oktober 1888**

Mein lieber Theo, hab Dank für Deine Anweisung von 50 Francs, die ich gerade bekommen habe.

Ich wußte wohl, daß Gauguin viel gereist ist, aber ich wußte nicht, daß er ein echter Seemann war und die schwierigsten Situationen gemeistert hat, er ist wirklich Ausguck im Mastkorb gewesen und war ein richtiger Matrose. Das flößt mir ihm gegenüber enormen Respekt ein und gibt mir ein noch unbedingteres Vertrauen in seine Person. Wenn man ihn mit irgend etwas vergleichen will, dann hat er Ähnlichkeit mit den Islandfischern von Loti. Ich glaube, daß das auf Dich denselben Eindruck machen wird wie auf mich.

Jetzt haben wir natürlich schon gearbeitet, er arbeitet im Augenblick an einer Negerin und einer großen Landschaft von hier.

Was er von der Bretagne erzählt, ist äußerst interessant, und Pont-Aven ist eine erstaunliche Gegend. Gewiß ist dort alles besser, größer, schöner als hier. Von feierlicherem Charakter und vor allem viel geschlossener und viel klarer als die kleine, kümmerliche und verbrannte Natur der Provence. Das ist egal, er liebt wie ich trotzdem, was er sieht, und vor allem machen ihn die Frauen von Arles neugierig.

Diese Woche habe ich wieder eine Studie von einem Sämann gemacht, die Landschaft ganz flach, die Figur klein und vage.

Dann habe ich noch eine Studie eines gepflügten Feldes gemacht, mit dem Stamm einer alten Eibe, wie dieser hier.

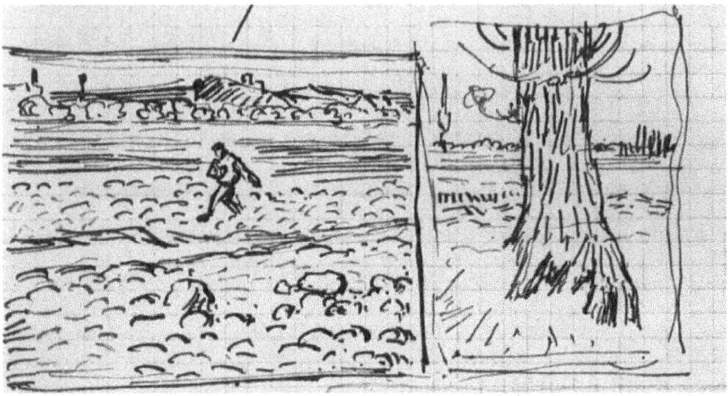

Das ist alles. Wie geht es Dir, hast Du etwas in Brüssel erreicht.

Ich bin immer noch sehr froh zu wissen, daß Du nicht mehr allein in Deiner Wohnung bist. Ich fühle mich immer noch, als wäre mein Hirn müde und ausgetrocknet, aber es geht mir diese Woche besser als die letzten vierzehn Tage. Was Gauguin von den Tropen erzählt, scheint mir wundervoll. Sicherlich liegt dort die Zukunft einer großen Renaissance der Malerei. Frage doch die neuen holländischen Freunde, ob sie je darüber nachgedacht haben, wie interessant es wäre, wenn einige holländische Maler eine Koloristenschule auf Java gründen würden. Wenn sie hören würden, wie Gauguin die heißen Länder beschreibt, dann würden sie sicherlich sofort Lust bekommen, das zu tun. Nicht jeder ist frei und hat die Möglichkeit, auswandern zu können. Aber was gäbe es da alles zu machen.

Ich bedaure, daß ich nicht zehn oder zwanzig Jahre jünger bin, ich ginge mit Sicherheit.

Jetzt ist es unwahrscheinlich, daß ich mich von der Küste wegbewege, und das kleine gelbe Haus hier in Arles wird bleiben, was es ist, nämlich eine Zwischenstation zwischen Afrika & den Tropen und den Menschen des Nordens. Es ist jetzt ziemlich sicher, daß Bernard nach Afrika gehen wird, wo er Milliet treffen wird, der Dich herzlich grüßen läßt und am 1. November abreist.

Am Abend, vor allem bei Gaslicht, liebe ich den Anblick des Ateliers.

Falls Du je noch Daumiers findest, so greife unbedingt zu. Und ich denke, daß wir abends Nachbarn und Freunde mit herbringen und am Abend plaudernd arbeiten werden wie tagsüber.

Porträts von Leuten bei Gaslicht, das scheint mir immer wieder etwas zu sein, was man machen sollte.

Ich drücke Dir herzlich die Hand, und schreib uns bald

t. à t.
Vincent

**An Theo van Gogh** **Arles**
**etwa 19. November 1888**

Mein lieber Theo, Gauguins Bild Enfants bretons ist angekommen, und er hat es sehr, sehr gut überarbeitet.

Aber obwohl ich dieses Bild recht gern mag, so ist es doch besser, wenn es verkauft wird, denn die beiden, die er Dir von hier schicken wird, sind dreißigmal besser.

Ich spreche von Les vendangeuses und La femme aux cochons. Der Grund dafür ist, daß G. sich allmählich von seinem Leber- oder Magenleiden erholt, das ihn in der letzten Zeit gequält hat.

Ich schreibe Dir jetzt, um darauf zu antworten, daß Du mir geschrieben hast, Du wolltest ein kleines Bild von einem rosa Pfirsichbaum rahmen lassen, ich glaube, um es bei ces messieurs unterzubringen.

Ich will deutlich sagen, was ich darüber denke.

Erstens, wenn Du Lust hast, dort eine schlechte oder eine gute Sache von mir unterzubringen, nun, wenn Dich das glücklich macht, dann hast Du natürlich, sei es jetzt oder später, völlig freie Hand.

Aber wenn Du es zu meiner Freude oder meinem Vorteil tun wolltest, dann hielte ich das jedoch für völlig unnötig.

Wenn Du mich fragst, was mir Freude macht, so ist es allein das, daß Du für Dich in Deiner Wohnung das behältst, was Dir von dem, was ich mache, gefällt, und daß Du jetzt davon nichts verkaufst.

Das übrige, was zuviel Platz wegnimmt, das schicke mir hierher zurück, aus dem guten Grunde, daß alles, was ich nach der Natur gemacht habe, aus dem Feuer geholte Kastanien sind.

Gauguin hat mir ganz gegen seinen und auch meinen Willen recht deutlich gemacht, daß es Zeit war, meine Arbeitsweise etwas zu ändern – ich fange an, aus dem Kopf zu komponieren, und für diese Arbeit werden mir alle meine Studien hilfreich sein, weil sie mich an Dinge erinnern werden, die ich früher einmal gesehen habe.

Warum sie also verkaufen, wenn wir nicht wirklich in Geldnot sind.

Übrigens bin ich im voraus sicher, daß Du die Sache am Ende genauso sehen wirst –

Du bist jemand bei den Goupils, aber ich sicher nicht, obwohl ich immerhin 6 Jahre dort gearbeitet habe, waren beide Seiten damit ganz und gar unzufrieden, sie mit mir, ich mit ihnen. Das ist eine alte Geschichte, aber so liegt der Fall.

Mach Du also so weiter, was aber einen Handel angeht, so scheint es mir unvereinbar mit meiner früheren Haltung, daß ich mit einem so harmlosen Bild wie diesem kleinen Pfirsichbaum oder etwas Ähnlichem wieder zurückkomme. Nein – Erst wenn ich in einem oder zwei Jahren genug für eine eigene Ausstellung habe, sagen wir etwa dreißig Bilder zu dreißig.

Und wenn ich dann zu ihnen sagen würde, wollen Sie die für mich organisieren, dann würde Boussod mich sicherlich zum Teufel jagen. Da ich sie unglücklicherweise nur allzu gut kenne, glaube ich nicht, daß ich mich an sie wenden werde. Nicht daß ich da irgend etwas kaputt machen wollte, im Gegenteil, Du mußt zugeben, daß ich mein Bestes tue, um alle anderen zu ihnen zu schicken –

Aber ich habe wirklich einen alten Zorn auf sie.

Du kannst sicher sein, daß ich Dich als Händler impressionistischer Bilder und als sehr unabhängig von den Goupils betrachte und daß es mir immer eine Freude sein wird, Künstler dorthin zu vermitteln. Aber ich möchte, daß Boussod genauso wenig wie früher jemals die Möglichkeit hätte zu sagen, »dieses kleine Bild ist nicht unbedingt schlecht für diesen jungen Anfänger«.

Im Gegenteil, ich werde nicht wieder zu ihnen gehen, lieber würde ich niemals etwas verkaufen, als ihnen anders als offen und ehrlich entgegenzutreten. Aber sie sind keine Leute, die offen und ehrlich handeln, also lohnt es nicht, wieder neu mit ihnen anzufangen. Sei versichert, je deutlicher wir den Schnitt machen, desto eher werden sie zu Dir kommen, um die Bilder zu sehen. Du verkaufst sie ja nicht, also machst Du, wenn Du meine Arbeiten zeigst, keine Geschäfte außerhalb der Firma Boussod V & C$^{ie}$. So handelst Du korrekt, das ist ehrenwert.

Wenn der eine oder andere trotzdem etwas kaufen will, gut, dann muß er sich direkt an mich wenden. Aber sei gewiß, wenn wir durchhalten, dann wird mein Tag kommen – – Im Augenblick kann und darf ich nichts anderes tun als arbeiten.

Eines doch noch, vielleicht antworte ich Jet Mauve noch und sage ihr eine Menge Dinge über Gauguin &c &c und schicke ihr Skizzen, und so werden Tersteeg indirekt noch die Ohren klingeln. Gauguin und ich sprechen oft über die

Notwendigkeit, in London auszustellen, und vielleicht schicken wir Dir einen Brief an Tersteeg zu lesen. Das heißt, falls Tersteeg einen energischen Nachfolger bekommt – dieser Tag kommt –, wird dieser nur mit den neuen Bildern arbeiten können.

Händedruck – wir brauchen noch ein paar Farben.

Ich muß Dir noch sagen, daß es mit 150 für jeden im Monat besser läuft, als mit 250 für mich allein. Nach einem Jahr wirst Du merken, daß es vorangeht.

Mehr kann ich noch nicht sagen. Ich bedaure etwas, daß ich ein Zimmer voller Bilder habe und trotzdem nichts zu schicken, wenn Gauguin Dir seine Sachen schickt.

Das kommt daher, daß Gauguin mir erklärt hat, wie man die pastos gemalten Sachen durch mehrmaliges Waschen entfetten kann. –

Danach muß ich sie mir natürlich wieder vornehmen, um sie zu überarbeiten.

Wenn ich sie Dir jetzt schicken würde, wäre die Farbe matter, als sie später sein wird.

Alle finden, daß das, was ich Dir geschickt habe, zu eilig gemacht ist, da sage ich nicht nein, und ich werde manche Änderung vornehmen.

Es tut mir unglaublich gut, solch intelligente Gesellschaft wie die von Gauguin zu haben und ihn arbeiten zu sehen. Du wirst sehen, bestimmte Leute werden G. vorwerfen, daß er keinen Impressionismus mehr macht.

Seine beiden letzten Bilder, die Du bald sehen wirst, sind sehr pastos im Farbauftrag, er hat sogar mit dem Messer gearbeitet. Und das wird seine bretonischen Bilder ein wenig in den Schatten stellen, nicht alle, aber einige. Ich habe fast keine Zeit zum Schreiben, sonst hätte ich den Holländern schon geschrieben. Ich habe wieder einen Brief von Boch bekommen, Du weißt schon, diesem Belgier, der eine Schwester bei den Vingtisten hat, er arbeitet dort oben mit viel Freude.

Ich hoffe sehr, daß wir mit Gauguin immer freundschaftlich und geschäftlich verbunden sein werden, und es wäre großartig, wenn es ihm gelingen würde, ein Atelier in den Tropen zu gründen.

Aber dafür braucht man nach meiner Berechnung mehr Geld als nach seiner.

Guillaumin hat Gauguin geschrieben, er scheint wirklich in der Klemme zu sein, hat aber wohl schöne Sachen gemacht. Er hat jetzt ein Kind, aber er ist schockiert von der Entbindung und sagt, daß er noch immer das Bild von all dem Rot vor Augen hat. Aber Gauguin hat ihm sehr gut geantwortet und gesagt, daß er, G., das selbst 6mal mit angesehen hat.

Jet Mauve geht es gesundheitlich viel besser, wie Du vielleicht weißt, wohnt sie seit dem letzten August in Den Haag, in der Nähe des jüdischen Friedhofs, also fast auf dem Lande.

Du verlierst nichts, wenn Du ein wenig auf meine Arbeiten wartest, und unsere lieben Freunde dürfen ruhig meine augenblicklichen Sachen verachten.

Glücklicherweise weiß ich genau, was ich will, und ihre Kritik, ich würde im Grunde zu hastig arbeiten, ist mir völlig gleichgültig.

Als Antwort darauf habe ich in den letzten Tagen noch schneller gearbeitet.

Gauguin sagte mir kürzlich – daß er ein sehr schönes Bild von Claude Monet mit Sonnenblumen in einer großen japanischen Vase gesehen hätte, aber – er mag meine lieber – Ich bin nicht derselben Meinung – aber ich glaube nicht, daß ich schlechter werde. Wie immer bedaure ich es, wie Du ja weißt, daß ich so selten Modelle habe, und die tausend Unannehmlichkeiten, um dieses Problem zu lösen.

Wenn ich ein ganz anderer Mensch wäre, wenn ich reich wäre, dann könnte ich das erzwingen, jetzt aber gebe ich nicht auf und wirke im stillen.

Wenn ich mit vierzig Jahren ein Figurenbild so mache wie die Blumen, von denen Gauguin sprach, dann kann ich mich als Künstler auch mit anderen messen.

Also durchhalten.

Inzwischen kann ich Dir schon sagen, daß die beiden letzten Studien recht seltsam sind. Bilder zu 30, ein Stuhl aus Holz und Strohgeflecht, ganz gelb auf roten Fliesen vor einer Wand (bei Tage). Dann Gauguins rotgrüner Sessel, Nachtstimmung, Wand und Fußboden ebenfalls rot und grün, auf dem Sitz zwei Romane und eine Kerze.

Auf Segeltuch dick aufgetragen.

Was ich über das Zurückschicken der Studien sagte, so eilt das überhaupt nicht, es handelt sich nur um die schlechten, die mir trotzdem als Dokumente dienen können, oder um die, die Dir in der Wohnung zuviel Platz wegnehmen. – Was ich allgemein über die Studien auch sagte, an einem halte ich fest, der Standpunkt muß klar sein, mache kein Geschäft für mich außerhalb der Firma, entweder komme ich nie wieder zu den Goupils zurück, was mehr als wahrscheinlich ist, oder ich komme offen und ehrlich zurück, was so gut wie unmöglich ist.

Nochmals ein Händedruck und danke für alles, was Du für mich tust

t. à t.
Vincent

**An Theo van Gogh** **Arles**
**etwa 11. Dezember 1888**

Mein lieber Theo

ich danke Dir vielmals für Deinen Brief, den beigelegten 100-Francsschein und auch für die Anweisung von 50 Francs.

Ich glaube, daß Gauguin die gute Stadt Arles, das kleine gelbe Haus, in dem wir arbeiten, und vor allem mich, ein wenig leid ist.

Tatsächlich gibt es für ihn wie für mich hier noch ernste Schwierigkeiten zu überwinden.

Aber diese Schwierigkeiten liegen eher in uns selbst als anderswo.

Insgesamt glaube ich, daß er entweder schlichtweg abreisen oder schlichtweg bleiben wird.

Ich habe ihm geraten, nachzudenken und noch einmal genau zu rechnen, bevor er handelt.

Gauguin ist sehr stark, sehr kreativ, aber gerade deshalb braucht er Frieden.

Wird er ihn jemals anderswo finden, wenn er ihn nicht hier findet.

Ich warte in aller Ruhe ab, daß er eine Entscheidung trifft – Herzlicher Händedruck

Vincent

**An Theo van Gogh** **Arles**
**2. Januar 1889**

HOSPICES CIVILS
de la
VILLE D'ARLES
*BOUCHES-DU-RHONE*

Arles, den 2. Januar 1889.

Mein lieber Theo,

um Dich ganz und gar über meinen Zustand zu beruhigen, schreibe ich Dir diese kurzen Zeilen im Zimmer von Herrn Assistenzarzt Rey, den Du selbst gesehen hast. Ich werde noch einige Tage hier im Krankenhaus bleiben – dann wage ich damit zu rechnen, daß ich in aller Ruhe nach Hause zurückkehren kann. Jetzt bitte ich Dich nur um eines, mache Dir keine Sorgen, denn das würde wiederum mir zu große Sorgen machen. –

Laß uns jetzt über unseren Freund Gauguin sprechen, habe ich ihn erschreckt? kurz, warum gibt er mir kein Lebenszeichen. Er ist wohl mit Dir abgereist. Er wollte übrigens Paris unbedingt wiedersehen, und in Paris wird er sich vielleicht mehr zu Hause fühlen als hier. Sage Gauguin, er soll mir schreiben und daß ich immer an ihn denke. Herzlicher Händedruck, Deinen Brief über Deine Begegnung mit den Bongers habe ich wieder und wieder gelesen. Es ist großartig. Ich für mich selbst bin es zufrieden, so zu bleiben, wie ich bin. Noch einmal einen herzlichen Händedruck für Dich & Gauguin.

t. à t.
Vincent

Schreibt immer an dieselbe Adresse, Place Lamartine 2.

**An Paul Gauguin (Abschrift im Brief an Theo van Gogh)** **Arles 4. Januar 1889**

Mein lieber Freund Gauguin ich nutze meinen ersten Ausgang aus dem Krankenhaus, um Ihnen einige Zeilen in wirklich aufrichtiger und tiefempfundener Freundschaft zu schreiben.

Ich habe im Krankenhaus, selbst bei hohem Fieber und dadurch bedingter Schwäche, viel an Sie gedacht.

Sagen Sie – war die Reise meines Bruders Theo denn wirklich nötig – mein Freund? Beruhigen Sie ihn jetzt wenigstens wieder, und Sie selbst bitte ich, haben Sie Vertrauen, daß es nichts Schlechtes gibt in dieser besten aller Welten, wo alles sich immer zum besten wendet.

Und dann möchte ich, daß Sie den guten Schuffenecker herzlich von mir grüßen, daß Sie bitte nichts Schlechtes über unser armes kleines gelbes Haus sagen, bevor Sie nicht alles gründlich von allen Seiten bedacht haben, und daß Sie die Maler, die ich in Paris gekannt habe, von mir grüßen.

Ich wünsche Ihnen Glück in Paris, mit einem herzlichen Händedruck

t. à v.
Vincent

Roulin ist wirklich gut zu mir gewesen, er war es, der so geistesgegenwärtig war, mich hier wegzuholen, bevor die anderen noch überzeugt waren.

Antworten Sie mir bitte.

**An Theo van Gogh** **Arles**
**9. Januar 1889**

Mein lieber Theo, noch bevor ich (gerade im Augenblick) Deinen lieben Brief erhalten habe, hatte ich heute morgen von Deiner Verlobten einen Brief mit der Anzeige bekommen. Ich habe ihr auch schon direkt geantwortet und meine herzlichen Glückwünsche übermittelt, die ich Dir in diesem Brief wiederhole.

Meine Befürchtung, daß meine Unpäßlichkeit Deine so dringende und von mir so sehr und seit langem ersehnte Reise verhindern würde – diese Befürchtung ist jetzt verflogen, und ich fühle mich wieder vollkommen normal.

Heute morgen habe ich mich wieder im Krankenhaus verbinden lassen und bin anderthalb Stunden mit dem Assistenzarzt spazierengegangen, und wir haben über alles mögliche geplaudert, sogar über Naturgeschichte.

Was Du mir von Gauguin berichtest, macht mir enorm viel Freude, nämlich, daß er seine Absicht, wieder in die Tropen zu gehen, nicht aufgegeben hat. Das ist für ihn der richtige Weg. Ich glaube, ich verstehe seinen Plan und stimme ihm mit ganzem Herzen zu. Natürlich bedaure ich es, aber Du verstehst, daß es für mich das wichtigste ist, daß es ihm gutgeht.

Wenn Du es einrichten *kannst*, dann sprich mit C. M. über die Zukunft seines Geschäfts und daß sein Sohn es fortsetzen kann, wenn C. M. selbst seine ganze Pflicht tut, indem er ihm zuhört und seinen Sohn und Dich zusammenbringt. C. M. soll vor allem Wert darauf legen, daß das von ihm gegründete Haus weitergeführt wird – hat er nicht in Holland gerade die Künstler eingeführt, die nicht bei den Goupils waren &c &c.

Außerdem muß Tersteeg die Impressionisten zulassen oder wenigstens an Eug. Delacroix glauben, und dann wären Tersteeg und Du, wenn ihr Euch die Hände reicht, eine große Macht, mit der Boussod zu rechnen hätte.

Was wird mit der Ausstellung von 89. Vergiß nicht die Anatomiestunde für M. Rey. Er hat mir früher schon mal gesagt, daß er die Malerei liebt, auch wenn er nichts davon verstehe, und daß er gerne lernen würde zu malen. Ich habe ihm gesagt, daß er Kunstliebhaber werden solle, aber nicht selbst versuchen zu malen. Das bedeutet, daß wir hier vielleicht 2 Arztfreunde finden würden, Rey und den Doktor aus Paris, von dem ich Dir kürzlich schon geschrieben habe.

Ich habe ihnen gesagt, daß Brias in Montpellier eine gewisse Familienähnlichkeit mit uns habe und daß wir also im Süden nur fortsetzen, was Monticelli und Brias begonnen haben. Als ich das Krankenhaus verließ, hatte ich ganz schön viel zu bezahlen, und obwohl es auf ein paar Tage nicht ankommt, wäre es mir lieb, wenn Du mir recht bald etwa fünfzig Francs schicken könntest.

Der Rechenfehler von Freund Gauguin lag meiner Meinung nach darin, daß er doch zu sehr die Gewohnheit hatte, vor den unvermeidlichen Ausgaben für die Miete des Hauses, die Haushälterin und eine Menge irdischer Dinge dieser Art die Augen zu verschließen – Nun fallen diese Dinge uns zur Last, aber wenn wir sie erst einmal auf uns genommen haben, so könnten andere Künstler bei mir unterkommen, ohne diese Belastungen zu haben.

Man hat mir gerade mitgeteilt, daß der Besitzer meines Hauses während meiner Abwesenheit mit einem Herrn, der ein Tabakgeschäft hat, einen Mietvertrag abgeschlossen hat, um mich vor die Tür zu setzen und diesem Tabakhändler das Haus zu geben.

Das beunruhigt mich nur wenig, denn ich bin wirklich nicht bereit, mich geradewegs mit Schimpf und Schande aus diesem Haus hinauswerfen zu lassen, vor allem deshalb, weil ich es außen und innen habe anstreichen lassen, hier Gas legen ließ &c., insgesamt also ein Haus bewohnbar gemacht habe, das seit ziemlich langer Zeit zugesperrt und unbewohnt war und das ich in recht traurigem Zustand übernommen habe – – Dies nur, um Dir zu sagen, daß ich Dich zu Ostern vielleicht in dieser Angelegenheit um Rat fragen werde, wenn der Besitzer nicht nachgibt, und daß ich mich in all dem nur als Sachwalter betrachte, der die Interessen unserer Künstlerfreunde vertritt.

Bis dahin wird wohl noch viel Wasser unter der Brücke durchfließen. Und das wichtigste ist, sich keine Sorgen zu machen. Hat Bernard Dir schon das Buch von Silvestre zurückgegeben – ich brauche den genauen Titel, denn ich möchte, daß die beiden Ärzte das Buch lesen.

Körperlich geht es mir gut, die Wunde heilt sehr gut, und der große Blutverlust gleicht sich wieder aus, weil ich gut esse und verdaue. Am meisten Angst habe ich vor der Schlaflosigkeit, aber bisher hat weder der Arzt mit mir, noch habe ich mit ihm darüber gesprochen. Aber ich kämpfe dagegen an. Ich bekämpfe diese Schlaflosigkeit mit einer sehr starken Dosis Kampfer in meinem Kopfkissen und meiner Matratze, solltest Du irgendwann mal nicht schlafen können, so empfehle ich Dir das sehr. Ich hatte große Angst, allein im Haus zu übernachten, und befürchtete, nicht schlafen zu können. Aber das ist jetzt vorbei, und ich bin sicher, daß es nicht wiederkommen wird.

Im Krankenhaus habe ich schrecklich darunter gelitten, und obwohl ich schlimmer dran war, als wenn ich ohnmächtig gewesen wäre, muß ich Dir sagen, daß ich kurioserweise ständig an Degas gedacht habe.

Gauguin und ich hatten zuvor von Degas gesprochen, und ich hatte ihn darauf hingewiesen, daß Gauguin gesagt hatte .... »Ich hebe mich für die Frauen von Arles auf.« Nun weißt Du, wie subtil Degas ist, wenn Du wieder in Paris bist, sag ihm also, daß ich zugebe, daß ich bis jetzt nicht in der Lage war, die Frauen von Arles ohne ihre Duchtriebenheit zu malen, und daß er Gauguin nicht glauben soll, wenn der vorzeitig etwas Gutes über meine Arbeit sagt, die ich doch nur in krankem Zustand gemacht habe.

Wenn ich mich wieder erholt habe, muß ich wieder neu anfangen, und ich werde wohl nicht wieder diese Gipfel erreichen, zu denen die Krankheit mich beinah geführt hat.

Ich würde sehr gern Rivet noch einmal ein Bild geben, gerade weil ich ganz Deiner Meinung bin, daß es gut wäre, M. Rey und Rivet in Kontakt zu bringen.

Aber Du könntest Rivet sagen, daß es gut wäre, wenn er M. Rey wieder hierher in die Anstalt schicken würde, wenn er sein Doktordiplom erworben hat. Er ist hier sehr, sehr nützlich, und man braucht hier in Arles auch in Zukunft noch verdammt viele Ärzte, solange die Cholera und die Pest &c. von Marseille her drohen. Außerdem ist Rey hier geboren, und er würde in Paris oder anderswo nicht viel bedeuten, während er hier, wenn er erst in Paris seine medizinische Ausbildung vervollständigt hat, in Notzeiten wahre Wunder vollbringen wird.

Natürlich haben wir nicht das Recht, uns in medizinische Angelegenheiten einzumischen. Aber Rivet wird vielleicht auch derselben Meinung sein und spüren, daß ein Mann aus Arles kein Pariser ist und umgekehrt. Bist Du über Breda gefahren, ich gehe eigentlich davon aus. Beruhige vor allem die Mutter, was mich angeht.

Hast Du das Porträt von mir gesehen, das Gauguin hat, und das Selbstporträt, das Gauguin gerade in den letzten Tagen gemacht hat.

Wenn Du dieses Selbstporträt von Gauguin mit dem vergleichst, das ich noch von ihm habe und das er mir aus der Bretagne im Tausch gegen meines geschickt hat, so wirst Du sehen, daß er hier insgesamt ruhiger geworden ist. –

Was machen de Haan und Isaacson. – Ich hatte vage gehofft, sie eines Tages hier zu sehen, falls Gauguin länger bei mir geblieben wäre, und in dieser Erwartung hatte ich sogar zwei kleine Zimmer gemietet, die im Haus frei wurden, so daß ich es jetzt ganz habe (die Miete beträgt 21,50 Francs im Monat). Ich wage jetzt nach Gauguins Abreise nicht mehr darauf zu drängen, vor allem auch, weil ja die Reise in den Süden ziemlich teuer ist. Also grüße sie sehr herzlich von mir, wenn Du sie wiedersiehst.

Roulin läßt Dich herzlich grüßen, er war erfreut darüber, was Du in Deinem heutigen Brief über ihn sagst, er verdient dies übrigens wirklich.

Händedruck, und natürlich wirst Du spüren, wie sehr ich Dir gute Tage mit Deiner Verlobten wünsche

t. à t.
Vincent.

Herzliche Grüße an André Bonger, falls er auch da ist.

**An Paul Gauguin** **Arles**
**21. Januar 1889**

Mein lieber Freund Gauguin Dank für Ihren Brief. Allein zurückgeblieben an Bord meines kleinen gelben Hauses – wie es übrigens vielleicht auch meine Pflicht war, als letzter hier zu bleiben, bin ich doch durch die Abreise der Freunde etwas angeschlagen.

Roulin ist nach Marseille versetzt worden und gerade abgereist. Es war rührend, ihn in den letzten Tagen mit der kleinen Marcelle zu sehen, wenn er sie zum Lachen brachte und auf seinen Knien reiten ließ.

Seine Versetzung bringt die Trennung von seiner Familie mit sich, und es wird Sie nicht wundern, daß ihm, den wir beide eines Abends »den Vorübergehenden« nannten, das Herz recht schwer war. Nun, mir auch, da ich hiervon und auch von anderen schmerzlichen Dingen Zeuge war. –

Wenn er für sein Kind sang, bekam seine Stimme einen seltsamen Klang, worin etwas von der Stimme einer Amme oder einer traurigen Kinderfrau war und dann ein anderer, stählerner Ton, wie der einer französischen Militärtrompete. –

Jetzt habe ich Gewissensbisse, daß ich, der ich so darauf gedrungen habe, daß Sie hierblieben und erst einmal abwarteten, und Ihnen so viele gute Gründe dafür nannte, jetzt habe ich Gewissensbisse, daß ich Ihre Abreise im Grunde damit vielleicht herbeigeführt habe – es sei denn, daß diese Abreise schon früher beschlossen war –? Und daß es also vielleicht an mir gewesen wäre zu zeigen, daß ich noch das Recht hatte, ehrlich auf dem laufenden gehalten zu werden.

Wie dem auch sei, ich hoffe, daß wir uns genug lieben, um im Notfall neu anfangen zu können, wenn die Geldknappheit, die leider bei uns Künstlern ohne Vermögen immer herrscht, eine solche Maßnahme nötig machen sollte. Sie sprechen in Ihrem Brief von einem meiner Bilder Die Sonnenblumen vor gelbem Hintergrund – um zu sagen, daß es Ihnen Freude machen würde, es zu bekommen. Ich denke, daß Sie mit dieser Wahl nicht unrecht haben – so wie Jeannin die Pfingstrose und Quost die Stockrose hat, so habe ich vor allen anderen tatsächlich die Sonnenblume gewählt.

Ich glaube, ich werde Ihnen zunächst das zurückzusenden, was Ihnen gehört, weise Sie aber darauf hin, daß ich, nach allem, was geschehen ist, die Absicht habe, Ihr Recht auf das fragliche Bild kategorisch zu bestreiten. Aber da ich Ihre Intelligenz bei der Wahl dieses Bildes schätze, werde ich mich bemühen, davon zwei völlig gleiche zu malen, damit sich definitiv alles gütlich so regeln ließe, daß Sie das Ihrige trotzdem bekämen. Heute habe ich wieder die Arbeit an dem Bild aufgenommen, das ich von Mme. Roulin gemalt hatte; wegen meines Unfalls waren die Hände unausgeführt geblieben. In der Zusammenstellung der Farben gehen die Rottöne bis zu reinstem Orange und steigern sich noch in den Fleischtönen bis zu Chromgelb, gehen in Rosatöne über und verbinden sich mit Oliv- und Veroneser

Grün. Ich habe nie eine bessere impressionistische Farbzusammenstellung erfunden. Und ich glaube, selbst wenn man dieses Bild auf ein Fischerboot, ja sogar auf eines aus Island brächte, so würde es einige geben, die darin die Amme erkennen würden. Ach! mein lieber Freund, aus der Malerei das zu machen, was vor uns schon die Musik von Berlioz und Wagner ist .... eine Kunst, die die traurigen Herzen tröstet! Es gibt bislang nur wenige, die das so wie Sie und ich fühlen!!!

Mein Bruder versteht Sie gut, und wenn er mir sagt, daß auch Sie eine Art Unglücklicher wie ich seien, dann beweist dies deutlich, daß er uns versteht. Ich werde Ihnen Ihre Sachen schicken, aber zwischenzeitlich befällt mich wieder die Schwäche, und dann kann ich mich nicht rühren und Ihnen Ihre Sachen zuschicken. In einigen Tagen werde ich mir ein Herz fassen. Und die »Fechtmasken und Fechthandschuhe« (bedienen Sie sich möglichst wenig solch kindischen Kriegsgeräts), dieses schreckliche Kriegsgerät, wird bis dahin warten müssen. Ich schreibe Ihnen jetzt sehr ruhig, aber den Rest zusammenzupacken, dazu war ich bis jetzt noch nicht in der Verfassung. – Während meines Gehirn- oder Nervenfiebers oder Wahnsinns, ich weiß nicht, wie ich es richtig sagen oder wie ich es nennen soll, fuhren meine Gedanken auf vielen Meeren. Ich habe selbst vom Fliegenden Holländer und vom Horla geträumt, und es scheint, daß ich gesungen habe, obwohl ich sonst gar nicht singen kann, und zwar ausgerechnet ein altes Wiegenlied, wohl in Erinnerung daran, was die Amme sang, die die Seeleute wiegte und die ich in einer Farbzusammenstellung gesucht hatte, bevor ich krank wurde. –

Ich kenne die Musik von Berlioz nicht.

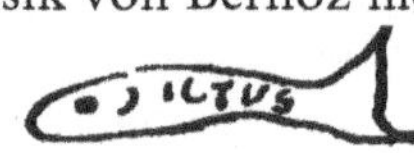

Händedruck von ganzem Herzen

t. à v.
Vincent

Es wird mich sehr freuen, wenn Sie mir bald wieder schreiben. Haben Sie inzwischen den Tartarin ganz gelesen.

Die Phantasie des Südens macht einen nun mal zu Freunden, und zwischen uns wird immer Freundschaft sein.

Haben Sie schon Onkel Toms Hütte von Beecher Stowe gelesen und wiedergelesen. Es ist in literarischer Hinsicht vielleicht nicht sehr gut geschrieben. – Haben Sie schon Germinie Lacerteux gelesen.

**An Theo van Gogh** **Arles**
**19. März 1889**

19. März

Mein lieber Bruder, in Deinem lieben Brief meinte ich soviel brüderliche Sorge zu spüren, daß ich mich verpflichtet fühle, mein Schweigen zu brechen. Ich schreibe Dir in vollem Besitz meiner geistigen Kräfte und nicht als ein Verrückter, sondern als der Bruder, den Du kennst. – Hier die Wahrheit. –: eine gewisse Zahl von Leuten von hier hat eine Eingabe beim Bürgermeister (ich glaube, er heißt M. Tardieu) gemacht (es gab mehr als 80 Unterschriften) und hat mich als einen bezeichnet, der nicht in Freiheit leben dürfe, oder so etwas Ähnliches. Der Polizeikommissar oder der Bezirkskommissar hat daraufhin die Anordnung erlassen, mich wieder einzuweisen.

Also bin ich schon wieder seit Tagen hinter Schloß & Riegel unter Bewachung in der Irrenzelle eingesperrt, ohne daß meine Schuld bewiesen oder auch nur beweisbar wäre.

Es versteht sich von selbst, daß ich tief in meinem Herzen viel darauf zu erwidern hätte. Es versteht sich von selbst, daß ich mich nicht aufrege, und mich entschuldigen schiene mir in diesem Fall, mich selbst anzuklagen. Nur um Dich zu informieren, ich verlange zunächst nicht, daß Du mich hier herausholst – denn ich bin überzeugt, daß diese ganzen Beschuldigungen sich in nichts auflösen werden. – Außerdem, sage ich Dir, würdest Du Schwierigkeiten haben, mich hier herauszuholen. Wenn ich nicht meine Empörung zurückhielte, würde man mich sofort für einen gefährlichen Irren halten. Wir wollen hoffen und uns gedulden, übrigens könnten heftige Gefühlserregungen meinen Zustand nur verschlimmern. Wenn Du in einem Monat noch keine direkten Nachrichten von mir hast, dann handle, aber solange ich Dir schreibe, warte noch. Deshalb bitte ich Dich mit diesem Brief, sie gewähren zu lassen, ohne Dich einzumischen. Sei gewarnt, daß dies vielleicht die Sache komplizieren und verschlimmern könnte.

Vor allem auch, weil Du verstehen wirst, daß ich, so ruhig ich im Augenblick auch bin, durch neue seelische Erschütterungen leicht wieder in einen Zustand von Überreizung fallen könnte. Daran siehst Du, welch schwerer Schlag ins Gesicht das für mich war, als ich sah, daß es hier so viele Leute gibt, die feige genug sind, sich gegen einen einzelnen und dazu noch Kranken zusammenzutun.

Gut – dies zu Deiner Kenntnisnahme, was meine moralische Verfassung angeht, so bin ich schwer erschüttert, aber ich gewinne trotzdem eine gewisse Ruhe wieder, denn ich will mich nicht aufregen.

Übrigens, nach der Erfahrung wiederholter Anfälle bekommt mir die Demut.

Ich fasse mich also in Geduld.

Die Hauptsache ist, das kann ich Dir nicht oft genug sagen, daß auch Du die Ruhe bewahrst und daß Dich nichts in Deinen Geschäften stört. Nach Deiner Hochzeit können wir uns darum kümmern, dies alles klarzustellen, und bis dahin – wirklich – laß mich ruhig hier. Ich bin überzeugt, daß der Herr Bürgermeister und der Kommissar eher Freunde sind und daß sie ihr möglichstes tun werden, um alles in Ordnung zu bringen. Abgesehen von der Freiheit und den Dingen, die ich mir anders wünschen würde, geht es mir hier nicht allzu schlecht. Ich habe ihnen übrigens gesagt, daß wir nicht in der Lage sind, die Kosten zu tragen. Ich kann nicht ohne Kosten umziehen, schließlich sind es schon 3 Monate, daß ich nicht gearbeitet habe, und wohlgemerkt, ich hätte arbeiten können, wenn sie mich nicht aufgeregt und behindert hätten.

Wie geht es der Mutter und der Schwester? Da ich nichts anderes habe, um mich zu zerstreuen – man verbietet mir sogar zu rauchen – was anderen Kranken erlaubt ist, da ich nichts anderes zu tun habe, denke ich den ganzen Tag und die ganze Nacht lang an all diejenigen, die ich kenne.

Was für ein Elend – und alles sozusagen für nichts.

Ich verberge es Dir nicht, daß ich lieber krepiert wäre, als so viele Unannehmlichkeiten zu verursachen und zu ertragen.

Was will man, zu leiden, ohne zu klagen, das ist die einzige Lektion, die man in diesem Leben lernen muß.

Wenn ich, so wie die Dinge liegen, jetzt wieder an meine Aufgabe gehen soll zu malen, dann brauche ich natürlich mein Atelier, Möbel, für deren Ersatz wir im Fall des Verlustes bestimmt kein Geld hätten.

Du weißt, meine Arbeit erlaubt nicht, wieder gezwungen zu sein, im Hotel zu leben, ich muß mein festes Quartier haben. Wenn diese Leute hier mich anklagen, so klage ich sie an, und sie sollen mir nur gütlich Schadensersatz leisten und mir letztlich nur zurückgeben, was ich durch ihre Schuld und Unwissenheit verliere.

Angenommen – ich würde wirklich geisteskrank – ich sage bestimmt nicht, daß das unmöglich wäre, dann müßte man mich auf jeden Fall anders behandeln, mich nach draußen gehen lassen, arbeiten lassen &c.

Dann – ehrlich – würde ich mich damit abfinden. Aber soweit sind wir noch nicht, und wenn ich meine Ruhe gehabt hätte, wäre ich schon seit langem wiederhergestellt. Sie nörgeln darüber, daß ich geraucht und getrunken habe, gut, aber was willst Du, mit all ihrer Enthaltsamkeit verschaffen sie mir insgesamt nichts als neue Nöte. Mein lieber Bruder, vielleicht ist es das beste, sich über unsere kleinen Nöte und ein wenig auch über die großen des menschlichen Lebens lustig zu machen. Trage es wie ein Mann und marschiere geradewegs auf Dein Ziel zu. Wir Künstler sind in der heutigen Gesellschaft nichts als ein zerbrochener Krug. Wie gern würde ich Dir meine Bilder schicken können, aber alles ist hinter Schloß und Riegel, Polizei und Irrenwärtern. – Hole mich hier nicht heraus, das wird sich von alleine regeln – benachrichtige vor allem Signac, daß er sich nicht einmischen soll, denn er würde die Hand in ein Wespennest stecken – unternimm nichts, bis ich wieder schreibe. In Gedanken drücke ich Dir recht herzlich die Hand, grüße Deine Verlobte, die Mutter und die Schwester

t. à t.
Vincent

Ich werde diesen Brief, so wie er ist, M. Rey vorlesen, der zur Zeit nicht der verantwortliche Arzt ist, weil er selber krank war – zweifellos wird er Dir auch selbst schreiben. Mein Haus ist von der Polizei verschlossen worden.

Ich habe die vage Erinnerung an einen Einschreibebrief von Dir, dessen Empfang man mich quittieren ließ, den ich aber nicht habe annehmen wollen, weil man so viel Umstand wegen der Unterschrift machte, von diesem Brief habe ich seitdem nichts mehr gehört.

Erkläre Bernard, daß ich ihm nicht antworten konnte, es ist ein ziemliches Unternehmen, einen Brief zu schreiben, es sind jetzt mindestens so viele Formalitäten wie im Gefängnis nötig – Sag ihm, er soll Gauguin um Rat fragen, aber drücke ihm in meinem Namen herzlich die Hand.

Nochmals herzliche Grüße an Deine Verlobte und an Bonger.

Ich hätte Dir lieber nicht noch mal geschrieben, aus Angst Dich in Verlegenheit zu bringen und Dich bei dem zu stören, was vor allem weitergehen muß. Es wird sich alles regeln, es ist ja zu idiotisch, als daß es allzu lange dauern könnte.

Sobald Du umziehst, Adresse bitte.

Ich hatte gehofft, daß M. Rey noch vorbeigekommen wäre, damit ich noch mit ihm hätte sprechen können, bevor ich diesen Brief abschicke, aber obwohl ich ihm habe sagen lassen, daß ich auf ihn warte, ist niemand gekommen. Ich rate Dir noch einmal, vorsichtig zu sein. Du weißt, was es heißt, zu den Behörden zu gehen und sich zu beschweren. Warte wenigstens bis zu Deiner Reise nach Holland. Ich fürchte ein wenig, daß ich mich selbst nicht immer in der Gewalt hätte, wenn ich draußen in Freiheit wäre und man mich provozierte oder beleidigte, und das könnten sich die Leute zunutze machen. Tatsache bleibt, daß man eine Eingabe beim Bürgermeister gemacht hat. Ich habe offen und ehrlich geantwortet, daß ich durchaus bereit wäre, mich zum Beispiel ins Wasser zu stürzen, wenn das diese tugendhaften Leute zufriedengestellt hätte, aber daß ich, wenn ich auch tatsächlich mich selbst verletzt hätte, so doch auf keinen Fall diesen Leuten jemals etwas getan hätte, &c. Also Kopf hoch, obwohl mir zuweilen der Mut sinkt. Dein Kommen würde im Augenblick – wirklich – die Dinge sich überstürzen lassen. Ich werde natürlich umziehen, sobald ich die Möglichkeit dazu sehe. Ich hoffe, daß dieser Brief Dich bei guter Gesundheit erreicht. Wir wollen nichts Schlimmes befürchten, ich bin jetzt ziemlich ruhig. Laß sie nur machen. Du wirst vielleicht gut daran tun, noch einmal zu schreiben, aber sonst im Augenblick nichts. Wenn ich geduldig bleibe, dann kann mich das nur stärken, damit ich nicht mehr Gefahr laufe, einen neuen Anfall zu bekommen. Natürlich war das für mich ein harter Schlag, da ich wirklich mein Bestes getan habe, um mit den Leuten gut Freund zu sein, und von allem nichts ahnte.

Ich hoffe auf bald, mein lieber Bruder, beunruhige Dich nicht. Es ist vielleicht eine Art von Quarantäne, in der man mich hält, was weiß ich?

## An Theo van Gogh

Arles
3. Mai 1889

Mein lieber Theo, Dein lieber Brief hat mir heute gutgetan, also – auf nach St. Rémy, aber ich sage Dir noch einmal, wenn nach reiflicher Überlegung und Konsultation des Arztes es vielleicht notwendig oder ganz einfach nützlich und klug wäre, sich zum Militär zu verpflichten, dann wollen wir das betrachten, wie alles andere auch und es unparteiisch in Erwägung ziehen. Das wäre alles. Denn Du solltest Dich von dem Gedanken freimachen, darin ein Opfer zu sehen. Ich schrieb noch kürzlich der Schwester, daß ich mein ganzes Leben lang oder wenigstens fast mein ganzes Leben alles andere gesucht habe als ein Märtyrerdasein, für das ich nicht geschaffen bin.

Wenn ich Unannehmlichkeiten vorfinde oder verursache, dann bin ich wirklich darüber zutiefst erstaunt. Sicher, ich respektiere und bewundere Märtyrer gern &c., aber Du mußt wissen, daß es in Bouvard & Pécuchet zum Beispiel etwas anderes gibt, etwas ganz Einfaches, was unseren kleinen Existenzen mehr entspricht.

Nun, ich packe meinen Koffer, und vielleicht wird M. Salles, sobald er kann, mit mir dorthin fahren.

Ach, was Du über Puvis und Delacroix sagst, das ist verdammt richtig, die haben wirklich gezeigt, was Malerei sein kann, aber wir wollen die Dinge nicht durcheinanderwerfen, da es ja riesige Unterschiede zwischen ihnen gibt. Also, ich werde als Maler niemals etwas Bedeutendes sein, das fühle ich ganz deutlich. Nehmen wir mal an, daß alles, Charakter, Erziehung, die Umstände, anders wäre, dann wäre manches andere möglich gewesen. Aber wir sind zu realistisch, um das durcheinanderzubringen. Ich bedaure manchmal, daß ich nicht einfach bei der holländischen Palette mit ihren grauen Farbtönen geblieben bin und nicht unablässig auf Montmartre Landschaften gepinselt habe. Ich überlege auch, wieder mehr mit der Rohrfeder zu zeichnen, wie die Ansichten von Montmajour aus dem letzten Jahr, das ist billiger und bietet mir genausoviel Ablenkung. Heute habe ich eine solche Zeichnung fabriziert, die für den Frühling sehr schwarz und ziemlich melancholisch geworden ist, aber was mir auch geschieht und in welche Umstände ich geraten werde, das ist etwas, womit ich mich lange Zeit beschäftigen kann und was mit Sicherheit sogar ein Broterwerb werden könnte.

Aber was macht es schließlich Dir wie mir aus, ob wir mehr oder weniger Unannehmlichkeiten haben.

Sicher, wenn wir darüber reden wollen, Du hast sehr viel früher als ich bei den Goupils den Dienst angetreten und dort insgesamt oft genug bange Minuten durchgemacht, für die man Dir nicht immer gedankt hat. Und Du hast es wirklich mit Eifer und Hingabe getan, weil unser Vater es mit der großen Familie nicht leicht hatte und es notwendig war, daß Du Dich ganz und gar hineingeworfen hast, damit alles weiterging – ich habe während meiner Krankheit tiefbewegt wieder an all diese alten Dinge gedacht.

Und schließlich ist es das wichtigste, daß wir uns eng verbunden fühlen, und das hat sich nicht geändert.

Ich habe die feste Hoffnung, daß ich mit dem, was ich insgesamt von meiner Kunst weiß, irgendwann wieder etwas schaffen werde, wenn auch in der Anstalt. Was würde mir ein künstliches Künstlerdasein in Paris nützen – ich würde mich doch nur halbherzig darauf einlassen, und folglich würde mir der schlichte Enthusiasmus fehlen, den man unbedingt braucht, um sich da hineinzustürzen –

Es ist erstaunlich, wie gut es mir körperlich geht, aber das reicht noch nicht aus, um annehmen zu dürfen, daß es mir geistig ebenso geht.

Wenn man mich dort erst mal ein bißchen kennt, würde ich gern versuchen, mit der Zeit Krankenpfleger zu werden, also wieder eine Beschäftigung aufzunehmen, ganz gleich was und – die erste, die sich bietet.

Ich bräuchte dringend einen Vater Pangloss, denn ich werde mich natürlich wieder verlieben. Alkohol und Tabak haben letztendlich ja was Gutes oder Schlechtes – das ist ziemlich relativ – weil sie Anti-Aphrodisiaka sind, ich glaube, man nennt das so – Nicht immer zu verachten bei der Ausübung der schönen Künste.

Das wird die Prüfung sein, bei der man wirklich nicht vergessen sollte, sich auch etwas lustig zu machen. Denn Tugend und Enthaltsamkeit, das fürchte ich nur zu sehr, würden mich wieder in jene Gefilde führen, wo ich für gewöhnlich sehr schnell den Kopf komplett verliere und wo ich diesmal versuchen muß, mit weniger Leidenschaft und mehr Gutmütigkeit zu Werke zu gehen.

Die gewöhnlichen Leidenschaften bedeuten mir nicht viel, solange, wie ich zu glauben wage, die Kraft bleibt, sich mit den Menschen verbunden zu fühlen, mit denen man lebt. Wie geht es Vater Tanguy – Du mußt ihn unbedingt von mir grüßen. Ich lese in den Zeitungen, daß im Salon gute Sachen hängen. Höre – werde nicht ganz und gar und ausschließlich Impressionist, wenn es sonst was Gutes gibt, so wollen wir das nicht aus dem Auge verlieren. Sicher, die Farbe ist gerade durch die Impressionisten auf dem Vormarsch, selbst wenn sie von diesem Weg abkommen – aber Delacroix war darin schon vollkommener als sie.

Und verdammt noch mal, Millet, der kaum Farben hat, was hat der für ein Werk!

Verrückt sein ist insofern heilsam, als man vielleicht aufgeschlossener wird.

Ich bedaure nicht, daß ich das Problem der Farbentheorie auch in technischer Hinsicht ein wenig ergründen wollte. Als Künstler ist man nur ein Glied in einer Kette, und ob man etwas erreicht oder nicht, darin kann man Trost finden. Ich habe davon reden hören, daß im Salon ein ganz grünes Interieur mit einer Frau in Grün sei, das sehr gepriesen wurde, sowie ein Porträt von Mathey und ein anderes von Besnard »la sirène«. Man sagte auch, daß etwas Besonderes von einem gewissen Zorn da sei, aber man sagte nicht was, und es gäbe einen schlechten Triomphe de Bacchus von Carolus Duran. Aber seine Dame au gant im Luxembourg finde ich immer wieder sehr gut, nun, es gibt eben diese nicht allzu ernsten Dinge, die ich sehr liebe, zum Beispiel ein Buch wie Bel ami. Und das Werk von Carolus ist ähnlich. Unsere Zeit ist eben so gewesen und die ganze Zeit von Badinguet auch. Und wenn ein Maler malt, wie er sieht, dann ist er immerhin jemand.

Ach, Figuren zu malen, wie Claude Monet Landschaften malt. Das bleibt noch zu tun, damit man zuletzt unter den Impressionisten nicht nur Monet wahrnimmt.

Denn letztlich haben Delacroix, Millet und mehrere Bildhauer im Hinblick auf das Figürliche Besseres als die Impressionisten und selbst als J. Breton geleistet. Also, mein lieber Bruder, wir wollen ehrlich sein, und jetzt, da ich mich zurückziehe, sage ich Dir: laß uns nun, wo wir zu alt sind, um uns zu den Jungen zu zählen, daran denken, daß wir früher Millet, Breton, Israels, Whistler, Delacroix, Leys geliebt haben. Und glaub mir, ich bin wirklich davon überzeugt, daß ich danach keine Zukunft sehe und übrigens auch keine sehen will.

Die Gesellschaft ist nun mal, wie sie ist, wir können natürlich nicht verlangen, daß sie sich ausgerechnet unseren persönlichen Bedürfnissen anpaßt. Obwohl ich es sehr, sehr gut finde, nach St. Rémy zu gehen, wäre es wohl richtiger, Leute wie mich in die Fremdenlegion zu stecken. Wir können nichts dafür tun, und es ist mehr als wahrscheinlich, daß man mich ablehnen würde, auf jeden Fall hier, wo mein Abenteuer allzu bekannt ist und außerdem noch übertrieben wird. Ich sage es in vollem Ernst, ich fühle mich körperlich besser als seit Jahren und könnte den Militärdienst antreten. Denken wir doch noch mal darüber nach, auch wenn ich nach St. Rémy gehe. Ich drücke Dir herzlich die Hand und ebenso Deiner Frau

t. à t.
Vincent

Ach, als ich Dir schrieb, daß man nicht vergessen sollte, das Gute bei denen zu würdigen, die nicht Impressionisten sind, wollte ich Dich nicht veranlassen, den Salon maßlos zu bewundern, sondern vielmehr eine Menge Leute wie zum Beispiel Jourdan, der kürzlich in Avignon gestorben ist, Antigna, Feyen Perrin, all die, die wir früher gekannt haben, als wir noch jünger waren, warum die vergessen oder denen keine Aufmerksamkeit schenken, die ihnen heute gleichkommen? Warum sind zum Beispiel Daubigny und Quost und Jeannin keine Koloristen? So viele Unterscheidungen im Impressionismus haben nicht die Bedeutung, die man ihnen hat beimessen wollen. Die Krinolinen hatten auch etwas Hübsches und folglich ihr Gutes, aber diese Mode ist trotzdem glücklicherweise vorbei. Für einige aber eben nicht.

Und so werden wir immer eine gewisse Leidenschaft für den Impressionismus behalten, aber ich fühle, daß ich mehr und mehr auf Ideen zurückkomme, die ich schon hatte, bevor ich nach Paris kam.

Jetzt, wo Du verheiratet bist, haben wir nicht mehr für große Ideen zu leben, sondern, glaub mir, nur noch für kleine. Und ich empfinde das als eine wunderbare Erleichterung, über die ich mich ganz und gar nicht beklage.

(Ich habe in meinem Zimmer das berühmte Männerbildnis, den Holzschnitt, den Du kennst, einen Mandarin von Monorobu (der große Holzschnitt aus dem Album Bing), den Grashalm (aus demselben Album), die Pietà und den barmherzigen Samariter von Delacroix und den Lesenden von Meissonnier, außerdem zwei große Rohrfederzeichnungen.)

Ich lese im Augenblick Le médecin de campagne von Balzac, der sehr schön ist, es gibt darin eine Frauenfigur, die nicht verrückt ist, aber zu empfindsam, sie ist entzückend, ich werde es Dir schicken, wenn ich es durch habe. Wil hat mir einen lieben Brief geschrieben, wieder sehr ruhig und gemessen. Sie haben hier viel Platz im Krankenhaus, man könnte Ateliers für etwa dreißig Maler einrichten.

Ich muß unbedingt einen Entschluß fassen, es ist wirklich wahr, daß eine Menge Maler verrückt werden, das ist ein Leben, das einen, gelinde gesagt, sehr weltfremd macht. Wenn ich mich wieder voll in die Arbeit stürze, dann ist das gut, aber ich bleibe doch verrückt. Wenn ich mich für 5 Jahre zum Militärdienst verpflichten könnte, dann würde ich entschieden gesünder werden, würde vernünftiger und wäre mehr Herr meiner selbst. Aber ob nun dies oder das, das ist mir gleich.

Ich hoffe, daß unter dem Haufen Bilder, die ich Dir geschickt habe, einige sind, die Dir Freude machen – Wenn ich Maler bleibe, dann werde ich früher oder später vermutlich wieder mal nach Paris kommen, und ich nehme mir fest vor, bei dieser Gelegenheit mehrere alte Bilder gründlich zu überarbeiten. Was macht Gauguin, ich vermeide, ihm zu schreiben, bevor ich nicht wieder völlig normal bin, aber ich denke so oft an ihn und würde so gern wissen, ob bei ihm alles einigermaßen gut läuft.

Wenn ich nicht so in Eile gewesen wäre und mein Atelier behalten hätte, dann hätte ich noch diesen Sommer alle Bilder überarbeitet, die ich Dir geschickt habe. Solange die Farbe nicht vollständig getrocknet ist, kann man sie natürlich nicht abkratzen. Du wirst sehen, daß der Ausdruck der beiden Frauen anders ist als der Ausdruck der Gesichter, die man in Paris sieht.

Ist Signac schon wieder zurück in Paris?

## 1889–1890
## Saint-Rémy

---

**An Theo van Gogh** | **Saint-Rémy etwa 23. Mai 1889**

Mein lieber Theo,

Dein Brief, den ich gerade bekommen habe, freut mich sehr. Du schreibst mir, daß J.H. Weissenbruch zwei Bilder in der Ausstellung hat – aber ich dachte, daß er tot ist – oder täusche ich mich? Sicher ist er ein tüchtiger Künstler und auch ein guter Mann mit einem großen Herzen.

Es freut mich, was Du über die Berceuse sagst; es stimmt, daß die Leute aus dem einfachen Volk, die sich Farbdrucke kaufen und sentimental Leierkästen zuhören, irgendwie doch das Wahre fühlen und vielleicht ehrlicher sind als manche Boulevardiers, die den Salon besuchen.

Gib Gauguin, sofern er es annehmen will, ein Exemplar der Berceuse, das nicht auf dem Keilrahmen war, und Bernard auch eins, als Zeichen meiner Freundschaft. Aber wenn Gauguin Sonnenblumen will, dann ist nur recht und billig, daß er Dir im Tausch etwas gibt, was Du ebenso gern magst.

Gauguin liebte die Sonnenblumen besonders zuletzt, als er sie schon lange kannte.

Du mußt wissen, daß es ein Triptychon wird, wenn Du sie so wie hier anordnest, die Berceuse in der Mitte und die beiden Sonnenblumenbilder rechts und links davon.

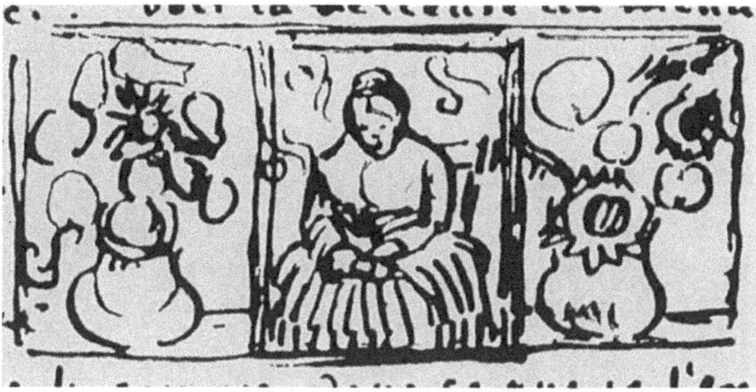

Dann bekommen die gelben und orangenen Töne des Kopfes durch die Nachbarschaft der gelben Seitenflügel mehr Glanz.

Und dann wirst Du verstehen, was ich Dir schrieb, nämlich daß ich die Idee hatte, eine Dekoration beispielsweise für die Hinterwand einer Schiffskajüte zu machen. Da das Format größer ist, macht die gesamte Anordnung Sinn. Der Rahmen für die Mitte ist also der rote. Und die beiden Sonnenblumen, die dazu gehören, sind beide mit schmalen Leisten gerahmt.

Du siehst, diese Rahmung mit einfachen Leisten sieht recht gut aus, und solch ein Rahmen kostet nur wenig. Es wäre vielleicht gut, die grünen und roten Weinberge, den Sämann und die Ackerfurchen und das Schlafzimmer auch so zu rahmen.

Hier ein neues Bild zu 30, wieder simpel wie ein Farbdruck aus dem Laden, das die ewigen grünen Liebeslauben darstellt.

Dicke von Efeu überwucherte Baumstämme, der Boden auch mit Efeu und Immergrün bedeckt, eine Steinbank und ein Strauch mit blassen Rosen im kalten Schatten. Im Vordergrund einige Pflanzen mit weißen Kelchen. Es ist grün, violett und rosa.

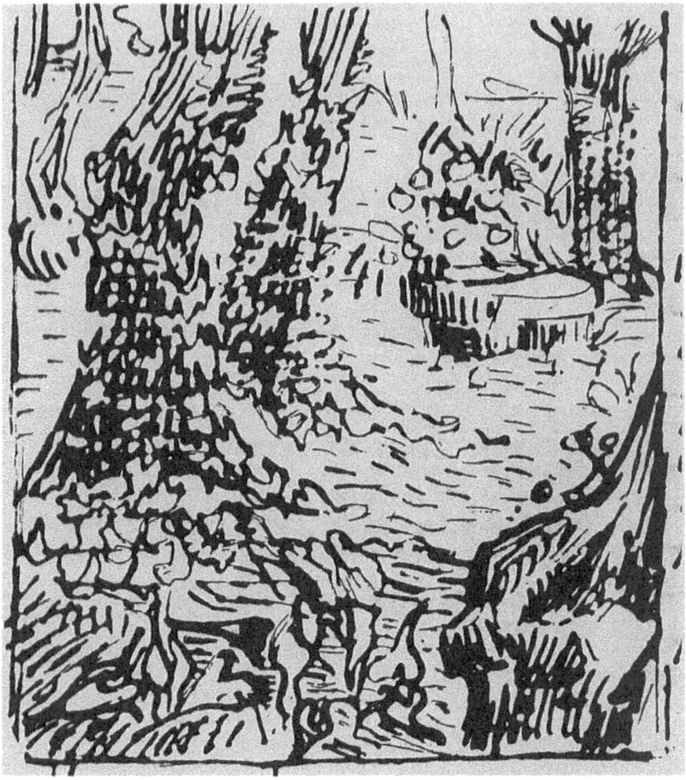

Jetzt geht es nur noch darum – was leider den Farbdrukken aus dem Laden und den Leierkästen fehlt – dem jetzt Stil zu verleihen.

Seit ich hier bin, hat mir der verwilderte Garten mit großen Kiefern, unter denen hoher und ungepflegter Rasen wächst, der voller Unkraut ist, zum Arbeiten genügt, und ich bin noch nicht hinausgegangen. Die Landschaft um St. Rémy ist jedoch sehr schön, und ich werde wohl nach und nach kleine Ausflüge machen.

Aber da ich hier war, konnte der Arzt natürlich besser sehen, wie es um mich steht, und ich wage zu hoffen, daß er nun beruhigt ist, daß er mich malen lassen darf.

Ich versichere Dir, daß es mir hier gut geht und daß ich vorläufig überhaupt keinen Grund dafür sehe, in ein Heim in Paris oder in der Umgebung zu kommen. Ich habe ein kleines Zimmer mit graugrünen Tapeten, mit zwei meergrünen Vorhängen mit einem ganz blassen Rosenmuster, das durch winzige blutrote Striche belebt wird.

Diese Vorhänge, die vielleicht noch von einem reichen und inzwischen verstorbenen Kranken sind, haben ein hübsches Muster. Ein sehr abgenutzter Sessel, der mit einer bunten Stickerei à la Diaz oder à la Monticelli bezogen ist, braun, rot, rosa, weiß, creme, schwarz, vergißmeinnichtblau und flaschengrün, stammt wahrscheinlich ebenfalls daher; durch das vergitterte Fenster sehe ich ein ummauertes Kornfeld, eine Aussicht à la Van Goyen, am Morgen sehe ich, wie die Sonne in ihrem Glanz darüber aufgeht.

Außerdem – denn es gibt mehr als 30 leere Zimmer – habe ich noch ein Zimmer zum Arbeiten.

Das Essen ist so lala. Es riecht natürlich ein wenig muffig, wie in einem schäbigen Restaurant in Paris oder wie in einem Pensionat. Diese Unglücklichen, die absolut nichts tun (es gibt keine Bücher und um sie zu unterhalten, nichts als ein Boule- und ein Damespiel), haben keine andere tägliche Zerstreuung, als sich zu den festen Zeiten und in vorgeschriebenen Mengen mit Kichererbsen, Bohnen und Linsen und anderen Lebensmitteln und Kolonialwaren vollzustopfen.

Da deren Verdauung gewisse Schwierigkeiten bereitet, füllen sie so ihre Tage auf eine ebenso harmlose wie wenig kostspielige Weise aus.

Aber Scherz beiseite, die Angst vor dem Wahnsinn vergeht mir beträchtlich, wenn ich diejenigen von nahem sehe, die davon befallen sind, so wie es mir in der Zukunft auch sehr leicht passieren kann.

Früher fühlte ich mich von diesen Geschöpfen abgestoßen, und es war für mich sehr traurig, zu wissen, daß so viele aus unserem Beruf: Troyon, Marchal, Méryon, Jundt, M. Maris, Monticelli und noch eine Menge anderer so geendet sind. Ich konnte sie mir überhaupt nicht in diesem Zustand vorstellen.

Jetzt denke ich ohne Angst daran, d.h., ich finde es nicht schlimmer, als wenn diese Leute an einer anderen Sache krepiert wären, zum Beispiel an Schwindsucht oder Syphilis. Diese Künstler erhalten für mich wieder ihr heiteres Wesen, und was meinst Du, wieviel es bedeutet, die alten Berufskollegen so wiederzufinden? Ohne Scherz, ich bin dafür zutiefst dankbar.

Es gibt hier zwar welche, die heulen oder aus Gewohnheit irrereden, aber es gibt hier auch viel echte Freundschaft, sie sagen: man muß die anderen ertragen, weil die anderen uns ertragen müssen, und noch andere sehr richtige Dinge, die sie auch in die Praxis umsetzen.

Und untereinander verstehen wir uns sehr gut, ich kann zum Beispiel manchmal mit einem, der nur in unzusammenhängenden Lauten antwortet, plaudern, weil er keine Angst vor mir hat.

Wenn irgendeiner einen Anfall bekommt, passen die anderen auf ihn auf und sorgen dafür, daß er sich nichts antut.

Auch auf solche, deren Manie es ist, häufig in Wut zu geraten. Die alten Stammgäste der Menagerie kommen dann herbei und trennen die Streithähne, wenn es einen Kampf gibt.

Es gibt natürlich auch schwerere Fälle, die entweder sehr unreinlich oder gefährlich sind. Diese befinden sich in einem anderen Hof. Jetzt nehme ich 2mal die Woche ein Bad, in dem ich 2 Stunden bleibe, und dann geht es mit dem Magen unendlich viel besser als vor einem Jahr, ich brauche also nur so weiterzumachen, so gut ich kann. Ich glaube, daß ich hier weniger ausgebe als anderswo, selbst wenn ich mit einbeziehe, daß ich hier noch viel zu tun habe, denn die Natur ist schön.

Ich hoffe sehr, daß ich am Ende eines Jahres besser als jetzt weiß, was ich kann und was ich will. Dann wird mir nach und nach klarwerden, wie ich neu anfangen könnte. Nach Paris oder sonstwohin zurückzugehen verlockt mich im Augenblick gar nicht, ich fühle mich hier am richtigen Platz. Meiner Meinung nach leiden die, die schon seit vielen Jahren hier sind, am meisten an extremer Lethargie. Nun, meine Arbeit wird mich in gewissem Maße davor bewahren.

Der Raum, in dem man sich an Regentagen aufhält, ist wie ein Wartesaal 3. Klasse in irgendeinem abgelegenen Dorf, vor allem weil es hier sehr ehrenwerte Irre gibt, die immer einen Hut, eine Brille, einen Stock und eine Reiseausrüstung tragen, ungefähr wie in den Seebädern, und die dann hier die Reisenden darstellen.

Ich muß Dich unbedingt noch um einige Farben bitten und vor allem um Leinwand. Wenn ich Dir die 4 Bilder vom Garten schicke, die ich in Arbeit habe, wirst Du sehen, daß es hier nicht so trübselig ist, wenn man bedenkt, daß sich das Leben vor allem im Garten abspielt. Gestern habe ich hier einen sehr großen, ziemlich seltenen Nachtfalter gezeichnet, einen sogenannten Totenkopf, von erstaunlich vornehmer Färbung, schwarz, grau, verschieden getöntes Weiß, und mit karminrotem oder ins Olivgrüne wechselndem Schimmer; er ist sehr groß.

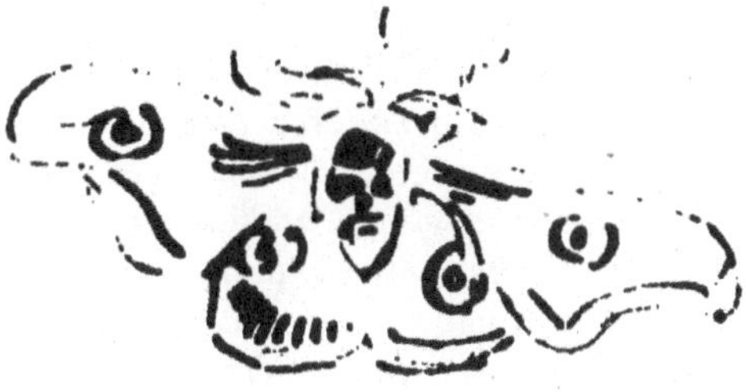

Um ihn zu malen, hätte ich ihn töten müssen, und das wäre schade gewesen, so schön war das Tier. Ich schicke Dir die Zeichnung zusammen mit einigen anderen Zeichnungen von Pflanzen.

Du könntest die Bilder, die trocken genug sind, bei Tanguy oder bei Dir zu Hause von den Keilrahmen nehmen und dann die neuen, die Du für gut hältst, aufspannen. Gauguin kann Dir für das Schlafzimmer sicher die Adresse eines Rentoileurs geben, der nicht teuer ist. Das auszubessern, denke ich, wird etwa 5 Francs kosten, wenn es mehr ist, dann laß es nicht machen, ich glaube nicht, daß Gauguin mehr bezahlt hat, der häufig seine eigenen Bilder, die von Cezanne oder Pissarro hat rentoilieren lassen.

Ich bin noch – ich spreche von meinem Zustand – wegen einer anderen Sache sehr dankbar, ich beobachte bei anderen, daß sie so wie ich während ihrer Anfälle seltsame Laute und Stimmen gehört haben und daß auch vor ihren Augen sich die Dinge zu verändern schienen. Und das verringert die furchtbare Angst, die ich früher vor einem Anfall hatte, so was muß einen natürlich maßlos erschrecken, wenn es völlig unvermutet passiert. Aber wenn man die Krankheit erst einmal kennt, dann nimmt man das hin wie andere Dinge auch. Wenn ich nicht andere Geisteskranke aus der Nähe gesehen hätte, könnte ich mich nicht davon freimachen, ständig daran zu denken. Denn die furchtbare Angst, die man bei einem Anfall hat, ist nicht zum Lachen. Die meisten Epileptiker beißen sich auf die Zunge und verletzen sie. Rey sagte mir, daß er einen Fall erlebt hat, wo sich einer so wie ich am Ohr verletzt hatte, und ich glaube gehört zu haben, daß ein anderer Arzt von hier, der mit dem Direktor kam, um mich zu sehen, so etwas auch schon gesehen hat. Wenn man genau weiß, was es ist und man sich seines Zustandes bewußt ist, dann denke ich, daß man selbst etwas dafür tun kann, damit man nicht so sehr durch die Angst oder das Entsetzen überrascht wird, und man kann den Anfall in den Griff bekommen. Jetzt sind es 5 Monate, daß ich keinen mehr hatte, ich habe die Hoffnung, daß ich darüber hinwegkomme oder daß wenigstens die Anfälle nicht mehr so heftig sein werden. Es gibt hier einen, der i m m e r so schreit und redet wie ich vierzehn Tage lang auch, er glaubt in den hallenden Fluren Stimmen und Worte zu hören, vermutlich weil sein Hörnerv krank und überempfindlich ist, bei mir war es das Sehen und Hören gleichzeitig, was – wie Rey kürzlich sagte, im Anfangsstadium einer Epilepsie häufig der Fall ist.

Die Erschütterung war so stark, daß ich einen Widerwillen hatte, mich überhaupt zu bewegen, und nichts wäre mir lieber gewesen, als überhaupt nicht mehr aufzuwachen. Jetzt ist dieses G r a u e n v o r d e m L e b e n schon geringer geworden und die Schwermut nicht mehr so stark. Aber ich habe noch keinen W i l l e n, kaum Wünsche bzw. gar keine, und alles, was zum normalen Leben gehört, wie zum Beispiel der Wunsch, die Freunde zu sehen, ist fast gleich null, obwohl ich doch an sie denke. Deshalb bin ich noch nicht soweit, schon bald von hier fortzugehen, ich wäre überall noch voller Schwermut. Und erst in den letzten Tagen hat sich der Abscheu vor dem Leben ein wenig gemildert. Von da bis zum Wollen und zum Handeln ist es noch ein weiter Weg.

Es ist schade, daß Du dazu verurteilt bist, in Paris sein zu müssen, und vom Leben auf dem Lande nichts weiter kennst als höchstens die Umgebung von Paris.

Ich glaube, daß die Gesellschaft, in der ich mich befinde, für mich nicht unerfreulicher ist als für Dich der ständige Ärger bei Goupil & C^ie^. In dieser Hinsicht sind wir uns ziemlich ähnlich. Denn Du kannst ja nur zum Teil nach Deinen Wünschen handeln. Da wir aber nun mal an diese Unannehmlichkeiten gewöhnt sind, ist es uns zur zweiten Natur geworden.

Obwohl die Bilder Leinwand, Farbe &c. kosten, ist es doch am Ende des Monats sinnvoller, daß man damit ein bißchen mehr ausgegeben, aber Bilder hergestellt hat – das habe ich nun mal gelernt – als das Malen ganz aufzugeben, denn Unterhalt müßte man doch bezahlen. Und deshalb male ich weiter, so habe ich diesen Monat 4 Bilder zu 30 und zwei oder drei Zeichnungen.

Aber was man auch tut, die Geldfrage steht immer vor einem wie der Feind vor der Truppe, und es ist unmöglich, sie zu leugnen oder zu vergessen.

Aber ich stehe zu meinen Pflichten wie jeder andere auch. Und ich werde vielleicht doch noch in der Lage sein, alles zurückzuerstatten, was ich ausgegeben habe, denn ich betrachte es so, als hätte ich es, wenn nicht von Dir, so doch wenigstens von der Familie angenommen, und darum habe ich ständig Bilder produziert, und ich werde noch mehr machen. Das bedeutet handeln, so wie Du selbst auch handelst. Wenn ich Rentier wäre, hätte ich vielleicht den Kopf freier, um l'art pour l'art zu machen, jetzt begnüge ich mich damit zu glauben, daß man durch fleißiges Arbeiten auch ohne darüber nachzudenken Fortschritte macht. Hier die Farben, die ich brauche:

3 Smaragdgrün<br>
2 Kobalt<br>
1 Ultramarin<br>
1 orange Mennige<br>
6 Zinkweiß<br>
5 Meter Leinwand

} große Tuben.

Ich danke Dir für Deinen lieben Brief und drücke Dir herzlich die Hand, ebenso Deiner Frau.

t. à t.<br>
Vincent.

## An Anna Cornelia van Gogh

Saint-Rémy
zwischen 8. und
12. Juli 1889

Liebe Mutter, wenn Sie sagen, Sie seien eine Mutter von fast 70 Jahren, dann ist das wohl wahr, aber Ihrer Schrift würde man das sicherlich nicht anmerken, denn es fiel mir auf, wie besonders energisch sie noch ist. Übrigens schrieben Theo und Wil mir, daß Sie aufs neue jung zu werden scheinen – und das gefällt mir sehr gut und ist im Leben schon öfters mal notwendig. Die Neuigkeiten Cor betreffend, kein Wunder, daß Sie davon erfüllt sind, und es wird für beide Seiten schwer sein, scheiden zu müssen. Er hat meines Erachtens jedoch unbedingt recht, diese Anstellung, ohne zu zögern, doch anzunehmen, da es den Anschein hat, daß man in einiger Entfernung von diesem großen Haufen Städte, nicht nur Paris, sondern auch Amsterdam, Rotterdam und so vielen anderen in Europa, besser und glücklicher durch die Welt gehen kann als in ihrer unmittelbaren Nähe. Es gibt noch mehr Natürliches auf der Welt und Gutes, als man hier auf unserem Erdteil vermuten würde. Und von Cor finde ich es konsequent, daß er dorthin geht. Zwar nicht gerade über Transvaal, wohl aber z. B. über Australien habe ich oftmals von solchen reden hören, die von dort kamen und sich immer wieder dorthin zurücksehnten. So z. B. auch über Haiti, über Martinique, wo Gauguin, der mit mir in Arles lebte, gewesen war. Und daß Transvaal ja mit Australien dies & jenes gemein hat, wage ich wohl anzunehmen. Enfin, man hat dort die Möglichkeit, seine Arbeitskraft nutzen und sich besser entwickeln zu können als in der europäischen Umtriebigkeit.

Was nun, liebe Mutter, den Kummer betrifft, den wir mit Trennung und Verlust haben und behalten, mich dünkt, er ist instinktiv: wir würden uns ohne ihn nicht in Trennungen fügen können und er dient uns wahrscheinlich dazu, einander bei späteren Gelegenheiten daran zu erkennen und wiederzufinden. – Die Dinge können nun einmal nicht an ihrem Platz bleiben. Und doch fallen die Äpfel nicht weit vom Stamm und werden aus ihren Samen vorerst noch keine Brennesseln wachsen. Sonst weiß ich jedoch nichts darüber.

Von Theo und Jo habe ich gute Nachrichten, inzwischen wundert es mich weniger als jemand anders, daß er hustet usw. Manchmal wünschte ich wohl, sie wohnten außerhalb von Paris und nicht im 4. oder 5. Stock usw., und doch getraue ich mich nicht, es auf mich zu nehmen, ihm zu einer Veränderung zu raten, weil Theo in gewissem Maß Umtrieb, Geschäfte und Freunde unmittelbar in Paris braucht. Mag seine Frau dafür sorgen, daß er soweit wie möglich wieder auf seine alte holländische Kost zurückkommt, die er ungefähr 10 Jahre ununterbrochen entbehren mußte und sich mit Speisen aus dem Restaurant ernährte, ohne jegliches Familienleben. Ich bin voll Zuversicht, daß sie dies wohl begreifen wird und vielleicht bereits begriffen hat.

Das wichtigste ist möglicherweise folgendes: Erinnern Sie sich noch an die Geschichte aus dem Buch »de Pruuvers«, in der von einem Kranken erzählt wird, der jeden Morgen dem Dienstmädchen zusah, wenn es den Boden fegte, und meinte, es habe »etwas Beruhigendes«. Das ist das wichtigste, wenn darauf die Besserung in allen nur erdenklichen und unterschiedlichen Krankheitsfällen zu einem beträchtlichen Teil zurückgeführt werden kann. Ich würde also, wie grausam es auch sein mag, die Sorge um Theos starke oder schwache Gesundheit einfach ihr überlassen und sie ein knappes Jahr darüber grübeln und sich abmühen lassen, bevor wir uns darum kümmern, und es kommt mir vor, daß, indem wir uns darüber nicht im geringsten beunruhigt zeigen, sich der Beweis unseres eigenen Vertrauens und »etwas Beruhigendes« in der Natur im allgemeinen daraus ergeben könnten.

Es kommt mir vor, als sei es hier im Sommer nicht sehr viel wärmer als bei uns, zumindest behindert die Hitze mich nicht, da die Luft hier klarer und reiner ist. Weiter weht hier sehr oft viel Wind, der Mistral. Ich habe in der größten Hitze des Tages in den Kornfeldern gemalt, ohne daß sie mich sonderlich gestört hätte. Doch am schnellen Gelbwerden des Korns sieht man manchmal schon, daß die Sonne ziemliche Kraft haben kann. Nur werden die Felder bei uns unendlich viel schöner bebaut, regelmäßiger als hier, wo der Boden durch seine felsige Beschaffenheit an vielen Stellen nicht für alles geeignet ist.

Es gibt hier sehr schöne Felder mit Olivenbäumen, die grau und silbrig grün sind, wie Kopfweiden. Und dann langweilt mich der blaue Himmel niemals. Buchweizen oder Raps sieht man hier nie, vielleicht findet man hier im allgemeinen etwas weniger Abwechslung als bei uns. Und ich würde so gerne einmal ein blühendes Buchweizenfeld malen oder blühenden Raps oder Flachs. Aber dazu finde ich vielleicht später in der Normandie oder Bretagne die Gelegenheit. Dann sieht man hier auch nie die bemoosten Dächer auf den Scheunen und Hütten wie bei uns und auch kein Eichenbrennholz und keinen Spörgel und keine Buchenhecken mit ihren rotbraunen Blättern und gräulichen gekreuzten alten Stämmen.

Auch keine richtige Heide und keine Birken, die in Nuenen so schön waren.

Aber was im Süden schön ist, das sind die Weingärten, überall wo sie sind, auf dem flachen Land oder an den Berghängen. Ich habe sie gesehen und übrigens Theo ein Bild davon geschickt, auf dem der Weingarten ganz und gar lila, feuerrot und gelb und grün und violett ist, wie der wilde Wein in Holland. Ich sehe ebensogern einen Weingarten wie ein Kornfeld. Auch sind hier die Hügel voll Thymian und anderen duftenden Pflanzen, sehr schön, und durch die Klarheit der Luft sieht man von den Höhen aus soviel weiter als bei uns.

Nun, zum Schluß möchte ich Ihnen noch sagen, daß ich glaube, es müßte Ihnen Freude bereiten, daß Ihr Sohn Theo nun endlich geheiratet hat. Ich würde, wenn ich Sie wäre, nun nicht über seine Gesundheit grübeln, wohl aber an Ihrer Stelle versuchen, bei ihm zu erreichen, daß er und seine Frau Sie zweimal im Jahr besuchen anstatt einmal. Besonders weil Cor fortgeht, wäre das für Sie und die beiden gut. Seinen Geschäften würde es durchaus nicht schaden, wenn seine Gedanken einmal abgelenkt würden, und Sie können versichert sein, daß seine Frau es Ihnen nicht übelnehmen wird, wenn Sie bei ihm hin und wieder die Lust wecken, mit ihr nach Holland zu reisen. Vergessen Sie nicht, daß wir bei den Pariser Geschäften ebensoviel Anlässe zur Undankbarkeit haben wie zur Dankbarkeit, und Sie als Mutter von fast 70 Jahren dürften das wohl mal gelten lassen.

In Gedanken umarme ich Sie, und mit einem Händedruck für Cor wünsche ich ihm recht guten Mut zu seinem Vorhaben. Ich bin stets, dessen seien Sie versichert, Ihr Sie liebender Vincent

**An Theo van Gogh Saint-Rémy**
**zwischen 5. und 6. September 1889**

Mein lieber Bruder, obwohl ich Dir schon geschrieben habe, bleiben noch viele Dinge, die Du mir gesagt hast & auf die ich noch nicht geantwortet habe. Erstens, daß Du ein Zimmer in Tanguys Haus gemietet hast & meine Bilder dort sind, das ist sehr interessant – wenn Du es nur nicht zu teuer bezahlst – daß die Kosten immer weiter steigen und die Bilder immer noch nichts einbringen – das erschreckt mich oft.

Wie dem auch sei, ich finde, daß es eine gute Maßnahme ist, und ich danke Dir dafür wie für so vieles. Es ist seltsam, daß Maus auf die Idee gekommen ist, den kleinen Bernard & mich zur nächsten Ausstellung der Vingtisten einzuladen, ich würde gern dort ausstellen, auch wenn ich mich neben so vielen Belgiern, die enorm viel Talent haben, unbedeutend fühle. So ist dieser Mellery zum Beispiel ein großer Künstler. Und das schon seit vielen Jahren, aber ich werde mein Bestes geben, um zu probieren, in diesem Herbst etwas Gutes zu machen. Ich arbeite ununterbrochen in meinem Zimmer, was mir gut tut und, wie ich mir einbilde, diese krankhaften Gedanken verjagt.

So habe ich das Bild vom Schlafzimmer neu gemacht. Diese Studie ist gewiß eine der besten – früher oder später muß sie rentoiliert werden – Sie ist so schnell gemalt und ist auf eine Weise getrocknet, daß das Terpentin sich sofort verflüchtigt hat, deshalb haftet die Farbe nicht ganz fest auf der Leinwand. So ist das auch bei anderen meiner Studien, die sehr schnell und pastos gemalt sind. Übrigens löst sich diese dünne Leinwand nach einiger Zeit ab, denn sie kann nicht soviel Farbe halten. Du hast ausgezeichnete Keilrahmen genommen, verdammt, wenn ich hier solche zum Arbeiten hätte, das wäre besser als diese Latten hier, die sich in der Sonne verbiegen.

Man sagt – und ich will es gerne glauben –, daß es schwer ist, sich selbst zu kennen – aber es ist auch nicht gerade leicht, sich selbst zu malen. So arbeite ich im Augenblick an zwei Selbstporträts – in Ermangelung eines anderen Modells, weil es höchste Zeit ist, daß ich ein wenig in Figuren arbeite. Das eine habe ich an dem ersten Tag begonnen, an dem ich aufstand, ich war mager, totenblaß. Es ist dunkles Blauviolett, und der Kopf weißlich mit gelben Haaren, also ein Farbeffekt.

Aber seitdem habe ich ein Dreiviertelporträt mit hellem Hintergrund angefangen.

Dann überarbeite ich die Studien dieses Sommers – kurz, ich arbeite von morgens bis abends.

Geht es Dir gut – verdammt noch mal, ich wünschte mir für Dich, daß Du 2 Jahre weiter wärst und daß diese erste Ehezeit, so schön sie zeitweilig auch sein mag, schon hinter

Dir läge. Ich glaube fest daran, daß eine Ehe erst mit der Zeit gut wird und daß sich die Gemüter dann wieder beruhigen. Nimm also die Dinge mit einer gewissen nordischen Gelassenheit und kümmert Euch beide umeinander. Dieses verdammte Leben in den schönen Künsten ist aufreibend, so scheint es.

Meine Kräfte nehmen von Tag zu Tag zu, und es scheint mir wieder, als hätte ich schon fast zuviel davon. Denn man muß kein Herkules sein, um fleißig an der Staffelei zu sitzen.

Ich mußte dieser Tage und während meiner Krankheit viel an die belgischen Maler denken, weil Du mir geschrieben hast, daß Maus da war, um meine Bilder zu sehen. Dann kommen die Erinnerungen wie eine Lawine über mich, und ich versuche, mir diese ganze moderne flämische Künstlerschule wieder vorzustellen, bis ich davon Heimweh bekomme wie ein Schweizer.

Das ist nicht gut, denn unser Weg geht – vorwärts – und kehrtmachen ist verboten und unmöglich, d. h., man sollte an die Vergangenheit denken, ohne sich mit allzu schwermütiger Sehnsucht in sie zu versenken.

Kurz gesagt, Henri Conscience ist zwar kein perfekter Schriftsteller, doch was für ein Maler hin und wieder, eigentlich überall! und welche Güte liegt in dem, was er gesagt und gewollt hat. Mir geht die ganze Zeit das Vorwort eines seiner Bücher – (das zum Conscrit) durch den Kopf, worin er schreibt, daß er sehr krank gewesen sei und daß er dabei trotz aller Bemühungen gefühlt habe, wie er seine Liebe zu den Menschen verloren habe, und wie ihm sein Gefühl der Liebe auf langen Spaziergängen übers freie Feld zurückgekommen sei –

Diese Unausweichlichkeit des Leidens und der Verzweiflung – Nun, ich bin doch vorläufig mal wieder obenauf – dafür bin ich dankbar.

Ich schreibe Dir diesen Brief nach und nach in Augenblicken, wenn ich es leid bin zu malen – Die Arbeit geht recht gut voran – ich kämpfe mit einem Bild, das ich einige

Tage vor meinem Unwohlsein begonnen hatte, ein Schnitter, die Studie ist ganz gelb, schrecklich dick aufgetragen, aber das Motiv ist schön und einfach. Ich sah in diesem Schnitter – eine undeutliche Gestalt, die in der sengenden Hitze schuftet wie ein Teufel, um mit ihrer Arbeit fertig zu werden, ich sehe darin das Bild des Todes insofern, als die Menschheit das Getreide ist, das geschnitten wird. Es ist also, wenn man so will, das Gegenstück zu dem Sämann, den ich früher versucht habe. Aber dieser Tod hat nichts Trauriges, alles geschieht in vollem Licht, mit einer Sonne, die alles mit einem feinen goldenen Licht überflutet. Gut, hier bin ich wieder, ich lasse aber nicht locker, und auf einer neuen Leinwand fange ich wieder neu an. Ach, mir ist beinah, als hätte ich eine neue, klare Periode vor mir –

Und ich weiß nicht, was ich tun soll – diese Monate hier weitermachen oder gehen –. Die Anfälle sind, wenn sie kommen, wahrlich kein Spaß, und es ist gefährlich zu riskieren, einen solchen Anfall bei Dir oder anderen zu bekommen.

Mein lieber Bruder – ich schreibe Dir immer zwischen der Arbeit – ich schufte wirklich wie ein Besessener, ich habe eine Arbeitswut wie noch nie. Und ich glaube, das wird dazu beitragen, daß ich gesund werde.

Vielleicht geschieht mit mir etwas wie das, wovon Eug. Delacroix spricht – »ich habe das Malen entdeckt, als ich weder Zähne noch Atem hatte«, in dem Sinne, daß meine elende Krankheit mich verbissen arbeiten läßt – sehr langsam – aber von morgens bis abends, ohne Unterbrechung – und – d a r i n liegt wahrscheinlich das Geheimnis – lange und langsam arbeiten. Was weiß ich, aber ich glaube, daß ich an einem oder zwei Bildern arbeite, die nicht übel sind, erstens der Schnitter in den gelben Getreidefeldern und das Porträt auf hellem Hintergrund, das ist für die Vingtisten, falls sie sich überhaupt an mich erinnern, wenn es soweit ist, nun es wäre mir ganz egal oder sogar lieber, wenn sie mich vergessen würden.

Ich aber vergesse nicht die Anregung, die ich bekomme, wenn ich mich an manche Belgier erinnere. Das ist das Positive daran, und der Rest ist nebensächlich.

Und nun haben wir schon wieder September, bald werden wir Herbst haben und dann Winter.

Ich werde weiter stramm arbeiten, und wir werden sehen, ob dann gegen Weihnachten wieder ein Anfall kommt, und wenn der vorbei ist, dann sehe ich keinen Hinderungsgrund dafür, die Verwaltung hier zum Teufel zu jagen und mehr oder weniger lange Zeit in den Norden zurückzugehen. Jetzt wegzugehen, wo ich einen neuen Anfall im Winter, d. h. in 3 Monaten für möglich halte, das wäre vielleicht zu riskant.

Ich habe seit 6 Wochen keinen Fuß vor die Tür gesetzt, nicht einmal in den Garten, aber wenn ich in der nächsten Woche die Bilder fertig habe, an denen ich arbeite, werde ich es versuchen.

Aber noch ein paar Monate, und dann bin ich so träge und verblödet, daß ein Ortswechsel wahrscheinlich sehr gut für mich wäre. So denke ich vorläufig, aber wohlgemerkt, es ist kein fester Plan.

Aber ich finde, daß man auf die Leute hier in dieser Anstalt ebensowenig Rücksicht nehmen muß wie auf Hotelbesitzer. Man hat für eine gewisse Zeit ein Zimmer von ihnen gemietet, und für das, was sie leisten, lassen sie sich gut bezahlen, und das ist absolut alles –

Ganz abgesehen davon, daß es ihnen vielleicht am liebsten wäre, wenn die Sache chronisch würde, und man wäre sträflich dumm, wenn man da mitspielte. Für meinen Geschmack erkundigen sie sich zu oft, nicht nur wieviel ich verdiene, sondern auch wieviel Du verdienst &c.

Also abwarten. – ohne sich zu zerstreiten. –

Ich schreibe zwischendurch an diesem Brief weiter. Gestern habe ich das Porträt des Oberaufsehers angefangen, und vielleicht werde ich auch seine Frau malen, denn er ist verheiratet und wohnt in einem kleinen Haus wenige Schritte von der Anstalt.

Eine sehr interessante Gestalt, es gibt eine schöne Radierung von Legros, die einen alten spanischen Edelmann darstellt, wenn Du Dich daran erinnerst, so gibt Dir das eine Vorstellung von diesem Typ Mann. Er ist während 2 Choleraepidemien im Krankenhaus von Marseille gewesen, er ist ein Mann, der viele hat sterben und leiden sehen, und auf seinem Gesicht liegt eine gewisse Andacht, so daß ich mich unwillkürlich an das Gesicht von Guizot erinnere – denn davon hat dieser Kopf etwas – wenn auch auf andere Art –. Aber er ist einer aus dem Volk und einfacher. Nun, Du wirst sehen, wenn es mir gelingt und ich dann noch ein weiteres mache.

Ich wende alle Kraft auf, um meine Arbeit zu bewältigen, und sage mir, wenn ich gewinne, dann wird es der beste Blitzableiter für die Krankheit sein. Ich schone mich sehr, indem ich mich sorgfältig abschotte, es ist egoistisch, wenn man so will, daß ich mich nicht lieber an meine Leidensgenossen hier gewöhne und sie besuche, aber ich fühle mich nicht schlecht dabei, denn meine Arbeit macht Fortschritte, und das brauchen wir, denn ich muß unbedingt etwas Besseres machen als das Bisherige, das nicht gut genug war.

Wenn ich früher oder später von hier wegkomme, ist es dann nicht besser, daß ich fähig bin, ein Porträt zu machen, das einigen Charakter hat, als daß ich so herauskäme, wie ich hergekommen bin. Das ist sehr grob gesagt, denn ich weiß sehr wohl, daß man nicht sagen kann »ich kann ein Porträt malen«, ohne zu lügen, denn das ist eine unendliche Aufgabe. Aber Du wirst verstehen, was ich sagen will, nämlich daß ich Besseres machen muß als bisher.

Jetzt denke ich ganz zusammenhängend, und ich fühle mich vollkommen normal, und wenn ich über meinen Zustand nachdenke und dabei hoffen darf, daß ich im großen und ganzen zwischen den Anfällen – weil leider zu befürchten ist, daß sie sich von Zeit zu Zeit wiederholen – Perioden von Klarheit und Arbeitsdrang habe – so sage ich mir, daß ich nicht die fixe Idee haben muß, krank zu sein, sondern daß ich meine kleine Laufbahn als Maler unbeirrt weiter fortsetzen muß. Wenn ich aber von nun an zur Sicherheit ständig in einer Anstalt bliebe, so wäre das wahrscheinlich übertrieben.

Ich las noch vor kurzem im Figaro die Geschichte eines russischen Schriftstellers, der an einer Nervenkrankheit litt, an der er übrigens traurigerweise gestorben ist, die bei ihm von Zeit zu Zeit schreckliche Anfälle hervorrief.

Was kann man da tun, es gibt kein Mittel dagegen, aber wenn es eines gibt, dann ist es das, tüchtig zu arbeiten. Ich habe mich damit mehr belastet als nötig. Und kurz gesagt, es ist mir insgesamt lieber, so eine Krankheit zu haben, als so zu sein, wie ich in Paris war, als ich es in mir herumtrug.

Du wirst es auch sehen, wenn Du das Porträt auf hellem Hintergrund, das ich gerade beendet habe, neben die stellst, die ich in Paris von mir gemacht habe, nämlich daß ich jetzt gesünder aussehe als damals und sogar sehr viel mehr.

Ich möchte fast glauben, daß Dir das Porträt besser als mein Brief sagen wird, wie es mir geht, und daß es Dich beruhigen wird – es hat mich viel Kraft gekostet.

Und dann geht es mit dem Schnitter auch gut voran, glaube ich – das Bild ist sehr, sehr einfach.

Ende des Monats kannst Du mit 12 Bildern zu 30 rechnen, das wage ich zu sagen, aber es wird fast jedes zweimal geben, eine Studie und das endgültige Bild.

Nun – vielleicht wird meine Reise in den Süden später doch noch Früchte tragen, denn das ganz andere, stärkere Licht, der blaue Himmel, das lehrt sehen, und vor allem und sogar nur dann, wenn man das lange Zeit sieht.

Der Norden wird mir gewiß völlig neu vorkommen, aber ich habe die Dinge hier so genau betrachtet, daß ich sie sehr liebgewonnen habe, und ich werde lange Zeit wehmütig daran zurückdenken.

Da fällt mir etwas Ulkiges ein – In Manette Salomon wird über die moderne Kunst diskutiert, und irgendein Künstler sagt, als er von dem spricht, »was bleiben wird«: Was bleiben wird, das sind »die Landschaftsmaler« – daran ist etwas Wahres, denn Corot, Daubigny, Dupré, Rousseau – Millet, sofern auch er Landschaftsmaler ist, das hat Bestand, und es war zauberhaft, als Corot auf dem Totenbett sagte: ich habe im Traum Landschaften mit ganz rosa Himmeln gesehen: nun – ausgezeichnet – bei Monet, Pissarro, Renoir sehen wir diese ganz rosa Himmel, also die Landschaftsmaler, das bleibt, sehr gut, das ist nur allzu wahr. – vom Figürlichen bei Delacroix, Millet laß uns nicht reden –

Und was beginnen wir jetzt allmählich vorsichtig als etwas Ursprüngliches und Dauerhaftes zu ahnen – das P o r t r ä t, das ist eine alte Sache, kann man sagen – aber es ist auch etwas sehr Neues. Wir werden nochmal darüber reden – aber laß uns weiter nach Porträts suchen, vor allem von Künstlern wie Guillaumin und das Porträt eines jungen Mädchens von Guillaumin und bewahre gut das Porträt auf, das Russell von mir gemalt hat, an dem ich so hänge. Hast Du das Porträt von Laval gerahmt, ich glaube, Du hast mir noch nicht gesagt, was Du davon hältst, ich fand es großartig, der Blick durch den Kneifer, ein so offener Blick.

Ich habe zur Zeit ganz stark den Wunsch, Porträts zu malen, schließlich haben Gauguin und ich darüber und über andere ähnliche Fragen so intensiv gesprochen, daß unsere Nerven gespannt waren, daß alle Lebenswärme entwich.

Aber ich wage zu hoffen, daß daraus trotzdem einige gute Bilder hervorgehen könnten, und danach streben wir. Und ich stelle mir vor, daß sie in der Bretagne gute Arbeit machen. Ich habe einen Brief von G. bekommen, ich glaube, das habe ich Dir schon geschrieben, und ich bin sehr gespannt, irgendwann zu sehen, was sie machen.

Ich muß Dich um folgende Malsachen bitten.

10 Meter Leinwand
Große Tuben 6 Tuben Bleiweiß
" " 2 " Smaragdgrün
2 " Kobalt
Kleine Tuben
2 Karminrot
1 Zinnoberrot
1 große Tube gewöhnlichen Firnis
6 Marderpinsel, schwarzes Haar

Außerdem habe ich dem Aufseher hier eine Nr. der Monde illustré Nr. 1684, 6. Juli 1889, versprochen, in der ein sehr hübscher Stich nach Demont Breton ist. Uff – der Schnitter ist fertig, ich glaube, das ist etwas, was Du bei Dir zu Hause aufhängen wirst – es ist ein Bild des Todes, so wie das große Buch der Natur uns davon spricht – aber was ich darin gesucht habe, das ist das »beinah lächelnd«. Es ist ganz gelb, mit Ausnahme einer Linie von violetten Hügeln, ein blasses und blondes Gelb. Ich finde es komisch, daß ich es so durch die Eisengitter einer Irrenzelle gesehen habe.

Und weißt Du, da ich nun doch wieder Hoffnung schöpfe, so hoffe ich, daß die Familie für Dich das sein möge, was für mich die Natur ist, die Erdschollen, das Gras, das gelbe Korn, der Bauer, d. h., daß Du in Deiner Liebe zu den Menschen nicht nur Arbeit findest, sondern auch etwas, was Dich tröstet und Dich stärkt, denn das braucht man doch. Deshalb bitte ich Dich, laß Dich nicht zu sehr von den Geschäften erdrücken, sondern kümmert Euch beide gut umeinander – vielleicht bringt uns eine nicht allzu ferne Zukunft noch etwas Gutes.

Ich habe große Lust, das Bild des Schnitters noch einmal für die Mutter zu machen, wenn nicht, dann mache ich ihr ein anderes Bild zu ihrem Geburtstag, es wird später kommen, denn ich will es mit den übrigen schicken.

Ich bin überzeugt, daß die Mutter es verstehen würde – denn es ist wirklich genauso schlicht wie diese groben Holzschnitte, die man in den Bauernkalendern findet.

Schick mir die Leinwand, sobald Du kannst, denn wenn ich noch andere Wiederholungen auch für die Schwestern machen will und neue Herbststimmungen in Angriff nehme, dann habe ich diesen Monat genug, um meine Zeit von Anfang bis Ende auszufüllen.

Ich esse und trinke zur Zeit wie ein Wolf, ich muß sagen, daß der Arzt mir gegenüber sehr wohlwollend ist. Ja, ich glaube, daß es eine gute Idee ist, ein paar Bilder für Holland zu machen, für die Mutter und die beiden Schwestern, das wären dann drei, d. h. der Schnitter, das Schlafzimmer, die Olivenbäume, Kornfeld und Zypresse, das macht sogar vier, denn ich habe nämlich auch noch jemand, für den ich eins malen will, ich werde daran mit ebensoviel Freude und mit mehr Ruhe arbeiten als für die Vingtisten, das ist klar, und da ich die Kraft dazu verspüre, kannst Du gewiß sein, daß ich versuchen werde, etwas davon in Arbeit umzusetzen. Ich nehme die besten von den 12 Motiven, da bekommen sie Sachen, die ein wenig durchdacht und gut gewählt sind. Und es hat auch sein Gutes, für Leute zu arbeiten, die nicht wissen, was ein Bild ist.

Einen herzlichen Händedruck für Dich und Jo

t. à t.
Vincent

Ich öffne diesen Brief noch einmal, um Dir zu sagen, daß ich eben M. Peyron gesehen habe, ich hatte ihn seit 6 Tagen nicht mehr gesehen. Er sagt mir, daß er wohl in diesem Monat nach Paris fährt und Dich sehen wird. Das freut mich, denn er hat, das läßt sich nicht leugnen, viel Erfahrung, und ich glaube, daß er Dir offen sagen wird, was er denkt –

Mir hat er nur gesagt: »Hoffen wir, daß es nicht wiederkommt«, aber ich rechne damit, daß es noch recht häufig wiederkommen wird, wenigstens einige Jahre lang. Aber ich rechne auch damit, daß es mir zwischendurch möglich sein wird zu arbeiten, die Arbeit Gewohnheit wird und sogar mein Heilmittel sein wird. Und ich sage es Dir noch einmal – dabei will ich den Arzt M. Peyron ganz aus dem Spiel lassen – man muß hier wahrscheinlich der Verwaltung gegenüber höflich sein, aber man sollte sich darauf beschränken und sich zu nichts verpflichten.

Es ist sehr schlimm, daß ich hier überall, wo ich etwas länger wohnen würde, vielleicht auf Vorurteile der Bevölkerung stoßen würde – ich weiß nicht mal, was für Vorurteile das eigentlich sind –, die mir aber das Leben mit ihnen unerträglich machen würden.

Aber erst warte ich darauf, was M. Peyron Dir sagt, ich habe überhaupt keine Ahnung, wie er die Sache beurteilt. Heute nachmittag habe ich am Porträt des Aufsehers gearbeitet, das geht voran. Wenn es nicht – ganz und gar – durch den klugen Blick und einen Ausdruck von Güte gemildert würde, dann wäre er ein richtiger Raubvogel: Er ist wirklich einer aus dem Süden.

Ich bin gespannt, ob M. Peyrons geplante Reise diesmal wirklich zustande kommt, und ich bin sehr neugierig darauf, was sich daraus ergibt.

Nach einem weiteren Jahr Arbeit werde ich vielleicht in künstlerischer Hinsicht zu einer gewissen Selbstsicherheit gelangen. Und das ist immer etwas, was die Mühe lohnt.

Aber da muß ich Glück haben. Was ich mir in meinen besten Augenblicken erträume, das sind nicht so sehr leuchtende Farbeffekte, sondern wieder Zwischentöne. Sicher hat der Besuch im Museum von Montpellier dazu beigetragen, meinen Gedanken diese Richtung zu geben. Denn was mich dort mehr berührte als die großartigen Courbets, die wahre Wunder sind, Les demoiselles de village, La fileuse endormie – das waren die Brias-Porträts von Delacroix und Ricard, dann der Daniel und die Odalisken von Delacroix, alle in Halbtönen. Denn diese Odalisken sind ganz etwas anderes als die im Louvre, sie gehen vor allem ins Violette.

Aber in diesen Halbtönen, welche Vielfalt und welche Qualität.

Es wird Zeit, daß ich diesen Brief endlich abschicke – ich könnte Dir auf zwei Seiten sagen, was er enthält, nämlich nichts Neues, aber ich habe doch keine Zeit, ihn noch einmal zu schreiben.

Nochmals einen herzlichen Händedruck, und wenn es Dir nicht zuviel Mühe macht, dann schicke mir die Leinwand sobald wie möglich.

t. à t.
V.

**An Theo van Gogh** **Saint-Rémy**
**etwa 20. September 1889**

Mein lieber Theo, vielen Dank für Deinen Brief. Es freut mich sehr, daß Du von Dir aus auch schon an den Vater Pissarro gedacht hast.

Du wirst sehen, daß es noch andere Möglichkeiten gibt, wenn nicht dort, dann eben anderswo – Nun, Geschäft ist Geschäft, und Du bittest mich um eine klare Antwort – und das mit Recht – ob ich zustimme, im Falle eines sofortigen Wechsels in diesem Winter in eine Anstalt in Paris zu gehen –

Darauf antworte ich ja, mit derselben Ruhe und aus denselben Gründen, aus denen ich in diese hier gegangen bin – selbst wenn diese Pariser Anstalt eine Verschlechterung bedeutete, was leicht möglich sein könnte, denn die Gelegenheit zu arbeiten ist hier nicht schlecht, und die Arbeit ist meine einzige Zerstreuung.

Aber nun will ich Dich daran erinnern, daß ich in meinem Brief zur Begründung für meinen Wunsch umzuziehen einen sehr ernsten Grund angegeben habe.

Und das muß ich wiederholen. Ich bin erstaunt, daß ich bei meinen modernen Ideen, als ein so glühender Bewunderer Zolas und der Goncourts und bei all den künstlerischen Dingen, die ich so stark empfinde, Anfälle von Aberglauben habe und daß mir verworrene und gräßliche religiöse Vorstellungen in den Kopf kommen, wie ich sie im Norden niemals hatte. –

Wenn man davon ausgeht, daß jemand sehr empfindlich auf seine Umgebung reagiert, dann reicht wohl schon der recht lange Aufenthalt in diesen alten Klöstern, wie es das Krankenhaus von Arles und die Anstalt hier sind, um diese Anfälle zu erklären. – Also könnte es – selbst wenn es eine Verschlechterung bedeutete – ratsamer sein, in ein weltliches Krankenhaus zu gehen –

Um aber nicht unüberlegt zu handeln oder jedenfalls um diesen Eindruck zu vermeiden, erkläre ich Dir, nachdem ich Dir gesagt habe, was ich vielleicht möchte – nämlich einen Ortswechsel –, daß ich genug Ruhe und Vertrauen spüre, um noch eine Zeitlang hier zu warten und zu sehen, ob es in diesem Winter zu einem neuen Anfall kommt.

Aber wenn ich Dir d a n n schreiben würde, ich möchte fort von hier, dann dürftest Du nicht zögern und alles müßte im voraus geregelt sein, denn Du weißt dann, daß ich einen oder gar mehrere wichtige Gründe hätte, um in eine Anstalt zu gehen, die nicht wie diese von Nonnen geleitet wird, so vortrefflich diese auch sein mögen. Wenn ich früher oder später aufgrund der einen oder anderen Vereinbarung den Ort wechsle, laß uns dann beginnen, als ob so gut wie nichts geschehen wäre, und wir wollen dabei sehr vorsichtig und bereit sein, Rivet beim kleinsten Anlaß um Rat zu fragen, aber laß uns nicht sofort allzu offizielle Maßnahmen ergreifen, als ob die Sache schon verloren wäre.

Tüchtig essen, das tue ich – aber wenn ich mein Arzt wäre, so würde ich es mir verbieten –

Ich sehe für mich nichts Gutes in sehr großer körperlicher Kraft, denn es erscheint mir das logischste, ganz in dem Gedanken aufzugehen, gute Arbeit zu machen und nur Künstler und nichts sonst sein zu wollen.

Mutter und Wil sind beide, jede für sich nach Cors Abreise umgezogen – damit hatten sie verdammt recht. Es ist nicht nötig, daß der Kummer sich in unserer Seele sammelt wie das Wasser im Sumpf – Aber ein Ortswechsel ist manchmal nicht nur teuer, sondern auch unmöglich.

Wil schrieb sehr lieb, Cors Weggang ist ein großer Kummer für sie und die Mutter.

Es ist merkwürdig, genau in dem Moment, als ich die Kopie der Pietà von Delacroix machte, habe ich herausgefunden, wohin dieses Bild gekommen ist. Es gehört einer Königin von Ungarn oder eines anderen Landes in der Gegend, die unter dem Namen Carmen Sylva Gedichte geschrieben hat. Der Artikel, der von ihr und dem Bild berichtet, war von Pierre Loti, und er gab zu verstehen, daß diese Carmen Sylva als Person noch anrührender war als das, was sie schrieb – und dabei schreibt sie Dinge wie: eine Frau ohne Kind ist wie eine Glocke ohne Klöppel – der Klang des Erzes wäre vielleicht sehr schön, aber man wird ihn nie hören. –

Ich habe jetzt 7 Kopien von Millets zehn Travaux des champs.

Ich versichere Dir, daß es mich enorm interessiert, zu kopieren, und da ich zur Zeit keine Modelle habe, verliere ich so die Figur nicht aus dem Auge.

Außerdem kann das ein Bilderschmuck für mein Atelier oder das eines anderen werden.

Ich möchte auch gern Le semeur und Les bêcheurs kopieren.

Von Les bêcheurs gibt es eine Photogr. nach der Zeichnung.

Und von Le semeur bei Durand Ruel die Radierung von Lerat.

Unter diesen Radierungen befindet sich auch das verschneite Feld mit einer Egge. Dann Les quatre heures de la journée, in der Holzstichsammlung sind davon Exemplare.

Das alles hätte ich gerne, zumindest die Radierungen und die Holzstiche. Ich brauche diese Übung, denn ich will lernen. Kopieren ist zwar altmodisch, aber das macht mir nichts aus. Ich will auch Le Bon Samaritain von Delacroix kopieren.

Ich habe ein Frauenporträt gemacht – die Frau des Aufsehers –, ich glaube, es würde Dir gefallen – ich habe davon eine Wiederholung gemacht, die nicht so gut ist wie die nach der Natur.

Und ich fürchte, daß sie das erste nehmen werden, mir wäre lieber, daß Du es bekämst. Es ist rosa und schwarz.

Ich schicke Dir heute mein Selbstporträt, man muß es eine Weile betrachten – ich hoffe, Du siehst, daß mein Gesichtsausdruck ruhiger geworden ist, obwohl der Blick unsteter ist als früher, wie mir scheint.

Ich habe noch ein anderes, einen Versuch aus der Zeit, als ich krank war, aber ich glaube, dieses hier wird Dir besser gefallen, und ich habe versucht, einfach zu sein, zeige es dem Vater Pissarro, wenn Du ihn siehst.

Du wirst überrascht sein, welche Wirkung Les travaux des champs durch die Farbe bekommen, es ist eine tief empfundene Serie von ihm.

Ich will versuchen, Dir zu erklären, was ich darin suche und warum es mir gut scheint, sie zu kopieren – Man verlangt von uns Malern immer, daß wir selber komponieren und nur Komponisten sein sollen.

Gut – aber in der Musik ist es nicht so – und wenn irgend jemand Beethoven spielt, dann wird er seine persönliche Interpretation davon geben – in der Musik und vor allem beim Gesang – ist die Interpretation eines Komponisten eine Sache für sich, und es muß nicht allein der Komponist sein, der seine eigenen Kompositionen spielt.

Gut – da ich jetzt krank bin, versuche ich um so mehr, etwas zu meinem Trost und meiner eigenen Freude zu machen.

Ich stelle die Schwarzweißreproduktionen nach Delacroix oder Millet als Motiv vor mich hin – Und dann improvisiere ich darüber in Farbe, aber wohlgemerkt nicht als ich selber, sondern als einer, der die Erinnerung an *ihre* Bilder sucht – aber die Erinnerung, der vage Zusammenklang von Farben, den ich, wenn auch vielleicht nicht richtig, fühle – das ist meine Interpretation.

Viele kopieren nicht, viele andere wieder kopieren – ich selber bin durch Zufall dazu gekommen und ich finde, daß es lehrreich ist und vor allem daß es einen manchmal tröstet. Und mein Pinsel bewegt sich dann zwischen meinen Fingern wie ein Bogen auf einer Geige, rein zu meinem Vergnügen. Heute habe ich La tondeuse de moutons in einer Farbskala versucht, die von Lila bis Gelb geht. Es sind kleine Bilder, ungefähr zu 5.

Ich danke Dir vielmals für die Sendung Leinwand und Farben. Im Gegenzug schicke ich Dir mit dem Porträt einige Bilder, und zwar die folgenden

Mondaufgang (Heuschober)<br>
Studie von Feldern<br>
" von Olivenbäumen<br>
" einer Nacht<br>
Berge<br>
Grünes Kornfeld<br>
Olivenbäume<br>
Blühender Obstgarten<br>
Eingang eines Steinbruchs

Die ersten vier Bilder sind Studien, die nicht zusammenhängend wirken wie die anderen. Ich mag den Eingang eines Steinbruchs ganz gern, den ich malte, als ich den Anfall kommen fühlte, denn die dunklen Grüntöne passen nach meinem Geschmack gut zu den Ockertönen, es liegt etwas Trauriges darin, aber es hat auch etwas Gesundes, und deshalb mag ich es. Das gilt vielleicht auch für die Berge. Man wird mir vorwerfen, daß Berge so nicht sind und daß die schwarzen Konturen fingerbreit sind. Aber letztlich schien es mir, als gäbe dies die Stelle aus Rods Buch gut wieder – eine der wenigen Stellen von ihm, die mir gefallen – über eine einsame Gegend mit düsteren Bergen, wo man schwärzliche Hütten von Ziegenhirten sah und wo Sonnenblumen blühten.

Die Olivenbäume mit weißer Wolke und den Bergen im Hintergrund, und ebenso der Mondaufgang und die Nachtstimmung sind im Hinblick auf die Komposition übertrieben, die Linien darauf sind konturiert wie auf alten Holzschnitten. Die Olivenbäume sind realistischer, auch auf der anderen Studie, und ich habe versucht, die Stunde wiederzugeben, in der man die grünen Goldkäfer und die Zikaden in der Hitze auffliegen sieht.

Die anderen Bilder – der Schnitter &c sind noch nicht trocken.

Und jetzt in der schlechten Jahreszeit werde ich viel kopieren, denn ich muß wirklich mehr Figuren malen. Das Studium der Figur lehrt, das Wesentliche zu erfassen und zu vereinfachen.

Wenn Du in Deinem Brief sagst, daß ich noch nie etwas anderes getan hätte als arbeiten, nein – dann ist das nicht richtig – ich bin sehr, sehr unzufrieden mit meiner Arbeit, und das Einzige, was mich tröstet, ist, daß erfahrene Leute sagen, daß man 10 Jahre für nichts und wieder nichts malen muß. Aber was ich in diesen 10 Jahren gemacht habe, das sind nichts als armselige und mißglückte Studien. Jetzt könnte eine bessere Zeit kommen, aber ich muß das Figürliche verbessern und mein Gedächtnis durch ein genaues Studium von Delacroix und Millet auffrischen. Dann werde ich versuchen, mit meinem Zeichnen besser zurechtzukommen. Ja, das Unglück ist zu manchem gut, man gewinnt Zeit zum Studieren. Ich lege der Rolle mit den Bildern noch eine Blumenstudie bei – nichts Großes, aber am Ende möchte ich sie doch nicht zerreißen.

Insgesamt finde ich darin nur wenig Gutes wie das Kornfeld, die Berge, den Obstgarten, die Olivenbäume mit den blauen Hügeln und das Selbstporträt und den Eingang eines Steinbruchs, und das übrige sagt mir nichts, weil in ihm der persönliche Wille, die empfundenen Linien fehlen. Da, wo diese Linien dicht gedrängt und gewollt sind, da fängt das Bild an, selbst wenn es übertrieben wäre. Es ist ein wenig so, wie es auch Bernard und Gauguin empfinden, sie verlangen nicht unbedingt die genaue Form eines Baums, aber sie wollen unbedingt, daß man deutlich macht, ob die Form rund oder eckig ist – und tatsächlich haben sie recht, denn sie sind die photographische und einfältige Genauigkeit mancher Leute leid. Sie verlangen nicht den genauen Farbton der Berge, aber sie sagen: mein Gott, waren die Berge blau, also schmeißt Blau drauf und sagt mir nicht, es wäre ein bißchen so oder so blau gewesen, es war eben blau, nicht wahr? gut – macht sie blau, und fertig! – Gauguin ist manchmal genial, wenn er so etwas erklärt, aber soviel Genie Gauguin auch hat, er scheut sich, es zu zeigen, und es ist rührend, wie gern er den Jüngeren wirklich nützliche Dinge sagt. Was ist es doch für ein merkwürdiger Kerl.

Es freut mich, daß es Jo gut geht, und ich glaube, Du bist mehr Du selbst, wenn Du an ihre Schwangerschaft denkst und Dir deshalb natürlich auch Sorgen machst, als wenn Du allein wärst ohne diese Sorgen um die Familie. Denn Du wirst Dich mehr eins mit Deiner Natur fühlen.

Wenn man an Millet und an Delacroix denkt, was für ein Gegensatz, Delacroix ohne Frau, ohne Kinder, Millet mitten in der Familie, mehr als irgendeiner –

Und doch gibt es Gemeinsamkeiten in ihrem Werk.

Also Jouve hat immer noch sein großes Atelier und arbeitet dekorativ. Es hätte nicht viel gefehlt, und er wäre ein ausgezeichnter Maler geworden. Wegen seiner Geldprobleme und wegen des täglichen Brots ist er gezwungen, neben dem Malen tausend Dinge zu tun, und wenn er etwas Schönes macht, dann kostet es ihn eher Geld, als daß es ihm welches einbringt.

Und schnell verliert er die Fähigkeit, mit dem Pinsel zu zeichnen. Das rührt wahrscheinlich von der alten Ausbildung her, die auch heute noch in den Ateliers üblich ist – sie malen Flächen aus. Und Daumier malte immer wieder sein Gesicht im Spiegel, um zeichnen zu lernen!

Weißt Du, woran ich ziemlich oft denke – an das, was ich Dir früher schon gesagt habe, nämlich daß ich, auch wenn ich mich nicht durchsetze, dennoch glaube, daß das, woran ich gearbeitet habe, weitergeführt wird – Nicht unmittelbar, aber im Glauben an das Wahre ist man nicht allein. Und welche Bedeutung hat man schon als einzelner. Ich habe das Gefühl, daß die Geschichte der Menschen wie die des Korns ist, wenn man nicht in die Erde gesät wird, um zu keimen, was macht das schon aus, dann wird man eben gemahlen, um zu Brot zu werden.

Der Unterschied zwischen Glück und Unglück, beide sind nötig und nützlich und der Tod oder das Vergehen … sind so relativ – und das Leben ebenfalls.

Selbst Auge in Auge mit einer Krankheit, die einen kaputtmacht oder beunruhigt, gerät dieser Glaube nicht ins Wanken.

Die Meuniers hätte ich gern gesehen.

Nun, es wäre also ausgemacht, wenn ich Dir ausdrücklich und ganz kurz schreibe, daß ich nach Paris kommen möchte, dann habe ich einen Grund dafür, wie ich Dir weiter oben erklärt habe. Bis dahin eilt es nicht, und nachdem ich Dir das mitgeteilt habe, habe ich Vertrauen genug, den Winter abzuwarten und auch den Anfall, der dann vielleicht wiederkommt. Aber wenn ich noch einmal einen Anfall von religiösem Wahn habe, dann kein Erbarmen, dann möchte ich gern auf der Stelle fort, ohne einen Grund angeben zu müssen. Aber es ist uns nicht gestattet, oder wenigstens wäre es taktlos, uns in die Anstaltsleitung der Nonnen einzumischen oder sie gar zu kritisieren. Sie haben ihren Glauben und ihre Art und Weise, anderen Gutes zu tun, manchmal ist das sehr gut. –

Aber ich benachrichtige Dich nicht leichtfertig. Und auch nicht, um mehr Freiheit zu bekommen oder etwas anderes, was ich nicht habe. Also wollen wir ganz ruhig abwarten, bis sich eine passende Unterkunft findet.

Es ist schon viel damit gewonnen, daß mein Magen gut arbeitet, und ich glaube auch, daß ich nicht mehr so empfindlich gegen die Kälte sein werde. Und ich weiß, was ich tun kann, wenn schlechtes Wetter ist, da ich den Plan habe, verschiedene Sachen zu kopieren, die ich sehr mag.

Gern sähe ich Reproduktionen von Millet in den Schulen hängen, ich glaube, es gibt Kinder, die würden Maler, wenn sie nur gute Sachen sähen.

Viele Grüße an Jo und einen Händedruck, bis bald

t. à t.
Vincent

**An Theo van Gogh** **Saint-Rémy 5. Oktober 1889**

Mein lieber Theo, ich habe mit Ungeduld auf Deinen Brief gewartet und war darum sehr froh, als ich ihn bekam und sah, daß es Dir und Jo gut geht und auch den Freunden, von denen Du schreibst.

Ich muß Dich bitten, das Weiß, um das ich gebeten habe, so bald wie möglich zu schicken und noch 5 oder 10

Meter Leinwand, so wie es gerade hinkommt. Zuerst muß ich Dir eine, wie ich finde, ziemlich ärgerliche Neuigkeit berichten. Während des Aufenthaltes hier sind einige Kosten angefallen, von denen ich annahm, daß M. Peyron sie Dir regelmäßig mitgeteilt hätte, & was er aber, wie er mir neulich sagte, nicht getan hat, so daß eine Summe von etwa 125 Francs entstanden ist, wenn man die 10 abrechnet, die Du per Postanweisung geschickt hast.

Sie waren für Farben, Leinwand, Rahmen und Keilrahmen, meine Fahrt neulich nach Arles, einen Leinenanzug und für verschiedenes, was auszubessern war. Ich brauche hier 2 Farben, Bleiweiß und gewöhnliches Blau, aber in ziemlich großer Menge, und Leinwand, wenn ich auf nicht grundierter und stärkerer Leinwand arbeiten möchte.

Das trifft sich gerade jetzt schlecht, wo ich gerne wieder nach Arles fahren würde etc.

Jetzt aber will ich Dir berichten, daß wir ein paar herrliche Herbsttage haben und daß ich davon profitiere. Ich habe ein paar Studien, unter anderem einen ganz gelben Maulbeerbaum auf steinigem Gelände, der sich klar von dem Blau des Himmels abhebt, ich glaube, Du wirst an dieser Studie erkennen, daß ich Monticellis Spur gefunden habe. Die Bilder, die ich Dir letzten Samstag zugeschickt habe, wirst Du inzwischen erhalten haben. Es überrascht mich sehr, daß M. Isaacson einen Artikel über meine Studien schreiben will. Ich würde ihn gerne bitten, damit noch zu warten, sein Artikel würde dabei nichts verlieren, und ich könnte ihm – hoffe ich – nach einem weiteren Jahr Arbeit, viel charakteristischere Sachen zeigen, die entschiedener in der Zeichnung wären, weil ich den provenzalischen Süden dann besser kennen würde.

Es war sehr freundlich von M. Peyron, mit solchen Worten von meinem Fall zu sprechen – ich habe nicht gewagt, ihn darum zu bitten, dieser Tage nach Arles fahren zu dürfen, wozu ich sehr große Lust hätte, denn ich glaube, er wäre nicht einverstanden. Ich denke aber nicht, daß er an einen Zusammenhang zwischen meiner letzten Reise und dem Anfall glaubt, der ihr folgte. Es ist aber so, daß es dort einige Leute gibt, die ich glaubte und noch glaube wiedersehen zu müssen. Ich habe hier im Süden zwar nicht wie der gute Prévost eine Geliebte, die mich festhielte, aber ich habe, ohne es eigentlich zu wollen, die Menschen und Dinge liebgewonnen. Und da ich jetzt vorläufig noch hierbleibe und wahrscheinlich auch den Winter hier verbringen werde, werde ich da nicht auch im Frühling – in der schönen Jahreszeit – auch noch hier sein? – Das wird vor allem von der Gesundheit abhängen.

Was Du von Auvers berichtest, ist mir jedoch eine sehr erfreuliche Aussicht, und früher oder später sollte man das, ohne weiter zu suchen, festmachen. Wenn ich in den Norden komme, selbst wenn man davon ausgeht, daß es bei diesem Doktor keinen Platz gibt, dann wird er doch wahrscheinlich auf Deine und Vater Pissarros Empfehlung hin eine Unterkunft entweder in einer Familie oder ganz einfach in einem Gasthof finden können. Die Hauptsache ist, daß man den Arzt kennt, damit man nicht in die Hände der Polizei fällt, wenn es zu einem Anfall kommt, und mit Gewalt in eine Anstalt gebracht wird.

Ich versichere Dir, daß mich der Norden interessieren wird wie ein neues Land.

Aber im Augenblick drängt uns nichts zur Eile.

Ich mache mir Vorwürfe, daß ich mit dem Briefeschreiben im Rückstand bin, ich würde gern Isaacson, Gauguin und Bernard schreiben, aber das Schreiben gelingt nicht immer, und außerdem drängt die Arbeit. Ja, ich möchte Isaacson sagen, es wäre gut, wenn er noch wartete, es ist darin noch nichts von dem, was ich bei fortschreitender Gesundheit zu erreichen hoffe. Es lohnt sich nicht, ganz gleich was es auch sei, über meine jetzige Arbeit zu reden. Wenn ich zurück bin, wird es allenfalls eine Art Gesamtbild »Impressionen aus der Provence« ergeben, aber was kann er jetzt schreiben, wenn ich noch den Olivenbäumen, den Feigenbäumen, den Weinbergen, den Zypressen, allen charakteristischen Dingen der Provence noch mehr zu ihrem vollen Recht verhelfen muß und auch die Alpines noch mehr Charakter bekommen müssen. Wie gerne würde ich sehen, was Gauguin und Bernard mitgebracht haben. Ich habe eine Studie von zwei gelb gewordenen Pappeln gegen einen Hintergrund von Bergen und eine Ansicht vom Park hier, Herbststimmung, da ist die Zeichnung etwas naiver und mehr – zu Hause –

Es ist schließlich schwer, eine Gegend zu verlassen, bevor man durch irgend etwas bewiesen hat, daß man sie gefühlt und geliebt hat.

Wenn ich wieder in den Norden komme, habe ich vor, eine Menge griechische Studien zu machen, Du weißt schon, Studien, die nur mit Weiß und Blau und ein wenig Orange gemalt sind, wie unter freiem Himmel.

Ich muß zeichnen und einen Stil suchen. Ich habe gestern hier beim Anstaltsgeistlichen ein Bild gesehen, das mir Eindruck gemacht hat, eine provenzalische Dame mit intelligentem rassigen Gesicht, in rotem Kleid. Eine Figur, wie die, die Monticelli im Sinn hatte. Es hatte zwar große Fehler, aber es hatte Einfachheit, und es ist traurig zu sehen, wie sehr man hier davon abgekommen ist, so wie wir in Holland von unserer.

Ich schreibe Dir in Eile, um schnell Deinen lieben Brief zu beantworten, und hoffe, daß Du recht bald wieder schreibst. Ich habe noch sehr schöne Motive für morgen gesehen – in den Bergen. Viele Grüße an Jo und die Freunde, danke vor allem bei Gelegenheit dem Vater Pissarro für seine Auskunft, die uns bestimmt nützlich sein wird.

Ich drücke Dir beide Hände und dessen sei versichert

t. à t.
Vincent

**An Theo van Gogh** **Saint-Rémy**
**1. Februar 1890**

Mein lieber Theo, heute erhielt ich von Dir die gute Nachricht, daß Du endlich Vater bist, daß Jo das Schlimmste überstanden hat und zuletzt, daß es dem Kind gut geht. Das tut auch mir wohler und freut mich mehr, als ich mit Worten sagen kann. Bravo – und wie froh wird die Mutter sein. Auch von ihr habe ich vorgestern einen recht langen und sehr heiteren Brief bekommen. Was ich seit langem so sehr gewünscht habe, ist nun endlich eingetreten. Ich muß Dir wohl nicht sagen, daß ich in den letzten Tagen oft an Euch gedacht habe, und es hat mich sehr gerührt, daß Jo so freundlich war, mir noch die Nacht zuvor zu schreiben. Wie tapfer und ruhig sie in der gefährlichen Situation war, das hat mich sehr bewegt. Und es trägt viel dazu bei, daß ich die letzten Tage vergesse, in denen ich krank war, also ich weiß nicht mehr, wo mir der Kopf steht, und bin ganz durcheinander.

Ich war außerordentlich überrascht von dem Artikel über meine Bilder, den Du mir geschickt hast, ich muß Dir wohl nicht sagen, daß ich mir auch weiterhin nicht einzubilden hoffe, daß ich so male, sondern daraus eher erkenne, wie ich malen sollte. Denn der Artikel ist insofern sehr richtig, als er die Lücke zeigt, die ausgefüllt werden muß, und ich glaube, daß der Verfasser ihn im Grunde schrieb, um nicht nur mich, sondern auch den anderen Impressionisten den Weg zu weisen und sogar mehr noch um an der rechten Stelle eine Bresche zu schlagen. Er stellt also ein kollektives Ich vor, ein Ideal für die anderen wie für mich. Wenn Du so willst, so sagt er einfach, daß hier und da auch in meiner unvollkommenen Arbeit etwas Gutes ist, und das ist das Tröstliche, das ich schätze und für das ich hoffe, dankbar zu sein. Nur muß klar sein, daß mein Rücken nicht breit genug ist, um so etwas auf mich zu nehmen, und da er den Artikel auf mich konzentriert, muß ich Dir nicht sagen, wie geschmeichelt ich mich fühle, aber es ist meiner Meinung genauso übertrieben wie das, was in einem Artikel von Isaacson über Dich stand, nämlich, daß die Künstler jetzt aufhörten, sich zu streiten, und daß im stillen in dem kleinen Geschäft auf dem Boulevard Montmartre eine ernstzunehmende Bewegung entstünde. Ich gebe zu, es ist schwer, es anders zu sagen und auszudrücken – wie man ja auch nicht malen kann, so wie man sieht – und ich will nicht die Kühnheit von Isaacson oder die des anderen Kritikers kritisieren, aber sieh mal, was uns beide angeht, wir stehen da ein bißchen Modell, und das ist nun mal eine Pflicht und eine Aufgabe wie andere auch. Also, wenn Du & ich das eine oder andere Renommee bekämen, dann sollten wir eine gewisse Ruhe und, wenn möglich, Geistesgegenwart bewahren. – Warum sagt er nicht das, was er von meinen Sonnenblumen sagt, mit um so größerem Recht von Quosts herrlichen und so vollendeten Stockrosen und von seinen gelben Schwertlilien, den herrlichen Pfingstrosen von Jeannin? Und Du weißt ebensogut wie ich, daß ein Lob auch eine andere Seite haben muß, die Kehrseite der Medaille. Aber ich bin für den Artikel sehr dankbar oder habe eher »le cœur à l'aise«, wie es in dem Lied der Revue heißt, weil man so was mal brauchen kann, so wie man wirklich eine Medaille auch mal brauchen kann. Und dann hat so ein Artikel seinen eigenen Wert als ein Beispiel für Kunstkritik, und als solches muß man ihn meiner Meinung nach auch respektieren, und der Verfasser muß den Ausdruck steigern, seine Schlußfolgerungen zusammenfassen &c. Aber von Anfang an solltest Du daran denken, daß Du Deine junge Familie nicht zu sehr ins Künstlermilieu bringst. Der alte Goupil hat seinen Haushalt im Pariser Dickicht gut verwaltet, und ich glaube, daß Du noch sehr oft an ihn denken wirst. Die Dinge haben sich so sehr verändert, heutzutage wäre sein kalter Hochmut schockierend, aber seine Widerstandskraft in so vielen Stürmen, das war schon etwas. Gauguin schlug vor, allerdings sehr vage, in seinem Namen ein Atelier zu gründen, er, de Haan und ich, aber er schrieb, daß er zunächst mit aller Kraft seinen Tongkingplan verfolge, und er scheint, ich weiß nicht warum, sehr im Eifer nachgelassen zu haben, weiter malen zu wollen. Und er ist wirklich der Mann dazu, nach Tongking abzuhauen, er braucht die Weite und findet das Künstlerleben – und damit hat er nicht unrecht – armselig. Bei seiner Reiseerfahrung, was soll ich ihm dazu sagen. Nun, ich hoffe, er spürt, daß Du und ich wirklich seine Freunde sind, ohne zu sehr auf uns zu zählen, was er übrigens auch gar nicht tut. Er schreibt mit viel Zurückhaltung, ernster als im letzten Jahr. Ich habe eben noch einmal ein paar Zeilen an Russell geschrieben, um ihn ein bißchen an Gauguin zu erinnern, denn ich weiß, daß Russell ein sehr ernster und tüchtiger Mann ist. Und wenn ich mich mit G. wieder vertragen würde, dann bräuchten wir Russell. Gauguin und Russell sind Menschen mit bäuerlichem Hintergrund; nicht wild, sondern von einer gewissen Sanftheit weiter Felder, die ihnen wohl mehr angeboren ist als Dir oder mir, so kommen sie mir jedenfalls vor. Man muß – freilich – manchmal ein bißchen daran glauben, um es zu sehen. Wenn ich damit weitermachte, einige Blätter von Millet – sagen wir mal zu ü b e r s e t z e n, dann bräuchte ich unter den Künstlern Leute wie Russell oder Gauguin, wenn ich das zu einem guten Ende führen und daraus eine ernstzunehmende Sache machen wollte, nicht weil ich Angst vor Kritik hätte, das ist mir egal, aber um zu vermeiden, daß man mich störte oder daran hinderte unter dem Vorwand, daß ich ja bloß Kopien fabrizierte. Ich habe zum Beispiel Bedenken, die Sachen von Millet zu machen, die Du mir geschickt hast, und deren Auswahl ich gut finde – und da habe ich den Haufen Photographien, ohne zu zögern, an Russell geschickt, damit ich sie nicht wiedersehe, bevor ich nicht gründlich darüber nachgedacht habe. Ich will sie nicht machen, bevor ich nicht erst Deine Meinung und dann auch noch die einiger anderer über die Sachen gehört habe, die Du bald bekommst. Sonst hätte ich Skrupel und Angst, es wäre vielleicht ein Plagiat. Und nicht jetzt, aber in einigen Monaten werde ich versuchen, Russells ehrliche Meinung über den Nutzen der Sache herauszubekommen. Auf jeden Fall platzt Russell, er wird wütend und sagt einem die Wahrheit, und so etwas brauche ich manchmal. Du weißt, ich fand die Madonna so wunderbar, daß ich nicht gewagt habe, sie zu betrachten. Sofort habe ich ein »noch nicht« gespürt. Jetzt macht mich die Krankheit sehr empfindlich, und ich fühle mich im Augenblick nicht in der Lage, diese »Übersetzungen« weiterzumachen, wenn es sich um solche Meisterwerke handelt. Ich unterbreche die Arbeit am Sämann, er wird nicht so, wie ich es eigentlich möchte. Als ich krank war, hatte ich viel daran gedacht, diese Arbeit fortzusetzen, aber wenn ich es tue, tue ich es mit Ruhe, Du wirst ihn bald sehen, wenn ich die fünf oder sechs fertigen Bilder schicke. Ich hoffe, daß M. Lauzet kommt, ich hätte große Lust, ihn kennenzulernen. Ich habe Vertrauen in sein Urteil, wenn er sagt, das ist die Provence, da trifft er die Sache, und wie der andere weist er mehr auf eine Sache hin, die man machen müßte, als auf eine, die schon gemacht ist – Landschaften mit Zypressen! ach, das wird nicht einfach sein – Aurier spürt das auch, wenn er sagt, daß sogar Schwarz eine Farbe ist und daß sie wie Flammen aussehen – ich denke darüber nach – aber ich wage es nicht und sage wie der vorsichtige Isaacson, ich weiß nicht, ob wir schon so weit sind. Um schöne Dinge zu schaffen, braucht man eine gewisse Menge Inspiration, einen Lichtstrahl von oben, der nicht von uns ist. Als ich diese Sonnenblumen gemacht habe, suchte ich etwas Gegensätzliches und trotzdem Gleichwertiges, und ich sagte mir, das ist die Zypresse. Ich höre hier auf – ich bin etwas besorgt um eine Freundin, die anscheinend noch immer krank ist und die ich gern besuchen würde. Es ist die, von der ich das Porträt in Gelb und Schwarz gemacht habe, und sie war völlig verändert. Es sind nervöse Krisen und immer wieder Probleme zu frühen Alterns, sehr beschwerlich. Das letzte Mal sah sie aus wie ein alter Großvater, ich hatte versprochen, in vierzehn Tagen wiederzukommen, und wurde selber wieder heimgesucht. Nun, die gute Neuigkeit, die Du mir mitgeteilt hast, dieser Artikel und eine Menge andere Dinge sorgen dafür, daß ich mich heute ganz gut fühle.

Nun, da ich meinen Brief beende, bin ich in Gedanken bei Euch. Möge Jo lange für uns bleiben, was sie ist. Aber was den Kleinen angeht, warum nennt Ihr ihn nicht Theo in Erinnerung an unseren Vater, das würde mich wirklich sehr freuen. Händedruck t. à t.

Vincent

Ich bedaure auch, daß M. Salles Dich nicht angetroffen hat. Ich danke Wil noch einmal für ihren lieben Brief, ich wollte ihr heute antworten, aber ich verschiebe es um ein paar Tage, sage ihr, daß die Mutter mir noch einen langen Brief aus Amsterdam geschickt hat. Wie glücklich auch sie sein wird.

Wenn Du M. Aurier siehst, danke ihm einstweilen sehr für seinen Artikel, ich werde Dir natürlich ein paar Zeilen und eine Studie für ihn schicken.

**An Theo van Gogh** **Saint-Rémy**
**4. Mai 1890**

Mein lieber Bruder, danke für Deinen lieben Brief und das Porträt von Jo, das sehr hübsch & in der Pose sehr gelungen ist. Also, ich will in meiner Antwort sehr einfach & so praktisch wie möglich sein. Zuallererst lehne ich entschieden ab, was Du sagst, nämlich, daß ich mich auf der ganzen Fahrt begleiten lassen müßte. Wenn ich erst im Zug bin, dann kann mir nichts mehr passieren, ich bin keiner von denen, die gefährlich sind – selbst wenn ich einen Anfall bekomme, sind dann nicht andere Reisende im Waggon und weiß man denn nicht auch auf allen Bahnhöfen, was in solchen Fällen zu tun ist – Du machst Dir da Sorgen, die mich so stark belasten, daß ich geradezu den Mut verlieren könnte. Dasselbe habe ich gerade M. Peyron gesagt, und ich habe ihn darauf aufmerksam gemacht, daß auf die Anfälle, so wie ich gerade einen hatte, immer drei oder vier Monate völliger Ruhe gefolgt sind. Ich möchte diese Periode nutzen, um den Ort zu wechseln – ich will unbedingt woanders hin, mein Wunsch, von hier fortzugehen, ist jetzt felsenfest. –

Ich fühle mich nicht sachkundig, die Art und Weise zu beurteilen, mit der man hier die Kranken behandelt, und verspüre keine Lust, auf Einzelheiten einzugehen – aber erinnere Dich bitte, daß ich Dich vor ungefähr 6 Monaten benachrichtigt habe, daß ich die Anstalt wechseln möchte, wenn ich noch einmal einen solchen Anfall bekäme, und ich habe schon zu lange gewartet und inzwischen einen Anfall vorübergehen lassen, denn ich war mitten in der Arbeit und wollte die Bilder, an denen ich arbeitete, beenden, sonst wäre ich schon nicht mehr hier. – Gut, ich sage Dir also, mir scheint, daß im Höchstfall zwei Wochen (acht Tage wären mir trotzdem lieber) reichen, um die notwendigen Maßnahmen für den Ortswechsel zu treffen. Ich werde mich bis Tarascon begleiten lassen – sogar ein oder zwei Bahnhöfe weiter, wenn Du darauf Wert legst. Wenn ich in Paris ankomme (bei meiner Abreise von hier schicke ich Dir ein Telegramm), kannst Du mich am Gare de Lyon abholen.

Jetzt scheint es mir sinnvoll zu sein, sobald wie möglich diesen Arzt auf dem Lande aufzusuchen, wir könnten das Gepäck auf dem Bahnhof lassen – Ich würde also, sagen wir mal – 2 oder 3 Tage bei Dir bleiben, dann würde ich in dieses Dorf fahren, wo ich zuerst im Gasthof wohnen würde –

Hier also das, was Du meiner Meinung nach – ohne Zeit zu verlieren – dieser Tage unserem künftigen Freund, dem besagten Arzt, schreiben könntest: »Da mein Bruder sehr gern Ihre Bekanntschaft machen möchte und es vorzieht, Sie zu konsultieren, bevor er seinen Aufenthalt in Paris verlängert, hofft er, daß Sie damit einverstanden sind, daß er einige Wochen in Ihrem Dorf verbringt, wohin er kommt, um Studien zu machen; er hat volles Vertrauen, sich mit Ihnen zu verstehen, und glaubt, daß sich seine Krankheit durch die Rückkehr in den Norden bessern wird und daß sein Zustand sich zu verschlimmern drohe, wenn er noch länger im Süden bliebe.«

Ungefähr so solltest Du ihm schreiben, man könnte ihm am Vorabend oder sogar einen Tag vor meiner Ankunft in Paris ein Telegramm schicken, und vielleicht könnte er mich am Bahnhof erwarten. Die Umgebung hier fängt an, mich mehr zu bedrücken, als ich sagen kann – wirklich, ich habe mich länger als ein Jahr geduldet – ich brauche Luft, ich gehe ein vor Langeweile und Kummer. –

Und dann drängt auch die Arbeit, ich würde hier nur Zeit verlieren. Ich frage Dich, warum hast Du solche Angst vor Unfällen – das muß Dich nicht ängstigen, wirklich, seit ich hier bin, sehe ich alle Tage jemanden fallen oder außer sich geraten – wichtiger ist, zu versuchen, sich mit dem Unglück abzufinden. Ich versichere Dir, es ist schon etwas, sich damit abzufinden, unter Bewachung zu leben, selbst wenn sie sympathisch wäre, und seine Freiheit zu opfern, sich von der Gesellschaft fernzuhalten und ohne Zerstreuung nur seine Arbeit zu haben. Das hat mir Falten in das Gesicht gegraben, die nicht so bald verschwinden werden. – Ich glaube, daß es nur richtig ist, daß das hier ein Ende hat, weil das hier jetzt allmählich *zu schwer* auf mir lastet. –

Schreibe doch bitte an M. Peyron, daß er mich gehen läßt, sagen wir spätestens am 15. Wenn ich länger warten würde, würde ich die ruhige Zeit zwischen zwei Anfällen verstreichen lassen, und wenn ich jetzt weggehe, dann habe ich genügend Zeit, um den anderen Arzt kennenzulernen. Wenn dann nach einiger Zeit die Krankheit wiederkäme, dann kommt das nicht unerwartet, und je nach Schwere des Anfalls könnten wir sehen, ob ich in Freiheit bleiben kann oder ob ich wirklich in einer Nervenheilanstalt untergebracht werden muß. Im letzteren Fall – wie ich Dir in meinem letzten Brief geschrieben habe, würde ich in ein Haus gehen, wo die Kranken auf den Feldern & in der Werkstatt arbeiten. Ich glaube, daß ich da noch mehr Motive für Bilder finden würde als hier.

Denke daran, daß die Reise teuer ist, daß es sinnlos ist zu warten und daß ich sehr wohl das Recht habe, das Haus zu wechseln, wann es mir gefällt, ich verlange ja nicht meine völlige Freiheit.

Ich habe versucht, geduldig zu bleiben, bisher habe ich niemandem etwas Böses getan, muß ich mich also begleiten lassen wie ein gefährliches Tier. Nein danke, ich protestiere. Wenn ein Anfall kommt, dann weiß man auf allen Bahnhöfen, was zu tun ist, und dann lasse ich alles mit mir geschehen.

Aber ich denke, ich werde genug Selbstvertrauen haben. Ich mache mir solche Sorgen, so fortzugehen, daß die Sorgen stärker sein werden als der Wahnsinn, ich denke, ich werde also das nötige Selbstvertrauen haben. M. Peyron äußert sich unbestimmt, er könne die Verantwortung nicht übernehmen, sagt er, aber auf diese Weise kommt man nie, nie zum Ende, die Sache würde sich endlos hinziehen, und zum Schluß würde man sich überwerfen.

Ich bin mit meiner Geduld am Ende, wirklich am Ende, mein lieber Bruder, ich kann nicht mehr, es muß sich etwas ändern, selbst wenn es zum Schlimmeren wäre. –

Aber es gibt wirklich eine Chance, daß die Veränderung mir gut tut – die Arbeit geht gut voran, ich habe 2 Bilder von frischem Gras im Park gemacht, eins davon ist von äußerster Einfachheit, hier eine schnelle Skizze.

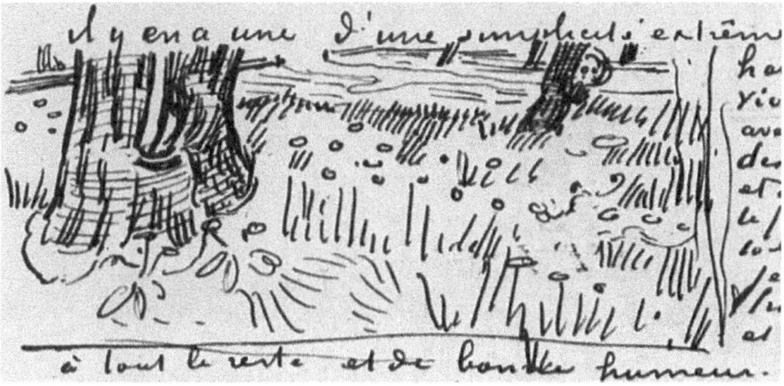


Ein violettrosafarbener Kiefernstamm und dann Gras mit weißen Blumen und Löwenzahn, ein kleiner Rosenstock und andere Baumstämme im Hintergrund ganz oben auf dem Bild. Ich werde dort im Freien sein, ich bin sicher, daß die Lust zu arbeiten mich ganz auffressen wird und mich gegen alles andere unempfindlich machen und in gute Laune versetzen wird. Und ich werde mich dort gehenlassen, nicht unüberlegt, aber doch ohne den Dingen nachzuweinen, die hätten sein können.

Es wird gesagt, daß man in der Malerei nichts suchen und wünschen soll als ein gutes Bild, ein gutes Gespräch und als Höhepunkt des Glücks ein gutes Essen, ohne die weniger glanzvollen Perioden zwischendurch mitzuzählen – Vielleicht ist das wahr, und warum soll man sich weigern, das Mögliche mitzunehmen, vor allem wenn man auf diese Weise seine Krankheit überlistet.

Einen kräftigen Händedruck für Dich und für Jo, ich glaube, ich werde nach dem Porträt ein Bild für mich machen, es wird zwar vielleicht nicht ähnlich werden, aber ich will es auf jeden Fall versuchen.

Ich hoffe, auf bald – und bitte, erspart mir diesen aufgezwungenen Reisebegleiter.

t. à t.
Vincent

## 1890

# Auvers-sur-Oise

---

**An Theo und Johanna van Gogh** **Auvers-sur-Oise**
**20. Mai 1890**

Mein lieber Theo und liebe Jo

Nachdem ich Jo kennengelernt habe, wird es mir von nun an schwer sein, Theo allein zu schreiben, aber Jo wird mir hoffentlich erlauben, auf französisch zu schreiben, weil ich nach zwei Jahren im Süden wirklich glaube, Euch so besser sagen zu können, was ich zu sagen habe – Auvers ist recht schön – unter anderem viele alte Strohdächer, was immer seltener wird.

Ich hoffe doch, daß es eine Chance gibt, die Kosten für den Aufenthalt wieder hereinzubekommen, indem ich davon sehr ernsthaft einige Bilder mache – denn es ist wirklich sehr schön, es ist eine wirklich charakteristische und malerische Gegend.

Ich habe Dr. Gachet gesehen, der auf mich einen ziemlich exzentrischen Eindruck gemacht hat, aber seine Erfahrung als Arzt muß ihn selbst im Gleichgewicht halten, im Kampf gegen das Nervenleiden, das ihn wie mir scheint, mindestens ebenso schwer gepackt hat wie mich.

Er hat mich in einen Gasthof geführt, wo man 6 Francs am Tag verlangte.

Ich meinerseits habe einen gefunden, wo ich 3,50 am Tag bezahlen werde.

Und bis auf weiteres muß ich dort wohl bleiben. Wenn ich einige Studien gemacht habe, werde ich sehen, ob es besser ist umzuziehen, denn es scheint mir ungerecht, wenn ich bezahlen will und kann und arbeite wie jeder andere Arbeiter, daß ich doch beinah das Doppelte bezahlen muß, weil ich als Maler arbeite. Nun, ich fange mit dem Gasthof für 3,50 an.

Vermutlich wirst Du Dr. Gachet diese Woche sehen – er hat einen s e h r schönen Pissarro, Winter mit rotem Haus im Schnee, und zwei schöne Blumensträuße von Cézanne.

Auch noch einen anderen Cézanne, ein Motiv aus dem Dorf. Ich meinerseits möchte hier gern, sehr gern ein paar Pinselstriche machen.

Ich habe Dr. Gachet gesagt, daß ich bei einem Preis von 4 Francs am Tag den von ihm vorgeschlagenen Gasthof besser fände, aber daß 6 Francs eben 2 zuviel sind bei den Ausgaben, die ich habe. Er hat gut reden, daß ich es dort ruhiger hätte, genug ist genug. Sein Haus ist voll von schwarzem, schwarzem, schwarzem Trödelkram, mit Ausnahme von den einigen erwähnten impressionistischen Skizzen. Obwohl er ein seltsamer Kerl ist, ist der Eindruck, den er auf mich gemacht hat, nicht ungünstig. Als wir über Belgien und die Tage der alten Maler sprachen, hellte sich sein von Kummer gezeichnetes Gesicht wieder auf, und ich glaube wirklich, daß ich mit ihm befreundet sein und sein Porträt malen werde. Dann sagt er mir, daß ich viel und tüchtig arbeiten soll und überhaupt nicht an das denken, was ich gehabt habe.

Ich habe in Paris deutlich gespürt, daß der ganze Lärm dort nicht das ist, was ich brauche.

Ich bin so froh, Jo gesehen zu haben, den Kleinen und Deine Wohnung, die sicherlich besser ist als die alte. Ich wünsche Euch viel Glück und Gesundheit und hoffe Euch in Kürze wiederzusehen, mit herzlichem Händedruck

Vincent.

**An Theo und Johanna van Gogh** **Auvers-sur-Oise etwa 21. Mai 1890**

Mein lieber Theo und liebe Jo, im letzten Brief habe ich vergessen, Dir die hiesige Adresse zu geben, die vorläufig lautet: Place de la Mairie bei Ravoux; als ich Dir schrieb, hatte ich noch nichts gemalt. Im Augenblick arbeite ich an einer Studie von alten Strohdächern mit einem blühenden Erbsenfeld und Kornfeld im Vordergrund, Hügel im Hintergrund, ich glaube, eine Studie, die Dir gefallen wird. Ich merke schon, daß es mir gut getan hat, in den Süden zu gehen, um den Norden besser zu sehen. Es ist so, wie ich angenommen hatte, ich habe mehr Augen für violette Töne, wo welche sind. Auvers ist wirklich sehr schön. So sehr, daß ich glaube, daß es vorteilhafter sein wird zu arbeiten als nicht zu arbeiten, trotz all der schlechten Aussichten, die für die Bilder zu erwarten sind. Es ist sehr bunt hier – welch hübsche bürgerliche Landhäuser gibt es, nach meinem Geschmack viel hübscher als Ville d'Avray &c. Es scheint, daß Desmoulins, der die japanischen Sachen macht, hiergewesen ist, aber er ist wieder fort.

Könntest Du mir zum Ende der Woche Geld schicken, bis dahin reicht noch das, was ich habe, aber für viel länger nicht. Ich möchte Dich ebenfalls um 10 Meter Leinwand bitten, wenn es Dir nicht ungelegen kommt, aber wenn es ungelegen kommt, weil Monatsende ist, dann schicke doch 20 Blätter Ingrespapier. Dies bräuchte ich auf jeden Fall, um keine Zeit zu verlieren.

Es gibt hier viel zu zeichnen. Mein Lieber, wenn ich es mir recht überlege, so sage ich nicht, daß meine Arbeit gut ist, aber es ist das, was ich am wenigsten schlecht machen kann. Der ganze Rest, der Kontakt mit den Leuten, ist zweitrangig, weil ich dafür kein Talent habe. Ich kann nichts dafür.

Nicht zu arbeiten oder weniger zu arbeiten würde das Doppelte kosten, das ist alles, was ich voraussehe, wenn man einen anderen Weg suchte, etwas zu erreichen, als den natürlichen Weg, die Arbeit – aber das werden wir schwerlich tun. Seht, wenn ich arbeite, werden die Leute von hier ebensogut zu mir kommen, ohne daß ich extra zu ihnen ginge, als wenn ich besondere Anstrengungen unternähme, um sie kennenzulernen. Man trifft sich, wenn man arbeitet, und das ist die beste Art. Bin übrigens sehr überzeugt, daß dies auch Deine und Jos Meinung ist. Für meine Krankheit kann ich nichts – ich leide dieser Tage ein wenig – es ist so, daß mir nach diesem langen Eingeschlossensein die Tage wie Wochen vorkommen.

Ich hatte das in Paris und hier auch, aber wenn die Arbeit ein wenig vorangeht, wird die innere Ruhe zurückkehren. Wie dem auch sei, ich bereue nicht, zurückgekommen zu sein, und es wird hier besser gehen. Würde mich freuen, wenn Du bald mal mit Deiner Familie für einen Sonntag hierherkämst. Du wirst sehen, daß es gut tut, andere Gegenden zu sehen, um das Land und die Kultur zu verstehen.

Aber ich finde die modernen Villen und die bürgerlichen Landhäuser fast ebenso hübsch wie die alten Häuser mit Strohdächern, die allmählich verfallen. Die Damen Daubigny und Daumier, heißt es, wohnen noch hier, zumindest bin ich sicher, daß die erstere hier wohnt. Wenn Du es einrichten kannst, dann schicke mir doch für einige Zeit die Exercices au fusain von Bargue, ich brauche sie unbedingt, ich werde sie kopieren, um die Kopien ein für allemal zu haben.

Ganz herzlichen Händedruck
Vincent

## An Joseph Jacob Isaacson (Entwurf) Auvers-sur-Oise 25. Mai 1890

Mein lieber Herr Isaacson,

wieder zurück in Paris habe ich die Fortsetzung Ihrer Artikel über die Impressionisten gelesen. Ohne in eine Diskussion über die Einzelheiten des von Ihnen behandelten Gegenstands eintreten zu wollen, habe ich den Eindruck, daß Sie versuchen, unseren Landsleuten anhand von Fakten gewissenhaft zu sagen, wie die Dinge sich verhalten. Da Sie in Ihrem nächsten Artikel vielleicht auch einige Worte über mich sagen werden, möchte ich meine Bedenken wiederholen, damit sie wirklich nicht mehr als nur ein paar Worte sagen, weil ich absolut davon überzeugt bin, daß ich niemals etwas Bedeutendes machen werde. Dennoch glaube ich an die Möglichkeit, daß man auch in der nächsten Generation & immer wieder interessante Untersuchungen über Farbe und modernes Empfinden machen wird, vergleichbar denen von Delacroix und Puvis de Chavannes – und daß, wenn Sie so wollen, der Impressionismus dafür der Ursprung sein wird – und daß auch die Holländer der Zukunft an dieser Auseinandersetzung beteiligt sein werden – all das scheint möglich, und Ihre Artikel haben darum gewiß ihre Berechtigung.

Aber ich rede ins Blaue hinein – hier der Grund dieses Briefes – ich wollte Ihnen mitteilen, daß ich in der letzten Zeit meines Aufenthalts im Süden versucht habe, einige Gärten mit Olivenbäumen zu malen. Sie werden Bilder von Olivenbäumen, die es bereits gibt, kennen. Ich halte es für wahrscheinlich, daß es im Werk von Claude Monet und von Renoir welche gibt. Aber davon abgesehen – daß meiner Vermutung nach welche existieren – habe ich jedoch nie welche gesehen – abgesehen davon sind die Olivenbäume, die gemalt worden sind, recht unbedeutend.

Nun, vermutlich wird es nicht mehr lange dauern, bis man den Olivenbaum auf alle mögliche Art und Weise genauso malen wird, wie man die Weide und die holländische Kopfweide und seit Daubigny und César de Cocq den Apfelbaum der Normandie gemalt hat. Die Wirkung des Lichts und des Himmels erlauben, daß man dem Olivenbaum unendlich viele Motive abgewinnen kann. Nun, ich selber habe versucht, die Wirkung des Gegensatzes zwischen der wechselnden Farbe des Laubs und den Farbtönen des Himmels wiederzugeben. In der Zeit, wo der Baum blaß blüht und die großen blauen Fliegen, die smaragdgrünen Goldkäfer und zuletzt zahllose Zikaden um ihn herumfliegen, ist das Ganze manchmal in reines Blau getaucht. Wenn dann das mehr bronzefarbene Grün vollere Töne annimmt, strahlt der Himmel in grünen und orangefarbenen Streifen, oder noch später im Herbst nimmt das Laub die ins Violette spielenden Töne einer reifen Feige an, und dann kommt der violette Farbton im Gegensatz zu der großen weißleuchtenden Sonne in einem Kranz von hellem, blassem Zitronengelb besonders zum Ausdruck. Manchmal nach einem Regenschauer habe ich auch den ganzen Himmel rosa und hellorangefarben gesehen, was dem silbrigen Graugrün einen exquisiten Farbwert verlieh. Mittendrin Frauen, die ebenfalls rosa waren und die die Früchte ernteten – –

Diese Bilder und einige Blumenstudien, das ist alles, was ich seit unserem letzten Briefwechsel gemacht habe. Die Blumenstücke sind eine Lawine von Rosen vor einem grünen Hintergrund und ein sehr großer Strauß violetter Iris, einmal vor einem gelben Hintergrund, einmal vor einem rosa Hintergrund.

Ich habe mehr und mehr das Gefühl, daß man Puvis de Chavannes die gleiche Bedeutung zumessen kann wie Delacroix, jedenfalls daß er den Leuten gleichwertig ist, von denen die Malerei ein Bis-hierher-und-nicht-Weiter erhält, das für alle Zeiten tröstlich ist. Sein Bild, das jetzt im Champ de Mars hängt, scheint unter anderem auf eine Gleichwertigkeit, auf eine seltsame und unerwartete Begegnung der weit zurückliegenden Antike mit der rauhen Moderne hinzuweisen. Seine Bilder sind womöglich noch unbestimmter und prophetischer als die Bilder von Delacroix, und man hat vor seinen Bildern der letzten Jahre die Empfindung, als ob man dem Weiterleben aller Dinge beiwohnte, einer unvermeidbaren, aber doch gütigen Wiedergeburt. Aber man sollte auch darauf besser nicht insistieren, wenn man voll Dankbarkeit vor einem Bild steht, das so endgültig ist wie Le sermon sur la montagne. Ah, er würde sie malen, die Olivenbäume des Südens, er der Seher. Ich sage Ihnen als Freund, vor einer solchen Natur fühle ich mich ohnmächtig, mein nordisches Hirn hat an diesen friedlichen Orten Alpträume gehabt, weil ich fühlte, daß man besser sein müßte, um das trockene Laub wiedergeben zu können. Dennoch wollte ich es nicht ganz lassen, wenigstens einen Versuch zu machen, aber er beschränkt sich darauf, diese beiden Dinge zu benennen – die Zypressen – die Olivenbäume – andere, die besser und fähiger sind als ich, mögen deren symbolische Sprache zum Ausdruck bringen. Millet ist die Stimme des Korns und Jules Breton ebenfalls. Ich versichere Ihnen, ich kann nicht mehr an Puvis de Chavannes denken ohne das Vorgefühl, daß er oder ein anderer uns vielleicht eines Tages die Olivenbäume erklären wird. Ich sehe von Ferne die Möglichkeit einer neuen Malerei, aber für mich war es zuviel, und ich komme mit Freude in den Norden zurück.

Sehen Sie, es stellt sich mir auch die Frage: Wer sind die Menschen, die jetzt die Gärten mit Olivenbäumen, Orangenbäumen und Zitronenbäumen bewohnen. Der Bauer, der dort lebt, ist ein anderer als der Bewohner der weiten Kornfelder von Millet. Aber Millet hat uns die Augen wieder für den Menschen geöffnet, der in der Natur lebt. Aber den Menschen des Südens, so wie er jetzt ist, hat man uns noch nicht gemalt. Aber wenn Chavannes oder ein anderer uns diesen Menschen zeigen wird, werden uns die alten Worte mit neuer Bedeutung wieder in den Sinn kommen, selig sind die Armen im Geiste, selig sind die, die reinen Herzens sind, Worte von solcher Tragweite, daß wir Schüler in den alten Städten des Nordens verwirrt und niedergeschlagen in weiter Entfernung von der Schwelle dieser Wohnstätten stehenbleiben müssen. Mögen wir auch noch so überzeugt sein von der Vision Rembrandts, man fragt sich doch: Hat Raphael das gewollt, und Michelangelo und da Vinci. Ich weiß nicht recht, aber ich glaube, daß der weniger heidnische Giotto mehr davon spürte, dieser große Leidende, der einem vertraut ist wie ein Zeitgenosse 〈*Text bricht ab*〉

## An Willemina Jacoba van Gogh — Auvers-sur-Oise, 5. Juni 1890

Meine liebe Schwester, ich hätte Dir seit langem auf Deine beiden Briefe antworten müssen, die ich noch in St. Rémy erhalten habe, aber die Reise, die Arbeit und eine Menge neuer Eindrücke haben mich das bis heute von Tag zu Tag aufschieben lassen. Mit viel Interesse habe ich gelesen, daß Du Kranke im Wallonischen Krankenhaus gepflegt hast. Sicherlich lernt man auf diese Weise eine Menge Dinge, sicherlich die wichtigsten & nötigsten, die man überhaupt lernen kann, und ich bedaure, daß ich von all dem nichts, auf jeden Fall nicht genug weiß.

Es war für mich ein großes Glück, Theo wiederzusehen und die Bekanntschaft von Jo und dem Kleinen zu machen. Theo hustete mehr als damals, als ich ihn vor mehr als 2 Jahren verlassen habe, aber beim Sprechen und wenn man ihn von nahem sah, fand ich ihn alles in allem zu seinem Vorteil verändert, und Jo ist voll von gesundem Menschenverstand und gutem Willen. Der Kleine ist nicht zart, aber auch nicht sehr kräftig. Wenn man in einer großen Stadt wohnt, ist es ein guter Brauch, daß die Frauen auf dem Lande niederkommen und dort die ersten Monate mit dem Kleinen verbringen. Aber nun, wenn auch für das erste Mal die Niederkunft fürchterlich war, so haben sie es sicherlich doch nicht besser oder anders tun können, als sie es getan haben. Ich hoffe, daß sie bald für einige Tage hier nach Auvers kommen werden.

Für mich sind die Reise & das übrige bis jetzt gutgegangen, und es zerstreut mich sehr, in den Norden zurückgekehrt zu sein. Und dann habe ich in Dr. Gachet einen wirklichen Freund gefunden und so etwas wie einen neuen Bruder, so sehr ähneln wir uns im Aussehen und auch seelisch. Er ist sehr nervös und sehr seltsam, und er hat den Künstlern der neuen Schule viel Freundschaft & Dienste erwiesen, soweit dies in seinen Möglichkeiten lag. Ich habe kürzlich sein Porträt gemacht und werde auch seine Tochter malen, die 19 Jahre alt ist. Er hat seine Frau vor einigen Jahren verloren, was ihn zu einem gebrochenen Mann gemacht hat. Wir waren praktisch sofort Freunde, und ich werde jede Woche einen oder zwei Tage bei ihm verbringen, um in seinem Garten zu arbeiten, von dem ich schon zwei Studien gemalt habe, die eine mit Pflanzen aus dem Süden, Aloe, Zypressen, Ringelblumen, die andere mit weißen Rosen, Weinstöcken und einer Figur, dann einen Strauß Ranunkeln. Außerdem habe ich ein größeres Bild von der Dorfkirche – ein Effekt, bei dem das Gebäude ins Violette zu gehen scheint gegen einen Himmel von tiefem & einfachem Blau, reinem Kobalt, die Fensterscheiben scheinen wie blaue Flecken von Ultramarin, das Dach ist violett und zum Teil orange. Im Vordergrund ein wenig blühendes Grün und rosa Sand, der von der Sonne beschienen wird. Das ist fast noch dasselbe wie die Studien, die ich in Nuenen von dem alten Turm und vom Friedhof gemacht habe, nur ist jetzt die Farbe vielleicht expressiver, prächtiger. Aber in der letzten Zeit in St. Rémy habe ich noch wie ein Besessener gearbeitet, vor allem an Blumensträußen,

Rosen und violetten Iris. Ich habe für den Kleinen von Theo und Jo ein ziemlich großes Bild mitgebracht – das sie über das Klavier gehängt haben – weiße Mandelblüten – große Zweige vor einem himmelblauen Hintergrund, und sie haben in ihrer Wohnung auch ein weiteres Porträt einer Arlésienne.

Mein Freund Dr. Gachet ist außerordentlich begeistert von diesem letzten Porträt der Arlésienne, von dem ich selbst auch eine Fassung habe, und von einem meiner Selbstporträts, und das hat mich gefreut, weil er mich dazu anspornt, Figuren zu malen, und für mich einige interessante Modelle zum Malen finden wird, so hoffe ich. Was mich am meisten begeistert, viel, viel mehr als alles andere in meinem Beruf – das ist das Porträt, das moderne Porträt. Ich suche es auf dem Weg der Farbe und bin sicherlich nicht der einzige, der es auf diesem Weg sucht. Ich würde gern, weißt Du, ich sage nicht einmal, daß ich es kann, aber schließlich, ich bemühe mich, ich würde so gern Porträts machen, die ein Jahrhundert später den Leuten dann wie eine wahre Offenbarung vorkämen. Also, ich versuche dies nicht durch photographische Ähnlichkeit zu erreichen, sondern durch leidenschaftlichen Ausdruck, indem ich als Mittel des Ausdrucks und zur Steigerung des Charakters unser modernes Wissen von der Farbe und unser modernes Farbgefühl benutze. So zeigt Euch das Porträt des Dr. Gachet ein Gesicht in der Farbe eines Ziegelsteins, der von der Sonne überhitzt und gebräunt ist, mit rotem Haar, einer weißen Mütze in einer Landschaft vor einem Hintergrund blauer Hügel, seine Kleidung ist ultramarinblau, das läßt das Gesicht hervortreten und macht es blaß, obwohl es ziegelfarben ist. Die Hände, Hände eines Geburtshelfers, sind blasser als das Gesicht.

Vor ihm auf einem roten Gartentisch gelbe Romane und ein Stengel blühender dunkelpurpurner Fingerhut. Mein Selbstporträt ist fast genauso, aber das Blau ist ein feines Blau des Südens und die Kleidung ist blaßlila. Das Porträt der Arlésienne ist von einem farblosen und matten Fleischton, die Augen ruhig und sehr einfach, die Kleidung schwarz, der Hintergrund rosa, und sie stützt sich mit dem Ellenbogen auf einen grünen Tisch mit grünen Büchern. Aber auf der Fassung, die Theo hat, ist die Kleidung rosa, der Hintergrund weißgelb und das Vorderteil der offenen Korsage aus Mousseline von einem Weiß, das ins Grüne geht. In all diesen hellen Farben bilden allein die Haare, die Augenbrauen und die Augen dunkle Flecke. Ich schaffe es nicht, davon eine gute Skizze zu machen.

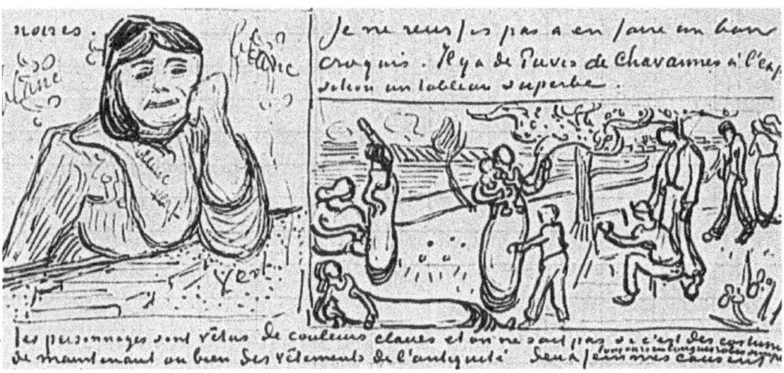

In der Ausstellung hängt ein herrliches Bild von Puvis de Chavannes. Die Personen sind in helle Farben gekleidet, und man weiß nicht, ob es Kostüme von heute oder Kostüme aus der Antike sind. Zwei Frauen, ganz in langen, einfachen Kleidern, plaudern auf der einen Seite, auf der anderen Männer, Künstler, in der Mitte pflückt eine Frau mit einem Kind auf dem Arm eine Blüte von einem blühenden Apfelbaum. Eine Figur ist vergißmeinnichtblau, eine andere hellzitronengelb, eine andere zartrosa, eine andere weiß, eine andere violett, das Gelände ist eine Wiese, die von weißen und gelben Blümchen übersät ist. Blaue Ferne mit einer weißen Stadt und einem Fluß. Die ganze

Menschheit, die ganze Natur vereinfacht, aber so wie sie sein könnte, auch wenn sie so nicht ist.

Diese Beschreibung sagt nichts – aber, wenn man das Bild sieht und es lange betrachtet, dann könnte man glauben einer unwiderruflichen, aber gütigen Wiedergeburt aller Dinge beizuwohnen, an die man geglaubt hat, die man gewünscht hat, eine seltsame und glückliche Begegnung der weit zurückliegenden Antike mit der rauhen Moderne. Mit Freude habe ich André Bonger wiedergesehen, der einen kräftigen und ruhigen Eindruck machte und wirklich mit großer Genauigkeit über künstlerische Dinge urteilte. Es hat mich sehr gefreut, daß er in den Tagen, die ich in Paris war, vorbeigekommen ist. Nochmals danke für Deine Briefe, bis bald, ich umarme Dich in Gedanken. t. à t. Vincent

## An Willemina Jacoba van Gogh Auvers-sur-Oise 13. Juni 1890

Meine liebe Schwester, ich lege dem Brief an die Mutter einige Zeilen für Dich bei. Am letzten Sonntag hatte ich Besuch von Theo und seiner Familie, ich finde es sehr schön, nun näher bei ihnen zu sein. Zur Zeit arbeite ich viel und schnell; auf diese Weise versuche ich, den furchtbar schnellen Wechsel der Dinge im modernen Leben auszudrücken.

Gestern habe ich vom Platz aus eine große Landschaft gemalt, mit endlosen Feldern von einer Anhöhe aus gesehen, unterschiedliches Grün, ein Kartoffelfeld von dunklem Grün, zwischen den regelmäßigen Flächen die fette violette Erde, auf einer Seite ein weißblühendes Erbsenfeld, ein Kleefeld mit rosa Blüten mit der Gestalt eines Schnitters, ein Feld mit langem und reifem Gras in fahlrötlichem Ton, dann Getreidefelder, Pappeln, am Horizont eine letzte Linie von blauen Hügeln, an deren Fuß ein Zug vorüberfährt, der hinter sich in dem Grün einen enormen Streifen von weißem Rauch läßt. Eine weiße Straße durchzieht das Bild. Auf der Straße eine kleine Kutsche und längs der Straße weiße Häuser mit grellroten Dächern. Ein feiner Regen versieht das Ganze mit blauen oder grauen Strichen.

Es gibt noch eine andere Landschaft mit Weinstöcken und Wiesen im Vordergrund, dahinter die Dächer des Dorfes.

Und noch eine mit nichts als einem grünen Weizenfeld, das sich bis zu einer weißen Villa ausdehnt, die von einer weißen Mauer umgeben ist, mit einem einzelnen Baum.

Ich habe das Porträt von M. Gachet gemalt mit einem Ausdruck von Melancholie, die denen, die das Bild betrachten, leicht als Grimasse erscheinen könnte. Und trotzdem ist es das, was man malen muß, weil man sich dann im Vergleich mit ruhigen Porträts von früher darüber klar wird, wieviel Ausdruck und Leidenschaft in unseren modernen Köpfen ist, sowohl ein Ausdruck von Hoffnung als auch ein Aufschrei. Traurig, aber sanft, klar und intelligent, so müßte man viele Porträts machen. Das würde für Augenblicke sicher einen Eindruck auf die Leute machen.

Es gibt moderne Köpfe, die man noch lange betrachten wird, denen man vielleicht noch hundert Jahre später nachtrauern wird. Wenn ich mit dem, was ich heute weiß, zehn Jahre jünger wäre, wie gern würde ich dann daran arbeiten. Unter den gegebenen Umständen kann ich nicht viel tun, ich verkehre nicht mit der Sorte Menschen, die ich gerne beeinflussen würde, noch wüßte ich, wie mit ihnen verkehren.

Ich hoffe, eines Tages ein gutes Porträt von Dir zu machen. Ich bin sehr neugierig, wieder einen Brief von Dir zu bekommen, ich hoffe auf bald, in Gedanken umarme ich Dich herzlich.

t. à t.
Vincent.

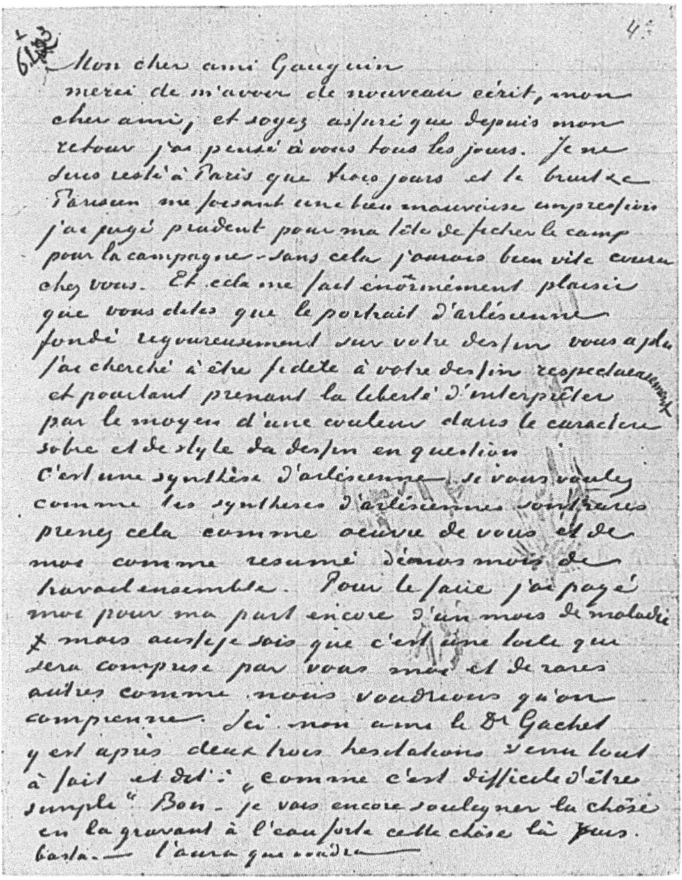
4

Mon cher ami Gauguin
merci de m'avoir de nouveau écrit, mon
cher ami, et soyez assuré que depuis mon
retour j'ai pensé à vous tous les jours. Je ne
suis resté à Paris que trois jours et le bruit &c
Parisien me faisant une bien mauvaise impression
j'ai jugé prudent pour ma tête de ficher le camp
pour la campagne – sans cela j'aurais bien vite couru
chez vous. Et cela me fait énormément plaisir
que vous dites que le portrait d'arlésienne
fondé rigoureusement sur votre dessin vous a plu.
J'ai cherché à être fidèle à votre dessin respectueusement
et pourtant prenant la liberté d'interpréter
par le moyen d'une couleur dans le caractère
sobre et de style du dessin en question
C'est une synthèse d'arlésienne si vous voulez
comme les synthèses d'arlésiennes sont rares
prenez cela comme oeuvre de vous et de
moi comme resumé de nos mois de
travail ensemble. Pour le faire j'ai payé
moi pour ma part encore d'un mois de maladie
mais aussi je sais que c'est une toile qui
sera comprise par vous moi et de rares
autres comme nous voudrions qu'on
comprenne. Ici mon ami le Dr Gachet
y est après deux trois hésitations venu tout
à fait et dit: „comme c'est difficile d'être
simple". Bon – je vais encore souligner la chose
en la gravant à l'eau forte cette chose là puis.
basta – l'aura qui voudra –

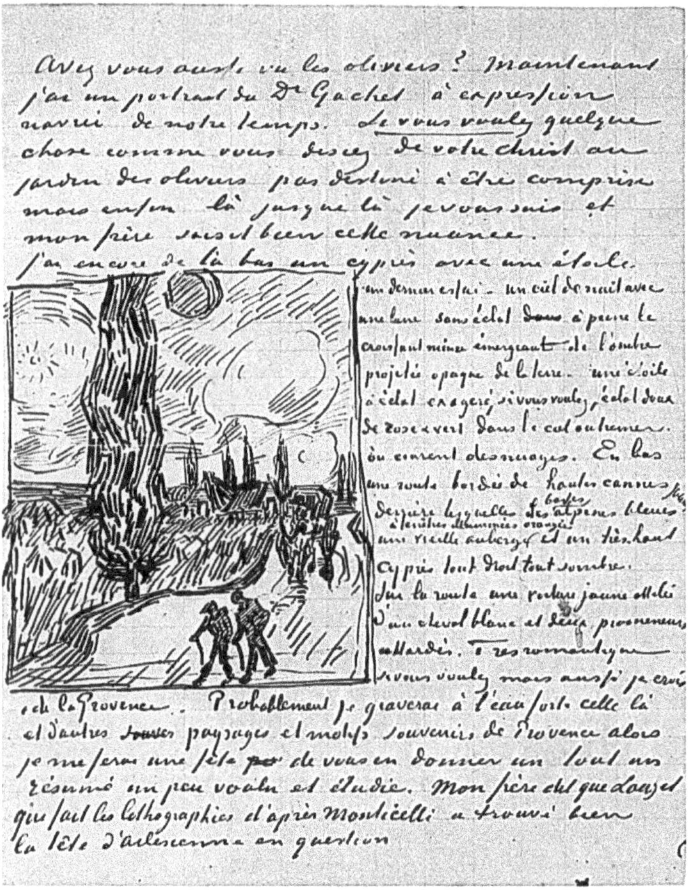

Avez vous aussi vu les oliviers? Maintenant j'ai un portrait du Dr Gachet à expression navrée de notre temps. Si vous voulez quelque chose comme vous disiez de votre christ au jardin des oliviers pas destiné à être compris mais enfin là jusque là je vous suis et mon frère saisit bien cette nuance.
J'ai encore de là bas un cyprès avec une étoile. un dernier essai – un ciel de nuit avec une lune sans éclat à peine le croissant mince émergeant de l'ombre projetée opaque de la terre. une étoile à éclat exagéré, si vous voulez, éclat doux de rose et vert dans le ciel outremer où courent des nuages. En bas une route bordée de hautes cannes jaunes derrière lesquelles des basses alpines bleues une vieille auberge à fenêtres illuminées orangé et un très haut cyprès tout droit tout sombre. Sur la route une voiture jaune attelée d'un cheval blanc et deux promeneurs attardés. Très romantique si vous voulez mais aussi je crois de la Provence. Probablement je graverai à l'eau forte celle là et d'autres paysages et motifs souvenirs de Provence alors je me ferai une fête de vous en donner un tout un résumé un peu voulu et étudié. Mon frère dit que Lauzet qui fait les lithographies d'après Monticelli a trouvé bien la tête d'Arlésienne en question

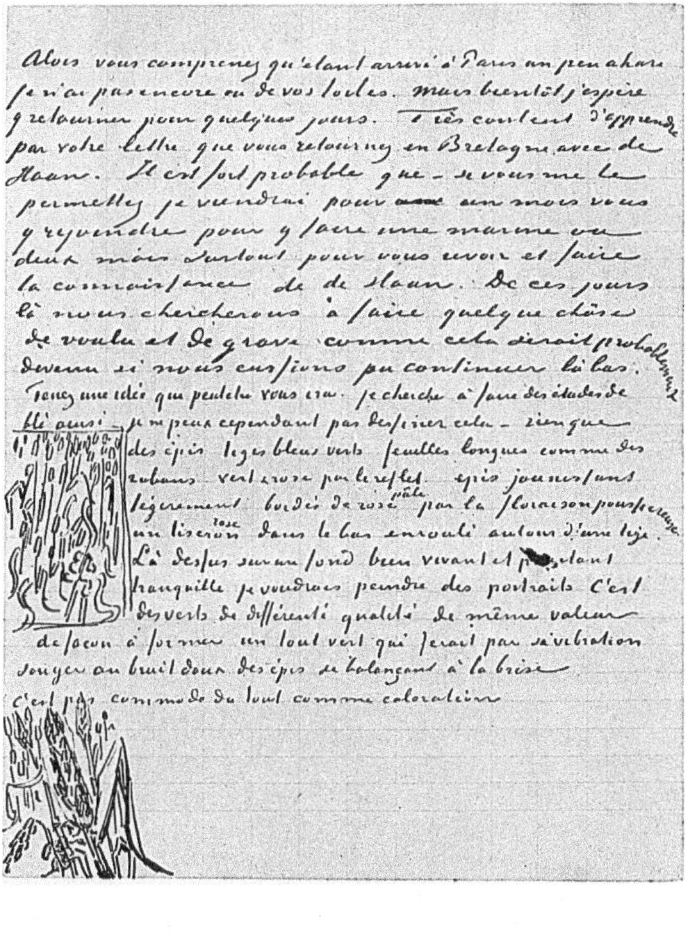
Alors vous comprenez qu'étant arrivé à Paris un peu ahuri
je n'ai pas encore vu de vos toiles. Mais bientôt j'espère
y retourner pour quelques jours. Très content d'apprendre
par votre lettre que vous retournez en Bretagne avec de
Haan. Il est fort probable que – si vous me le
permettez je viendrai pour un mois vous
y rejoindre pour y faire une marine ou
deux mais surtout pour vous revoir et faire
la connaissance de de Haan. De ces jours
là nous chercherons à faire quelque chose
de voulu et de grave comme cela serait probablement
devenu si nous eussions pu continuer là bas.
Tenez une idée qui peutêtre vous ira. Je cherche à faire des études de
blé ainsi – je ne peux cependant pas dessiner cela – rien que
des épis tiges bleu vert feuilles longues comme des
rubans vert et rose par le reflet. épis jaunissants
légèrement bordés de rose pâle par la floraison poussiéreuse
un liseron rose dans le bas enroulé autour d'une tige.
Là dessus sur un fond bien vivant et pourtant
tranquille je voudrais peindre des portraits C'est
des verts de différente qualité de même valeur
de façon à former un tout vert qui ferait par sa vibration
songer au bruit doux des épis se balançant à la brise
C'est pas commode du tout comme coloration

**An Paul Gauguin (Entwurf)** **Auvers-sur-Oise etwa 17. Juni 1890**

Mein lieber Freund Gauguin

vielen Dank, mein lieber Freund, daß Sie mir wieder geschrieben haben, und seien Sie versichert, daß ich seit meiner Rückkehr jeden Tag an Sie gedacht habe. Ich bin nur drei Tage in Paris geblieben, und da der Lärm &c in Paris auf mich eine ungünstige Wirkung hatte, fand ich, daß es für meinen Kopf besser wäre, aufs Land zu flüchten – sonst wäre ich ganz schnell zu Ihnen gelaufen. Es freut mich enorm, daß Sie sagen, daß Ihnen das Porträt der Arlésienne, das ganz streng auf Ihrer Zeichnung beruht, gefallen hat. Ich habe versucht, Ihrer Zeichnung gegenüber treu und respektvoll zu sein, mir aber trotzdem die Freiheit genommen, sie durch das Mittel der Farbgebung, die zu dem schlichten Charakter und dem Stil der besagten Zeichnung paßt, zu interpretieren.

Es ist, wenn Sie so wollen, eine Synthese der Arlésienne, und weil die Synthesen der Arlésiennes selten sind, nehmen Sie es als ein gemeinsames Werk und als Resümee der Monate unserer gemeinsamen Arbeit. Um es zu machen, habe ich es meinerseits mit noch einem Monat Krankheit bezahlt, aber ich weiß auch, daß es ein Bild ist, das von Ihnen, mir und einigen wenigen anderen verstanden werden wird, so wie wir es verstanden wissen wollen. Mein Freund hier, der Dr. Gachet, hat das nach zwei-, dreimaligem Zögern ganz und gar erfaßt und gesagt: »Wie schwer ist es doch, einfach zu sein.« Gut – ich werde das noch unterstreichen, indem ich eine Radierung davon mache, dann basta. – Wer sie haben will, kann sie bekommen.

Haben Sie auch die Olivenbäume gesehen? Jetzt arbeite ich an einem Porträt von Dr. Gachet mit dem schmerzlichen Ausdruck unserer Zeit. *Wenn Sie wollen*, etwas Ähnliches, wie Sie von Ihrem Christ au jardin des oliviers sagten, nicht dazu bestimmt, verstanden zu werden, aber letztlich folge ich Ihnen da, und mein Bruder hat diesen feinen Unterschied genau begriffen.

⟨*Zeichnung, s. Abb. S. 334*⟩

Von dort unten habe ich noch eine Zypresse mit einem Stern, ein letzter Versuch – ein Nachthimmel mit einem Mond ohne Glanz, die schmale Sichel tritt kaum aus dem dunklen Schatten hervor, den die Erde wirft – ein Stern mit einem, wenn Sie so wollen, übertriebenen Glanz, ein sanfter Glanz von Rosa & Grün am ultramarinblauen Himmel, auf dem die Wolken treiben. Unten eine Straße, die von hohem gelben Röhricht gesäumt ist, dahinter die niedrigen blauen Alpines, ein alter Gasthof mit orange erleuchteten Fenstern und eine sehr hohe Zypresse, ganz gerade, ganz dunkel.

Auf der Straße eine gelbe Kutsche mit einem weißen Pferd davor und zwei späte Spaziergänger. Sehr romantisch, wenn Sie wollen, aber ich glaube auch sehr provenzalisch. Wahrscheinlich werde ich diese und andere Landschaften und Motive, Erinnerungen an die Provence, radieren, und es wird mir eine Freude sein, Ihnen eine davon zu geben, ein etwas gewolltes und sorgfältig durchdachtes Resümee. Mein Bruder sagt, daß der Kopf der Arlésienne Lauzet, der Lithographien nach Monticelli macht, sehr gut gefallen hat.

Da ich ein wenig durcheinander in Paris angekommen bin, werden Sie verstehen, daß ich noch keines von Ihren Bildern gesehen habe. Aber ich hoffe, daß ich bald wieder für einige Tage hinkomme. Ich freue mich sehr, durch Ihren Brief zu erfahren, daß Sie mit de Haan wieder in die Bretagne zurückkehren. Es ist sehr wahrscheinlich, daß ich – wenn Sie es mir erlauben – auch für einen Monat hinkomme, um Sie dort zu treffen, um dort ein oder zwei Seestücke zu machen, vor allem aber, um Sie wiederzusehen und de Haan kennenzulernen. Wir wollen versuchen, in diesen Tagen etwas Wahres und Ernsthaftes zu machen, so wie es wahrscheinlich entstanden wäre, wenn wir da unten hätten weitermachen können.

Hier noch eine Idee, die Ihnen vielleicht gefallen wird, ich versuche Studien von Getreide zu machen – ich kann das allerdings nicht zeichnen – ⟨*Zeichnung, s. Abb. S. 335*⟩ nichts als Ähren, leichte, blaugrüne, lange Blätter wie Bänder, die durch das Licht grün & rosa sind, Ähren, die leicht gelblich werden, gesäumt von dem blassen Rosa des Blütenstaubs, unten die rosa Blüte einer Ackerwinde, die sich um einen Halm gewickelt hat. Vor diesem sehr lebendigen, aber doch ruhigen Hintergrund möchte ich Porträts malen. Es sind Grüntöne von unterschiedlicher Qualität, vom selben Farbwert, so daß sie ein grünes Ganzes bilden, das durch sein Vibrieren an das sanfte Rauschen der Ähren erinnert, die im Wind wogen. Die Farbgebung ist nicht gerade einfach.

⟨*Zeichnung, s. Abb. S. 335*⟩

**An Theo van Gogh (Entwurf)** **Auvers-sur-Oise**
**23. Juli 1890**

Mein lieber Bruder, danke für Deinen lieben Brief und den 50 Francsschein, den er enthielt. Ich würde Dir gern über viele Dinge schreiben, aber ich fühle, daß das keinen Sinn hat. Ich hoffe, daß Du ces messieurs, was Dich angeht, in guter Stimmung angetroffen hast.

Was Du mir über den friedlichen Zustand Deines Haushaltes versichert hast, so war das nicht nötig, ich glaube, daß ich das Gute ebenso wie die andere Seite gesehen habe – Und ich bin übrigens einer Meinung mit Euch, daß es sowohl für Dich als auch für Jo schwer ist, ein kleines Kind in einem vierten Stockwerk aufzuziehen – Weil das aber doch gut geht, was die Hauptsache ist – warum sollte ich da auf Dingen von geringerer Bedeutung bestehen, wahrhaftig, es wird wohl noch lange dauern, bis wir die Chance haben, etwas ruhiger über geschäftliche Dinge zu sprechen. Das ist das einzige, was ich Dir im Augenblick sagen kann, und daß ich für meinen Teil dies mit einem gewissen Schrecken bemerkt habe, das habe ich auch nicht verborgen. Aber das ist auch alles –

Die anderen Maler, wie immer sie auch darüber denken mögen, halten sich instinktiv fern von Diskussionen über den gegenwärtigen Kunsthandel. Und wirklich, wir können nur unsere Bilder sprechen lassen.

Aber trotzdem, mein lieber Bruder, bleibt es bei dem, was ich immer gesagt habe und noch einmal mit allem Ernst sage, der das Resultat angestrengten, beharrlichen Nachdenkens darüber ist, wie man etwas so gut ausdrücken kann wie möglich – ich sage Dir noch einmal, Du wirst für mich immer etwas anderes sein als ein einfacher Kunsthändler, der Corots verkauft, als mein Vermittler hast Du nämlich sogar Teil an der Entstehung mancher Bilder, die selbst im Scheitern ihre Ruhe behalten. Denn so weit sind wir, und das ist alles oder wenigstens das Wichtigste, was ich Dir in diesem Augenblick der Krise sagen kann. In einem Augenblick, wo die Situation zwischen Händlern – von Bildern verstorbener Künstler – und denen lebender Künstler sehr gespannt ist. Nun gut, bei meiner Arbeit riskiere ich mein Leben, und mein Verstand ist dabei zur Hälfte draufgegangen – gut – aber, soviel ich weiß und soweit ich das beweisen kann, gehörst Du nicht zu den Menschenhändlern, und ich finde, daß Du wirklich menschlich handelst, aber was willst Du ⟨*Text bricht ab*⟩

# Anhang

# Zu dieser Ausgabe

Die Geschichte der Edition von van Goghs Korrespondenz ist lang und kompliziert. Die erste van Gogh-Briefausgabe, die nur die Briefe an den Bruder Theo van Gogh enthielt, besorgte Johanna van Gogh-Bonger, die Schwägerin des Malers und Ehefrau Theo van Goghs, 1914.[1] Diese Ausgabe, so verdienstvoll sie seinerzeit war, konnte – einmal abgesehen von allen zensierenden Eingriffen der Herausgeberin – ein grundsätzliches Problem von Anfang an nicht lösen, und zwar das der Mehrsprachigkeit des Briefschreibers. Bis zu seiner Übersiedelung nach Paris im März 1886 schrieb van Gogh die Briefe an seinen Bruder auf niederländisch, danach wechselte er ins Französische, während er die Korrespondenz mit anderen Familienmitgliedern, etwa mit der Mutter und der Schwester Willemina von wenigen Ausnahmen einmal abgesehen weiter in der Muttersprache führte. Diesen Sprachwechsel berücksichtigte die Ausgabe Johanna van Gogh-Bongers nicht, sondern präsentierte auch die französischsprachigen Briefe in niederländischer Übersetzung. Außerdem wurden die niederländischen Briefe durch eine Modernisierung von Orthographie und Interpunktion, aber auch durch die typographische Gestaltung der Texte (z. B. Absatzgliederung) derart geglättet, daß insgesamt ein ›einheitliches‹ Bild vom Briefschreiber Vincent van Gogh suggeriert wurde. Erst die zwischen 1952 und 1954 von Vincent Willem van Gogh, dem Neffen des Malers, herausgegebene Ausgabe[2] bewahrt die jeweilige Originalsprache der Briefe, zu denen auch noch Briefe in englischer Sprache gehören. Aber auch diese Ausgabe enthält zahlreiche normierende, modernisierende und glättende Eingriffe in eine überdies nicht sehr zuverlässige Textgestalt. Die bis heute gebräuchliche und auch von Kunsthistorikern zitierte vierbändige Briefausgabe aus dem Jahr 1990[3] machte diese sprachliche Differenzierung wieder rückgängig und präsentierte auch die fremdsprachigen Briefe in niederländischer Übersetzung. Diese Ausgabe modernisiert ebenfalls Orthographie und Inter-

1 Vincent van Gogh, *Brieven aan zijn broeder*, 3 Bde., Amsterdam 1914.
2 *Verzamelde brieven van Vincent van Gogh*, 4 Bde., Amsterdam 1952–54.
3 *De brieven van Vincent van Gogh*, hrsg. von Han van Crimpen und Monique Berends-Albert, 4 Bde., 's-Gravenhage 1990.

punktion der Brieftexte konsequent, weil man sich davon eine bessere Lesbarkeit der Briefe für ein breiteres Publikum versprach. Erträglich wurde dieses Verfahren allenfalls dadurch, daß bereits seit 1977 eine zweibändige farbige Faksimile-Ausgabe der französischsprachigen Briefe[4] vorlag, die heute jedoch nur noch antiquarisch erreichbar ist und zudem als bibliophile Ausgabe konzipiert nur in einer kleinen Auflage von 485 numerierten Exemplaren erschienen war. Diese Faksimile-Ausgabe und ihre sparsamen, aber hilfreichen Hinweise zum jeweiligen Originalzustand der Briefe, insbesondere zur Abfolge der Blätter bzw. Seiten, ist noch heute ein wichtiges Arbeitsinstrument, das jedoch in den Publikationen über Vincent van Gogh viel zu selten herangezogen wird. Eine zuverlässige und philologischen Kriterien genügende Edition der Briefe van Goghs liegt erst seit 2009 vor: *Vincent van Gogh – The Letters. The Complete Illustrated and Annotated Edition*, hrsg. von Leo Jansen, Hans Luijten und Nienke Bakker, 6 Bde. und CD-ROM, Amsterdam [u. a.] 2009. Diese Edition ist auch online unter www.vangoghletters.org zugänglich. Erstmals werden alle Briefe auch im Faksimile präsentiert. Darüber hinaus enthält die Edition einen umfangreichen Kommentar, der sich auf eine langjährige Erforschung der Korrespondenz und ihrer (kunst)historischen und kulturellen Kontexte im Amsterdamer Van Gogh Museum stützen kann.

Ein vergleichbarer, teilweise noch unübersichtlicherer Eindruck ergibt sich für deutsche Übersetzungen der Briefe, die entweder als Auswahl- oder als Gesamtausgabe auf den Markt kamen. Schon 1914, also im selben Jahr wie die erste niederländische Ausgabe, erschienen die Briefe van Goghs an den Bruder Theo in deutscher Übersetzung im Berliner Verlag von Paul Cassirer.[5] Diese Ausgabe beeinflußte insbesondere wegen der Einleitung von Johanna van Gogh-Bonger erheblich die deutsche Rezeption und erschien 1928 bereits in einer weiteren Ausgabe.[6] Teilweise, aber nicht grundsätzlich redigiert liegt die Ausgabe von 1928 noch heute der dreibändigen Taschenbuchausgabe des Insel-Verlags[7] oder anderer Auswahl-

4 *Letters of Vincent van Gogh. 1886–1890*, Faks.-Ausg., Vorwort von Jean Leymarie, Einleitung von V. W. van Gogh, 2 Bde., London/Amsterdam 1977.

5 Vincent van Gogh, *Briefe an seinen Bruder*, 2 Bde., Berlin 1914.

6 Vincent van Gogh, *Briefe an seinen Bruder*, 3 Bde., Berlin 1928.

7 Vincent van Gogh, *Briefe an seinen Bruder*, hrsg. und mit einer Einl. vers. von Johanna Gesina van Gogh-Bonger, 3 Bde., Frankfurt a. M. 1988.

ausgaben zugrunde. Die einzige, neu übersetzte deutschsprachige Gesamtausgabe des Briefwechsels unter Einschluß der Anbriefe erschien 1965 und 1968 im Ost-Berliner Henschel-Verlag und wurde seit 1985 auch als Lizenzausgabe in Westdeutschland vertrieben.[8] Auch auf diese Ausgabe verteilen sich Licht und Schatten: Die Briefe werden nach Adressaten geordnet, was die Handhabung erschwert. Erstmals bietet die Ausgabe Erläuterungen, die jedoch häufig sehr knapp ausfallen und nur eine allererste Lesehilfe bieten können. Entsprechend ihrer Entstehungszeit geht sie auf die niederländische Ausgabe von 1952–54 zurück und weist dadurch zwangsläufig erhebliche Mängel in der Textgestalt auf, zudem verzichtet sie auf die Reproduktion der Zeichnungen. Erst in der westdeutschen Lizenzausgabe wurden Illustrationen in exemplarischer Auswahl ergänzt.

Die hier vorgelegte Auswahledition stützt sich auf die neue sechsbändige van Gogh-Briefausgabe (2009). Folgende Grundsätze gelten für die Textgestaltung: Präsentiert wird jeweils die letzte erkennbare Textstufe; Korrekturen und Varianten werden nicht mitgeteilt. Absätze werden dem Original entsprechend reproduziert. Der Zeilenfall von Anrede, Datum und Grußformeln wird beibehalten, allerdings erfolgt eine links- bzw. rechtsbündige Ausrichtung, um das Druckbild einheitlich zu gestalten. Unterstreichungen und andere Hervorhebungen in der Handschrift erscheinen im Druck gesperrt. Abkürzungen bleiben erhalten, insbesondere van Goghs Verwendung des Zeichens & für »und« oder &c. für »etc.«. Im Einzelfall werden Abkürzungen in den Anmerkungen aufgelöst. In zahlreichen Fällen schreibt van Gogh Namen oder Titel fehlerhaft. In diesen Fällen wurde nicht verbessernd eingegriffen. Die jeweils korrekte Schreibung ist den Anmerkungen bzw. den Registern zu entnehmen.

Diese Auswahl von Briefen Vincent van Goghs verbindet sich mit der Hoffnung, die Beschäftigung mit diesem Briefschreiber auf eine authentische Grundlage zu stellen. Die Übersetzung von Christel Müller-Captijn und Winfried Jung orientiert sich möglichst nah an der Vorlage. Es wurde dabei – soweit möglich – versucht, die individuelle Interpunktion van Goghs, insbesondere seinen Gebrauch von

8 Vincent van Gogh, *Sämtliche Briefe*, übers. von Eva Schumann, hrsg. von Fritz Erpel, 6 Bde., Berlin 1965–68. – Neu ill. Faks.-Nachdr., Bornheim-Merten 1985.

Gedankenstrich oder Parenthese, auch dort zu bewahren, wo sie deutschen Interpunktionsregeln widerspricht. Dasselbe gilt für den Gebrauch des Semikolons. Auf diese Weise kann der Briefschreiber van Gogh in allen seinen gedanklichen Widersprüchen und sprachlichen Inkonsequenzen, aber oftmals auch als von seinen schwierigen Lebensumständen abhängig kennengelernt werden. Die Auswahl von 67 Briefen gegenüber etwa 819 heute bekannten Briefen van Goghs kann allerdings nur einen kleinen Ausschnitt dokumentieren. Auch über die Auswahlkriterien kann sicherlich diskutiert werden. Bei der Briefauswahl wurde darauf geachtet, daß alle biographischen Stationen van Goghs mit exemplarischen Briefen vertreten sind, um einen Eindruck von seiner Entwicklung als Künstler wenigstens in Umrissen zu geben und um dem Leser einen Einblick in sein Denken und in die Beurteilung seiner Zeit zu verschaffen. Auch sind in dieser Auswahl immer wieder Briefe zu finden, in denen sich van Gogh mit seinem familiären, gesellschaftlichen und künstlerischen Umfeld – häufig in schmerzhaften Konflikten – auseinandersetzt. Ein ebensolcher Stellenwert wird den Krankheitsphasen, die in erheblicher Weise sein Leben und seine Arbeit beeinflußt haben, beigemessen. Besonderes Augenmerk wurde aber auch auf die Auswahl solcher Briefe gelegt, in denen van Gogh die Entstehung wichtiger Werke erläutert und damit auch einen Einblick in seine künstlerische Werkstatt gibt.

Die Anmerkungen dienen in erster Linie dazu, die – soweit ermittelbar – in den Briefen erwähnten Personen, Orte, Buchtitel oder Bilder nachzuweisen. Fremdsprachige Zitate oder Wendungen werden übersetzt; ebenso werden heute nicht mehr gebräuchliche Begriffe erklärt. Allerdings ist es nicht gelungen, sämtliche Zitate nachzuweisen. Die ermittelten Personen und die Orte werden der Übersichtlichkeit halber in einem kommentierten Verzeichnis zusammengefaßt. Ergänzt werden diese Verzeichnisse um eine Auflistung der in den Briefen erwähnten Werke van Goghs. Eine Zeittafel gibt eine knappe Orientierung über die wichtigsten Lebensabschnitte van Goghs und den jeweiligen biographischen Kontext der Briefe. Titel der Bilder van Goghs werden entsprechend den Angaben im Verzeichnis von Ingo F. Walther und Rainer Metzger (1989) in deutscher Übersetzung genannt, auch die Angaben zu ihrem derzeitigen Aufbewahrungsort folgen weitgehend diesem Verzeichnis. Hinzugefügt werden jeweils die Nummern der Œuvrekataloge von Jacob-Baart de la Faille (1970, Sigle: F) und von Jan

Hulsker (1980, Sigle: JH). Um eine Orientierung in den Gesamtausgaben der van Gogh-Briefe zu ermöglichen, werden in den jeweiligen Kopfzeilen die Briefnummern der beiden Gesamtausgaben von 1952–54 und 1990 sowie der Ausgabe von 2009 mitgeführt (z. B. 570/738/735).

# Siglen

| | |
|---|---|
| B | Briefe an Émile Bernard. |
| F | Jacob-Baart de la Faille: The Works of Vincent van Gogh. His Paintings and Drawings. Amsterdam 1970. |
| GAC | Briefe Paul Gauguins an Vincent van Gogh. |
| H | Handschrift. |
| JH | Jan Hulsker: The New Complete Van Gogh. Paintings, Drawings, Sketches. Revised and Enlarged Edition of the Catalogue raisonné. Amsterdam/Philadelphia 1996. |
| RM | ›Related manuscript‹, zur Bezeichnung von Entwürfen oder nicht abgeschickten Briefen. |
| T | Briefe Theo van Goghs an seinen Bruder Vincent. |
| W | Briefe an Willemina Jacoba van Gogh. |

## Zitierte Literatur

In den Anmerkungen wird die zitierte Literatur in verkürzter Form (Name, Jahr oder Kurztitel) nachgewiesen.

Arnold, Matthias: »Diese stupiden Skizzen ...«. Eine Mappe mit Zeichnungen Émile Bernards. In: Weltkunst 55 (1985) H. 4. S. 330–334.
– Vincent van Gogh. Biographie. München 1993.
– Vincent van Gogh. Werk und Wirkung. München 1995.
– Van Gogh und seine Vorbilder. Eine künstlerische Selbstfindung. München / New York 1997.
Die Haager Schule. Meisterwerke der holländischen Malerei des 19. Jahrhunderts aus Haags Gemeentemuseum. Heidelberg 1987. [Ausstellungskatalog.]
Dorn, Roland: Décoration. Vincent van Goghs Werkreihe für das Gelbe Haus in Arles. Hildesheim / Zürich / New York 1990.
Émile Bernard 1868–1941. A Pioneer of Modern Art. Ein Wegbereiter der Moderne. Zwolle 1990. [Ausstellungskatalog.]
Gauguin, Paul: 45 Lettres à Vincent, Théo et Jo van Gogh. Collection Rijksmuseum Vincent van Gogh, Amsterdam. Hrsg. von Douglas Cooper. 's-Gravenhage/Lausanne 1983. [Zit. als: Cooper.]
Jansen, Leo / Luijten, Hans / Bakker, Nienke: Vincent van Gogh. Painted with Words. The Letters to Émile Bernard. New York 2007.
Kort geluk. De briefwisseling tussen Theo van Gogh en Jo Bonger. Einleitung und Erläuterungen: Han van Crimpen. Redaktion: Leo Jansen und Jan Robert. Amsterdam/Zwolle 1999.
Millet / Van Gogh. Paris, Musée d'Orsay, 14 septembre 1998 – 3 janvier 1999. Paris 1998. [Ausstellungskatalog.]
Pickvance, Ronald: English Influences on Vincent van Gogh. London 1975. [Ausstellungskatalog.]
– Van Gogh in Saint-Rémy and Auvers. New York 1986.
Rappard-Boon, Charlotte van / Gulik, Willem van / Bremen-Ho, Keiko van: Catalogue of the Van Gogh Museum's Collection of Japanese Prints. With an Introduction on Van Gogh's Utopian Japonisme by Tsukasa Kōdera. Amsterdam/Zwolle 1991.

Sillevis, John / Jonker, Nini / Mulder, Margreet: Max Liebermann en Holland. Den Haag 1980.

Stolwijk, Chris / Thomson, Richard: Theo van Gogh. 1857–1891. Art Dealer, Collector and Brother of Vincent. Amsterdam/Zwolle 1999.

Van Gogh à Paris. Musée d'Orsay 2 février – 15 mai 1988. Paris 1988. [Ausstellungskatalog.]

Van Gogh in Brabant. Schilderijen en tekeningen uit Etten en Nuenen. Noordbrabants Museum 's-Hertogenbosch, 2. November 1987 – 10. Januar 1988. Zwolle 1987. [Ausstellungskatalog.]

Vincent van Gogh's Poetry Albums. Hrsg. von Fieke Pabst. Zwolle/Amsterdam 1988.

Walther, Ingo F. / Metzger, Rainer: Vincent van Gogh. Sämtliche Gemälde. 2 Bde. Köln 1989.

# Anmerkungen

27 **An Theo van Gogh, 13. Juni 1873** 9/9/9

H: Amsterdam, Van Gogh Museum. Der Brief ist auf niederländisch verfaßt.

27,8 *Goupil & C°:* Henry Rittner gründete 1827 eine Kunsthandlung, zu der Jules Adolphe Goupil 1829 als Associé hinzutrat. Nach verschiedenen Besitzerwechseln und Änderungen des Firmennamens (1840 erstmals unter dem Namen Goupil) unterhielt die Kunsthandlung im letzten Viertel des 19. Jh.s Niederlassungen in Europa und den USA. Die Firma existierte bis 1917 bzw. 1921. Neben Originalwerken handelte man mit Reproduktionen und bot Mustervorlagen, Studienwerke und Unterrichtskurse für Zeichner und Maler an.

28,5 *Den Haag:* Van Gogh war seit Juli 1869 in der Haager Filiale der Firma Goupil als Lehrling tätig, bevor er im Mai 1873 in die Goupil-Filiale nach London versetzt wurde. Die Londoner Goupil-Niederlassung befand sich Southampton Street (Strand) 17.

28,9 *Tilburg:* Van Gogh besuchte vom September 1866 bis März 1868 in Tilburg eine Internatsschule. Tilburg gilt als typische niederländische Provinzstadt.

28,10 *In Paris:* der wohl nur wenige Wochen dauernde Aufenthalt in Paris im April/Mai 1873.

28,11 f. *Ausstellung:* »Salon«, die jährliche Ausstellung zeitgenössischer Maler, die am 5. Mai 1873 im Palais des Champs-Élysées eröffnet worden war.

28,12 *Louvre & Luxembourg:* Der Palais du Louvre ist seit 1793 das Nationalmuseum der französischen Republik, im Palais du Luxembourg befand sich seit 1750 (mit Unterbrechungen) eine staatliche Gemäldesammlung, die 1886 in der Orangerie um eine Abteilung für zeitgenössische Kunst erweitert wurde.

28,13 *Geschäft in Paris:* Die Firma Goupil unterhielt in Paris drei Niederlassungen. In der Rue Chaptal befand sich das Hauptgeschäft, auf dem Boulevard Montmartre die Gemäldegalerie und ein weiteres Geschäft an der Place de l'Opéra.

28,31 *Tante:* Maria van Gogh.

### 29 An Theo van Gogh, Anfang Januar 1874 13/17/17

H: Amsterdam, Van Gogh Museum. Der Brief ist auf niederländisch verfaßt.

29,7 *Geschäft:* Theo van Gogh hatte im Januar 1873 bei Goupil in Brüssel eine Lehre angetreten, im November 1873 wechselte er in die Haager Goupil-Filiale.

29,12 *»L'angelus du soir«:* Jean-François Millet: *L'Angélus (L'Angélus du soir)* (1857–59), Paris, Musée d'Orsay. Van Gogh kannte das Bild durch Reproduktionen (Abb. in Millet / Van Gogh, S. 31 f.); 1880 machte er selbst eine Zeichnung nach diesem Vorwurf, vgl. Anm. zu 78,27.

29,31 *last not least:* (engl.) nicht zum wenigsten.

30,10 *schönes Zuhause:* Van Gogh hatte in der Zwischenzeit ein neues Quartier in der Hackford Road 87 bezogen. Seine Wirtin, Sara-Ursula Loyer, führte eine Pension und einen Kindergarten für Jungen.

30,29 *ein Wort:* nicht überliefert.

### 31 An Theo van Gogh, 27. September 1875 39b/50/51

H: Amsterdam, Van Gogh Museum. Der Brief ist auf Briefpapier mit vorgedrucktem Briefkopf geschrieben und auf niederländisch verfaßt.

31,11 f. *»Das Reich ... in Euch.«:* Lk 17,20–21.

31,12–14 *»Der Menschensohn ... diene«:* Mt 20,28; Mk 10,45.

31,15–17 *Selig ... Herzens sind:* Mt 5,3 und 5,8.

31,18 f. *Der Weg ... finden:* vgl. Mt 7,14.

31,19–21 *Ringet ... können:* Lk 13,24.

31,23 *Der auch ... bittet:* vgl. Röm 8,34.

31,24 f. *uns bewahre vor dem Bösen:* Joh 17,15.

31,25 f. *laß uns nüchtern und wachsam sein:* 1 Thess 5,6; 1 Petr 4,7 und 5,8.

31,26 f. *auf Gott vertrauen ... Verstand verlassen:* Spr 3,5.

31,28 f. *zu ihm zu kommen:* Lk 14,23.

31,30–32 *uns selbst zu verleugnen ... nachzufolgen:* Mt 16,24; Lk 9,23.

31,32 *sanftmütig, geduldig:* vgl. Gal 5,2; Eph 4,2; Kol 3,12.

31,32f. *demütig im Herzen:* Mt 11,29.
32,1 *Ein Teil ... weggenommen werden wird:* Lk 10,42.
32,1f. *eine Quelle ... quillt:* Joh 4,14.
32,3 *Erhörer der Gebete:* Ps 65,3.
32,4 *Geber ... geben wird:* Jak 1,17.
32,6f. *»Ein Vaterhaus ... Wohnungen sind«:* Joh 14,2.
32,8 *uns alle zu sich nimmt:* Joh 12,32.
32,8f. *Stätte bereitet haben wird:* Joh 14,2.
32,10f. *der Tröster ... Wahrheit:* vgl. Joh 14,16f.
32,11 *der uns zur Wahrheit führen wird:* Joh 16,13.
32,14 *die mit Gott wandeln:* vgl. Mi 6,8.
32,15 *in Geist ... anbeten:* Joh 4,24.
32,15f. *versucht und geläutert:* vgl. Ps 66,10.
32,17 *Pfahl ins Fleisch:* 2 Kor 12,7.
32,19–22 *da ich ein Kind ... des Kindes war:* 1 Kor 13,11.
32,22–24 *und ich bin ... fröhlich:* 2 Kor 6,10.

## 33 An Theo van Gogh, 14. Oktober 1875 43/55/56

H: Amsterdam, Van Gogh Museum. Der Brief ist auf Briefpapier mit vorgedrucktem Briefkopf geschrieben und auf niederländisch verfaßt.

33,18–23 *»Que toutes les choses ... vos pensées«:* (frz.) »Möchten alle Dinge, die wahr und echt sind, alle Dinge, die rechtschaffen sind, alle Dinge, die rein sind, alle Dinge, die liebenswert sind, alle Dinge, die in gutem Ruf stehen und irgend etwas Gutes haben und lobenswert sind, möchten alle diese Dinge Euer Denken erfüllen«; vgl. Phil 4,8.
33,27 *Luxembourg ... Louvre:* vgl. Anm. zu 28,12.
33,31f. *Geschichte von Ikarus:* Ovid, *Metamorphosen* 8,183.
34,7 *die ... fliehen nicht:* Jes 28,16.
34,16 *»Bread ... life«:* (engl.) »Brot ist die Stütze des Lebens«; sprichwörtliche Redensart; vgl. auch Ps 104,15 und Jonathan Swifts *A Tale of a Tub* (1704), Abschnitt 4.

## 35 An Theo van Gogh, 17. Juni 1876 69/82/84

H: Amsterdam, Van Gogh Museum. Der Brief ist auf niederländisch verfaßt.

35,26 *Pfarrer:* wohl Edmund Henry Fisher, der Pfarrer der Kirche von Kennington.
35,28 f. *»Vater ... würdig!«:* vgl. Mt 8,8; Lk 7,6 und 15,21.
35,29 *»Vater, sei mir gnädig!«:* vgl. Lk 18,13.
36,7 *seinem Sohn:* Harry Gladwell.
36,15 *Schwester:* Anna Cornelia van Gogh, die in Welwyn als Hilfslehrerin in einer Privatschule tätig war.
36,17 f. *Le vendredi Saint ... Mater Dolorosa:* drei Photos von Bildern Paul Delaroches aus Abbildungen von Serienwerken, die von Goupil vertrieben wurden.
36,29 *Kings College:* eine der ältesten Einrichtungen der University of London.
37,7 *Onkel:* Vincent van Gogh (Onkel Cent).
*Kompagnon:* Der Onkel Vincent van Gogh, der in Den Haag ein kleines Geschäft für Künstlerbedarf unterhielt, fusionierte 1858 mit der Pariser Firma Goupil & Cie. 1871 hatte er sich aus dem aktiven Berufsleben zurückgezogen.
37,35–38,2 *»Vater ... gnädig«:* Lk 15,21; 15,19; 18,13.
38,10 f. *The early ... noon:* (engl.) »Der frühe Morgentau / ist mittags dahingeschwunden«; Verse aus dem Hymnus *Tell me the old, old story* von Arabella Catherine Hankey (1866, zit nach: *The Methodist Hymn-Book*, London 1954, Nr. 161). Diesen Hymnus trug van Gogh in das Gästebuch von Annie Slade-Jones ein (Vincent van Gogh's Poetry Albums, S. 63).

## 39 An Theo van Gogh, 31. Dezember 1876 83/100/100

H: Amsterdam, Van Gogh Museum. Der Brief ist auf niederländisch verfaßt.

39,9 f. *wiedergesehen haben:* Vincent und Theo van Gogh verbrachten gemeinsam das Weihnachtsfest bei der Familie in Etten.
39,19 *Dordt:* offizielle Abkürzung für Dordrecht.
40,12 *Buchhandlung:* Van Gogh arbeitete von Januar bis Ende April 1877 in der Buchhandlung Blussé & van Braam in Dordrecht.

40,16 *Deiner Krankheit:* Theo van Gogh war von Oktober bis Mitte November 1876 ernsthaft erkrankt.
40,31 *Seine Hochwohlgeboren:* Hermanus Gijsbertus Tersteeg.
40,32 *seiner Frau:* Maria Magdalena Alida Tersteeg.
40,34 *die Mädchen:* die jüngeren Schwestern Elisabeth Huberta und Willemina Jacoba van Gogh.
40,35 *Tante:* Cornelia van Gogh (Tante Cornélie).
41,2 *als wir alle zusammen waren:* Häufig von van Gogh zitierter Vers aus Clemens Brentanos Gedicht *Der Spinnerin Nachtlied*: »Es sang vor langen Jahren / Wohl auch die Nachtigall, / Das war wohl süßer Schall, / Da wir zusammen waren.«

## 41 An Theo van Gogh, 22. Juli 1878 123/144/145

H: Amsterdam, Van Gogh Museum. Der Brief ist auf niederländisch verfaßt.

41,12 *Brief von Pa und Moe:* Brief Theodorus van Goghs an Theo van Gogh vom 22. Juli 1878 (Textauszug bei Arnold, 1993, S. 136f.) und von Anna Cornelia van Gogh vom 18. Juli 1878.
41,13 *dort:* Theo van Gogh war nach wie vor bei Goupil & Cie. in Den Haag beschäftigt; vgl. Anm. zu 29,7.
41,16–18 *fuhren ... nach Brüssel:* Die Fahrt fand am 16. und 17. Juli 1878 statt.
41,21 *Anstellung:* Van Gogh strebte die Tätigkeit eines Predigers in Belgien an.
41,27 *flämische Ausbildungsschule:* Die dreimonatige Vorbereitung für eine spätere Ausbildung zum Prediger absolvierte van Gogh im Brüsseler Vorort Laken, wo in der protestantischen Volksschule auch das Evangelisationsseminar untergebracht war.
42,17f. *Liebe durchdrungen:* 2 Kor 5,14.
42,27 *Ces Messieurs zu Brüssel:* Gemeint sind die Pastoren Waeyen Pieterszen aus Mecheln und de Jonge aus Brüssel. Sonst werden im Briefwechsel mit »ces messieurs« die wechselnden Vorgesetzten bei Goupil & Cie. bezeichnet (vgl. Anm. zu 166,26).
43,5f. *»La maison du charpentier«: Die Heilige Familie mit der heiligen Anna* (1640; früher auch unter dem Titel *La Sainte Famille, dite Le Ménage du Menuisier*), Paris, Musée du Louvre.
43,8 *Tanten:* Elisabeth Petronella und Louisa Christina van der Burg.

43,11 *Ropsengarten:* Ackergrundstück in Etten.
43,18 *Das Alter ... Gebrechen:* niederl. sprichwörtliche Redewendung.
43,21 *L'Illustration:* illustrierte französische Wochenschrift (1843–1944), die aktuelle Geschehnisse auch im Bild (anfangs als Graphik, später als Photographie) festhielt.
43,21 f. *»Un jeune citoyen de l'an V«: Ein junger Bürger des Jahres V*, in: *L'Illustration*, 27. April 1878, S. 265. Das Jahr V des republikanischen Kalenders umfaßte den Zeitraum September 1796 bis September 1797. Das hier gemeinte Bild von Jules Adolphe Goupil wurde 1873 erstmals im Pariser »Salon« gezeigt.
43,27–31 *»Un regard ... catastrophes.«:* (frz.) »Ein Auge, das das Schauspiel der furchtbaren Guillotine mit angesehen, ein Geist, der alle Geschehnisse der Revolution überlebt hat. Er ist fast erstaunt, daß er nach so vielen schrecklichen Ereignissen noch am Leben ist« (vgl. *L'Illustration*, 27. April 1878).
44,19 f. *Bremberg / Haansberg / Schlachtfeld / Geestestraat:* Straßen in Etten.
44,29 f. *unser Beschützer ... gleich ist:* Ps 121,5.
45,5 f. *Wort ... sind:* vgl. Joh 6,63.
45,9 *Wahrheit ... schlagen:* vgl. Eph 3,17.

## 47 An Theo van Gogh, 13., 15. oder 16. November 1878 126/147/148

H: Amsterdam, Van Gogh Museum. Der Brief ist auf niederländisch verfaßt.

47,7 *des Tages ... verbrachten:* Theo van Gogh hatte offenbar während einer Reise von Paris in die Niederlande in Brüssel Station gemacht, um seinen Bruder in Laken zu treffen.
47,27 f. *Ferme des boues:* (frz.) Schlammsäule.
47,29 *Aquatintagravüre:* Aquatinta: graphisches Ätzverfahren, um tonige Flächen zu erzielen.
48,4 *»La vie d'un cheval«:* Es handelt sich vermutlich um den letzten Druck aus der Serie *La Vie d'un cheval* mit dem Titel *Montfaucon* von Hippolyte Lecomte.
48,19–21 *que la fin ... cheveux blancs:* (frz.) daß das Ende des Menschenlebens Tränen sind oder weiße Haare.

48,28 *»La garde ... ne se rend pas«:* (frz.) »Die Garde stirbt, aber sie ergibt sich nicht«; sprichwörtliche Redensart, die auf einen Ausspruch des Generals Cambronne in der Schlacht bei Waterloo (18. Juni 1815) zurückgeht.

48,35 *Banc des pauvres: Bank der Armen* (1854), Brüssel, Musées Royaux des Beaux-Arts de Belgique.

49,4 f. *ihrem Beschützer ... Hand:* Ps 121,5.

49,16 *Museum:* Musées Royaux des Beaux-Arts de Belgique (Koninklijke Musea voor Schone Kunsten van België) in Brüssel.

49,18 f. *Landschaft von Coosemans: De kunstenaarweg te Barbizon* (*Der Künstlerweg in Barbizon*, 1878), Brüssel, Musées Royaux des Beaux-Arts de Belgique.

49,21 *Les trois moulins:* Stich von Balthasar Anton Duncker und Jean Philippe Le Bas (1772) nach Jan Brueghel d. Ä., Amsterdam, Rijksprentenkabinet.

49,28 f. *»Au charbonnage«:* die dem Brief beiliegende Skizze *Zur Kohlenhalde* (F XXXI / JH Juv. 9).

50,22 f. *»Licht, das scheint in der Finsternis« ... Licht:* Apg 26,18.

50,35–51,18 *Les Borins ... de toile:* (frz.) »Die Borins (Bewohner des Borinage, einer Gegend westlich von Mons) beschäftigen sich ausschließlich mit der Förderung von Kohle. Es ist ein eindrucksvoller Anblick, diese Kohlenbergwerke, die 300 Meter unter der Erde liegen; dort hinunter steigt Tag für Tag eine Arbeiterschaft, die unsere Achtung und unsere Sympathie verdient. Der Bergmann ist ein besonderer Menschenschlag des Borinage; der Tag existiert für ihn nicht, und außer am Sonntag erfreut er sich kaum je des Sonnenlichts. Er arbeitet mühsam beim Schein einer Lampe, die ein bleiches, fahles Licht verbreitet, in einem engen Stollen, in gekrümmter Haltung, manchmal gezwungen zu kriechen; er arbeitet, um dem Schoß der Erde dieses Mineral zu entreißen, dessen großen Nutzen wir kennen; und er arbeitet inmitten von tausend ständig sich erneuernden Gefahren; aber der belgische Bergmann hat einen glücklichen Charakter, er ist an diese Lebensweise gewöhnt, und wenn er in die Grube einfährt, auf dem Hut die kleine Lampe, die ihn in der Finsternis leiten soll, vertraut er sich seinem Gott an, der seine Arbeit sieht und ihn beschützt, ihn, seine Frau und seine Kinder. Seine Kleidung besteht aus einem Hut aus spekkigem Leder, einer Jacke und einer Hose aus Leinen.« (Zitatquelle nicht bekannt.)

51,22 *Probezeit:* vgl. Anm. zu 41,27.
52,11 *l'ancienne barrière:* (frz.) der alte Schlagbaum.
53,10 *»Ritter, Tod und Teufel«:* Dürers gleichnamiger Kupferstich (1513).
53,11 *Carlo Dolci, Der Olivengarten: Cristo nell'orto* (um 1643), Genua, Palazzo Rosso.
53,14f. *Rembrandtschen Thema:* Gemeint ist Rembrandts Radierung *Christus am Ölberg* (um 1657), Amsterdam, Rijksprentenkabinet.
53,15f. *La lecture de la Bible:* Rembrandt: *Die Bibellektüre* (Ende 1620), Amsterdam, Rijksmuseum.
53,18 *Bild von … Corot: Christus am Ölberg* (1849), Langres, Musées de Langres.
53,20 *Ausstellung … Tode:* Eine Retrospektive von Corots Werk fand 1875 in der Pariser École des Beaux-Arts statt. Der Maler war am 22. Februar 1875 gestorben.
54,11 *Plan mit dem Borinage:* Im Dezember 1878 geht van Gogh als Prediger in den Borinage, aber erst Mitte Januar 1879 wird er probeweise für ein halbes Jahr angestellt.

## 55 An Theo van Gogh, zwischen 22. und 24. Juni 1880
133/154/155

H: Amsterdam, Van Gogh Museum. Der Brief ist auf französisch verfaßt.

55,18 *wieder im Borinage:* Obwohl das Synodalkomitee für Evangelisation van Goghs Probezeit nicht in eine feste Stellung umwandelte, betätigte er sich weiterhin auf eigene Faust und ohne Einkommen als Prediger im Borinage.
56,4 *fashionablen:* (engl.) modernen.
57,17 *Révolution française:* Jules Michelet: *Histoire de la Révolution française* (7 Bde., Paris 1847–53).
58,25 *Weg an der Universität:* 1877 bereitete sich van Gogh in Amsterdam auf die Aufnahmeprüfung für das Theologiestudium vor; diese Vorbereitung brach er ab.
59,8 *Greuel der Trostlosigkeit:* Mt 24,15.
59,15 *»the inside of a church«:* Van Gogh zitiert hier Falstaff aus Shakespeares *King Henry IV*: »And I have not forgotten what the

inside of a church is made of, I am a peppercorn, a brewer's horse: the inside of a church!« (Tl. 1, III,3).

60,4 f. *Besuch … Sommer:* Im August 1879 machte Theo van Gogh auf der Reise aus den Niederlanden nach Paris, wo er eine feste Stelle bei Goupil antreten wollte, bei seinem Bruder im Borinage Station.

60,8 f. *Mühle von Rijswijk:* Die Laakmühle (auch Galgenmühle genannt) wurde 1699 in Rijswijk errichtet und existiert noch heute.

61,9 *Männerporträt:* Es handelt sich um ein Selbstporträt (um 1648–50) von Carel Fabritius, das schon zur Zeit van Goghs nicht in Haarlem, sondern in Rotterdam (Museum Boijmans Van Beuningen) verwahrt wurde, wie es richtig im Brief an Theo van Gogh vom zwischen 12. und 15. Oktober 1881 erwähnt wird (vgl. S. 92).

61,12 *»Richard Cartone«:* Gemeint ist der Anwalt Sydney Carton, einer der Protagonisten des Romans *A Tale of Two Cities* (1859) von Charles Dickens.

62,6 *Wie lange … Gott!:* vgl. Jes 6,11.

62,35–63,12 *»Tu n'as … patrie.«:* (frz.) »Du hast vielleicht noch nie darüber nachgedacht, was das Vaterland eigentlich ist, sagte er und legte mir eine Hand auf die Schulter; das ist alles, was dich umgibt, alles was dich großgezogen und ernährt hat, alles, was du geliebt hast. Dies Land, das du siehst, diese Häuser, diese Bäume, diese jungen Mädchen, die dort lachend vorbeigehen, das ist das Vaterland! Die Gesetze, die dich schützen, das Brot, das der Lohn für deine Arbeit ist, die Worte, die du wechselst, die Freude und die Traurigkeit, die dir von den Menschen und den Dingen kommen, unter denen du lebst, das ist das Vaterland! Das kleine Zimmer, in dem du einst deine Mutter gesehen hast, die Erinnerungen, die sie hinterlassen hat, die Erde, in der sie ruht, das ist das Vaterland! Du siehst es, du atmest es überall! Stell dir deine Rechte und deine Pflichten vor, das, was du liebst und brauchst, deine Erinnerungen und deine Dankbarkeit, fasse das alles in einem einzigen Wort zusammen und dieses Wort ist Vaterland« (Émile Souvestre: *Un philosophe sous les toits. Journal d'un homme heureux*, Paris 1867, Kap. 10: »La patrie«).

65,22–66,7 *Ein Vogel im Käfig … anderen Vögel!:* vgl. Jules Michelet: *L'oiseau* (1856).

**67 An Theo van Gogh, 24. September 1880 136/157/158**

H: Amsterdam, Van Gogh Museum. Der Brief ist auf französisch verfaßt.

68,1 f. *Le buisson von Daubigny/Ruisdael:* Charles François Daubignys Radierung *Le Buisson* (*Das Gehölz*, 1855) nach Jacob van Ruisdael, Den Haag, Gemeentemuseum (Abb. in Die Haager Schule, S. 69).

68,4 f. *Four dans les Landes … Rousseau:* Auguste Anastasis Lithographie *Un four dans les Landes* (*Backofen in den Landes*, 1847) nach Théodore Rousseau, Amsterdam, Van Gogh Museum (Abb. in Die Haager Schule, S. 69).

68,11 *Cours de dessin von Bargue:* Charles Bargue: *Cours de dessin. Avec le concours de J. L. Gérôme* (2 Tle., Paris 1868–70). Der *Cours de dessin* ist ein Vorlagenwerk, das von Goupil & Cie. herausgebracht worden war und van Gogh immer wieder zum Selbststudium (z. B. Kohlezeichnen) diente.

68,17 f. *Buches über Anatomie:* vgl. Anm. zu 76,23–25.

68,18 *über Perspektive:* Möglicherweise Armand Cassagne: *Guide de l'alphabet du dessin ou l'art d'apprendre et d'enseigner les principes rationnels du dessin d'après nature* (Paris 1880).

68,36 *Porträt von Victor Hugo:* nicht bekannt.

69,5 *Le dernier jour d'un condamné:* Victor Hugo: *Le Dernier Jour d'un condamné* (1829).

69,6 *Buch über Shakespeare:* Victor Hugo: *William Shakespeare* (1864).

69,11 *Barbizon:* Die Schule von Barbizon war nach einem Dorf in der Nähe von Fontainebleau benannt worden. In ihr entwickelten etwa seit der Jahrhundertmitte u.a. Théodore Rousseau, Daubigny, Dupré und Corot eine spezifische Landschaftsdarstellung, die »paysage intime«, die sich durch eine empfindsame Darstellung der einfachen Natur und Landschaft auszeichnete.

69,15 *Courrières:* Geburts- und Wohnort des Malers Jules Breton. Van Gogh hatte Anfang März 1880 einen gewaltigen Fußmarsch vom Borinage nach Courrières an der französisch-belgischen Grenze unternommen.

69,31 *Jovinda von C. M.:* Name der Villa von Cornelis Marinus van Gogh in Baarn.

70,6 *Kopie von Tizians Grablegung:* Dieses Bild nach Tizians *Die Grablegung Christi* (um 1520er Jahre), Paris, Musée du Louvre, ist beim Brand der Kirche Saint Piat im Mai 1940 zerstört worden.

72,2 *»de profundis«:* (lat.) »aus der Tiefe (rufe ich, Herr, zu dir)«, Anfangsvers und Bezeichnung von Ps 130 in der Fassung der Vulgata.
74,30 *Sydney Carton:* vgl. Anm. zu 61,12.
75,8 f. *Der Weg … finden sie:* Mt 7,14.
75,17 *Musée Universel:* zeitgenössische, periodisch erscheinende Anthologie.

## 75 An Theo van Gogh, 1. November 1880 138/159/160

H: Amsterdam, Van Gogh Museum. Der Brief ist auf niederländisch verfaßt.

76,12 *Vorlagen von Bargue:* vgl. Anm. zu 68,11.
76,16 *Skelett gezeichnet:* nicht bekannt.
76,17 *Ingrespapier:* nach dem französischen Maler und Zeichner Ingres bezeichnetes mattes, geripptes Papier, das besonders für Pastell und Aquarell geeignet ist.
76,23–25 *Leitfadens … artistes:* A[lbert von] Zahn: *Esquisses anatomiques à l'usage des artistes pour servir aux études d'après nature et d'après l'antique* (Leipzig 1865).
77,18 *une lutte stérile:* (frz.) ein unfruchtbarer Kampf.
77,19 *enfanter:* (frz.) gebären.
77,29 *tant mieux:* (frz.) um so besser.
78,22 *Physiognomie & Phrénologie:* Van Gogh bezog seine Kenntnisse aus Alexandre Ysabeau: *Lavater et Gall. Physiognomonie et phrénologie rendues intelligibles pour tout le monde* (Paris [1862]).
78,25 f. *Les bêcheurs … gezeichnet: Die Grabenden (nach Millet)* (F 829 / JH C. B.), Otterlo, Kröller-Müller Museum.
78,27 *L'angélus du soir: Angelus (nach Millet)* (F 834 / JH Juv. 14), Otterlo, Kröller-Müller Museum.
78,35 f. *Die Holbeins … zeichne:* Zeichnung einer Frauenfigur (nach Holbein) (F 848 / JH –), Den Haag, Privatbesitz, und Zeichnungen der Tochter von Jacob Meyer (nach Holbein) (F 847 / JH –), Den Haag, Privatbesitz (F 833 / JH 13), Otterlo, Kröller-Müller Museum, jeweils nach einer Abbildung (Tafel 27,10) in Charles Bargue: *Cours de dessin. Avec le concours de J. L. Gérôme*, Tl. 2: *Modèles d'après les maîtres de toutes les époques et de toutes les écoles* (Paris 1870).

79,3 *Geldangelegenheit:* nicht bekannt.
79,4 *v. G.:* van Gogh.
79,24 *les artistes médiocres:* (frz.) die mittelmäßigen Künstler.

## 88 An Theo van Gogh, Mitte September 1881 150/171/172

H: Amsterdam, Van Gogh Museum. Der Brief ist auf niederländisch verfaßt.

88,14 *Exercices au fusain von Bargue:* Charles Bargues *Exercices au fusain pour préparer à l'étude de l'académie d'après nature* (Paris 1871) diente van Gogh als Vorlage zum Skizzieren der menschlichen Figur mit Zeichenkohle (*fusain*).
88,19f. *5mal ... Spaten:* Außer den Skizzen im vorliegenden Brief kommen folgende Zeichnungen in Frage: F 855 / JH 43 und F 859 / JH 29, Otterlo, Kröller-Müller Museum; F 860 / JH 38, Amsterdam, Van Gogh Museum; F 860a / JH 42 und F 861 / JH 40, Otterlo, Kröller-Müller Museum. Vgl. Van Gogh in Brabant, S. 136f.
88,20 *enfin »un bêcheur«:* (frz.) kurz (gesagt), »einen Grabenden«.
88,21 *zweimal einen Sämann:* Außer der Skizze im vorliegenden Brief kommen folgende Zeichnungen in Frage: F 862 / JH 31, F 865 / JH 25, F 1675 / JH 26, F 856 / JH 17, F 858 / JH 18, F 866a / JH 27.
88,21f. *Mädchen ... Besen:* nicht bekannt.
88,22f. *Frau ... schält: Kartoffelschälende Bäuerin* (F 1209 / JH 22) bzw. (F 1213 / JH 23), Otterlo, Kröller-Müller Museum.
88,23f. *Hirten ... Stab gestützt:* nicht bekannt.
88,24–26 *alten kranken Bauern ... Knien: Worn out* (F 863 / JH 34), Amsterdam, Van Gogh Museum.
89,33f. *ziemlich große Skizze ... Gewitter: Gewitterwolken über einem Feld* (F 1676 / JH 36), Privatbesitz.
90,14 *Ingrespapier:* vgl. Anm. zu 76,17.
90,17 *t. à t.:* tout à toi: (frz.) ganz der Deine.

## 90 An Theo van Gogh, zwischen 12. und 15. Oktober 1881 152/174/175

H: Amsterdam, Van Gogh Museum. Der Brief ist auf niederländisch verfaßt.

90,26 *Ingrespapier:* vgl. Anm. zu 76,17.
91,14 *»intangible«:* (frz.) »unberührbar«.
91,21f. *»Taming the shrew«:* Shakespeares Komödie *Der Widerspenstigen Zähmung* (1594).
91,23 *bongré & malgré:* (frz.) sie mag wollen oder nicht.
91,24f. *serrer … lâcher:* (frz.) hart zupacken ist besser als loslassen.
91,34 *Leurschen Weg:* Leur: Ort in der Umgebung von Etten.
92,4 *Fabritius in Rotterd.:* vgl. Anm. zu 61,9.
92,7–9 *Zeichnung … Moosgrund:* wohl Sina Mesdag-van Houten: *Rozen* (*Rosen*).
92,9 *Ausstellung:* In der »Zesde tentoonstelling van teekeningen van de Hollandse Teeken-Maatschappij« (»Sechste Ausstellung von Zeichnungen der holländischen Zeichengesellschaft«) in Den Haag (August/September 1881) wurden vier Arbeiten von Sina Mesdag-van Houten gezeigt.
92,32 *Panorama:* Dieses nach wie vor in Den Haag zu besichtigende Kolossalgemälde mit einer Ansicht von Scheveningen im Jahr 1880 stammt von Mesdag und Mitarbeitern. Es war am 1. August 1881 eröffnet worden.
93,15 *Deiner Vereinigung:* Theo van Gogh war in Paris Mitglied des »Hollandsche Club«, einer Vereinigung, in der sich junge Niederländer getroffen haben.

## 95 An Theo van Gogh, 7. November 1881 154/178/180

H: Amsterdam, Van Gogh Museum. Der Brief ist auf niederländisch verfaßt.

97,1 *sie:* die Cousine Cornelia Adriana (Kee) Vos, die van Goghs Heiratsantrag zurückgewiesen hatte.
97,25 *»aimer encore!«:* (frz.) »von neuem lieben!« Vgl. Jules Michelet: *La femme* (1860).
97,29 *sans le savoir:* (frz.) ohne es zu wissen.
98,23 *à contre cœur:* (frz.) widerwillig, mit Widerwillen.
98,27 *A Dieu ne plaise:* (frz.) Gott bewahre.
98,28f. *N'étiez … désespoir:* (frz.) Wäret ihr nicht Freunde, so würde ich euch Feiglinge nennen, weil ich auf gar keinen Fall das Joch der Verzweiflung akzeptiere. Vgl. das Gedicht *À Alfred de Musset* (1865) von Sully Prudhomme.

99,11–13 *Il faut avoir aimé ... ma bien aimée:* (frz.) Man muß geliebt haben, dann entliebt haben, dann von neuem lieben! / Von neuem lieben: meine Liebe, meine dreimal Liebe, meine Geliebte; vgl. Anm. zu 97,25.
100,4f. *»that ... faith«:* (engl.) »daß ich besser daran getan hätte, an meinem Glauben festzuhalten«.
101,7 *wer sucht, der findet:* vgl. Mt 7,7; Spr 8,17.

## 102 An Theo van Gogh, 29. Dezember 1881 166/194/194

H: Amsterdam, Van Gogh Museum. Der Brief ist auf niederländisch verfaßt.

102,9 *schon wieder in Etten:* Van Gogh hatte die Weihnachtstage bei der Familie in Etten verbracht, wo es erneut zu Auseinandersetzungen wegen seiner unerwiderten Zuneigung zur Cousine Cornelia Adriana (Kee) Vos, aber auch über seine weitere Lebensperspektive gekommen war.
102,11 *zurück in Den Haag:* Van Gogh hatte bereits im November/Dezember 1881 knapp vier Wochen in Den Haag bei Anton Mauve verbracht und in dessen Atelier Grundbegriffe des Malens erlernt.
102,23 *K. V.:* Cornelia Adriana (Kee) Voss.
103,6 *M.:* Anton Mauve.
103,12 *Schenkweg:* Am 1. Januar 1882 bezog van Gogh eine Wohnung am Schenkweg 138 (seit 1884 Schenkstraat 9), ein halbes Jahr später zog er in die Hausnummer 136 (Schenkstraat 13) um.
103,13 *Ms. Wohnung:* Anton Mauve hatte sein Atelier in der Zuid-Oost-Buitensingel 198 (heute Oranjebuitensingel).
103,22f. *qu'y faire?:* (frz.) was kann man da machen?
105,7 *quand même:* (frz.) trotzdem.
105,14 *There is a safety ... danger:* (engl.) inmitten der Gefahr ist Sicherheit.
105,34 *großen Bild:* Mauve: *Bomschuit op het strand* (*Fischerboot auf dem Strand*, 1882), Den Haag, Gemeentemuseum.
105,35 *Ewer:* anderthalbmastiges Frachtsegelschiff mit flachem Boden, das an der Nordseeküste, meist als Fischereifahrzeug, eingesetzt wurde.

### 106 An Theo van Gogh, etwa 7. Mai 1882 192/223/224

H: Amsterdam, Van Gogh Museum. Der Brief ist auf niederländisch verfaßt.

106,20 *bedauerliches Gespräch:* Zum Bruch zwischen Mauve und van Gogh ist es neben unterschiedlichen künstlerischen Ansichten insbesondere wegen der ›Mesalliance‹ van Goghs mit Clasina Maria Hoornik gekommen.
107,25 *schwangeren Frau:* Clasina Maria Hoornik.
107,26 *Mann:* nicht bekannt.
*Kind:* der am 2. Juli 1882 geborene Willem Hoornik.
109,15 *Studien:* Zeichnungen von Sien, den Kopf in die Hand gestützt (F 935 / JH 143, F 932 / JH 145 und F 937 / JH 144), Otterlo, Kröller-Müller Museum.
109,19 *Die ... ihre Mutter:* Zeichnung von Maria Wilhelmina Hoornik (F 1009a / JH 106), Den Haag, Gemeentemuseum.
110,3 *Doppel-Ingres:* vgl. Anm. zu 76,17.
110,6f. *kleine Figur ... Merinokleid:* Zeichnung der nähenden Clasina Maria Hoornik (F 932 / JH 145), Otterlo, Kröller-Müller Museum.

### 110 An Theo van Gogh, etwa 10. Mai 1882 194/224/225

H: Amsterdam, Van Gogh Museum. Der Brief ist auf niederländisch verfaßt.

110,15 *sie:* Clasina Maria Hoornik.
110,21 *die Sache:* vgl. Anm. zu 124,5.
111,13 *On est ... qu'ensemble:* (frz.) Allein geht man sicher unter, nur gemeinsam rettet man sich. Vgl. Jules Michelet: *La femme* (1860).
111,17 *Aufenthaltes in Amsterdam:* Im November 1881 war van Gogh nach Amsterdam gereist, um sich mit seiner Cousine Cornelia Adriana Vos und ihrer Familie auszusprechen.
112,30 *»the deserter«: Der Deserteur,* nach Francis Montague Holl, abgebildet am 25. September 1875 in der englischen Wochenschrift *The Graphic. An Illustrated Weekly Newspaper* (Abb. in Pickvance, 1975, S. 39).

113,31 *Leiden:* Die Entbindung fand in Leiden (Academisch Ziekenhuis) statt; vgl. S. 108.
113,34 *tant mieux:* vgl. Anm. zu 77,29.

## 114 An Theo van Gogh, 18. Juli 1882 216/248/247

H: Amsterdam, Van Gogh Museum. Der Brief ist auf niederländisch verfaßt.

114,29 *Sien und die Kinder:* Clasina Maria Hoornik und ihre Kinder Maria Wilhelmina und Willem.
115,19 *Onkel:* Vincent van Gogh (Onkel Cent).
115,36 *Umzugstrubel:* Die Familie van Gogh zog Anfang August 1882 nach Nuenen um, da der Vater Theodorus van Gogh dorthin als Pfarrer berufen worden war.

## 124 An Theo van Gogh, 5. August 1882 222/254/253

H: Amsterdam, Van Gogh Museum. Der Brief ist auf niederländisch verfaßt.

124,5 *Deines Besuches:* Theo van Gogh, der offenbar dienstlich in Den Haag zu tun hatte, traf Anfang August 1882 mit seinem Bruder zusammen. In diesem Gespräch wurden nicht nur künstlerische Fragen erörtert, sondern auch über Vincents Beziehung zu Clasina Maria Hoornik insofern Einigkeit erzielt, als dieser vorläufig darauf verzichtete, Sien zu heiraten. Gleichzeitig dürfte Theo van Gogh sowohl bei Tersteeg als auch bei der Familie versucht haben, die entstandenen Zerwürfnisse und Mißhelligkeiten wenn nicht zu beseitigen, dann doch zu beruhigen.
124,14 *ein Jahr geregelter Arbeit:* Theo van Gogh hatte seinem Bruder offenbar weiterhin finanzielle Unterstützung zugesagt.
124,30 *moist colour box:* (engl.) Kasten für Wasserfarben.
125,19 *Gummigutt:* eigtl.: Gummiresina Gutti, geruchloses, giftiges Gummiharz.
126,10 *Perspektivrahmen:* Seit Ende 1881 beschäftigte sich van Gogh systematisch mit perspektivischen Prinzipien. Durch das Studium einschlägiger Lehrbücher war er mit einem Projektions-

rahmen mit Hilfslinien bekannt geworden, der ihm vermutlich bis an sein Lebensende als malerisches Hilfsmittel diente, um die abzubildenden Motive proportionsgerecht auf die Bildfläche übertragen zu können.

127,21f. *Papierlagers von Smulders:* Das Lager der Papierfirma J. Smulders & Co. befand sich Laan 3, während sich das eigentliche Geschäft in der Spuistraat 55 befand.

127,22 *Laan:* Straße im Zentrum Den Haags.

127,23 *Doppel-Ingres:* vgl. Anm. zu 76,17.

127,24 *Papier Torchon:* spezielles, rauhes Malpapier für Zeichnungen, Aquarelle und Gouachen.

127,28 *halbes Buch:* 12 Bogen (24 Blätter).

127,30 *Honigpapiers:* Papier aus der niederländischen Papiermühle von Cornelis und Jan Honig, das aufgrund seiner hohen Qualität geschätzt wurde.

127,33 *fusain:* (frz.) Holzkohle.

127,34 *Harding:* Papier aus einer englischen Papiermühle.

128,9 *außergewöhnliche Dinge:* das Zusammenleben mit Clasina Maria Hoornik.

## 128 An Theo van Gogh, 26. August 1882 226/259/259

H: Amsterdam, Van Gogh Museum. Der Brief ist auf niederländisch verfaßt.

128,18f. *das Beiliegende:* Theo van Gogh unterstützte seinen Bruder Vincent zunächst unregelmäßig und seit Anfang 1882 mit regelmäßigen Geldzahlungen.

128,24f. *zwei kleine Seestücke:* u. a. *Strand von Scheveningen bei stürmischem Wetter* (F 4 / JH 187).

129,9f. *Figurenstudien … Skizzen:* Van Gogh machte zwischen September und Dezember 1882 zahlreiche Figurenstudien; die hier erwähnten lassen sich jedoch nicht identifizieren.

129,13 *»la cuisine de l'art«:* (frz.) »die Kunstküche«.

130,20 *Enfin:* vgl. Anm. zu 88,20.

130,35 *coute qui coute:* coûte que coûte: (frz.) um jeden Preis.

131,13 *ihre neue Umgebung:* vgl. Anm. zu 115,36.

132,16 *après tout:* (frz.) alles in allem.

133,7f. *Zola … Eugène Rougon:* Die Romane *La Faute de l'abbé*

*Mouret* (1875), *Son Excellence Eugène Rougon* (1876) und *Le Ventre de Paris* (1873) gehören zum 20bändigen Zyklus *Les Rougon-Macquart* (1871–93), in dem Zola am Beispiel von den aus unterschiedlichen gesellschaftlichen Schichten stammenden Familien Rougon, Macquart und Mouret den sozialen, kulturellen und politischen Hintergrund Frankreichs zur Zeit der Dritten Republik schildert.

133,19 *Le ventre de Paris:* vgl. Anm. zu 133,7f.

133,26f. *Studie von einem Jungen:* nicht bekannt.

133,27 *Grisaille:* Grau-in-Grau-Malerei.

## 134 An Theo van Gogh, 22. Oktober 1882 237/274/274

H: Amsterdam, Van Gogh Museum. Der Brief ist auf niederländisch verfaßt.

134,13f. *Aquarell ... Lotteriebüro: Die Armen und das Geld* (F 970 / JH 222), Amsterdam, Van Gogh Museum.

134,15f. *eins vom Strand angefangen: Der Strand bei Scheveningen* (F 982 / JH 247), Privatbesitz.

135,18–20 *Zeichnung Daumiers ... (eine Illustration zu Balzac):* wohl Illustration zu Honoré de Balzacs Erzählung *Ferragus* (in: *Histoire des treize*, 1834/35).

136,1 *Bücher von Murger:* Darunter wohl *Les Buveurs d'eau* (1854) und *Scènes de la bohème* (1851; ab der 4. Aufl. 1852 u.d.T. *Scènes de la vie de bohème*).

136,4 *Les rois en exil:* Daudets Roman *Les Rois en exil, roman parisien* (1879).

136,7 *La bohême:* Murgers Roman *Scènes de la vie de bohème* schildert das Leben junger Künstler im Pariser Quartier Latin.

136,8 *Gavarnis:* Paul Gavarni schildert in seinen Zeichnungen häufig das Leben der zeitgenössischen Pariser Gesellschaft.

136,28 *Schenkweg:* vgl. Anm. zu 103,12.

136,33f. *Figuren von Torfträgern:* nicht bekannt.

138,15 *assidu:* (frz.) fleißig, beharrlich.

139,28 *Zeichnung mit den Waisenkindern:* nicht bekannt.

### 140 An Theo van Gogh, etwa 5. September 1883 319/384/381

H: Amsterdam, Van Gogh Museum. Der Brief ist auf niederländisch verfaßt.

140,8 f. *Studie … Bäumen: Baum, vom Wind gepeischt* (F 10 / JH 384), Verbleib unbekannt.
140,10 *zweiten … Regen:* vielleicht *Alte Bauernhäuser in Loosduinen in der Dämmerung* (F 16 / JH 391), Utrecht, Centraal Museum.
140,22 *Frau:* Clasina Maria (Sien) Hoornik.
141,24 *»paradou«:* verwilderter Park, der für das Paradies steht, in Zolas Roman *La Faute de l'abbé Mouret* (vgl. Anm. zu 133,7 f.).
141,36 *Kindern:* Maria Wilhelmina und Willem Hoornik.
142,17 *Plan mit Drenthe:* Von September bis Anfang Dezember 1883 hielt van Gogh sich in Hoogeveen und Nieuw-Amsterdam (Provinz Drenthe) auf, um die persönlichen, familiären und künstlerischen Probleme aus der Zeit in Den Haag in den Griff zu bekommen.
144,1 *Zeichengesellschaft:* Van Gogh war Mitglied in der 1876 gegründeten »Hollandse Teeken-Maatschappij« in Den Haag. Anton Mauve war Kassenwart dieser Künstlervereinigung und hatte offenbar van Gogh den Weg geebnet, als außerordentliches Mitglied die Einrichtungen des Vereins nutzen zu können.
144,5 *Enfin:* vgl. Anm. zu 88,20.
145,11 *Mutter:* Maria Wilhelmina Hoornik.
145,13 f. *als Du hier warst:* Theo van Gogh hatte seinen Bruder am 17. August 1883 besucht.
145,34 f. *au fond:* (frz.) im Grunde.
148,2 *miséricorde:* (frz.) Barmherzigkeit.

### 148 An Theo van Gogh, etwa 16. Oktober 1883 333/398/397

H: Amsterdam, Van Gogh Museum. Der Brief ist auf niederländisch verfaßt.

148,17 f. *guten Beziehungen zu G & $C^{ie}$:* Theo van Gogh hatte seit einiger Zeit Schwierigkeiten mit seinen Vorgesetzten Boussod und Valadon und spielte mit dem Gedanken, die Pariser Kunsthandlung zu verlassen, erwog wohl auch, in die USA auszuwandern und sich in New York als Kunsthändler niederzulassen.

149,2 *après tout:* vgl. Anm. zu 132,16.

149,9 f. *Figur in Pot bouille:* Octave Mouret, Hauptfigur in Zolas Roman *Pot-bouille* (1882) aus dem Romanzyklus *Les Rougon-Macquart* (1871–93).

149,12 f. *au fond:* (frz.) vgl. Anm. zu 145,34 f.

*au fond des fonds:* (frz.) im allertiefsten Grunde.

149,15 *Begegnung mit dieser Frau:* Theo van Gogh hatte zu dieser Zeit eine Beziehung mit einer Frau, von der nur der Vorname Marie bekannt ist; vgl. Stolkwijk/Thomson, 1999, S. 34.

150,24 *»une révolution … soit«:* (frz.) »eine Revolution, die stattfindet, weil es so sein muß«; vgl. Victor Hugo: *Les misérables*, Tl. 4, Buch 1, Kap. 4.

150,35 *Puritaner:* Anhänger der kirchlich-politischen Reformbewegung in England zwischen 1560 und 1660.

151,3 f. *Barbizon:* vgl. Anm. zu 69,11.

151,9 *je ne sais quoi:* (frz.) ich weiß nicht was.

*vierge:* (frz.) jungfräulich.

152,23 f. *foi de charbonnier:* (frz.) Köhlerglaube.

152,33 *et après:* (frz.) und dann?

155,2 f. *gestern zeichnete:* Zeichnung mit pflügenden Bauern, Pferden und Frauen (F 1096 / JH 411).

155,12 *ça ira:* (frz.) es wird gehen!; Anfang eines französischen Revolutionsliedes von 1789.

156,3 *quelque chose là-haut:* (frz.) etwas dort oben; vgl. Victor Hugos Gedicht *La patrie*.

157,12 f. *die Alten von Barbizon:* die Hauptvertreter der Schule von Barbizon (vgl. Anm. zu 69,11): Rousseau, Daubigny und Dupré sowie Millet und Corot.

159,13 f. *Mais toi … bruyère:* (frz.) »Aber du, du wirst schweigen, / So wie der Auerhahn auf der Heide«; vgl. Victor Hugos Gedicht *La légende des siècles* (1859).

## 159 An Theo van Gogh, 2. November 1883 340/407/402

H: Amsterdam, Van Gogh Museum. Der Brief ist auf niederländisch verfaßt.

159,19f. *Zweeloo ... gewohnt:* Liebermann hat sich 1882 mehrere Monate in Zweeloo zum Arbeiten aufgehalten; vgl. Sillevis/Jonker/Mulder, 1980, S. 7, 17f.
159,21 *Bild mit den Waschfrauen: Die große Bleiche* (1883), Köln, Wallraf-Richartz-Museum, hatte Liebermann 1883 im Pariser »Salon« ausgestellt.
159,22 *Salon:* vgl. Anm. zu 28,11f.
161,1f. *Skizze des bewußten Apfelbaumgartens:* vielleicht *Landschaft mit Bäumen* (F 902a / JH 10).
161,2 *sein großes Bild:* vgl. Anm. zu 159,21.
161,14 *au fond:* vgl. Anm. zu 145,34f.
161,16 *Le dernier jour de la création:* wahrscheinlich das Bild *Le Sixième Jour de la création. Paysage des Vosges fuyant devant l'invasion (1814)* (1867) von Gustave Brion.
161,24 *Soden:* Rasenstücke.
162,2f. *l'église de Gréville ... Luxembourg:* Millets Bild *L'Église de Gréville* (1871–74) befindet sich heute im Musée d'Orsay, Paris.
162,3–7 *anstatt des Bauern ... der Wellen: Schäfer mit Schafherde bei einer Kirche in Zweeloo* (F 877 / JH 423), Privatbesitz.
162,7 *effet produit:* (frz.) erzielter Effekt.
162,9f. *Zeichnete ... Weiblein am Spinnrad:* nicht bekannt.
162,21 *Sodenkaten:* mit Rasenstücken bedeckte Bauernhäuser.
163,21 *cent chef d'œuvres:* (frz.) hundert Meisterwerke; gemeint ist eine Ausstellung des Pariser Kunsthändlers Georges Petit im Juni 1883.

## 164 An Theo van Gogh, etwa 2. März 1884 358/434/432

H: Amsterdam, Van Gogh Museum. Der Brief ist auf niederländisch verfaßt.

164,6 *Moe geht es gut:* Anna Cornelia van Gogh hatte sich im Januar 1884 beim Aussteigen aus dem Zug in Helmond den Oberschenkel gebrochen.
164,10 *Tochter:* Willemina Jacoba van Gogh.

164,22f. *Aquarell ... fünf Federzeichnungen:* darunter wohl folgende Zeichnungen: F 1118 / JH 452, F 1121 / JH 453, F 1122 / JH 454, Amsterdam, Van Gogh Museum.
164,24 *franchement:* (frz.) aufrichtig, offen.
165,10 *Enfin:* vgl. Anm. zu 88,20.
166,11f. *meine ersten Brabanter Skizzen:* In den ersten Monaten, die van Gogh in Nuenen verbrachte (Ende 1883 / Anfang 1884), entstand eine Reihe von Zeichnungen, die landschaftliche Motive der Umgebung aufgreifen.
166,26 *ces Messieurs:* (frz.) diese Herren; mit dieser Formel bezeichnet van Gogh die Eigentümer der Kunsthandlung Boussod & Valadon (vormals Goupil & Cie.).
*Van Gogh & C°:* Gemeint sind der Vater und der Kunsthändler-Onkel Cornelis Marinus van Gogh (Onkel Cor).
166,31 *kleine alte Kirche:* vielleicht *Der alte Friedhofsturm in Nuenen mit pflügenden Bauern* (F 34 / JH 459), Otterlo, Kröller-Müller Museum.
166,32 *einen neuen Weber:* Es ist nicht sicher, um welche Zeichnung es sich handeln könnte.
167,1 *Marie:* vgl. Anm. zu 149,15.
167,6 *quand même:* vgl. Anm. zu 105,7.
167,12–16 *Ces deux ... la même chose:* (frz.) Diese beiden Gesichter sahen sich an. – Sie wechselten einen bösen, kalten, verschlossenen Blick. – Was hat er/sie? – Immer das gleiche. Ungenaues Zitat aus Daudets Roman *L'Évangéliste* (1883), Kap. 7: »›Qu'est-ce qu'il a?‹ demanda Anne de Beuil. Jeanne haussa les épaules: ›Toujours la même chose ...‹ Elle ajouta: ›Tu diras à Jégu de remettre un verrou à ma chambre ... Celui qui y est ne tient plus.‹ – ›L'orage de cette nuit, sans doute‹, dit Anne de Beuil ... ›toute la maison sautait.‹ Et elles se regardaient avec leurs faces fermées et froides.«
167,26 *Studie ... im Dunkeln:* nicht bekannt.
167,27f. *Sodenkaten ... Vordergrund: Bauernhaus mit Torfstich* (F 22 / JH 421), Amsterdam, Van Gogh Museum.
168,12f. *kannelierten Rahmen:* Schmuckrahmen, die mit Kannelüren (Hohlkehlen) verziert sind.
169,10 *Allons:* (frz.) vorwärts.
169,21f. *qu'une porte ... fermée:* (frz.) daß eine Tür entweder offen oder geschlossen sein muß.
169,33 *Tout se paye:* (frz.) alles zahlt sich aus.

170,1 *fosse commune:* (frz.) Armengrab.
170,2 *après tout:* vgl. Anm. zu 132,16.
170,25 *b. à t.:* bien à toi: (frz.) sehr der Deine.
171,10 *animo:* (ital.) Schwung, Lust.
171,11 *brio:* (ital.) Feuer, Leidenschaft.
173,11 *primo:* (lat.) erstens.
173,13 *secundo:* (lat.) zweitens.
174,11 *Frau:* Clasina Maria Hoornik.
175,17f. *manger de la vache enragée:* (frz.) viel durchmachen, sich kümmerlich durchschlagen; frz. Sprichwort.
175,25f. *mauvais coucheurs:* (frz.) Menschen, mit denen nicht gut Kirschen essen ist.

176 **An Theo van Gogh, 30. April 1885** 404/501/497

H: Amsterdam, Van Gogh Museum. Der Brief ist auf niederländisch verfaßt.

176,4 *Geburtstag:* Theo van Gogh ist am 1. Mai 1857 geboren.
176,6 *Bild der Kartoffelesser: Die Kartoffelesser* (F 82 / JH 764), Amsterdam, Van Gogh Museum.
176,10 *Malen der Kopfstudien & Hände:* Im Winter 1884/85 hatte van Gogh eine Vielzahl von Studien angefertigt, die weitgehend als Vorstudien für *Die Kartoffelesser* betrachtet werden können.
176,13 *animo:* vgl. Anm. zu 171,10.
176,15 *»agir-créer«:* (frz.) »handelnd-schaffen«, »schöpferisch arbeiten«. Geschäftscredo des Kaufhausbesitzers Octave Mouret in Zolas Roman *Au Bonheur des Dames* aus dem Romanzyklus *Les Rougon-Macquart* (1871–93), das dieser in einem Gespräch mit seinem früheren Schulkameraden Paul de Vallagnosc erläutert (Kap. 3).
176,17 *Cheviots:* Stoffe, benannt nach der englischen Cheviotwolle.
176,23 *effet produit:* vgl. Anm. zu 162,7.
176,28 *monochrome:* einfarbige.
176,29 *ganze Farben:* im Handel zu beziehende Farben.
178,11 *s. v. p.:* s'il vous plaît: (frz.) bitte.
178,18 *Bekannten:* Anton Kerssemakers, der in Eindhoven, gegenüber dem Bahnhof, ein Atelier hatte.
178,20 *Lichter … herausholen:* durch Aufsetzen von Weiß Lichteffekte (Höhung) erzielen.

*Eiweiß:* mit Ei gebundene weiße Farbpigmente.
178,24f. *die Studie ... gemacht habe:* die Vorlage für die Lithographie der *Kartoffelesser* (F 78 / JH 734), die van Gogh im April 1885 an nur einem Tag auf den Stein gezeichnet hat und die dann unter seiner Aufsicht in einer Eindhover Druckerei abgezogen wurde (F 1661 / JH 737), Otterlo, Kröller-Müller Museum.
180,8 *»QUELLE CROÛTE!«:* (frz.) »so eine Sudelei«; vgl. Jean Gigoux, *Causeries sur les artistes de mon temps* (1885) mit Bezug auf ein Gemälde von Delacroix.
180,17 *sale ... puant:* (frz.) schmutzig, grob, dreckig, stinkend.
180,36 *enfin:* (frz.) vgl. Anm. zu 88,20.
181,5 *Umzug:* Van Gogh zog nach dem Tod seines Vater aus dem Pfarrhaus in Nuenen aus und quartierte sich in seinem Atelier ein, das in einem Anbau untergebracht war.
181,32 *Salon-Nummer:* Gemeint ist die Ausgabe der Zeitschrift *L'Illustration* vom 25. April 1885, in der über den »Salon de 1885« (vgl. Anm. zu 28,11f.) und die dort ausgestellten Arbeiten berichtet wird.

## 182 An Theo van Gogh, etwa 28. Oktober 1885 429/540/537

H: Amsterdam, Van Gogh Museum. Der Brief ist auf niederländisch verfaßt.

182,6 *parti pris:* (frz.) Vorurteil.
182,7f. *Manets Studie, Le Toréador mort:* Édouard Manet: *L'Homme mort (Le Torero mort)* (1863), Washington (D. C.), National Gallery of Art.
182,9 *croquis:* (frz.) Skizze.
183,11 *Havanna:* Havannabraun.
183,28f. *Lokalfarbe:* unveränderte Eigenfarbe eines Gegenstandes.
183,31–33 *Les vrais peintres ... couleur locale:* (frz.) Die wahren Maler sind diejenigen, welche keine Lokalfarbe wiedergeben. Das Originalzitat lautet: »les grand coloristes sont ceux qui ne font pas le ton local« (Charles Blanc: *Les artistes de mon temps*, Paris 1876); vgl. auch Anm. zu 185,26f.
184,16f. *repoussoir:* (frz.) Hintergrund, Gegensatz; dunkel schattierte ›Gegenstellung‹ eines Motivs im Bildvordergrund, um die Tiefenwirkung zu erhöhen.

185,9 *peindre de chic:* (frz.) nach der Phantasie malen.
185,10 *que soit:* (frz.) was soll's.
185,25 *Fischer von Zandvoort:* Jozef Israëls: *Zandvoorter Fischer* (1856), Amsterdam, Stedelijk Museum.
185,26f. *ne pas peindre le ton local:* (frz.) nicht den Lokalton malen; vgl. Anm. zu 183,31–33.
186,8 *in casu:* (lat.) in diesem Sinne.
186,15 *beau monde:* (frz.) vornehme, elegante Welt.
186,16 *Noces de Cana:* Veronese: *Die Hochzeit zu Kanaa* (1562/63), Paris, Musée du Louvre.
187,9f. *On commence ... guérir:* (frz.) Zu Anfang tötet, am Ende heilt man.
187,19 *je me souviens:* (frz.) ich erinnere mich.
187,28f. *Stilleben ... Bibel: Stilleben mit Bibel* (F 117 / JH 946), Amsterdam, Van Gogh Museum.

## 189 **An Theo van Gogh, 28. November 1885** 437/548/545

H: Amsterdam, Van Gogh Museum. Der Brief ist auf niederländisch verfaßt.

189,18f. *»Japonaiserie forever«:* (frz./engl.) »Japonaiserie auf immer«. Mit Japonaiserien wurden Ansichten und Szenen im japanischen Stil bezeichnet. Van Gogh begann zu dieser Zeit Japandrucke zu sammeln. Der Ausspruch geht wohl auf eine Äußerung von Jules de Goncourt in einem Brief an Philippe Burty (1. August 1877) zurück; vgl. auch Edmond de Goncourts Roman *Chérie* (1884). Im Vorwort schreibt Goncourt, er und sein Bruder Jules hätten folgendes literarisches Ziel verfolgt: »Or la recherche du vrai en littérature, la résurrection de l'art du XVIIIe siècle, la victoire du japonisme« (»Also, die Suche nach der Wahrheit in der Literatur, die Neubelebung der Kunst des 18. Jahrhunderts und den Sieg des Japonismus«); vgl. Rappard-Boon / van Gulik / van Bremen-Ho, 1991.
192,19 *Enfin:* vgl. Anm. zu 88,20.
193,3 *kleines Zimmer:* Van Gogh bewohnte in Antwerpen ein Hinterzimmer im zweiten Stock der Lange Beeldekensstraat bzw. Rue des Images 194 (heute 224).

193,5 *meine 3 Studien:* vgl. Anm. zu 193,35; 193,35 f.; 193,36.
193,7 *marchands de tableaux:* (frz.) Kunsthändler.
193,10 *Park:* der 1869 eröffnete Stadtpark.
193,16–18 *OCTOBRE von Lhermitte ... Novembre: La récolte des pommes* und *Le Semeur* aus der Serie *Les Mois rustiques*, die 1885 und 1886 in der Zeitschrift *Le Monde Illustré* erschienen waren (Abb. in Van Gogh in Brabant, S. 35).
193,19f. *Figaro illustré ... Raffaelli: Les vieux officiers* (*Le Figaro illustré*, 25. Dezember 1888).
193,22 *s. v. p.:* vgl. Anm. zu 178,11.
193,23 *zweiten Band von de Goncourt:* Edmond und Jules de Goncourt: *L'art au XVIII^e siècle*, Bd. 2: *Greuze, les St.-Aubin, Gravelot, Cochin* (Paris 1882). Der erste, 1881 erschienene Band beschäftigt sich mit Watteau, Chardin, La Tour und Boucher.
193,35 *Mühle:* nicht bekannt.
193,35 f. *Allee mit Herbstbäumen: Pappelallee bei Nuenen* (F 45 / JH 959), Rotterdam, Museum Boijmans Van Beuningen.
193,36 *Stilleben: Stilleben mit Bibel* (F 117 / JH 946), Amsterdam, Van Gogh Museum.

194 **An Horace Mann Livens, September oder Oktober 1886**
459a/572/569

H: Privatbesitz. Der Brief ist auf englisch verfaßt.

194,6f. *seitdem ... gedacht:* Van Gogh lebte seit Anfang März 1886 in Paris. Livens hatte er noch 1886 in Antwerpen kennengelernt.
195,9–12 *eine Reihe von Farbstudien ... Chrysanthemen:* im einzelnen nicht zu ermitteln.
195,12f. *Kontrast ... Violett:* Ein immer wieder aufgegriffenes Thema im Briefwechsel ist die Wechselwirkung der Komplementärfarben.
195,14 *les tons rompus et neutres:* (frz.) die gebrochenen und neutralen Töne. Vgl. zu diesen Überlegungen Charles Blanc: *Les artistes de mon temps* (Paris 1876), S. 60–64, und Anm. zu 183,31–33.
195,18f. *zwei Köpfe gemalt:* vielleicht *Selbstbildnis mit Filzhut vor der Staffelei* (F 181 / JH 1090) und *Selbstbildnis mit Pfeife* (F 180 / JH 1194), beide Amsterdam, Van Gogh Museum.
195,24 *ein Dutzend Landschaften gemalt:* Durch die Freundschaft

mit Émile Bernard, der bei seinen Eltern in Asnière, einem westlichen Pariser Vorort, wohnte, wurde eine Reihe von Bildern angeregt, in deren Mittelpunkt die Gegend um Asnière stand; vgl. Van Gogh à Paris, S. 98–109.

195,30f. *Wohnung ... Atelier:* Van Gogh lebte und arbeitete während seines Paris-Aufenthaltes in der Wohnung seines Bruders in der Rue Lepic 54.

196,20f. *mit verschiedenen Künstlern Studien getauscht:* u.a. mit Frank Meyers Boggs, John Peter Russell, Fabián de Castro, Antonio Cristobal. In der Kunstsammlung von Vincent und Theo van Gogh (Van Gogh Museum, Amsterdam) befinden sich ein Mädchenporträt Cristobals (1886) mit der Widmung »À mon ami Vincent«, eine Montmartre-Landschaft des jungen spanischen Malers Fabián sowie von Boggs das Bild *Schiffe auf der Themse* (1883) mit der Widmung »À son ami Vincent Boggs« (vgl. Arnold, 1993, S. 449).

196,30 *Atelier von Cormon:* Van Gogh arbeitete wahrscheinlich von März bis Anfang Juni 1886 im Atelier von Cormon (Boulevard de Clichy 104).

## 197 An Willemina Jacoba van Gogh, Ende Oktober 1887
W 1/576/574

H: Amsterdam, Van Gogh Museum. Der Brief ist auf niederländisch verfaßt.

198,16 *jalousie de métier:* (frz.) Berufsneid.

199,8 *Licht in der Finsternis:* vgl. Anm. zu 50,22f.

199,21 *Voltaire in Candide:* Voltaires Roman *Candide ou l'optimisme, traduit de l'allemand de M. le docteur Ralph* (1759).

199,23f. *Germinie Lacerteux, La fille Elisa:* die Romane der Brüder Goncourt *Germinie Lacerteux* (1864) und *La Fille Élisa* (1877).

199,24 *La joie de vivre und L'assommoir:* Zolas Romane *La Joie de vivre* (1884) und *L'Assommoir* (1877), Teile des Romanzyklus *Les Rougon-Macquart* (1871–93).

199,32f. *Bel ami:* Maupassants Roman *Bel-Ami* (1885).

199,36f. *Was suchet ihr ... Toten:* Lk 24,5f.

200,1f. *Wort das Licht der Welt:* vgl. Joh 8,12.

200,12 *à plus forte raison:* (frz.) mit um so größerem Recht.

200,34 *Enfin:* vgl. Anm. zu 88,20.
202,12 *Bild … Bauern: Die Kartoffelesser* (F 82 / JH 764), Amsterdam, Van Gogh Museum.
202,13 *après tout:* vgl. Anm. zu 132,16.
202,19f. *Im vergangenen Jahr … Blumen gemalt:* Im Sommer 1886 sind an die 30 Blumenstilleben entstanden, mit denen van Gogh insbesondere Farbkontraste ausprobierte.
202,23f. *in diesem Sommer … gemalt habe:* vgl. Anm. zu 195,24.
202,32f. *Tout comprendre … pardonner:* (frz.) Alles verstehen heißt alles verzeihen; sprichwörtliche Redewendung, die auf einen Satz (»tout comprendre rend très-indulgent«) aus dem Roman *Corinne ou l'Italie* (1807) von Mme de Staël zurückgeführt wird.
203,24 *À la recherche du bonheur:* Lew Tolstoj: *À la recherche du bonheur, traduit et précédé d'une préface par M. E. Halpérine* (Paris 1886).
203,25 *Mont-Oriol:* Maupassants satirischer Roman *Mont-Oriol* (1887).
204,15f. *le vice … le vitriol:* (frz.) Laster und Tugend sind chemische Erzeugnisse wie Zucker und Vitriol (ungenaues Zitat aus Hippolyte Taine: *Histoire de la littérature anglaise*, Bd. 1, Paris 1863, S. XV: Introduction).

## 205 **An Theo van Gogh, 21. Februar 1888** 463/579/577

H: Amsterdam, Van Gogh Museum. Der Brief ist auf französisch verfaßt.

205,6 *Reise:* Am 19. Februar war van Gogh in Paris aufgebrochen und erreichte Arles am 20. Februar. Er nahm zunächst Quartier im Hotel-Restaurant Carrel, Rue de la Cavalerie 30 (heute: Rue Amédée-Pichot).
205,17 *Breda:* Van Goghs verwitwete Mutter hatte sich schließlich entschlossen, nach Breda, dem einstigen Wohnsitz ihrer Schwiegereltern, zu ziehen.

206 **An Émile Bernard, 18. März 1888** B 2/590/587

H: New York, The Morgan Library & Museum. Der Brief ist auf französisch verfaßt.

207,16 *Pont-Aven:* Ort in der südlichen Bretagne, in dem sich zwischen 1886 und 1894 zahlreiche Maler um Gauguin versammelt und eine Künstlerbewegung initiiert hatten, die später als ›Schule von Pont-Aven‹ in die Kunstgeschichte eingegangen ist.
207,19 *Bouillabaisse:* provenzalische Fischsuppe.
207,29–31 *Matrosen ... abzeichnet:* vielleicht *Liebespaar in Arles (Fragment)* (F 544 / JH 1369), Privatbesitz, oder, wie Arnold (1993, S. 491) vermutet, ein später von van Gogh selbst zerstörtes Bild.
207,32f. *Studie ... Wäscherinnen: Die Brücke von Langlois in Arles mit Wäscherinnen* (F 397 / JH 1368), Otterlo, Kröller-Müller Museum.

208 **An Theo van Gogh, etwa 11. April 1888** 476/598/595

H: Amsterdam, Van Gogh Museum. Der Brief ist auf französisch verfaßt.

208,8 *Garten ... Pflaumenbäumen: Obstgarten mit blühenden Pflaumenbäumen* (F 403 / JH 1378), Amsterdam, Van Gogh Museum.
208,13 *der Däne:* Christian Mourier-Petersen.
208,19f. *für Dich ... angefangen: Die Brücke von Langlois in Arles* (F 571 / JH 1392), Privatbesitz.
208,20f. *»Le pont de l'Anglais«: Die Brücke von Langlois in Arles mit Wäscherinnen* (F 397 / JH 1368), Otterlo, Kröller-Müller Museum. Van Gogh übernahm die im Arleser Volksmund gebräuchliche Umdeutung der Brücke anstelle ihres originalen Namen »Pont de Langlois«.
209,11 *L'Incarnation de Marat:* nicht bekannt.
209,14f. *Xanthippe:* Frau des Sokrates, (zu Unrecht) Inbegriff der zänkischen und launischen Ehefrau.
209,17 *La maison Tellier:* Maupassants Roman *La Maison Tellier* (1881).
209,18f. *Hat Lautrec ... stützt?:* wahrscheinlich das Bild *La Buveuse ou Gueule de bois* (1887–89), Cambridge (Mass.), Harvard Art Museums / Fogg Museum.

209,23 f. *den beiden Bildern ... gehen:* Anfang April 1888 hatte Theo van Gogh eine Kollektion von insgesamt zehn impressionistischen Bildern nach Den Haag zu Tersteeg geschickt (darunter Bilder von Degas und Gauguin). Vom Bruder Vincent wurden nur zwei Bilder mitgeschickt, und zwar *Blühender Pfirsichbaum* (F 404 / JH 1391), Amsterdam, Van Gogh Museum, und das oben erwähnte Bild *Die Brücke von Langlois in Arles mit Wäscherinnen* (vgl. Anm. zu 208,20 f.) für Tersteeg.
209,27 *Geraniumlack:* (roter) Krapplack.
209,34 *Krapplacke:* roter Farbstoff, aus der Wurzel der Färberröte gewonnen; für Lasuren gebraucht.
209,35 *Mennige:* Farbpigmente aus Bleiverbindungen.

### 210 An Theo van Gogh, 28. oder 29. Mai 1888 493/618/616

H: Amsterdam, Van Gogh Museum. Der Brief ist auf französisch verfaßt.

210,14 *Seemann:* Gauguin hatte 1865 als Offiziersanwärter eine Ausbildung zum Steuermann begonnen und später erfolgreich abgeschlossen. Danach bereiste er bis 1871 auf verschiedenen Kriegs- und Handelsschiffen die Ozeane, 1887 reiste er nach Panama und Martinique.
210,29 f. *Entwurf ... Gauguin:* vgl. den folgenden Brief (S. 212–214).
211,7 *helfen:* Gauguin hatte sich am 22. Mai 1888 an Theo van Gogh mit der Bitte um Hilfe gewandt, da er seit drei Monaten in einem Gasthof in Pont-Aven auf Kredit lebte (vgl. Cooper, 1983, S. 34–39).
212,2 f. *Goupils ... vorgeschlagen hast:* Theo van Gogh plante eine Ausstellung von Bildern Monets in der Goupil-Filiale am Boulevard Montmartre, die dort schließlich in der zweiten Junihälfte stattfand.
212,7–9 *Man muß ... bleibst:* Theo van Goghs Pariser Vorgesetzte hatten erwogen, ihn in die 1887 gegründete Filiale nach New York – vorübergehend oder für immer war noch nicht entschieden – zu versetzen.

### 212 An Paul Gauguin (Entwurf), 28. oder 29. Mai 1888
494a/619/616

H: Amsterdam, Van Gogh Museum. Dieser Briefentwurf ist auf französisch verfaßt und lag dem Brief an Theo van Gogh vom 28. oder 29. Mai 1888 (493/618/616) bei.

212,19 *Geschäft mit Russell:* offenbar der vergebliche Versuch van Goghs, Russell zum Kauf eines Gemäldes von Gauguin zu bewegen (vgl. Les amis de van Gogh, S. 47).

212,26 *Haus:* Das ›gelbe Haus‹ befand sich an an der Place Lamartine 2 und wurde im Zweiten Weltkrieg (Juni 1944) teilweise zerstört. Van Gogh bezog es offiziell am 16. Oktober 1888. In der Zwischenzeit wohnte er, nachdem er das Hotel Carrel verlassen hatte, im Café de la Gare (Place Lamartine 28) bei dem Ehepaar Ginoux.

### 214 An Theo van Gogh, etwa 3. oder 4. Juni 1888
499/622/619

H: Amsterdam, Van Gogh Museum. Der Brief ist auf französisch verfaßt.

214,12 *aus Saintes-Maries:* Van Gogh war Ende Mai nach Les Saintes-Maries-de-la-Mer aufgebrochen und kehrte am 4. oder 5. Juni 1888 wieder nach Arles zurück.

214,19 *Onkel, den Seemann:* Johannes van Gogh.

214,22 *zwei Seestücke: Fischerboote bei Saintes-Maries* (F 415 / JH 1452), Amsterdam, Van Gogh Museum; *Fischerboote bei Saintes-Maries* (F 417 / JH 1453), Moskau, Puschkin-Museum.
*Ansicht des Dorfes: Blick auf Saintes-Maries* (F 416 / JH 1447), Otterlo, Kröller-Müller Museum.

214,23 *Zeichnungen:* folgende Zeichnungen kommen in Frage: F 1438 / JH 1448, F 1434 / JH 1449, F 1437 / JH 1450, F 1440 / JH 1451, F 1436 / JH 1454, F 1432 / JH 1455, F 1479 / JH 1456.

215,3 f. *Fellah-Fleischer ... Gérôme:* wohl *Boucher turc à Jérusalem* (1863).

215,11 f. *drei gemalten Studien:* vgl. Anm. zu 214,23.

216,7 *eine große Zeichnung:* F 1439 / JH 1446, Winterthur, Museum Oskar Reinhart.

216,7f. *meiner letzten: Blick auf Arles* (F 1452 / JH 1437), Oslo, Nationalmuseum.

### 216 **An Émile Bernard, 26. Juni 1888** B 8/635/632

H: New York, The Morgan Library & Museum. Der Brief ist auf französisch verfaßt.

217,15 *Primitiven:* Bezeichnung für die Maler der Vor- und Frührenaissance (14./15. Jahrhundert).
218,7 *Sämann:* Mt 13,3–23.
*Ernte:* Mk 4,26–29.
*Feigenbaum:* Lk 13,6–9.
218,10f. *»Himmel ... vergehen nicht.«:* Mt 24,35.
218,28f. *»die Liebe zur Kunst ... verdrängt«:* nach Aussage van Goghs in einem anderen Brief ein (nicht ermitteltes) Zitat von Jean Richepin.
219,29f. *La Barque ... Génésareth: Christus schläft während des Sturms* (1853), New York, The Metropolitan Museum of Art.
220,2 *Zuaven:* Paul-Eugène Milliet, Unterleutnant im Zuavenregiment.
220,5 *Zeichnung ... Zuaven:* F 1443 / JH 1485, Amsterdam, Van Gogh Museum.
220,5f. *Ölstudie ... weiße Wand: Der Zuave, sitzend* (F 424 / JH 1488), Privatbesitz.
220,7f. *sein Porträt ... einer Mauer: Der Zuave (Halbfigur)* (F 423 / JH 1486), Amsterdam, Van Gogh Museum.
220,17 *Skizze:* Bordellszene, bezeichnet »À mon ami Vincent ce croquis bête E. Bernard 88.«, Amsterdam, Van Gogh Museum.
220,22f. *Johannes den Täufer:* Puvis de Chavannes: *La Décolation de Saint Jean-Baptiste* (1869), Birmingham, Barber Institute of Fine Arts.
220,27f. *»Bist du ... Elias?«:* vgl. Joh 1,20f.
220,31f. *Ausstellung ... Monet:* vgl. Anm. zu 212,2f.
221,7 *Baukunst:* Salomo ließ den Jerusalemer Tempel erbauen.
221,11 *wie ... Militärdienst steht:* 1889 stellte Bernard den Antrag, vom Militärdienst befreit zu werden, dem mit dem Resultat »untauglich« entsprochen wurde.

221,25–27 *Potter ... einen weißen Hengst malt: Le Cheval pie* (1653), Paris, Musée du Louvre.
221,26 *Leinwand zu vier oder sechs:* Größe: 33 × 24 cm oder 41 × 33 cm. Van Gogh bezieht sich bei seinen Formatangaben auf französische Standards, die drei unterschiedliche Formate (»Figure«, »Paysage«, »Marine«) kennen. Er bediente sich selbst fast ausschließlich des »Figure«-Formats (vgl. Dorn, 1990, S. 331 f.).
222,1 *Die Sonette passen gut:* Auf der Rückseite der von Bernard übersandten Bordellszene (vgl. Anm. zu 220,17) sind zwei Gedichte (allerdings nicht in Sonettform!) mit folgenden Versanfängen niedergeschrieben: 1. »C'est dans un coin très retiré«, 2. »Société voici ton crime«; Abb. bei Arnold, 1985, S. 330.

## 222 An Theo van Gogh, 18. August 1888 520/663/663

H: Amsterdam, Van Gogh Museum. Der Brief ist auf französisch verfaßt.

222,9 *Mann mit der Hacke:* vgl. Millet: *Der Mann mit der Hacke* (1860–62), Los Angeles, The J. Paul Getty Museum.
222,12 *Zeichnung:* F 1460 / JH 1549, Cambridge (Mass.), Harvard Art Museums / Fogg Museum.
222,12 f. *nach diesem Bild: Bildnis Patience Escalier* (F 443 / JH 1548), Pasadena (Cal.), Norton Simon Museum.
222,13 f. *Zeichnung ... Porträt:* F 1459 / JH 1547, Los Angeles, County Museum of Art.
222,14 *Porträt: Bildnis Joseph Roulin, an einem Tisch sitzend* (F 432 / JH 1522), Boston, Museum of Fine Arts.
222,16 *Kartoffelesser:* vgl. Anm. zu 176,6.
222,21 f. *en sabots:* (frz.) in Holzschuhen.
222,23 *Deinem Lautrec: Poudre de Riz* (1887), Amsterdam, Van Gogh Museum. Theo van Gogh kaufte das Bild im Januar 1888.
223,14 *Porträt eines Künstlerfreundes: Bildnis des belgischen Dichters Eugène Boch* (F 462 / JH 1574), Paris, Musée d'Orsay.
224,7 *La terre und Germinal:* Zolas Romane *La Terre* (1886) und *Germinal* (1885), Teile des Romanzyklus *Les Rougon-Macquart* (1871–93).
225,28 *Mistral:* kalter trockener Nordwind in Südfrankreich, bes. im Rhônedelta.

226 **An Theo van Gogh, 21. oder 22. August 1888**
526/670/666

H: Amsterdam, Van Gogh Museum. Der Brief ist auf französisch verfaßt.

226,12 f. *Bouillabaisse:* vgl. Anm. zu 207,19.
226,15 f. *3 große Blumen ... grünen Vase: Drei Sonnenblumen in einer Vase* (F 453 / JH 1559), Privatbesitz.
226,16 *Leinwand zu 15:* Größe: 65 × 54 cm.
226,17 f. *3 Blumen ... Hintergrund: Fünf Sonnenblumen in einer Vase* (F 459 / JH 1560), ehemals in Japan, dort 1946 verbrannt.
226,18 f. *Leinwand zu 25:* Größe: 81 × 65 cm.
226,19 *zwölf Blumen ... gelben Vase: Zwölf Sonnenblumen in einer Vase* (F 456 / JH 1561), München, Bayerische Staatsgemäldesammlungen, Neue Pinakothek.
226,20 *Leinwand zu 30:* Größe: 92 × 73 cm.
227,9–11 *Studie ... Schmetterlinge:* nicht bekannt.
227,19 f. *Sandkähne ... geschickt habe:* F 1462 / JH 1556, New York, National Design Museum.
227,25 *Schwester:* Willemina Jacoba van Gogh.
227,28 *Album mit Skizzen:* nicht bekannt.

228 **An Theo van Gogh, etwa 29. September 1888**
543/695/691

H: Amsterdam, Van Gogh Museum. Der Brief ist auf französisch verfaßt.

228,15–17 *kleine Skizze ... Gaslaterne gemalt:* dem Brief beiliegende Zeichnung (F 1515 / JH 1593), Verbleib unbekannt, für das Bild *Sternennacht über der Rhône* (F 474 / JH 1592), Paris, Musée d'Orsay.
228,15 *Bild zu 30:* vgl. Anm. zu 226,20.
228,18 *mauve:* (frz.) malvenfarbig.
228,25 f. *Außerdem die Skizze ... Umgebung:* dem Brief beiliegende Zeichnung (F 1453 / JH 1590), Privatbesitz, für das Bild *Das gelbe Haus* (F 464 / JH 1589), Amsterdam, Van Gogh Museum.
229,1 *Restaurant:* das Restaurant Vénissac an der Place Lamartine.
229,2 *Freund der Briefträger:* Joseph-Étienne Roulin.

229,4 *Nachtcafé: Das Nachtcafé an der Place Lamartine in Arles* (F 463 / JH 1575), New Haven (Conn.), Yale University Art Gallery.
229,10–12 *am Anfang von L'assomoir ... beschrieben hat:* Zola beschreibt in seinem Roman *L'Assommoir* (1877), Teil des Romanzyklus *Les Rougon-Macquart* (1871–93), im ersten Kapitel das Leben auf dem Boulevard de la Chapelle in einer der Pariser Vorstädte, indem er den Protagonisten immer wieder ans Fenster treten und auf die Straße hinabblicken läßt.
229,12 f. *Flaubert ... Pécuchet:* Flaubert skizziert in seinem Romanfragment *Bouvard et Pécuchet* (1881) einleitend das erste Kennenlernen der Biedermänner Bouvard und Pécuchet auf dem Boulevard Bourdon.
229,21 *Brief von Gauguin:* Brief an van Gogh von etwa 22. September 1888 (GAC 32/694/688).
230,23–25 *Victor Hugo ... Dunkelheit:* vgl. Jules Michelet: *La sorcière* (1862, Epilog).
231,4 *Sternennacht: Sternennacht über der Rhône* (F474 / JH 1592), Paris, Musée d'Orsay.
231,5 *gepflügten Felder: Gepflügtes Feld* (F 574 / JH 1586), Amsterdam, Van Gogh Museum.
231,9 *Mistral:* vgl. Anm. zu 225,28.
232,20 *sein Porträt: Bildnis Milliets, Unterleutnant der Zuaven* (F 473 / JH 1588), Otterlo, Kröller-Müller Museum.

## 234 **An Paul Gauguin, 3. Oktober 1888** 553a/699/695

H: Paris, Institut National d'Histoire de l'Art. Der Brief ist auf französisch verfaßt.

234,3 f. *Ihren vortrefflichen Brief:* Brief Gauguins an van Gogh vom 1. Oktober 1888 (GAC 33/697/692).
234,6 *Ihr Porträt:* Gauguins Selbstbildnis *Les Misérables / à l'ami Vincent* (1888), Amsterdam, Van Gogh Museum.
234,22 *von Paris abgereist:* Gauguin war am 26. Januar 1888 nach Pont-Aven zurückgekehrt.
234,27 *Atelier:* Seurat unterhielt seit 1887 ein Atelier am Boulevard de Clichy (128 bis).
235,15 f. *kleinen Boulevard:* Die ältere Generation der Impressionisten, zu denen Degas, Monet, Renoir, Sisley und Pissarro gehör-

ten, wurden dem »Großen Boulevard« zugerechnet, zu ihren Nachfolgern, dem »Kleinen Boulevard«, zählten neben van Gogh noch Seurat, Signac, Gauguin und Bernard. Die Bezeichnung leitete sich vom Pariser Boulevard Montmarte ab, an dem die Kunsthändler angesiedelt waren.

236,2–7 *Landschaft ... grauer Sand: Der grüne Weinberg* (F 475 / JH 1595), Otterlo, Kröller-Müller Museum.

236,7f. *Leinwand zu 30:* vgl. Anm. zu 226,20.

236,9 *aschenfarbiges Porträt von mir: Selbstbildnis (Paul Gauguin gewidmet)* (F 476 / JH 1581), Cambridge (Mass.), Harvard Art Museums / Fogg Museum.

236,24 *seine Schwester:* Anna Boch.

236,24f. *Vingtisten:* Mitglieder der 1884 in Brüssel gegründeten Künstlergruppe »Les Vingts«.

237,23f. *Garten eines Dichters: Lichtung in einem Park: Der Garten des Dichters I* (F 468 / JH 1578), Chicago, The Art Institute of Chicago.

237,24f. *unter den Skizzen ... Konzeption:* F 1450 / JH 1509, Privatbesitz.

238,18f. *ein anderer:* Ernest Ponthier de Chamaillard.

## 239 An Émile Bernard, etwa 5. Oktober 1888 B 19/702/698

H: New York, The Morgan Library & Museum. Der Brief ist auf französisch verfaßt.

239,4 *Absendung meiner Studien:* Es handelte sich um sieben Bilder, darunter *Selbstbildnis (Paul Gauguin gewidmet)* (F 476 / JH 1581), Cambridge (Mass.), Harvard Art Museums / Fogg Museum; *Rhônebarken (Boote mit Sand und ausladenden Männern)* (F 449 / JH 1558), Essen, Museum Folkwang; *Disteln* (F 447 / JH 1550), Privatbesitz; *Die alte Mühle* (F 550 / JH 1577), Buffalo (N. Y.), Albright-Knox Art Gallery; *Ein Paar Schuhe* (F 461 / JH 1569), New York, The Metropolitan Museum of Art; *Mittagsstunde oder Garten hinter einem Haus* (F 578 / JH 1538), Privatbesitz.

239,6f. *die beiden Gesichter:* Gauguins Selbstbildnis *Les Misérables / à l'ami Vincent* (1888) und Bernards Selbstbildnis *Autoportrait, à son copain Vincent* (1888), beide Amsterdam, Van Gogh Museum.

239,17 *Skizzen mit dem Titel: Au Bordell:* Mappe (bezeichnet: »Au

Bordel / a l'ami Vincent / ces croquis stupides / E Bernard / 1888«) mit zwölf lavierten Federzeichnungen, die unterschiedliche Szenen mit Prostituierten zeigen, Amsterdam, Van Gogh Museum; vgl. Arnold, 1985, S. 330–334, und Émile Bernard 1868–1941, S. 242–244.

239,28 *Gedicht am Ende:* Der Anfang des Gedichts auf der inneren Rückseite der ›Bordell‹-Mappe lautet: »L'horreur c'est le plus sain, et je prefère au rouge«; Abb. bei Arnold, 1985, S. 330.

239,33 *Nachtcafé: Das Nachtcafé an der Place Lamartine in Arles*; vgl. Anm. zu 229,4.

240,5 f. *Ich habe ... gemalt: Das Bordell* (F 478 / JH 1599), Merion (Pa.), The Barnes Foundation.

240,6 *Leinwand zu 4 oder 6:* vgl. Anm zu 221,26.

240,14 f. *einen Christus ... Gethsemane:* von van Gogh vernichtet.

240,16 *Dichter ... Sternenhimmel:* von van Gogh vernichtete Fassung des *Bildnis des belgischen Dichter Eugène Boch* (F 462 / JH 1574), Paris, Musée d'Orsay.

240,22 *Mistral:* vgl. Anm. zu 225,28.

240,23 *Studie in Rot und Grün:* dieser ›rote Sonnenuntergang‹ ist nicht bekannt.

240,24 f. *Alte Mühle: Die alte Mühle*; vgl. Anm. zu 239,4.

240,29 *Sandablader: Rhônebarken (Boote mit Sand und ausladenden Männern)*; vgl. Anm. zu 239,4.

240,36 *Selbstporträts:* Während Henri Moret und Ernest Ponthier de Chamaillard ihre Versprechen nicht einhielten, sandte Charles Laval sein Selbstporträt (bezeichnet: »à l'ami Vincent«, 1888), Amsterdam, Van Gogh Museum.

242,5 *Roten Sonnenuntergang:* vgl. Anm. zu 240,23.

242,15 *Avenue Beaulieu 5:* Hier befand sich das Haus von Bernards Eltern in Asnière, wo Bernard auch ein Atelier hatte.

### 242 An Theo van Gogh, 16. Oktober 1888 554/710/705

H: Amsterdam, Van Gogh Museum. Der Brief ist auf französisch verfaßt.

242,21 f. *kleine Skizze:* die dem Brief beiliegende Skizze zum Bild *Vincents Schlafzimmer in Arles* (F 482 / JH 1608), Amsterdam, Van Gogh Museum.

242,26 *Bild zu 30:* vgl. Anm. zu 226,20.
243,25 f. *Postkutsche von Tarascon: Die Postkutsche nach Tarascon* (F 478a / JH 1605), Princeton, University Art Museum.
243,26 *Nachtcafé:* vgl. Anm. zu 229,4.

## 244 An Theo van Gogh, etwa 25. Oktober 1888 557/717/712

H: Amsterdam, Van Gogh Museum. Der Brief ist auf französisch verfaßt.

244,3 *Deinen Brief:* Brief Theo van Goghs vom 23. Oktober 1888 (T 2/716/711).
244,5 *Gauguin ... eingetroffen:* Gauguin war am 23. Oktober 1888 in Arles angekommen.
244,11 *G. ... schreiben:* Gauguin schrieb Theo van Gogh etwa um den 27. Oktober 1888 herum (Cooper, 1983, S. 60–65).
246,12–15 *wundervolles Bild ... matte Fleischtöne:* Bernard: *Les Bretonnes dans la Prairie* (1888), Privatbesitz.
246,20 f. *einer der Holländer:* Meijer de Haan.
246,25 *Bild zu dreißig:* vgl. Anm. zu 226,20.

## 247 An Theo van Gogh, 27. oder 28. Oktober 1888 558b/719/714

H: Amsterdam, Van Gogh Museum. Der Brief ist auf französisch verfaßt.

247,5 f. *Gauguin ... Seemann war:* vgl. Anm. zu 210,14.
247,12 *Islandfischern:* Lotis Roman *Pêcheur d'Islande* (1886).
247,16 *Negerin:* unbekannt.
247,16 f. *großen Landschaft von hier:* wohl *Ferme à Arles* (*Bauernhaus in Arles*, 1888), Indianapolis, Museum of Art.
247,26 f. *Studie von einem Sämann: Der Sämann* (F 494 / JH 1617), Winterthur, Sammlung L. Jäggli-Hahnloser.
247,29 *Studie eines gepflügten Feldes: Stamm einer alten Eibe* (F 573 / JH 1618), Privatbesitz.
248,1 f. *etwas in Brüssel erreicht:* Theo van Gogh hielt sich Ende Oktober für einige Tage geschäftlich in Brüssel auf.

248,9f. *neuen holländischen Freunde:* Meijer de Haan und Joseph Jacob Isaacson.
248,20 *kleine gelbe Haus:* vgl. Anm. zu 212,26.

249 **An Theo van Gogh, etwa 19. November 1888**
563/726/721

H: Amsterdam, Van Gogh Museum. Der Brief ist auf französisch verfaßt.

249,17 *Gauguins … Enfants bretons: La ronde des petites Bretonnes* (*Bretonische Kinder*, 1888), Washington (D.C.), National Gallery of Art.
249,20 *verkauft wird:* Theo van Gogh versuchte das Bild im November 1888 zu verkaufen, was jedoch mißlang.
249,22 *Les vendangeuses: Vendangeuses à Arles ou Misères humaines* (*Weinleserinnen*, 1888), Kopenhagen, Ordrupgaardsamlingen.
249,22f. *La femme aux cochons: La Femme aux cochons ou En pleine chaleur* (*Frau mit Schweinen*, 1888), Privatbesitz.
249,28 *rosa Pfirsichbaum: Blühender Pfirsichbaum* (F 405 / JH 1394), Amsterdam, Van Gogh Museum.
249,29 *ces messieurs:* vgl. Anm. zu 166,26.
250,27 *6 Jahre … gearbeitet habe:* vgl. Anm. zu 28,5.
251,2 *Bilder zu dreißig:* vgl. Anm. zu 226,20.
252,14 *pastos:* mit dickem Farbauftrag.
252,31f. *Holländern:* Meijer de Haan und Joseph Jacob Isaacson.
252,34 *Schwester:* Anna Boch.
*Vingtisten:* vgl. Anm. zu 236,24f.
253,9 *ein Kind:* die im Oktober 1888 geborene Tochter Madeleine.
253,16 *jüdischen Friedhofs:* der jüdische Friedhof lag an der Timorstraat in Den Haag.
253,27f. *Claude Monet … Vase: Sonnenblumen* (1880), New York, The Metropolitan Museum of Art.
254,7f. *Stuhl … Wand: Vincents Stuhl mit Pfeife* (F 498 / JH 1635), London, National Gallery.
254,8–11 *Gauguins rotgrüner Sessel … Kerze: Paul Gauguins Stuhl (Der leere Stuhl)* (F 499 / JH 1636), Amsterdam, Van Gogh Museum.

**255 An Theo van Gogh, etwa 11. Dezember 1888**
565/731/724

H: Amsterdam, Van Gogh Museum. Der Brief ist auf französisch verfaßt.

255,7f. *kleine gelbe Haus:* vgl. Anm. zu 212,26.

**256 An Theo van Gogh, 2. Januar 1889** 567/733/728

H: Amsterdam, Van Gogh Museum. Der Brief ist auf einem Bogen mit gedrucktem Briefkopf des Krankenhauses in Arles geschrieben und auf französisch verfaßt.

256,8 *meinen Zustand:* Van Gogh war am Abend des 23. Dezember 1888 zusammengebrochen. Nach einer heftigen Auseinandersetzung mit Gauguin hatte er sich mit einem Rasiermesser einen Teil des linken Ohres abgeschnitten und dies zu einer Prostituierten in ein von ihm und Gauguin frequentiertes Bordell gebracht. Danach wurde er in die »Hospices civils« eingeliefert.

256,18 *Er ist … abgereist:* Theo van Gogh war unmittelbar nach den Geschehnissen von Paris nach Arles gereist; vielleicht am 25. oder 27. Dezember 1888 kehrte er offenbar in Begleitung Gauguins nach Paris zurück.

256,22f. *Begegnung mit den Bongers:* Theo van Gogh brach am 5. Januar 1889 mit dem Nachtzug zu seiner Reise in die Niederlande auf, die zunächst nach Amsterdam führte, um sich am 9. Januar offiziell mit Johanna Gezina Bonger bei ihren Eltern zu verloben. Am 13. Januar kehrte er wiederum mit dem Nachtzug nach Paris zurück (vgl. Kort geluk, S. 83).

**257 An Paul Gauguin (Abschrift im Brief an Theo van Gogh), 4. Januar 1889** 566/734/730

H: Amsterdam, Van Gogh Museum. Der Brief ist auf französisch verfaßt.

257,4 *Krankenhaus:* Van Gogh war am 24. Dezember 1888 in die »Hospices civils« eingeliefert und am 7. Januar 1889 wieder entlassen worden.

257,9 *Reise meines Bruders Theo:* vgl. Anm. zu 256,18.
257,12f. *besten aller Welten:* vgl. Voltaire: *Candide* (1759), wo Candide lernt, er lebe »dans le meilleur des mondes«.
257,16 *kleines gelbes Haus:* vgl. Anm. zu 212,26.

## 258 An Theo van Gogh, 9. Januar 1889 570/738/735

H: Amsterdam, Van Gogh Museum. Der Brief ist auf französisch verfaßt.

258,5 *Deiner Verlobten:* Johanna Gezina Bonger.
258,13 *Krankenhaus:* vgl. Anm. zu 257,4.
258,15 *Assistenzarzt:* Félix Rey.
258,18f. *Absicht ... zu gehen:* Im März 1891 wird Gauguin nach Tahiti aufbrechen.
258,24 *C. M.:* Cornelis Marinus van Gogh.
258,25 *sein Sohn:* Vincent van Gogh.
258,29 *gegründete Haus:* Cornelis Marinus van Gogh hatte seine Kunsthandlung am 1. Juni 1849 in Amsterdam gegründet; sie wurde später von seinem Sohn Vincent fortgeführt.
259,1 *Ausstellung:* Weltausstellung in Paris (5. Mai – 5. November 1889).
259,2 *Anatomiestunde:* Gravüre nach Rembrandts Gemälde *Die anatomische Vorlesung des Dr. Nicolaes Tulp* (1632), Den Haag, Mauritshuis.
259,10f. *Brias ... Familienähnlichkeit:* Im Brief an Theo van Gogh vom etwa 17. oder 18. Dezember 1888 hatte Vincent van Gogh anläßlich seines Besuchs im Musée Fabre über den Kunstsammler Alfred Bruyas geschrieben: »Auf dem Porträt von Delacroix ist er ein Herr mit rotem Bart und Haar, der eine verflixte Ähnlichkeit mit Dir oder mir hat« (Brief 564/730/726).
259,25f. *Besitzer meines Hauses:* Aimé Verdier.
259,26 *Herrn:* Charles Viany betrieb ein Tabakgeschäft an der Place Lamartine.
260,8 *Buch von Silvestre:* Théophile Silvestre: *Eugène Delacroix. Documents nouveaux* (Paris 1864); später auch in: *Les Artistes français. Études d'après nature* (Paris 1878, S. 31–107); vgl. auch Anm. zu 296,16.
261,5 *Rivet ... geben:* nicht bekannt.
261,21f. *Bist Du ... gefahren:* Die am 5. Januar 1889 angetretene

Reise in die Niederlande zu den Schwiegereltern in Amsterdam (vgl. Anm. zu 256,22f.) führte Theo van Gogh auch nach Breda zur Mutter und zur Schwester Willemina Jacoba.

261,24 *Porträt … das Gauguin hat: Selbstbildnis (Paul Gauguin gewidmet)*; vgl. Anm. zu 236,9.

261,25f. *Selbstporträt … gemacht hat: Selbstporträt* (*Charles Laval gewidmet*, 1888), Washington (D.C.), National Gallery of Art.

261,27–29 *Selbstporträt … geschickt hat: Les Misérables*; vgl. Anm. zu 234,6.

## 262 An Paul Gauguin, 21. Januar 1889 VG/PG.1/743/739

H: Arles, Musée Réattu. Der Brief ist auf französisch verfaßt.

262,15 *Ihren Brief:* Van Gogh beantwortet Gauguins Brief vom 17. Januar 1889 (GAC 35/741/737).

262,16f. *kleinen gelben Hauses:* vgl. Anm. zu 212,26.

262,20f. *Roulin … abgereist:* Roulin, der von Arles nach Marseille versetzt worden war, reiste am 22. Januar 1889 zu seinem neuen Dienstort ab.

263,17f. *Sonnenblumen vor gelbem Hintergrund: Vierzehn Sonnenblumen in einer Vase* (F 454 / JH 1562); vgl. Anm. zu 226,19.

263,28 *zwei völlig gleiche:* wohl die später entstandenen Wiederholungen *Zwölf Sonnenblumen in einer Vase* (F 456 / JH 1561), München, Bayerische Staatsgemäldesammlungen, Neue Pinakothek, und *Vierzehn Sonnenblumen in einer Vase* (F 454 / JH 1562), London, National Gallery.

263,31 *Bild … von Mme. Roulin: La Berceuse (Augustine Roulin)* (F 508 / JH 1671), Boston, Museum of Fine Arts.

264,25 *Horla:* Maupassants Erzählung *Le Horla* (1887).

nach 264,31 Skizze stammt vermutlich von Gauguin.

265,2 *Tartarin:* Hauptfigur in Daudets humoristischem Roman *Aventures de Tartarin de Tarascon* (1872).

265,5 *Onkel Toms Hütte:* Harriet Beecher-Stowe: *Uncle Tom's Cabin. Or, Life among the Lowly* (1851), 1861 war die frz. Übersetzung erschienen.

265,8 *Germinie Lacerteux:* vgl. Anm. zu 199,23f.

## 265 An Theo van Gogh, 19. März 1889 579/754/750

H: Amsterdam, Van Gogh Museum. Der Brief ist auf französisch verfaßt.

265,12 *Deinem lieben Brief:* Brief Theo van Goghs vom 16. März 1889 (T 4/753/749).
267,6 *Schwester:* Willemina Jacoba van Gogh.
268,13 *Verlobte:* Johanna Gezina Bonger.
269,10 *Reise nach Holland:* Theo van Gogh plante eine Reise nach Amsterdam, um dort am 18. April 1889 zu heiraten.

## 270 An Theo van Gogh, 3. Mai 1889 590/771/768

H: Amsterdam, Van Gogh Museum. Der Brief ist auf französisch verfaßt.

270,3 *Dein lieber Brief:* Brief Theo van Goghs vom 2. Mai 1889 (T 6/769/766).
270,4 *auf nach St. Rémy:* Am 8. Mai 1889 siedelte van Gogh in die Heilanstalt nach Saint-Rémy über.
270,6 *Arztes:* Félix Rey.
270,7 *zu verpflichten:* Van Gogh hatte sich in dieser Zeit auch mit dem Gedanken getragen, in die Fremdenlegion einzutreten. Theo van Gogh erteilte diesen Überlegungen eine kategorische Absage.
270,11 *Schwester:* Willemina Jacoba van Gogh.
270,18 *Bouvard & Pécuchet:* vgl. Anm. zu 229,12f.
271,1 *Ansichten von Montmajour:* folgende Zeichnungen kommen in Frage: F 1447 / JH 1503, F– / JH add. 3, F 1446 / JH 1504, F 1420 / JH 1501, F 1424 / JH 1502.
271,3 *Zeichnung fabriziert: Blick in den Garten von Arles* (F 1468 / JH 1498), Chicago, The Art Institute of Chicago.
272,1 *Vater Pangloss:* Figur aus Voltaires *Candide* (vgl. Anm. zu 199,21), von der Vollkommenheit der ›besten aller Welten‹ (nach Leibniz) überzeugter philosophischer Mentor des wegen seiner Liebe zur Baronesse Cunégonde aus einem idyllischen Schloß in eine Welt voller Katastrophen und Greuel vertriebenen Candide.
272,18 *Salon:* vgl. Anm. zu 28,11f.

272,33 f. *ganz grünes Interieur ... Frau in Grün:* wohl ein Bild von Maurice Lobre, nicht ermittelt.

272,35 *Porträt von Mathey:* wohl zwei Frauenporträts von Paul Mathey.

272,36 *Besnard »la sirène«: Une Sirène* (1889), Kopenhagen, Ny Carlsberg Glyptotek.

272,36–273,1 *etwas ... von einem gewissen Zorn:* u.a. *À l'air* (1888), Göteborg, Kunstmuseum.

273,2 f. *Triomphe de Bacchus:* Eine Radierung des unbekannten *Bacchus* ist abgebildet in *L'Illustration*, 27. April 1889, S. 350 f.

273,3 *Dame au gant: La Dame au gant (Madame Carolus-Duran)* (1869), Paris, Musée d'Orsay.

273,6 *Bel ami:* vgl. Anm. zu 199,32 f.

273,8 *Badinguet:* Spottname für Napoleon III.

274,12 *Krinolinen:* Frauenunterröcke aus Fischbeinstäben und -reifen.

274,24–26 *Männerbildnis ... Album Bing:* der Holzschnitt *Portrait d'Ousoukoumo [...] par Kaighetsudo éléve de Moronobou*, reproduziert in der von Samuel Bing herausgegebenen Zeitschrift *Le Japon artistique* (H. 2, Juni 1888).

274,27 *den Grashalm:* die Tafel *Études d'herbes* aus der Zeitschrift *Le Japon artistique* (H. 1, Mai 1888).
*die Pietà:* Lithographie *Descente de Croix* von Nanteuil, Exemplar im Nachlaß van Goghs, Amsterdam, Van Gogh Museum; vgl. Dorn, 1990, S. 234, Abb. in Millet / Van Gogh, S. 120.

274,28 *barmherzigen Samariter von Delacroix: Le Bon Samaritain* (1849–51), Privatbesitz; hier: Lithographie von Laurens (1857/58), Exemplar im Nachlaß van Goghs, Amsterdam, Van Gogh Museum; vgl. Dorn, 1990, S. 234.

274,28 f. *Lesenden von Meissonnier: Le Liseur* (1856), radiert von Jacquemart (Abb. bei Dorn 1990, S. XXVI).

274,32 *Frauenfigur:* das sogenannte Gräbermädchen, die Tochter eines Totengräbers, in Balzacs Roman *Le Médecin de campagne* (1833), das durch nervöse Konstitution und eine auffallende äußere Erscheinung charakterisiert ist.

275,26 *Frauen:* Augustine Roulin und Marie Ginoux.

276 **An Theo van Gogh, etwa 23. Mai 1889** 592/778/776

H: Amsterdam, Van Gogh Museum. Der Brief ist auf französisch verfaßt.

276,6 *Dein Brief:* Theo van Gogh hatte seinem Bruder am 21. Mai 1889 geschrieben (T 9/777/774).
276,7f. *Weissenbruch ... hat:* Weissenbruch hatte zwei Aquarelle auf der Pariser Weltausstellung (vgl. Anm. zu 259,1) gezeigt.
276,11 *Berceuse:* die Fassungen von *La Berceuse (Augustine Roulin)* (F 504, 506–508 / JH 1655, 1670–1672), Otterlo, Kröller-Müller Museum; Chicago, The Art Institute of Chicago; Amsterdam, Stedelijk Museum; Boston, Museum of Fine Arts.
276,15 *Salon:* vgl. Anm. zu 28,11f.
276,16–18 *Gibt doch Gauguin ... auch eins:* Es läßt sich nicht genau ermitteln, welche Fassung der *Berceuse* van Gogh für Gauguin bzw. für Bernard meint.
276,18f. *Aber wenn ... Sonnenblumen will:* wohl *Zwölf Sonnenblumen in einer Vase* (F 455 / JH 1668), Philadelphia, Museum of Art, und *Vierzehn Sonnenblumen in einer Vase* (F 458 / JH 1667), Amsterdam, Van Gogh Museum.
276,24 *Triptychon:* Dorn (1990, S. 619) rekonstruiert folgende Anordnung: Das Bild der *Berceuse* (F 504 / JH 1655), Otterlo, Kröller-Müller Museum, wird links von *Vierzehn Sonnenblumen in einer Vase* (F 454 / JH 1562), London, National Gallery, und rechts von *Zwölf Sonnenblumen in einer Vase* (F 456 / JH 1561), München, Bayerische Staatsgemäldesammlungen, Neue Pinakothek, flankiert.
277,13 *grünen und roten Weinberge: Der grüne Weinberg* (F 475 / JH 1595), Otterlo, Kröller-Müller Museum, und *Der rote Weinberg* (F 495 / JH 1626), Moskau, Puschkin-Museum.
277,14 *Sämann:* vielleicht die erste Fassung des *Sämann bei untergehender Sonne* (F 450 / JH 1627), Zürich, Stiftung Sammlung E.G. Bührle.
*Ackerfurchen: Gepflügtes Feld* (F 574 / JH 1586), Amsterdam, Van Gogh Museum.
*Schlafzimmer: Vincents Schlafzimmer in Arles* (F 482 / JH 1608), Amsterdam, Van Gogh Museum.
277,16 *Bild zu 30:* vgl. Anm. zu 226,20.
277,17 *ewigen grünen Liebeslauben: Bäume mit Efeu im Garten des Hospitals Saint-Paul* (F 609 / JH 1693), Verbleib unbekannt.

279,1 *Arzt:* Théophile-Zacharie-Auguste Peyron.
279,5 f. *in ein Heim ... zu kommen:* Theo van Gogh hatte seinem Bruder im Brief vom 21. Mai 1889 (T 9/777/774) vorgeschlagen, nach Paris oder in die Umgebung von Paris zu kommen.
279,25 *Boule:* Spiel mit Metallkugeln.
281,19 f. *4 Bilder vom Garten: Fliederstrauch* (F 579 / JH 1692), St. Petersburg, Eremitage; *Bäume mit Efeu im Garten des Hospitals Saint-Paul* (F 609 / JH 1693), Verbleib unbekannt; *Garten des Hospitals Saint-Paul* (F 734 / JH 1698), Otterlo, Kröller-Müller Museum; *Iris (Schwertlilien)* (F 608 / JH 1691), Los Angeles, J. Paul Getty Museum.
281,23 f. *Nachtfalter gezeichnet:* Zeichnung (F 1523 / JH 1700), Amsterdam, Van Gogh Museum, für das spätere Bild *Totenkopfschwärmer auf Aronstab* (F 610 / JH 1702), Amsterdam, Van Gogh Museum.
282,3 f. *Zeichnungen von Pflanzen:* wohl folgende Zeichnungen: *Aronstab* (F 1613 / JH 1703), *Immergrünzweig* (F 1614 / JH 2060), *Federhyazinthen* (F 1612 / JH 2059), alle Amsterdam, Van Gogh Museum.
282,9 *Rentoileurs:* rentoilieren: die schadhafte Leinwand eines Gemäldes durch eine neue ersetzen.
284,17 *l'art pour l'art:* (frz.) die Kunst um der Kunst willen.
284,24 *Mennige:* vgl. Anm. zu 209,35.

## 285 **An Anna Cornelia van Gogh, zwischen 8. und 12. Juli 1889**
598/787/788

H: Amsterdam, Van Gogh Museum. Der Brief ist auf niederländisch verfaßt.

285,10 f. *Neuigkeiten Cor betreffend:* Der jüngere Bruder Cornelis Vincent van Gogh brach um den 20. August 1889 nach Südafrika (Transvaal) auf, um sich dort eine neue berufliche Existenz aufzubauen, und arbeitete später bei der südafrikanischen Eisenbahngesellschaft.
285,25 f. *Martinique, wo Gauguin ... gewesen war:* Gauguin hatte von April bis November 1887 gemeinsam mit Laval Panama und Martinique bereist.
285,26 *der ... lebte:* Vom 23. Oktober bis 24. Dezember 1888 hatte sich Gauguin bei van Gogh in Arles aufgehalten.

285,28 *Enfin:* vgl. Anm. zu 88,20.
286,19f. *Geschichte ... »de Pruuvers«:* H. Hollidee (d. i. Elard Albert Rovers): *Etsen naar het leven* (1881). Die von van Gogh erwähnte Episode findet sich allerdings in der Erzählung »Gekleuvde figuren«.
287,1 *Mistral:* vgl. Anm. zu 225,28.
287,19 *Spörgel:* auch: Spergula, Spark, Unkraut auf sandigen Äkkern.
287,26f. *ein Bild davon: Der rote Weinberg*; vgl. Anm. zu 277,13.
287,36 *geheiratet hat:* Theo und Johanna van Gogh hatten am 18. April 1889 in Amsterdam geheiratet.

## 288 **An Theo van Gogh, zwischen 5. und 6. September 1889**
604/801/800

H: Amsterdam, Van Gogh Museum. Der Brief ist auf französisch verfaßt.

288,21 *gesagt hast:* Van Gogh bezieht sich hier auf den Brief des Bruders vom 16. Juli 1889 (T 12/793/792); dieser hatte ihm aber danach schon dreimal geschrieben.
288,31 *nächsten Ausstellung der Vingtisten:* Bei einem Zusammentreffen mit Theo van Gogh hatte Octave Maus, der Sekretär der Gruppe der Vingtisten in Brüssel, gefragt, ob Vincent sich an der kommenden Ausstellung beteiligen wolle (Brief Theo van Goghs, 16. Juli 1889, T 12/793/792).
289,9 *So habe ich ... neu gemacht: Vincents Schlafzimmer in Arles* (F 484 / JH 1771), Chicago, The Art Institute of Chicago.
289,11 *rentoiliert:* vgl. Anm. zu 282,9.
289,15 *pastos:* vgl. Anm. zu 252,14.
289,26–29 *Das eine ... Farbeffekt: Selbstbildnis* (F 626 / JH 1770), Washington (D.C.), National Gallery of Art.
289,30f. *Aber seitdem ... angefangen: Selbstbildnis* (F 627 / JH 1772), Paris, Musée d'Orsay.
290,21–25 *Henri Conscience ... Conscrit:* Hendrik Conscience: *De loteling* (Antwerpen 1850), frz. Übersetzung u.d.T.: *Le Conscrit* (Paris 1855).
291,1f. *Schnitter: Weizenfeld mit Schnitter und Sonne* (F 617 / JH 1753), Otterlo, Kröller-Müller Museum.

291,8 *Sämann: Sämann bei untergehender Sonne* (F 450 / JH 1627), Zürich, Stiftung Sammlung E.G. Bührle.
291,24–26 *wovon ... Atem hatte:* über Delacroix in Theophile Silvestre: *Histoire des artistes vivants français et étrangers* (1853).
291,33 *Porträt auf hellem Hintergrund: Selbstbildnis* (F 627 / JH 1772), Paris, Musée d'Orsay.
292,33 *Porträt des Oberaufsehers:* unbekannt; Wiederholung: *Bildnis des Oberaufsehers Trabuc im Hospital Saint-Paul* (F 629 / JH 1774), Solothurn, Kunstmuseum.
292,34 *auch seine Frau malen: Bildnis Madame Trabuc* (F 631 / JH 1777), St. Petersburg, Eremitage.
293,2 *Legros ... Edelmann:* Legros' Radierung *Le Grand Espagnol* (um 1870).
293,8 *Guizot:* Van Gogh kannte Porträts des französischen Premierministers unter Louis Philippe aus Illustrationen französischer Zeitungen (Abb. in Pickvance, 1986, S. 127).
294,6–9 *Ich las ... Anfälle hervorrief:* wohl ein Artikel im *Figaro* über den Tod des russischen Journalisten Andrei Alexandrowitsch Krajewski am 4. September 1889.
294,18 *in Paris ... gemacht habe:* Während seines Aufenthaltes in Paris malte van Gogh mindestens 25 Selbstporträts, mehr als irgendwann sonst (Van Gogh à Paris, S. 40).
294,26 *Bildern zu 30:* vgl. Anm. zu 226,20.
295,1 *Manette Salomon:* Der Roman *Manette Salomon* (1867) der Brüder Goncourt spielt im Künstlermilieu und ist zugleich ein Spiegel der französischen Malerei von der Romantik bis zur Mitte des 19. Jh.s.
295,18 *wie Guillaumin: Portrait de l'artiste par lui-même* (1878), Amsterdam, Van Gogh Museum.
295,18f. *Porträt eines jungen Mädchens:* Guillaumin: *Portrait de jeune fille* (1889), Amsterdam, Van Gogh Museum. Dieses und das zuvor genannte Bild gehören zur Sammlung der Brüder van Gogh, die vermutlich bei der Abreise Vincents im Februar 1888 von Paris nach Arles erworben wurden (Van Gogh à Paris, S. 222f.).
295,19f. *Porträt ... gemalt hat: Portrait de Vincent van Gogh* (Herbst 1886), Amsterdam, Van Gogh Museum.
295,21 *Porträt von Laval:* vgl. Anm. zu 240,36.
296,10 *Aufseher:* Charles-Ezélard Trabuc.
296,12 *Stich nach Demont Breton:* Es handelt sich um einen Stich

nach Virginie Demont-Bretons *L'Homme est en mer* (1889), in: *Le Monde Illustré* 33, 6. Juli 1889 (Abb. in Pickvance, 1986, S. 48). Van Gogh kopierte dieses Bild: *Der Mann ist auf See* (F 644 / JH 1805), Privatbesitz.

296,16 *»beinah lächelnd«:* Zitat aus Théophile Silvestre: *Eugène Delacroix. Documents nouveaux* (Paris 1864), S. 63.

296,30f. *Bild des Schnitters ... machen:* die spätere Fassung *Weizenfeld hinter dem Hospital Saint-Paul (Die Ernte)* (F 619 / JH 1792), Essen, Museum Folkwang.

297,5 *Schwestern:* Willemina Jacoba und Elisabeth Huberta van Gogh.

297,14 *Schlafzimmer:* die spätere Fassung *Vincents Schlafzimmer in Arles* (F 483 / JH 1793), Paris, Musée d'Orsay.
*Olivenbäume:* die spätere Fassung *Olivenbäume* (F 711 / JH 1791), Zürich, Privatbesitz.

297,14f. *Kornfeld und Zypresse:* die spätere Fassung *Weizenfeld mit Zypressen* (F 743 / JH 1790), Privatbesitz.

298,32 *Besuch ... Montpellier:* Van Gogh und Gauguin hatten im Dezember 1888 das Musée Fabre in Montpellier besucht.

298,35 *Les demoiselles du village:* Van Gogh verwechselt hier Courbets Bild *Les Demoiselles de village* (1851), New York, The Metropolitan Museum of Art, mit dem eigentlich gemeinten Bild *Les Baigneuses* (1853), Montpellier, Musée Fabre.

298,35f. *La fileuse endormie:* Courbet: *La Fileuse endormie* (1853), Montpellier, Musée Fabre.

298,36–299,1 *Brias-Porträts von Delacroix und Ricard:* Delacroix: *Portait de Monsieur Alfred Bruyas* (1853), Montpellier, Musée Fabre; Ricard: *Portrait de Bruyas* (1859), Montpellier, Musée Fabre.

299,1 *Daniel und die Odalisken:* Delacroix: *Daniel dans la fosse aux lions* (1849–50), und *Femmes d'Alger dans leur intérieur* (1847–1849), beide Montpellier, Musée Fabre.

299,2f. *Odalisken ... Louvre: Femmes d'Algers dans leur appartement* (1834), Paris, Musée du Louvre.

299 **An Theo van Gogh, etwa 20. September 1889**
607/806/805

H: Amsterdam, Van Gogh Museum. Der Brief ist auf französisch verfaßt.

299,18 *Deinen Brief:* Brief Theo van Goghs vom 18. September 1889 (T 17/803/802).
301,7f. *nach Cors Abreise:* vgl. Anm. zu 285,10f.
301,10 *Ortswechsel:* Van Goghs Mutter und die Schwester Willemina Jacoba ziehen im Oktober 1889 von Breda nach Leiden um.
301,15 *Kopie der Pietà von Delacroix: Pietà (nach Delacroix)* (F 630 / JH 1775), Amsterdam, Van Gogh Museum, und (F 757 / JH 1776), Rom, Vatikanische Museen.
301,16 *wohin dieses Bild:* Delacroix' *Pietà* (um 1850) befindet sich heute in Oslo, Nasjonalgalleriet. Van Gogh kopierte das Bild, vermutlich ohne das Original zu kennen, nach der Lithographie von Nanteuil (1855).
301,17–19 *Königin ... geschrieben hat:* Königin Elisabeth von Rumänien veröffentlichte unter dem Pseudonym Carmen Sylva Gedichte und Unterhaltungsromane.
301,19f. *Artikel ... Loti:* Pierre Loti: »Carmen Sylva, souvenirs«, in: *Le Figaro. Supplément littéraire*, 28. April und 5. Mai 1888.
301,26f. *7 Kopien ... Travaux des champs: Der Schnitter mit Sichel (nach Millet)* (F 687 / JH 1782), *Die Garbenbinderin* (F 700 / JH 1781), *Der Grabende (nach Millet)* (F 693 / JH 1785), *Bäuerin beim Strohschneiden (nach Millet)* (F 677 / JH 1788), *Der Drescher (nach Millet)* (F 692 / JH 1784), alle Amsterdam, Van Gogh Museum; *Der Schnitter (nach Millet)* (F 688 / JH 1783), *Bäuerin mit Harke (nach Millet)* (F 698 / JH 1789), beide Privatbesitz.
301,33f. *Ich möchte ... kopieren:* die späteren Bilder *Der Sämann (nach Millet)* (F 690 / JH 1837), Privatbesitz, und *Der Sämann (nach Millet)* (F 689 / JH 1836), Otterlo, Kröller-Müller Museum, sowie *Zwei Bauern beim Umgraben (nach Millet)* (F 648 / JH 1833), Amsterdam, Stedelijk Museum.
301,35f. *Von Les bêcheurs ... Zeichnung:* Im Nachlaß van Goghs (Amsterdam, Van Gogh Museum) ist das hier erwähnte Photo eines Holzstichs nach Millets *Les Ceuxs Bêcheurs* (1866), Boston, Museum of Fine Arts, überliefert (Abb. in Van Gogh in Brabant, S. 60).

302,1f. *von Le semeur ... Lerat:* Radierung von Lerat nach Millet, *Le Semeur*, Amsterdam, Van Gogh Museum. Nach dieser Vorlage fertigte van Gogh zwei Gemälde gleichen Titels an; vgl. Anm. zu 301,33f.

302,3f. *verschneite Feld mit einer Egge:* Radierung von Delauney nach Millets Bild *L'Hiver aux corbeaux* (1862), Exemplar im Nachlaß van Goghs, Amsterdam, Van Gogh Museum (Abb. in Millet / Van Gogh, S. 154f.).

302,4f. *Les quatre heures ... Exemplare:* Holzstiche von Lavieille nach Millets Zeichnungen, die 1873 unter dem Titel *Les Quatre Heures du jour. Scènes rustiques* in *L'Illustration* reproduziert worden waren, Exemplare im Nachlaß van Goghs, Amsterdam, Van Gogh Museum (Abb. in Millet / Van Gogh, S. 146f.).

302,9f. *Le Bon Samaritain von Delacroix:* das spätere Bild *Der barmherzige Samariter (nach Delacroix)* (F 633 / JH 1974), Otterlo, Kröller-Müller Museum; vgl. Anm. zu 274,28.

302,11 *Frauenporträt: Bildnis Madame Trabuc*; vgl. Anm. zu 292,34.

302,13 *Wiederholung gemacht:* unbekannt.

302,17 *mein Selbstporträt: Selbstbildnis* (F 627 / JH 1772), Paris, Musée d'Orsay.

302,21 *noch ein anderes:* vielleicht *Selbstbildnis* (F 626 / JH 1770), Washington (D.C.), National Gallery of Art.

303,18 *La tondeuse de moutons: Die Schafschererin (nach Millet)* (F 634 / JH 1787), Amsterdam, Van Gogh Museum.

303,20 *ungefähr zu 5:* Größe: 35 × 27 cm.

303,24 *Mondaufgang (Heuschober): Abendlandschaft bei Mondaufgang* (F 735 / JH 1761), Otterlo, Kröller-Müller Museum.

303,25 *Studie von Feldern: Feld mit Mohnblumen* (F 581 / JH 1751), Bremen, Kunsthalle.

303,26 *Olivenbäumen: Olivenbäume mit ›Les Alpilles‹ im Hintergrund* (F 712 / JH 1740), New York, Museum of Modern Art.

303,27 *Nacht: Die Sternennacht (Zypressen und Dorf)* (F 612 / JH 1731), New York, Museum of Modern Art.

303,28 *Berge: Berglandschaft in Saint-Rémy* (F 622 / JH 1766), New York, The Solomon R. Guggenheim Museum.

303,29 *Grünes Kornfeld: Berglandschaft hinter dem Hospital Saint-Paul* (F 611 / JH 1723), Kopenhagen, Ny Carlsberg Glyptotek.

303,30 *Olivenbäume: Olivenhain* (F 585 / JH 1758), Otterlo, Kröller-Müller Museum; *Olivenhain* (F 715 / JH 1759), Kansas City (Mo.), Nelson-Atkins Museum of Fine Art.

303,31 *Blühender Obstgarten: Blühender Obstgarten* (F 511 / JH 1386), Amsterdam, Van Gogh Museum.
303,32 *Eingang eines Steinbruchs: Eingang zu einem Steinbruch* (F 744 / JH 1802), Amsterdam, Van Gogh Museum.
304,7–11 *Stelle aus Rods Buch ... blühten:* Van Gogh paraphrasiert hier Stellen aus Édouard Rod: *Le Sens de la vie* (Paris 1889), Kap. 5.
304,20 *Schnitter: Weizenfeld mit Schnitter und Sonne* (F 617 / JH 1753), Otterlo, Kröller-Müller Museum; *Weizenfeld mit Schnitter bei aufgehender Sonne* (F 618 / JH 1773), Amsterdam, Van Gogh Museum.
305,3 *noch eine Blumenstudie:* vielleicht *Iris* (F 601 / JH 1699), Ottawa, National Gallery.
306,29 *Meuniers:* Theo van Gogh hatte in seinem Brief vom 18. September 1889 (T 17/803/802) folgende Bilder von Meunier erwähnt: *Pays noir, Borinage* (o.J.); *Le Retour des mineurs* (o.J.), beide Brüssel, Musée Constantin Meunier.

### 307 **An Theo van Gogh, 5. Oktober 1889** 609/809/808

H: Amsterdam, Van Gogh Museum. Der Brief ist auf französisch verfaßt.

307,26f. *Deinen Brief:* Brief Theo van Goghs vom 4. Oktober 1889 (T 18/808/807).
308,12 *Bleiweiß:* aus Mineralpigmenten (Bleicarbonaten und -oxiden) hergestellte Farbe.
308,19f. *ganz gelben Maulbeerbaum: Maulbeerbaum* (F 637 / JH 1796), Pasadena (Cal.), Norton Simon Museum.
308,25f. *Isaacson ... schreiben will:* Dieser Artikel ist aufgrund der hier vorgebrachten Einwände van Goghs nicht geschrieben worden.
309,1 *meiner letzten Reise:* Van Gogh war im Juli 1889 nach Arles gefahren, um seine restlichen, dort verbliebenen Bilder zu holen und um Bekannte zu besuchen.
309,12 *Auvers:* Camille Pissarro hatte Theo van Gogh auf Paul-Ferdinand Gachet in Auvers-sur-Oise als Betreuer für Vincent van Gogh hingewiesen.
310,3 *Alpines:* Gemeint sind die Alpilles, ein kleines Kalkgebirge in

der Provence; van Gogh verwendet in seinen Briefen noch die alte Bezeichnung »Alpines«.

310,6 *Studie … Pappeln: Zwei Pappeln an einem Weg durch die Hügel* (F 638 / JH 1797), Cleveland, The Cleveland Museum of Art.

310,7 *Ansicht vom Park: Garten des Hospitals Saint-Paul* (F 640 / JH 1788), Privatbesitz.

310,18 *Anstaltsgeistlichen:* E. de Tamisier.
*Bild:* Porträt von Madame Armand de Tamisier von einem unbekannten Künstler, Verbleib unbekannt.

## 311 An Theo van Gogh, 1. Februar 1890 625/851/850

H: Amsterdam, Van Gogh Museum. Der Brief ist auf französisch verfaßt.

311,3f. *gute Nachricht:* Brief Theo van Goghs vom 31. Januar 1890 (T 27/848/847).

311,4 *Vater bist:* Vincent Willem, der Sohn von Johanna und Theo van Gogh, war am 31. Januar 1890 geboren worden.

311,9 *Brief:* Brief Johanna Gezina van Goghs vom 29. Januar 1890 (T 26/846/845).

311,19f. *Artikel über meine Bilder:* Albert Aurier: »Les Isolés. Vincent van Gogh«, in: *Mercure de France* 1 (Januar 1890) S. 24–29.

312,2f. *Artikel von Isaacson über Dich:* Joseph Jacob Isaacson: *Parijsche brieven II.* (in: *De Portefeuille*, 10. August 1889).

312,22 *»le cœur à l'aise«:* (frz.) »von Herzen froh«.

312,23 *Lied der Revue:* das politische Lied *En revenant de la revue* (1886) von Lucien Delormel und Léon Garnier.

312,31 *alte Goupil:* Jules Adolphe Goupil.

313,3 *Tongkingplan:* Nach einem früheren Aufenthalt in der Karibik (vgl. Anm. zu 258,18f.) schmiedete Gauguin nun Pläne für eine Reise in die Tropen, die ihn schließlich nach Tahiti (1891–93) führte. Seine zweite Südseereise trat Gauguin 1895 an. Diesmal blieb er bis zu seinem Tod auf Tahiti.

314,7 *Madonna:* Theo van Gogh hatte seinem Bruder immer wieder Photos, u. a. von Bildern Rembrandts, Delacroix' oder Millets, geschickt. Hier handelt es sich möglicherweise um ein Photo von Delacroix' Bild *L'Éducation de la vierge* (1852), Paris, Musée National Eugène Delacroix.

314,13 *Arbeit am Sämann: Der Sämann (nach Millet)* (F 690 / JH 1837), Privatbesitz.
314,33 *Freundin:* Marie Ginoux.
314,35 *Porträt in Gelb und Schwarz: L'Arlésienne: Madame Ginoux mit Handschuhen und Schirm* (F 489 / JH 1625), Paris, Musée d'Orsay.

## 315 **An Theo van Gogh, 4. Mai 1890** 631/869/868

H: Amsterdam, Van Gogh Museum. Der Brief ist auf französisch verfaßt.

315,24 *Deinen lieben Brief:* Brief Theo van Goghs vom 3. Mai 1890 (T 33/868/867).
315,25 *Porträt von Jo:* Photographie von Johanna Gezina van Gogh und ihrem Sohn Vincent Willem, Amsterdam, Van Gogh Museum (Abb. u.a. in Arnold, 1993, S. 893).
316,32 *Arzt:* Paul-Ferdinand Gachet.
318,34f. *2 Bilder von frischem Gras: Wiese im Garten des Hospitals Saint-Paul* (F 672 / JH 1975), London, National Gallery; *Blühende Wiese mit Baumstämmen und Löwenzahn* (F 676 / JH 1970), Otterlo, Kröller-Müller Museum.
318,36 *Skizze:* Vorlage für das Bild *Blühende Wiese mit Baumstämmen und Löwenzahn*; vgl. Anm. zu 318,34f.

## 320 **An Theo und Johanna van Gogh, 20. Mai 1890** 635/874/873

H: Amsterdam, Van Gogh Museum. Der Brief ist auf französisch verfaßt.

320,6 *Jo kennengelernt:* Van Gogh traf seine Schwägerin Johanna erstmals persönlich während seines dreitägigen Aufenthalts in Paris (17.–20. Mai 1890) auf der Reise von Saint-Rémy nach Auvers-sur-Oise.
320,23 *Gasthof:* Gachet brachte van Gogh zunächst im Café-Auberge Saint-Aubin in der Rue de Pontoise (heute: Rue François Villon) von Auvers unter.

320,25 *habe einen gefunden:* Die Auberge Ravoux liegt in der Ortsmitte, gegenüber dem Rathaus von Auvers. Hier wohnte van Gogh bis zu seinem Tod.

321,6 *schönen Pissarro: Marronniers à Louveciennes* (1869–70), Paris, Musée d'Orsay.

321,7 *zwei schöne Blumensträuße von Cézanne: Géraniums et coreopsis au petit Delft* (1873), Privatbesitz, und *Bouquet au petit Delft* (1873), Paris, Musée d'Orsay.

321,8 *anderen Cézanne: La Maison du docteur Gachet, à Auvers* (1872–73), Paris, Musée d'Orsay.

321,15 *Haus:* Gachet hatte das Haus (heute: Rue du Dr Gachet), ein ehemaliges Mädchenpensionat, 1872 gekauft. Es ist von einem großen Garten umgeben.

321,22f. *sein Porträt malen werde:* Van Gogh hat Gachet zweimal porträtiert: *Bildnis Doktor Gachet* (F 753 / JH 2007), Privatbesitz; *Bildnis Doktor Gachet mit Fingerhutzweig* (F 754 / JH 2014), Paris, Musée d'Orsay. Darüber hinaus existiert noch eine Radierung (F 1664 / JH 2028), Amsterdam, Van Gogh Museum, die Gachet mit Pfeife zeigt.

321,28 *den Kleinen:* Vincent Willem van Gogh, Sohn von Johanna und Theo van Gogh.

321,29 *Deine Wohnung:* Theo und Johanna van Gogh wohnten in Paris in der Cité Pigalle 8.

## 322 **An Theo und Johanna van Gogh, etwa 21. Mai 1890**
636/876/874

H: Amsterdam, Van Gogh Museum. Der Brief ist auf französisch verfaßt.

322,5 *bei Ravoux:* vgl. Anm. zu 320,25.

322,7 *Studie von alten Strohdächern: Strohgedeckte Häuser* (F 750 / JH 1984), St. Petersburg, Eremitage.

322,26 *Ingrespapier:* vgl. Anm. zu 76,17.

323,26 *Exercices au fusain von Bargue:* vgl. Anm. zu 88,14.

**324 An Joseph Jacob Isaacson (Entwurf), 25. Mai 1890**
614a/878/RM 21

H: Amsterdam, Van Gogh Museum. Der Brief ist auf französisch verfaßt.

324,4 *wieder zurück in Paris:* Gemeint ist der dreitägige Zwischenaufenthalt in Paris (17.–20. Mai 1890) während der Reise von Saint-Rémy nach Auvers-sur-Oise.
324,4 f. *Fortsetzung … Impressionisten:* I. Joseph Jacob Isaacson: *De revolutionaire schildersgroep in Frankrijk*, in: *De Portefeuille*, 10. und 17. Mai 1888, S. 75 f., 88 f.
324,27 *Gärten mit Olivenbäumen zu malen: Olivenbäume mit gelbem Himmel und Sonne* (F 710 / JH 1856), Minneapolis, Minneapolis Institute of Arts; *Olivenhain* (F 707 / JH 1857), Amsterdam, Van Gogh Museum; *Olivenhain mit pflückenden Figuren* (F 587 / JH 1853), Otterlo, Kröller-Müller Museum; *Olivenhain* (F 586 / JH 1854), Göteborg, Kunstmuseum; *Olivenhain* (F 708 / JH 1855), New York, The Metropolitan Museum of Art.
325,26 f. *Lawine von Rosen … Hintergrund: Vase mit Rosen* (F 681 / JH 1976), Washington (D.C.), National Gallery of Art, oder *Vase mit Rosen* (F 682 / JH 1979), New York, The Metropolitan Museum of Art.
325,27 *Strauß violetter Iris: Vase mit Iris vor gelbem Hintergrund* (F 678 / JH 1977), Amsterdam, Van Gogh Museum.
325,28 f. *vor einem rosa Hintergrund: Vase mit Schwertlilien* (F 680 / JH 1978), New York, The Metropolitan Museum of Art.
325,34 f. *Sein Bild … Champ de Mars hängt:* Theo und Vincent van Gogh hatten in der Ausstellung der Société Nationale des Beaux-Arts Puvis de Chavannes' allegorisches Bild *Inter Artes et Naturam* (1890), Rouen, Musée des Beaux-Arts, gesehen.
326,9 *Le sermon sur la montage:* wohl Anspielung auf die Bergpredigt; vgl. Anm. zu 327,1 f.
327,1 f. *selig … reinen Herzens sind:* Mt 5,3.

327 **An Willemina Jacoba van Gogh, 5. Juni 1890**
W 22/883/879

H: Amsterdam, Van Gogh Museum. Der Brief ist auf französisch verfaßt.

327,19 *Wallonischen Krankenhaus:* das Krankenhaus »Hôpital Wallon« in Leiden.
327,24 *Theo wiederzusehen:* vgl. Anm. zu 320,6.
328,16 *sein Porträt gemacht: Bildnis Doktor Gachet* (F 753 / JH 2007), Privatbesitz.
328,16f. *seine Tochter malen: Marguerite Gachet am Klavier* (F 772 / JH 2048), Basel, Kunstmuseum.
328,22 *zwei Studien: Der Garten von Doktor Gachet in Auvers* (F 755 / JH 1999), Paris, Musée d'Orsay; *Marguerite Gachet in ihrem Garten* (F 756 / JH 2005), Paris, Musée d'Orsay.
328,25 *Strauß Ranunkeln:* vielleicht *Stilleben mit japanischer Vase, Rosen und Anemonen* (F 764 / JH 2045), Paris, Musée d'Orsay.
328,25f. *größeres Bild … Dorfkirche: Die Kirche von Auvers* (F 789 / JH 2006), Paris, Musée d'Orsay.
328,32f. *Studien … Friedhof: Der alte Friedhofsturm in Nuenen* (F 84 / JH 772), Amsterdam, Van Gogh Museum.
328,36–329,1 *Blumensträußen, Rosen und violetten Iris: Vase mit Rosen* (F 681 / JH 1976) und *Vase mit Rosen* (F 682 / JH 1979), vgl. Anm. zu 325,26f.; *Vase mit Iris vor gelbem Hintergrund* (F 678 / JH 1977), vgl. Anm. zu 325,27; *Vase mit Schwertlilien* (F 680 / JH 1978), vgl. Anm. zu 325,28f.
329,3 *weiße Mandelblüten: Blühende Mandelbaumzweige* (F 671 / JH 1891), Amsterdam, Van Gogh Museum.
329,5f. *weiteres Porträt einer Arlésienne: L'Arlésienne (Madame Ginoux)* (F 543 / JH 1895), Privatbesitz.
329,9 *eine Fassung: L'Arlésienne (Madame Ginoux)* (F 541 / JH 1893), Otterlo, Kröller-Müller Museum, oder (F 540 / JH 1892), Rom, Galleria Nazionale d'Arte Moderna.
329,10 *Selbstporträts: Selbstbildnis* (F 627 / JH 1772), Paris, Musée d'Orsay.
329,36–330,5 *Das Porträt … mit grünen Büchern: L'Arlésienne (Madame Ginoux)* (F 541 / JH 1893); vgl. Anm. zu 329,9.
330,5 *Fassung, die Theo hat: L'Arlésienne (Madame Ginoux)* (F 543 / JH 1895); vgl. Anm. zu 329,5f.

330,11f. *In der Ausstellung … de Chavannes:* vgl. Anm. zu 325,34f.
331,12f. *in den Tagen … vorbeigekommen ist:* Das Treffen fand am Abend des 18. Mai 1890 in Theo van Goghs Pariser Wohnung statt.

### 331 An Willemina Jacoba van Gogh, 13. Juni 1890
W 23/889/886

H: Amsterdam, Van Gogh Museum. Der Brief ist auf französisch verfaßt.

331,19 *Besuch:* Theo van Gogh kam am 8. Juni 1890 auf Einladung von Dr. Gachet mit seiner Familie zu Besuch nach Auvers-sur-Oise.
331,24 *große Landschaft: Landschaft mit Pferdewagen und Zug im Hintergrund* (F 760 / JH 2019), Moskau, Puschkin-Museum.
332,7 *andere Landschaft: Weinberge mit Blick auf Auvers* (F 762 / JH 2020), Saint Louis, Saint Louis Art Museum.
332,10 *noch eine: Weizenfeld in Auvers mit weißem Landhaus* (F 804 / JH 2018), Washington, The Phillips Collection.
332,13 *Porträt von M. Gachet: Bildnis Doktor Gachet* (F 753 / JH 2007), vgl. Anm. zu 321,22f.

### 336 An Paul Gauguin (Entwurf), etwa 17. Juni 1890
643/893/RM 23

H: Amsterdam, Van Gogh Museum. Der Brief ist auf französisch verfaßt.

336,4f. *geschrieben haben:* Brief Gauguins von etwa 13. Juni 1890 (GAC 41/890/884).
336,7 *drei Tage:* 17.–20. Mai 1890; vgl. Anm. zu 320,6.
336,11 *Porträt der Arlésienne:* Das Bild van Goghs – wohl die Fassung *L'Arlésienne (Madame Ginoux)* (F 542 / JH 1894), São Paulo, Museu de Arte – geht auf eine Zeichnung Gauguins (San Francisco, Fine Arts Museums) aus dem November 1888 zurück.
336,32 *Porträt von Dr. Gachet: Bildnis Doktor Gachet* (F 753 / JH 2007), vgl. Anm. zu 321,22f.
336,34 *Christ au jardin des oliviers:* Gauguin hatte van Gogh in sei-

nem Brief von etwa 8. November 1889 eine Aquarellzeichnung zu seinem Gemäldeprojekt *Le Christ dans le Jardin des Oliviers* (1889), West Palm Beach (Fl.), Norton Museum of Art, geschickt und dazu bemerkt: »C'est le christ dans le jardin des Oliviers. Ciel bleu vert crépuscule, des arbres tous penchés en masse pourpre, terrain violet et le christ enveloppé d'un vêtement ocre sombre a les cheveux vermillon. Cette toile n'étant pas destinée à être comprise je la garde pour longtemps. Ci inclus ce dessin qui vous donnera vaguement l'idée de celà« (Cooper, 1983, S. 283).

337,4 f. *Zypresse mit einem Stern: Zypressenweg unter dem Sternenhimmel* (F 683 / JH 1982), Otterlo, Kröller-Müller Museum.

337,12 *Alpines:* vgl. Anm. zu 310,3.

337,28 f. *mit de Haan ... zurückkehren:* Gauguin verließ am 14. Juni 1890 Paris und kehrte in die Bretagne nach Le Pouldu zurück, wo sich neben Meijer de Haan noch Filiger und Sérusier aufhielten.

338,2 *Studien von Getreide: Weizenhalme* (F 767 / JH 2034), Amsterdam, Van Gogh Museum.

## 338 An Theo van Gogh (Entwurf), 23. Juli 1890
652/907/RM 25

H: Amsterdam, Van Gogh Museum. Der Brief ist auf französisch verfaßt.

338,21 *ces messieurs:* die Vorgesetzten Léon Boussod und René Valadon, mit denen Theo van Gogh schon seit einiger Zeit über seine Stellung in der Firma verhandelte.

338,23 f. *Zustand Deines Haushaltes:* Theo van Gogh war am 15. Juli 1890 mit seiner Familie zu einer Geschäftsreise in die Niederlande und nach Belgien aufgebrochen, kehrte am 18. Juli nach Paris zurück, nachdem er Frau und Kind bei seinen Schwiegereltern in Amsterdam zurückgelassen hatte.

## Zeittafel

1853 Vincent Willem van Gogh wird am 30. März in Groot-Zundert geboren.

1869 Lehre in der Kunsthandlung Goupil & Cie. in Den Haag.

1873 Tätigkeit in der Londoner Goupil-Niederlassung.

1875 Tätigkeit in der Pariser Goupil-Niederlassung.

1876 Kündigung des Beschäftigungsverhältnisses bei Goupil im April. Kurzer Aufenthalt bei der Familie in Etten und Reise nach England, um bis zum Jahresende in Ramsgate und Isleworth als Hilfslehrer zu arbeiten.

1877 Arbeit in einer Buchhandlung in Dordrecht. Übersiedelung nach Amsterdam und Unterricht zur Vorbereitung auf die Aufnahmeprüfung für das Theologiestudium.

1878 Abbruch der Studien und Rückkehr nach Etten. Dreimonatige Probezeit zur Vorbereitung auf eine Tätigkeit als Laienprediger in Laken bei Brüssel; van Gogh wird nach der Probezeit als nicht fähig für den Predigerberuf erachtet. Reise in das belgische Steinkohlenrevier Borinage, um dort bei den Arbeitern zu leben und zu predigen.

1879 Auftrag der Brüsseler Evangelistenschule, sechs Monate im Borinage zu arbeiten. Van Gogh beginnt systematisch zu zeichnen.

1880 Intensives Zeichenstudium mit Hilfe von Vorlagenwerken und durch die Auseinandersetzung mit Vorbildern, z. B. Jean-François Millet. Im Oktober Aufnahme eines Studiums an der Brüsseler Kunstakademie; Beginn der Freundschaft mit Anthon van Rappard.

1881 Aufenthalt bei der Familie in Etten, wo sich van Gogh unerwidert in seine verwitwete Cousine Cornelia Adriana (Kee) Vos verliebt. Ende des Jahres Abreise nach Den Haag.

1882 In Den Haag Malunterricht bei Anton Mauve. Beziehung zu

Clasina Maria (Sien) Hoornik, wegen der es mit Anton Mauve zum Bruch und zu Auseinandersetzungen mit der Familie kommt.

1883 Im September Trennung von Clasina Maria Hoornik und Reise in die Provinz Drenthe. Im Dezember Rückkehr zur Familie, die inzwischen nach Nuenen (Brabant) umgesiedelt ist.

1884 Umfangreiche Produktion von Zeichnungen, Aquarellen und Gemälden mit Themen aus dem bäuerlichen Leben.

1885 Am 26. März stirbt der Vater Theodorus van Gogh. *Die Kartoffelesser* entstehen. Im November verläßt van Gogh Nuenen, um nach Antwerpen zu gehen.

1886 Kurzzeitiges Studium an der Kunstakademie in Antwerpen. Ende Februar zieht van Gogh zu seinem Bruder Theo nach Paris. Studium im Atelier des Malers Fernand Cormon, wo van Gogh John Russell, Henri de Toulouse-Lautrec und Émile Bernard kennenlernt. Durch den Bruder Theo macht van Gogh Bekanntschaft mit den Impressionisten. Es entstehen Blumenstilleben, Landschaftsbilder und Selbstbildnisse.

1887 Fortsetzung der reichhaltigen Produktion. Im November Organisation einer Ausstellung im Restaurant Du Chalet, in der neben eigenen auch Werke von Freunden gezeigt werden.

1888 Im Februar Abreise nach Arles, wo sich van Gogh im ›gelben Haus‹ an der Place Lamartine einrichtet. In Südfrankreich entstehen in dichter Folge die berühmtesten Werke van Goghs. Am 23. Oktober kommt Paul Gauguin nach Arles, um gemeinsam mit van Gogh im ›Atelier des Südens‹ zu arbeiten. Nach zunehmenden Spannungen, auf deren Höhepunkt van Gogh sich am 23. Dezember einen Teil seines linken Ohrs abschneidet, verläßt Gauguin Arles. Erster Krankenhausaufenthalt van Goghs.

1889 Nach verschiedenen schweren psychischen Zusammenbrüchen begibt sich van Gogh im Mai freiwillig in die Heilanstalt St.-Paul-de-Mausole nach Saint-Rémy (Provence). Dort entstehen eine Vielzahl bedeutender Bilder, während sich seine psychische Situation weiter verschlechtert.

1890 Nach erneutem Zusammenbruch und einer Phase längerer Krankheit verläßt van Gogh die Heilanstalt in Saint-Rémy und siedelt im Mai nach Auvers-sur-Oise über, um sich in die Obhut des Arztes Ferdinand-Paul Gachet zu begeben. Er lebt im Gasthaus Ravoux und nimmt seine Maltätigkeit mit großer Intensität wieder auf. Am 27. Juli verletzt er sich bei einem Selbstmordversuch mit einer Pistole lebensgefährlich, am 29. Juli erliegt er dieser schweren Verletzung. Beisetzung am 30. Juli auf dem Friedhof von Auvers.

# Verzeichnis der Personen

## Verzeichnis der Orte

## Verzeichnis der in den Briefen erwähnten Werke van Goghs

*Gemälde*

*Zeichnungen, Aquarelle*

*Druckgraphik*